BIBLIOTHEKARE ZWISCHEN VERWALTUNG UND WISSENSCHAFT

BIBLIOTHEKARE ZWISCHEN VERWALTUNG UND WISSENSCHAFT

200 JAHRE BERUFSBILDDEBATTE

Herausgegeben von Irmgard Siebert
und Thorsten Lemanski

VITTORIO KLOSTERMANN · FRANKFURT AM MAIN

ZEITSCHRIFT FÜR BIBLIOTHEKSWESEN UND BIBLIOGRAPHIE
SONDERBÄNDE

Herausgegeben von Georg Ruppelt

SONDERBAND 111

Bibliographische Information der Deutschen Nationalbibliothek

Die Deutsche Nationalbibliothek verzeichnet diese Publikation in der Deutschen Nationalbibliographie; detaillierte bibliographische Daten sind im Internet über *http://dnb.dnb.de* abrufbar.

Bildnachweise: Friedrich Adolf Ebert (1791–1834). © SLUB/Deutsche Fotothek
Friedrich Theodor Althoff (1839–1908). © bpk – Bildagentur für Kunst, Kultur und Geschichte
Georg Leyh (1877–1968). © Universitätsbibliothek Tübingen, Bilddatenbank
Paul Raabe (1927–2013). © Prof. Adolf Clemens, Münster
Umschlaggestaltung: Elmar Lixenfeld, Frankfurt am Main

Gedruckt auf Alster Werkdruck der Firma Geese, Hamburg, alterungsbeständig nach ISO 9706 und PEFC-zertifiziert.
Satz: Marion Juhas, Aschaffenburg
Druck: Wilhelm & Adam, Heusenstamm
Bindung: Litges & Dopf, Heppenheim
Printed in Germany
ISSN 0514-6364
ISBN 978-3-465-04208-2

Paul Raabe gewidmet

Inhalt

Vorwort

Am 27. März 2012 fand an der Universitäts- und Landesbibliothek Düsseldorf das Kolloquium *Fachreferat heute. Im Spannungsfeld zwischen Wissenschaft und Verwaltung* statt, das von etwa hundert Fachleuten aus dem deutschsprachigen Raum besucht wurde. Die Veranstaltung war gekennzeichnet von einem großen Diskussionsbedarf, der im Zusammenhang steht mit den vielfältigen Herausforderungen an das Berufsbild. Von den sechs Vorträgen sind drei in den vorliegenden Band aufgenommen worden. Es handelt sich um die Beiträge von Annette Klein – *Selbstorganisation, Eigenverantwortung, Organisationsentwicklung. Zur Rolle der Wissenschaftlichen Bibliothekare an der UB Mannheim* –, Michael Golsch – *Ökonomisierung der Bibliothek? Eine Standortbestimmung der SLUB Dresden* – sowie Inka Tappenbeck und Achim Oßwald – *Fachliche Informationsberatung: Perspektiven für eine Neuorientierung der Fachreferatsarbeit*. Diese aus der Praxis entstandenen aktuellen Positionen zum Berufsbild des Wissenschaftlichen Bibliothekars werden durch Überlegungen zum Thema *Sacherschließung und Fachstudium – eine untrennbare Verbindung?* von Heidrun Wiesenmüller und Dagmar Kähler, *Das Fachreferat im Kontext einer Forschungsbibliothek* von Thomas Stäcker und Uwe Jochums *Wissenschaftliche Bibliothekare. Ein Rettungsversuch* ergänzt.

Um das Bild zu komplettieren und die historische Dimension angemessen zu berücksichtigen, beschlossen die Herausgeber, grundlegende Arbeiten der jüngeren Vergangenheit wie die von Paul Raabe – *Der Bibliothekar und die Bücher* – oder Dirk Barth und Ralf Brugbauer – *Zwischen Fachreferat, Management und Informationstechnologie* – durch Wiederabdruck komfortabel zugänglich zu machen. Die erst vor Kurzem erschienene Studie von Wilfried Enderle *Zur Genese und Funktion wissenschaftlicher Fachreferate in Deutschland* beschreibt und reflektiert erstmals die Geschichte des Fachreferats in Deutschland und wurde von den Herausgebern ebenfalls als unverzichtbar erachtet. Gleiches gilt für die wissenschaftsgeschichtliche Betrachtung und Analyse der *Wieder-Buzás-Kontroverse* von Sven Kuttner. Sein „Blick hinter die Kulissen" relativiert die Bedeutung und Substanz dieser lange Zeit überbewerteten Auseinandersetzung.

Dass der Bibliothekssystemstreit der 1960er und 1970er Jahre, die sich nahezu gleichzeitig vollziehende Entwicklung hin zu IT-basierten bibliothekarischen Prozessen und die Transformation der Bibliotheken zu „Betrieben" großen Einfluss auf die Berufsbilddebatte hatten, ist immer wieder konstatiert, bisher aber nicht gründlich erforscht worden. Dieses Desiderat wird durch den Beitrag von Dietmar Haubfleisch über den *Einfluss der nordrhein-westfälischen Gesamthochschulbibliotheken auf die Entwicklung des Fachreferats* aufgehoben. Irmgard Siebert analysiert die vorgebliche permanente Krisis des Wissenschaftlichen Bibliothekars vor dem Hintergrund einer aufmerksamen Lektüre und Reaktivierung der Positionen Georg Leyhs. Dessen weit gefasste Begriffe von Wissenschaft und Verwaltung sowie seine Forderung nach deren Ausbalancierung könnten in Verbindung mit seinem Grundsatz, Wissenschaftliche Bibliotheken seien für den Gebrauch da und zugleich ein Instrument der Forschung, auch heute noch leitend sein.

Das Schlusswort hat der Vorsitzende des Vereins deutscher Bibliothekare (VDB), Klaus-Rainer Brintzinger, der auf das Ende der Berufsbilddebatte hofft, wozu er mit seiner Kritik an der pejorativen Konnotation des Terminus Verwaltung in Deutschland, dem Plädoyer für eine Offenheit des bibliothekarischen Berufsbildes und der Forderung nach einer Verzahnung von wissenschaftlicher und methodischer Kompetenz grundlegend beiträgt.

Die Zusammenstellung der Beiträge mögen manche als unkonventionell empfinden. Das Anliegen der Herausgeber war es, durch die Aufnahme aktueller und historischer Positionen sowie geschichtlicher und wissenschaftsgeschichtlicher Studien eine Vielfalt an Aussagen zum Thema Berufsbild zusammenzuführen, um so eine vergleichende Lektüre zu erleichtern und zu fördern. Wer noch tiefer einsteigen will, findet in der Auswahlbibliographie (S. 265–277) weitere Anregungen.

Den Autorinnen und Autoren der Beiträge gilt unser besonderer Dank für ihre Zeit, Energie und Expertise – ohne sie wäre der Band nicht möglich gewesen. Ein herzlicher Dank geht auch an die Lektorin Dr. Mechthilde Vahsen für ihre engagierte und akkurate Arbeit sowie an Anastasia Urban vom Klostermann Verlag für ihre umsichtige Begleitung des Projekts. Und Dr. Georg Ruppelt, dem Herausgeber der Reihe, danken wir für die Aufnahme in die Sonderbände der Zeitschrift für Bibliothekswesen und Bibliographie.

Während der Arbeit am Manuskript erreichte uns die Nachricht vom Tod Paul Raabes, der die Renaissance seiner Positionen noch erlebte und sich darüber gefreut hat. Spontan haben wir uns entschieden, ihm diesen Band zu widmen.

Düsseldorf, im Dezember 2013

Irmgard Siebert
Thorsten Lemanski

PAUL RAABE (†)

Der Bibliothekar und die Bücher*

In der Kette der Berufsstände, die mit Büchern zu tun haben, von Büchern leben, ist der Beruf des Bibliothekars die passive Form aktiven Umgangs mit Büchern: denn der Bibliothekar ist der Verwalter dessen, was der Buchautor geschrieben, der Buchdrucker gedruckt, der Buchbinder gebunden, der Verleger veröffentlicht, der Buchhändler verbreitet hat und was dem Bücherleser und dem Buchgelehrten zugute kommt.

Der Bibliothekar steht, äußerlich betrachtet, dem Büchersammler, dem Bücherfreund nahe, ja er kann manchmal als Konkurrent des Bibliophilen betrachtet werden. Und doch besteht ein prinzipieller Unterschied. Der private Sammler, der mit Leidenschaft den Besitz von Büchern anstrebt, ist ein freier, unabhängiger, sich selbst allein verpflichteter, seiner eigenen Welt allein lebender Geist, der auf seine Rechnung kauft, erwirbt, tauscht und veräußert. Kurz, für den Bibliophilen ist das Büchersammeln eine Neigung, eine Lust, eine freiwillige Entscheidung, keine Verpflichtung. Für den Bibliothekar dagegen ist das Sammeln ein Beruf, den er im Auftrag und in Abhängigkeit von einer Institution oder einem Privatmann ausübt. Er sammelt nicht für sich: er sammelt für andere. Er ist Verwalter, Beamter, Gehilfe, oft mehr Knecht als König. Er arbeitet mit an einem imaginären Bau des Geistes, dessen Verkörperung eine Bibliothek nun einmal darstellt. Über diesen Beruf des Bibliothekars und seine Probleme und Aufgaben soll hier gesprochen werden, aber nicht als umfassende Darstellung eines Berufsbildes, sondern es geht darum, wie der Bibliothekar mit Büchern umgeht, wie er mit Büchern lebt.

Da ich schon einundzwanzigjährig den Beruf des Bibliothekars ausübte und seit einigen Jahren das Glück habe, eine der schönsten deutschen Bibliotheken verwalten zu dürfen, so schließt diese Konfession eine fünfundzwanzigjährige Berufserfahrung ein, und es scheint sinnvoll zu sein, daß ich eine Bilanz wage über Vorteile und Nachteile, über Größe und Verfall, über Schönheit und Gefahr unseres Berufsstandes.

Der Stand des Bibliothekars gehört zu den klassischen Berufen. Schon die Antike kannte Verwalter von Bücherschätzen. Wir kennen Berichte

* Vortrag, gehalten am 4. Juni 1972 anläßlich der Tagung der Gesellschaft der Bibliophilen.

aus Alexandria und später aus Rom. In mittelalterlichen Klöstern besorgten Bibliothekare die Ordnung und Verzeichnung der Handschriften, und seit dem Humanismus und der Entstehung fürstlicher und städtischer Büchersammlungen, seit der Vergrößerung der Universitätsbibliotheken war der Bibliothekar das selbstverständliche Faktotum, dem die Aufsicht über die Bücherschätze anvertraut war.

Am Ende steht die Spitzwegfigur als Symbol eines Berufsstandes: der bucklige, im Dienst ergraute Bibliothekar auf einer Bücherleiter in schwankender Höhe, in Büchern vergraben und versunken, ein stiller Gelehrter, allein gelassen, von der Welt vergessen, mehr Karikatur als Porträt, Bücherwurm und Büchernarr inmitten einer unordentlichen Ordnung, inmitten der Welt der Bücher.

Dieses Bild der späten Romantik, das übrigens das allgemeine Bewußtsein vom Bibliothekar mitgeprägt hat, von einem Manne, der nichts anderes zu tun hat, als von Berufs wegen zu lesen –, dieses Bild verfälschte freilich die Vorstellung von einem Beruf, der im 18. Jahrhundert, im Zeitalter der Aufklärung, von bedeutenden, dynamischen, an der Veränderung der Welt mitwirkenden Gelehrten getragen wurde. Man denke an den Philosophen Gottfried Wilhelm Leibniz, der als Wolfenbütteler Bibliothekar in dem Bewußtsein lebte, daß die Büchersammlung „die Schatzkammer aller Reichtümer des menschlichen Geistes" sei, „zu der man seine Zuflucht nimmt für die Künste des Friedens und des Krieges, für die Erhaltung des menschlichen Körpers, für die Kenntnis der Mineralien, Pflanzen, Thiere, überhaupt für die Geheimnisse der Natur, für die Bewegung der Gestirne, der verschiedenen Regionen der Erde, für bürgerliche und militärische Baukunst, für Verschönerungen und öffentliche Anlagen, für Gesetze, Polizei und gute Staatsordnung, für alte und neuere Geschichte, für die Angelegenheiten der Fürsten, für alles das menschliche Interesse reizende Schöne, kurz für das Angenehme sowohl wie für das Nützliche und Nothwendige, aber vor allem für die Vertheidigung der wahren Religion: sie ist mit einem Worte vergleichbar einer Versammlung der größten Menschen aller Jahrhunderte und aller Nationen, die uns ihre auserlesensten Gedanken mittheilen."

Nicht anders mag es dem jungen Winckelmann ergangen sein, und vor allem fühlte sich Lessing, der genius loci in Wolfenbüttel, unter den großartigen Bücherschätzen als ein Fürst, den die Gegenwart der Geschichte zu unablässigen gelehrten Studien inspirierte, die einem großen und freien Geist der Aufklärung entsprachen, auch wenn er allzuoft in dieser Tätigkeit verzweifelte.

Man könnte noch andere Bibliothekare jener Zeit nennen, in Wien den Barden Sined, Michael Denis, oder den Berliner Aufklärer Johann Erich Biester, den Sprachforscher und Lexikographen Johann Christoph Adelung in Dresden, vor allem den großen Christian Gottlob Heyne in Göttingen, um zu demonstrieren, was der Bibliothekar der Aufklärung war: einerseits ein „Aufseher von Bücherschätzen", anderseits Gelehrter, Bücherkenner und Historiker zugleich, Experte der Gelehrten- und Buchgeschichte, in vielen Sprachen bewandert, ein Mann durchaus von Welt, so wie ihn Heynes Göttinger Amtsvorgänger Johann Matthias Gessner 1748 forderte: „Weil er viele leute, auch bisweilen Personen vom stand sprechen muß, soll er, um seinem amt ehre zu machen, in der Mine, Rede, Kleidung u. äusserl. betragen nichts lächerliches, unanständiges ekelhaftes, unhöfliches haben, sondern den studien ein gut Vorurtheil dadurch zu wege bringen, daß man siehet, der umgang mit einem Heer von alten u. neuen, größten theils hoch-Gelehrten von allen Ländern, sprachen und Zungen habe ihn zu einem bequemen u. zum menschlichen umgang geschickten Manne, nicht aber zum Pedanten und Sauertopf gemacht.

Ein edles, grosmüthiges u. über alle unzieml. u. niederträchtige Gewinnsucht erhabenes Herz ist dem Bibliothecario nöthig."

Das war die Sprache der Aufklärung: Büchersammlungen wurden als Instrumente der wissenschaftlichen Aufbruchsbewegung verstanden. Unter Büchern wohnte der freie Geist, der in die Zukunft wirkte. Gerade die Liberalität der Göttinger Bibliothek im 18. Jahrhundert wurde Vorbild für alle übrigen: sie war die erste Gebrauchsbibliothek, in der Leibnizens Ideen in die Tat umgesetzt wurden. Der Bibliothekar wirkte als Helfer und Mittler, als Gelehrter und Organisator, der der wissenschaftlichen Welt die ihm anvertrauten Schätze zugänglich machte, der im Dienst der Wissenschaft stand, das Überlieferte mit neuem Sinn erfüllte und in jeder Hinsicht als Partner an der Wissenschaft mitwirkte. Unter dem Eindruck bibliothekarischer Arbeit konnte sich Goethe unter den Büchern bewußt werden, daß die Gegenwart einer Bibliothek ein Kapital sei, das geräuschlos unberechenbare Zinsen spendet.

Der Bibliothekar des 18. Jahrhunderts war noch der universale, dem enzyklopädischen Geist zugewandte, mit allen wissenschaftlichen Disziplinen vertraute Gelehrte, eine bewunderte Erscheinung, ein wandelndes Bücherlexikon, ein viele Sprachen beherrschendes, mit hervorragendem Gedächtnis begnadetes Naturtalent, in jeder Hinsicht ein Symbol der Zeit. Der Bibliothekar und die Bücher: damals war dies eine geistige Symbiose. Er überblickte die Bücherbestände, die er verwaltete und vermittelte; er war unter den Büchern zu Hause, er war der Herr seiner Bücherwelt.

Im 19. Jahrhundert begann die Vertreibung des Bibliothekars aus dem Paradies der Bücher. Denn: die Ausbreitung der Fachwissenschaften, das Anwachsen der Buchproduktion, die Differenzierung und Komplizierung des gesellschaftlichen und wirtschaftlichen Lebens und die Teilhabe außereuropäischer Länder am Fortschritt der Wissenschaften spiegelte sich auch in der Entwicklung der Bibliotheken, in dem rapiden Anwachsen der Buchbestände, in der Notwendigkeit bibliothekarischer Organisation, in dem Zwang, die Büchersammlungen zu funktionsgerechten Institutionen umzuwandeln. Der gelehrte Bibliothekar, der seine Pflichten mit seinen wissenschaftlichen Studien vereinigen konnte, war dieser rasanten, bis heute anhaltenden Entwicklung nicht mehr gewachsen. Es entwickelte sich zwangsläufig der selbständige Berufsstand des Bibliotheksbeamten mit vorgeschriebenen Ausbildungsverordnungen und Laufbahnvorschriften, mit geregelten Kompetenzen und Dienstzeiten, mit verwaltungstechnischen Aufgaben und betrieblichen Funktionen, ein Beamter, der mit Büchern so umzugehen hat, daß sie auf die rationellste Weise dem Leser, dem Benutzer, wie nun der anonyme Verbraucher genannt wird, zur Verfügung gestellt werden können. Die Bibliotheksverwaltung hat sich im Laufe der letzten 100 Jahre zu einem differenzierten System von Arbeitsabläufen, von Kommunikationsformen und Spezialtechniken verfeinert, die heute ganz im Zeichen der Automation, der Datenverarbeitung und Anwendung audiovisueller Medien stehen. Der Bibliothekar und die Bücher: – manchmal scheint es, als sei die Bindung nur noch eine historische Reminiszenz.

Außerdem repräsentiert die klassische Universalbibliothek nur noch einen Ausschnitt aus der Bibliothekslandschaft, in der die öffentlichen Bibliotheken für die breite Öffentlichkeit auf der einen Seite und die Spezialbibliotheken als sehr differenzierte Informationszentren für die Forschung in Industrie und Wissenschaft auf der andern Seite dominieren. Die Bezeichnung Bibliothekar ist also heute ein Sammelbegriff für eine Vielfalt von Berufsarten. Wir müssen uns dieser Bündelung verschiedener Interessen unter einem Namen bewußt sein, wenn wir uns hier auf den klassischen Bibliothekar, den Bibliothekar an den wissenschaftlichen Bibliotheken, beschränken.

Dieser ist je nach Dienststellung an dem Geschick einer Bibliothek beteiligt: als Diplom-Bibliothekar hat er die Hauptlast der Verwaltung, vor allem die Katalogisierung der Bücher, zu leisten, als wissenschaftlicher Beamter am Ausbau der Bestände und ihrer Erschließung mitzuwirken, als Direktor ist ihm die Gesamtverantwortung für die Fortentwicklung einer Bibliothek anvertraut. Hat er Glück, kann er mit seinen Mitarbeitern die Kontinuität nuancieren und das Überlieferte vermehren.

Der klassische Bibliothekar im Umgang mit den Büchern heute: – er kann sich immer noch angesichts der endlosen Bücherkolonnen in den Magazinen seiner Bibliothek als König eines Bücherreiches fühlen. Ihm sind Abertausende alter Bücher anvertraut. Er hat den verpflichtenden Ansporn, diese Welt der Überlieferung, in der ganze Kulturen fortleben oder verwelken, zu beherrschen. Aber sein Reich scheint ein Reich der Schatten zu sein, denn die von seinen Vorgängern gesammelten Bücher sind längst von der Wissenschaft überholt worden, sie sind nur zu einem kleinen Teil noch heute gültige Dokumente menschlichen Geistes. Vieles, was in den alten Büchern steht, ist widerlegt, vergangen, vergessen.

Aber dieses Bewußtsein des Bibliothekars, ein Erbe zu verwalten, das Geschichte geworden ist, kann ihn auch beflügeln; er kann sich von dem Geist der Bücher faszinieren lassen; er kann sich an dem Anblick berauschen, er sieht sich selbst in der Kette der Überlieferung. Die Gegenwart wird relativiert angesichts der Vergänglichkeit und Unvergänglichkeit der Geschichte. Alles, was der menschliche Geist gedacht, gefühlt, erlebt und erzählt hat, was ihn über Jahrhunderte bewegte und beschäftigte, lebt unter den Büchern als geschichtliche Gegenwart fort. Im täglichen Umgang mit den Büchern wird dem Bibliothekar Geschichte als unmittelbare Anschauung zum Urerlebnis seines Berufs: er sieht die Jahresringe und die Jahrhundertringe. Er erkennt das Alter eines Buches am Einband, und er begreift allmählich, in welch einem Zusammenhang jedes dieser Werke gestanden hat und steht. Er lernt den Wert und die Bedeutung der alten Bücher abschätzen. Er hat seine Freunde darunter, und manchmal ist er jahrelang blind gewesen für ein Werk, das ihn nicht angesprochen hat, bis es ihm eines Tages bewußt wird.

Dieser Bibliothekar, der sich immer wieder von den Schätzen ergreifen läßt, die ihm nicht gehören, die er nur als guter Beamter zu bewahren hat, wird so zum Bücherliebhaber ex officio und das heißt zum Kenner der alten Bücher, ihrer Geschichte und ihrer Bedeutung. Er versteht sie als wissenschaftsgeschichtliche Quellen und als Zeugnisse historischen Lebens, zugleich aber als buchgeschichtliche Einzelstücke und ästhetische Werte.

Im täglichen Umgang mit den Büchern lernt der Bibliothekar: Geschichte wird ihm allmählich ein vertrautes, großes Gebäude mit sehr, sehr vielen Zimmern, Fluren, Kammern, mit Abseiten, Bodenräumen und Kellerfluchten, in denen er zu Hause ist. Es weht der Geist der Geschichte durch die Räume: es ist das Fluidum, das dem Bibliothekar längst vertraut geworden ist, das die Kraft in sich birgt, damit er sein tägliches Verwaltungsamt mühelos ausüben kann, auch wenn dieses von vielen Kleinigkeiten beherrscht wird, die zum Ganzen oft in keinem erkennbaren Zusammenhang stehen.

Aber das Erlebnis des Bibliothekars von Größe und Zerfall der Geschichte kontrastiert zum allgemeinen Trend der Zeit. Der Verlust an Geschichtsbewußtsein wird heute als unabänderliches Faktum hingenommen. Der Sinn für Tradition ist in der Tat im Schwinden. Das technische Zeitalter richtet seine Gedanken mehr in die unsicher genug erscheinende Zukunft, als daß es noch Kraft aus der Vergangenheit zieht. Die Jugend ist dem Historischen gegenüber indifferent geworden. Geschichte, im 19. Jahrhundert überschätzt und verabsolutiert, hat ihre Faszination verloren.

Um so wichtiger ist die Aufgabe des Bibliothekars. Er sollte dazu beitragen, daß historisches Denken bestehenbleibt und hinübergerettet wird in eine Zukunft, in der sich der Mensch auch wieder als geschichtliches Wesen und nicht nur als kreatürliche Existenz versteht.

Der Bibliothekar wie der Historiker stehen auf einem einsamen, vorgeschobenen Posten. Das Bewußtsein, Hüter eines unvergänglichen und zugleich vergänglichen Erbes zu sein, darf nicht ein unverbindliches Privaterlebnis bleiben. Der Bibliothekar sollte die Verpflichtung haben, für die Macht des Historischen, die er täglich spürt, sich werbend und wirkend einzusetzen. Gerade da die Welt heute allzu oft anderen Idealen nachjagt, hat er als Mittler seinen Beitrag zum wissenschaftlichen und kulturellen Leben zu leisten. Freilich ist ihm bewußt, daß nicht alle Bibliothekare diesen Umgang mit den Büchern kennen und erkennen. Die Indifferenz gegenüber der Geschichte ist auch am Berufsstand des Bibliothekars nicht vorbeigegangen. Oft will es scheinen, als verstünde er sich nur noch als Betriebsingenieur, der für Arbeitsabläufe allein zuständig ist, wobei es dann gleichgültig bleibt, was produziert und vertrieben wird.

Aber ich meine, eine Bibliothek ist nicht nur ein Betrieb, sondern immer noch eine wissenschaftliche Stätte, in der der Geist wohnt. Eine „Hochburg des Geistes“ hat Georg Leyh eine Bibliothek genannt.

Der Bibliothekar, dessen Bild wir entworfen haben, kann auf verschiedene Weise die Welt der Bücher vermitteln. Zunächst sollte er immer noch der prädestinierte Erforscher der Geschichte des Buches sein, da ihm so viele kostbare Handschriften und Werke zur Hand sind, wie einem Privatsammler zusammenzubringen nur selten vergönnt sein mag. Von alters her sind wissenschaftliche Disziplinen wie die Handschriftenkunde und die Inkunabelkunde eine Domäne der wissenschaftlich arbeitenden Bibliothekare. Sie haben sich nicht nur um die Verzeichnung dieser Kostbarkeiten einer Bibliothek verdient gemacht, sondern sie haben an der Auswertung und Erforschung mitgewirkt. Das gleiche kann man von der Geschichte der alten Bücher, etwa der Reformationsdrucke, von der Geschichte der Einbände und Illustrationen zum guten Teil auch sagen: auch dies ist bibliothekarisches Revier und unser Wissen eine Frucht bibliothekarischen Fleißes.

Wir Bibliothekare wissen, daß diese Erforschung der Bücher, die in unsere Obhut gegeben sind, heute durch die Überlastung mit Verwaltungsaufgaben längst ein Privatvergnügen geworden ist. Doch wir verstehen dies als sinnvolle Ergänzung beruflichen Wirkens, freilich ist solches Tun mehr denn je vom Idealismus des einzelnen abhängig. Aber fühlt er seine Aufgabe und seine Verantwortung, wird er nicht nachlassen, sich dieser seiner Bestimmung unbeirrbar zu widmen.

Hinzu kommt ein besonderes Glücksgefühl des Bibliothekars: die Entdeckerfreude. Der Privatsammler kennt seine Bücher und seine Funde: er genießt dieses Glück der ersten Stunde, da er den unbekannten Druck, das langgesuchte Werk in Händen hält. Anders geht es dem Bibliothekar: er ist den Büchern immer auf der Fährte, aber sein Leben reicht nicht aus, alles das kennen zu lernen, was ihm überantwortet wurde. Manchmal könnte ihn Verzweiflung packen, wenn er vor den unverschlossenen Büchermassen steht und an Moses Mendelssohn erinnert wird, der, als er unsere Wolfenbütteler Bibliothek betrachtete, ausrief: „Welch eine Menge Bücher, und wie wenig wissen wir!"

Aber er kann die Terra incognita auch mit Lessings Augen betrachten, der den Bibliothekar mit einem Kräutersammler verglich und ihn gegen seinen Erzfeind, den Hauptpastor Goeze, den Schäfer, verteidigte:

„Der Kräuterkenner durchirret Berg und Thal, durchspähet Wald und Wiese, um ein Kräutlein aufzufinden, dem Linneus noch keinen Namen gegeben hat. Wie herzlich freuet er sich, wenn er eines findet! Wie unbekümmert ist er, ob dieses neue Kräutchen giftig ist, oder nicht! Er denkt, wenn Gifte auch nicht nützlich sind – (und wer sagt es denn, daß sie nicht nützlich wären?) –, so ist es doch nützlich, daß die Gifte bekannt sind."

Dieses Finderglück gehört zu den schönsten Genüssen des Bibliothekars im Umgang mit den Büchern. Höchst anschaulich hat F. A. Ebert diese „bibliothekarische Heuristik", diese Streifzüge des Bibliothekars, geschildert: „Bringt uns auch kein codex rescriptus in den Fall, Knittel's und Angelo Mai's freudige Erfahrungen zu machen, so können wir doch vielleicht aus dem Wuste unscheinbarer Papiere einen Lessing'schen Berengarius retten, oder den Drucker einer bisher unentzifferten Incunabel entdecken, oder in einer alten Bibel oder einem Eber'schen calendarium wichtige Familiennachrichten finden, oder aus einem alten Einbande Bruchstücke alter Handschriften oder unbekannter Drucke hervorziehen. Und giebt im äußersten Falle nicht noch das gehaltloseste Manuscript eine Gelegenheit zur näheren Bestimmung irgend eines diplomatischen Lehrsatzes, das entschieden schlechteste Buch einen Beitrag zum Jöcher oder zur Buchdruckergeschichte oder endlich zur Geschichte der Buchbinderkunst? In der That bewähren sich im bibliothekarischen Kreise recht eigentlich die Worte: Suchet, so werdet ihr finden. Darum aber sey auch der Bibliothekar ein hundertäugiger Argus, spähe bald mit bald ohne Absicht (denn auch das absichtslose Suchen lehrt Treffliches finden) alle Theile seiner Bibliothek durch, und zeichne sich fleißig auf, was er von diesen Wanderungen mit zurück bringt. Ohne Ertrag wird er nie zurückkommen, die Bibliothek sey so klein, als sie wolle."

So bleibt der Bibliothekar unter den Büchern der Gelehrte, der vor allem zu historischen Disziplinen neue Beiträge liefern kann, zur Kulturgeschichte des Buches und zur Geschichte der Wissenschaften. Er kann im Vorfeld als Bibliograph und als Editor arbeiten oder an dem Gang der Forschung beteiligt sein. Die Bücher, die er verwaltet, sind die stimulierenden Mittel seiner wissenschaftlichen Nebentätigkeiten, die immer noch zu Leidenschaften werden können.

Das Privileg, der erste Benutzer seiner Bibliothek zu sein, wird er längst nicht mehr ängstlich gegen andere verteidigen. Vielmehr ist es sein Amt, die Bibliotheksgäste, die Benutzer, auf alle Möglichkeiten hinzuweisen, sie anzuregen, auch unter den Handschriften und Büchern zu forschen und Neues zu entdecken. Der Bibliothekar ist allein für die Leser da, denen er die Bücher vermitteln soll. Und faßt er sein Amt mit Ernst auf, so wird er dem Wahlspruch des Herzogs Julius auch heute noch treu bleiben: „Aliis in serviendo consumor" – im Wirken für andere verzehre ich mich.

Noch ein letzter Gedanke ist über den Umgang des Bibliothekars mit alten Büchern auszusprechen: Das Bewahren schließt das Pflegen ein. Die Bücher, anfällig gegen die Zeit, müssen nicht nur in äußerlicher Ordnung gehalten werden, sondern viele zeigen Schäden und bedürfen dringend der Restaurierung. Der Bibliothekar hat die Pflicht, den alten Büchern gerade auch in dieser Hinsicht seine ganze Aufmerksamkeit zu widmen. Er darf die ihm anvertrauten Kostbarkeiten nicht verfallen lassen, sondern er muß immer bemüht sein, die einzelnen Werke in möglichst gutem Zustand zu bewahren und Buchschäden durch Restauratoren beseitigen zu lassen.

Hat der Bibliothekar endlich das Glück, sein Haus erneuern zu können oder einen Neubau zu beziehen, so sollte er versuchen, die Bücher so in die Gestalt der Bibliothek einzubeziehen, daß der Besucher diese Präsenz der Geschichte auch miterleben kann. Die Herzog August Bibliothek in Wolfenbüttel ist in dieser Hinsicht ein Experiment: der Betrachter kann die Bücherbestände wie in einem Museum bewundern und sich das vergegenwärtigen, was das Glück eines Bibliothekars ausmacht.

Der Umgang mit Büchern also soll dahin führen, daß die Gäste und Besucher teilhaben können an der Veranschaulichung geistiger Überlieferung. Sie sollen die Kostbarkeiten kennenlernen können und zugleich als Kulisse die Gegenwart der alten Bücher als eine Macht fühlen, die sie zum Nachdenken auffordert.

Denn: Bibliotheken sollen, auch wenn die Massenbenutzung zu anderen Formen zwingt, sehr wohl noch Stätten der Kontemplation sein. In den Lesesälen und Studienzimmern soll sich der Leser vom Geist der Bücher inspirieren lassen. In einer solchen Atmosphäre kann sich geistige Arbeit entfalten, und der Wissenschaftler wird sich dem Fluidum, das von den Büchern ausgeht, hingeben können.

In den Lesesälen der Bibliotheken sind große wissenschaftliche Werke entstanden: die Skizzierungen, die Vorarbeiten und auch nicht selten die Manuskripte selbst. Der Geist der Bücher kann neue Bücher zeugen. Die Pflicht des Bibliothekars ist es, an diesem schöpferischen Prozeß mitzuwirken und seine Bibliothek als eine einladende und gastliche Stätte der Forschung zu verstehen.

Mit diesen Gedanken sind wir schon inmitten eines anderen Problemkreises: denn der Bibliothekar ist nicht nur Bewahrer der überlieferten Bücher, sondern zugleich ist es seine Aufgabe, die Bestände zu vermehren, neue Bücher zu erwerben, die Sammlungen zu ergänzen und zu vervollständigen. Er muß aus den Neuerscheinungen das auswählen, was er für seine Bibliothek als unentbehrlich erachtet. So allein wirkt er ja mit in dem Bau, an dem schon seine Vorgänger arbeiteten, und sein Nachfolger wird ihn daran messen, wie er die Bibliothek nicht nur bewahrt, erschlossen und katalogisiert hat, sondern wie er für die Vermehrung Sorge trug.

Diese Gegenwartsaufgabe steht ganz im Mittelpunkt täglicher bibliothekarischer Arbeit. Aber wenn wir uns hier zunächst ausführlich mit den alten Büchern in einer Bibliothek beschäftigen, so sollte dies sehr bewußt den Akzent setzen: es sollte gezeigt werden, wie der Bibliothekar in der Kontinuität des Überlieferten lebt. Das alte Buch ist der Hintergrund, vor dem man sein Wirken verstehen sollte. Er ist immer nur ein Glied in einer langen Kette: er ist einer ungeschriebenen Ordnung unterworfen. Er hat Begonnenes nach Kräften fortzuführen. Wohl kann er seiner Sammlung neue Impulse geben und auch neue Bereiche erschließen, aber er lebt auch hier angesichts der Geschichte: die Bücher, die ihn überleben werden, sind stärker als er. Er ist ihnen untertan. In dieser doppelten Sicht hat der Bibliothekar seine tägliche Pflicht zu erfüllen. Nun hat sich freilich besonders in Deutschland durch die Verluste großer Bücherbestände im letzten Kriege und durch die Gründung neuer Bibliotheken dieser Zusammenhang verschoben. Der Hintergrund wurde vielfach verhängt: das alte Buch spielt an vielen Orten keine Rolle mehr. Die Forderungen des Tages zwingen zu pragmatischem Handeln. Ja, es kommt vor, daß man die alten Bücher, den Fundus, der eine Bibliothek trägt, als Ballast empfindet. Wie sehr dies alles zum Schaden der Bibliotheken geschieht, mag man aus dem Gesagten schließen.

Versteht man den bibliothekarischen Beruf als einen Dienst am Buch und an der Wissenschaft, so sollte man immer – und dies sei als Mahnung ausgesprochen – die beiden Seiten betrachten: das Bewahren und das Sammeln, das Forschen und das Verwalten.

Die Vermehrung der Bücher, die Auswahl des Wichtigen, Notwendigen und Unentbehrlichen, die Erwerbungen neuer Kostbarkeiten sind der Beitrag, den der Bibliothekar zum Fortwirken und Fortbestand seiner ihm anvertrauten Bibliothek leistet. Er wird sich bei jedem Buch, das er kauft, bewußt sein müssen, ob es die Zeiten überdauern kann oder ob es eine Tagespublikation ist, die seine Sammlung belastet. Es kann hier nicht meine Aufgabe sein, diese Anschaffungspolitik, diesen Umgang des Bibliothekars mit den neuen Büchern eingehend zu analysieren, denn: zu unterschiedlich sind die Bibliotheken, ihre Aufgaben und infolgedessen auch die Maßstäbe in der Erwerbung der Bücher. Man könnte darüber reflektieren, wie der Bibliothekar an einer technischen Universitätsbibliothek beispielsweise jede neue Auflage eines technischen Lehrbuches kaufen muß und dies in dem Bewußtsein, daß damit das vorhandene Exemplar wertlos wird. Man könnte auch darüber nachdenken, wie das Pflichtexemplarrecht die Bibliotheken zwingt, selbst die wertloseste Broschüre in ihren Bestand zu nehmen. Man sollte nicht verschweigen, daß die Lehrbuchsammlungen nicht nur segensreiche Einrichtungen für die Studenten sind, sondern zugleich auch ganz neue Perspektiven eröffnen über Bücher als Verbrauchsbücher, als Konsumgüter. Der wissenschaftliche Bibliothekar kann sich diesen von dem Massenzeitalter geforderten Aufgaben nicht entziehen. Aber er darf sie nicht verabsolutieren.

Wesentlicher aber ist die grundsätzliche Frage nach dem Umgang des Bibliothekars mit neuen Büchern. Denn die Differenzierung der wissenschaftlichen Disziplinen, die Verfeinerung der Methoden und die Internationalität der Veröffentlichungen machen es ihm unmöglich, die gesamte riesige Buchproduktion noch zu überblicken. Arbeitsteilung ist in der Erwerbung neuer Bücher deshalb unerläßlich. Nur ein Team von Bibliothekaren kann noch die Anschaffung besorgen. Außerdem ist die wissenschaftliche Universalbibliothek längst nicht mehr in der Lage, die Bücher aller Disziplinen gleichmäßig zu erwerben, wie das einst möglich war. Schwerpunkte sind zu setzen, und die Arbeitsteilung und Zusammenarbeit zwischen den Bibliotheken ist längst zu einer Notwendigkeit geworden.

Der Bibliothekar gerät so in persönliche Nöte, denn sein Verhältnis zu diesen Büchern wird lockerer. Ihn können nur noch Teilbestände der erworbenen Literatur wirklich berühren. Viele Anschaffungen empfindet er als Pflichtkäufe, da die Nachfrage sie fordert und da es sein Amt ist, für die Leser das bereitzustellen, was sie für ihre wissenschaftliche Arbeit benötigen.

Aber trotz dieser Schwierigkeiten bleibt dem Bibliothekar die Möglichkeit, das Profil seiner Sammlung zu bewahren. Er wird sich immer vor Augen halten, für welche Leser die Bücher erworben werden und ob es diese Leser auch noch später geben wird. Er wird versuchen, unter diesem kritischen Aspekt der Büchermengen Herr zu werden, aus denen er das Wesentliche auswählen muß. Außerdem sind es nicht nur die klassischen Buchformen, mit denen er es zu tun hat: er muß der Zeitschrift, der Fortsetzung und dem Mikrofilm seine Aufmerksamkeit gleichermaßen zuwenden.

Die Schwierigkeiten der Entscheidung, die Unsicherheit über Notwendigkeit und bleibenden Wert der Neuanschaffungen sind der Preis, ohne den der Bibliothekar seine Pflicht nicht erfüllen kann. Er muß immer versuchen, seine Entscheidung so zu treffen, daß sich das einzelne neue Werk mühelos in den vorhandenen Bücherbestand einfügt. Es ist leichter, teure Bibliothekswerke zu kaufen: sie haben ihren Ort unter den Büchern gleichen Geistes. Die Quellensammlungen, Nachschlagewerke, die großen Editionen und Monographien erscheinen ja schon unter der Voraussetzung, daß Bibliothekare sie kaufen werden. Auch die wesentlichen Bibliographien und Zeitschriften zu erwerben versteht sich von selbst. Doch schwierig ist die Entscheidung immer dann zu treffen, wenn die Aktualität des Themas mit dem Anspruch auf wissenschaftliche Qualität im Streit liegt. Entscheidet sich der Bibliothekar nur von der augenblicklichen Lage her, so mag er sich bald vorwerfen, daß er zuviel Ephemeres gekauft hat. Denn die Bibliothek kann schwerlich die Aufgabe erfüllen, alle jene Bücher zu sammeln, die sicherlich im Moment der Erwerbung ihre Leser finden, aber schnell veralten und dann ungenutzt in den Magazinen stehen.

Lebt der Bibliothekar aber im Bewußtsein der Einheit seiner Bibliothek, geht er von den Proportionen seiner Sammlung aus und verteilt er die Gewichte so, wie es den vorhandenen Bücherbeständen entspricht, so mag er im Umgang mit den neuen Büchern auch die Gewähr haben, die Bibliothek sinnvoll und harmonisch ergänzt und erweitert zu haben.

Der Bibliothekar und die Einheit seiner Bücher: das alte und das neue Buch sind nur zwei Aspekte des Buchbestandes, und die Grenzen zwischen diesen beiden Extremen sind fließend. Wohl mag das alte Buch kostbarer sein als die Neuerscheinung, aber auch unter diesen gibt es Sammelobjekte, die das alte Buch an Wert übertreffen können. Nicht nur das Gebrauchsbuch gehört in die Bibliothek, sondern auch das vorzüglich gedruckte oder illustrierte Werk. Mancher Bibliothekar wird seinen Ehrgeiz besonders darin sehen, neben den notwendigen täglich benötigten Büchern auch die Werke zu sammeln, die seine Schätze in ihrem Wert ergänzen. So ist beispielsweise das Sammeln illustrierter Bücher in einer Bibliothek kein Luxus, sondern der Versuch, die Bibliothek als Spiegel der Kulturgeschichte zu sehen. Das heutige kostbare Buch hat seinen selbstverständlichen Ort unter den alten Schätzen. Und wenn es wahr ist, daß man das Lebenswerk eines Bibliothekars daran mißt, um was er seine Büchersammlung ergänzt hat, so wird er dieses Argument sorgsam bedenken. Nicht das Vergängliche überstrahlt eine Bibliothek, sondern das Einmalige und das Hervorragende, sei es in der Ausstattung oder im Inhalt.

Mancher mag den Eindruck gewonnen haben, als ob ich in dem Verhältnis des Bibliothekars zu den Büchern allein der Überlieferung das Wort redete und die Augen verschlösse vor den Nöten der Bibliotheken angesichts der Massenbenutzer und der Bücherfluten, die die Bibliotheken zu überrollen drohen. Dies freilich wäre ein Mißverständnis.

Die perfekte Literaturversorgung ist eine selbstverständliche und unabweisbare Forderung in unserer Zeit und in der Zukunft. Die Bibliotheken müssen sich angesichts der weltweiten Bedeutung des Wissens in einem technisch-wissenschaftlichen Zeitalter darauf einrichten, diesen auf sie einstürmenden Problemen durch eine extensive Buchanschaffung, durch die Bearbeitung differenzierter Kataloge und durch eine gute Zugänglichkeit und eine reibungslos funktionierende Benutzung gerecht zu werden. – Aber die daraus folgende Gefahr, daß der Bibliothekar diese betrieblichen Einrichtungen verabsolutiert und daß ihm für die eigentliche Dimension seines Berufes kein Gedanke mehr bleibt, leitete mich, zu demonstrieren, daß der Beruf des Bibliothekars an erster Stelle heute und in der Zukunft durch den Umgang mit Büchern definiert wird. Nicht das Buch ist sein Lebensproblem, sondern es sind die Bücher, ihre Menge, ihre Masse. Und hier sollte er, besonders auch in Deutschland, in dem Bewußtsein wirken, daß er zum Nutzen der Leser für die Bewahrung der alten und für die

Erwerbung der neuen Bücher tätig sein muß, im Dienst am Menschen, an der Bildung, an der Wissenschaft, an der Kultur.

Denn: Der Bibliothekar, der täglich mit Büchern umgeht und seine Sammlung um neue Werke sinnvoll vermehrt, versteht dies als Beitrag zum Ganzen: die Bibliotheken sind nicht nur Schatzkammern des Geistes und Kornkammern des Wissens, sondern auch Rüstkammern für die friedliche Zukunft der Menschen.

Erstabdruck des Beitrags in: Börsenblatt für den Deutschen Buchhandel – Frankfurter Ausgabe 56 (1972) vom 14. Juli 1972, S. 1581–1588. Auch in: Raabe, Paul (Hrsg.): 400 Jahre Bibliothek zu Wolfenbüttel. Reden – Vorträge – Berichte aus dem Festjahr 1972. Frankfurt am Main: Klostermann 1973, S. 131–144.

IRMGARD SIEBERT

Zur Renaissance des Wissenschaftlichen Bibliothekars

Von der „Tragödie eines Berufs“

Die Schriften des Sekretärs der Königlichen Öffentlichen Bibliotheken zu Dresden Friedrich Adolf Ebert über die „Bildung des Bibliothekars“ aus dem Jahre 1820[1] werden in der Fachliteratur als Beginn der bibliothekarischen Berufsbilddiskussion interpretiert. Zum ersten Mal werden hier – 50 Jahre vor Einführung einer staatlich geregelten Ausbildung für den Wissenschaftlichen Bibliothekar – die Aufgaben, Kenntnisse und Fertigkeiten beschrieben, die für die professionelle Verwaltung und Führung einer Bibliothek für erforderlich gehalten werden. Zu der bis heute umstrittenen Frage, ob der Bibliothekar auch auf wissenschaftlichem Gebiet schöpferisch tätig sein solle, bezieht Ebert eine klare Position: Die „mannichfaltigen Pflichten“[2] des Bibliothekars, schreibt er, seien so zeitraubend, dass er an „keine eigenen literarischen Arbeiten denken“[3] könne. Sein Wahlspruch müsse vielmehr sein, „nicht für sich, sondern für andre“ zu arbeiten, „willig“ müsse „er sich selbst Genüsse versagen, die er andern bereitet“.[4] Das bibliothekarische Amt benötige „grosse Selbstverleugnung“, um „auf eignes Schaffen Verzicht zu leisten“ und nur „in stiller Oede [...] ein künftiges und fremdes Schaffen [...] vorzubereiten“.[5]

Der Verfasser konnte nicht ahnen, dass seine von Bescheidenheit und Aufopferungsbereitschaft gekennzeichnete Pflichtauffassung in Verbindung mit den hohen Ansprüchen, die er an die enzyklopädische Bildung des Bibliothekars stellte, eine nicht enden wollende Berufsbilddebatte auslösen würde. So führt Uwe Jochum die „permanente Krise des höheren Dienstes“ auf den „seit Ebert virulenten Konflikt zwischen gelehrter und

[1] Ebert, Friedrich Adolf: Die Bildung des Bibliothekars. Zweite umgearbeitete Ausgabe. Leipzig: Steinacker und Wagner 1820. Online-Ausgabe: Paderborn: Universitätsbibliothek 2013. URN: http://nbn-resolving.de/urn:nbn:de:hbz:466:1-11378.

[2] Ebenda, S. 54.

[3] Ebenda, S. 55.

[4] Ebenda.

[5] Ebenda, S. 9.

Verwaltungstätigkeit" zurück.[6] Georg Leyh (1877–1967), Direktor der UB Tübingen von 1921 bis 1947, vertritt in seinem Stockholmer Vortrag über die „Bildung des Bibliothekars" die Ansicht, dass man hinsichtlich dieser Dichotomien nicht zu Unrecht gelegentlich von der „Tragödie eines Berufs" gesprochen habe.[7] Die große Herausforderung des Bibliothekars bestehe im „Ausbalanzieren rein gelehrter, organisatorischer und praktischer Betätigungen"[8]. Der Bibliothekar sei „Verwaltungsbeamter, ohne auf gelehrte Haltung und Betätigung verzichten zu dürfen. Ein Spannungsverhältnis zwischen Verwaltungsaufgaben und wissenschaftlicher Arbeit" sei von „vornherein gegeben". Das eigentliche Problem bestehe darin, „die beiden Accente richtig zu verteilen und harmonisch auszugleichen".[9]

August Wilmanns, habilitierter klassischer Philologe, praktizierte alle Varianten: In Freiburg war er 1870/71 als außerordentlicher Professor und gleichzeitig als Leiter der Universitätsbibliothek tätig, in Innsbruck und Kiel wirkte er von 1871 bis 1874 als ordentlicher Professor, um 1874 in Königsberg Professur und Bibliotheksleitung gleichzeitig wahrzunehmen. Von 1875 bis 1886 war er schließlich außerordentlich erfolgreich als Oberbibliothekar an der Universitätsbibliothek Göttingen und von 1886 bis 1905 als Generaldirektor der Königlichen Bibliothek in Berlin tätig. Vor dem Hintergrund dieser Erfahrungen kommt er zu dem Ergebnis, dass „das *ewige Voltigieren von Bibliothek aufs Katheder und umgekehrt* nichts Rechtes gebe".[10]

Zurück zu Ebert und den Anfängen der Diskussion in den 1820er Jahren. Ebert begründete seine Vorstellung von der Selbstständigkeit des bibliothekarischen Amtes mit dem hohen zeitlichen Aufwand, den die Führung einer Bibliothek erfordere, sowie den besonderen unverzichtbaren Kenntnissen und Fertigkeiten. Die übliche nebenberufliche Ausübung der Bibliotheksleitung durch Professorenbibliothekare erschien Ebert

[6] Jochum, Uwe: Die vergebliche Suche nach dem Allgemeinen: 100 Jahre Höherer Dienst. In: Lohse, Hartwig (Hrsg.): Arbeitsfeld Bibliothek. 6. Deutscher Bibliothekskongress, 84. Deutscher Bibliothekartag in Dortmund 1994. Frankfurt am Main: Klostermann 1994 (Zeitschrift für Bibliothekswesen und Bibliographie, Sonderheft 59), S. 39–50, hier S. 49. Vgl. dazu Babendreier, Jürgen: Diskurs als Lebensform. Georg Leyh und seine Schrift „Die Bildung des Bibliothekars". In: Wolfenbütttteler Notizen zur Buchgeschichte 35 (2010), 1, S. 81–97.

[7] Leyh, Georg: Die Bildung des Bibliothekars. Kopenhagen: Ejnar Munksgaard 1952 (Library Research Monographs, 3), S. 9.

[8] Ebenda, S. 10.

[9] Ebenda, S. 10f.

[10] Zit. nach: Leyh, Georg (Hrsg.): Handbuch der Bibliothekswissenschaft. Zweite, vermehrte und verbesserte Auflage. Bd. 3, zweite Hälfte. Wiesbaden: Harrassowitz 1957, S. 401. Hervorhebung im Original.

aufgrund der wachsenden Anforderungen nicht mehr angemessen. Dieser Gedanke entsprach durchaus dem Geist der Zeit; die „*Reformbedürfnisse* an den Universitätsbibliotheken lagen vor aller Augen", heißt es bei Georg Leyh über die erste Hälfte des 19. Jahrhunderts. Der „bibliothekarische Berufsgedanke" sei „auch praktisch im Fortschreiten"[11] begriffen gewesen. „Nach Landshut wollte man 1808 *Philipp Buttmann* aus Berlin berufen, in Greifswald dachte man 1820 an *F. W. Riemer*, den Sekretär Goethes, in Breslau 1822 an *F. A. Ebert*, in Freiburg 1860 an *Klette*. Ähnliche Rufe nach dem hauptamtlichen Bibliothekar hören wir aus Kiel 1823, Bonn 1828, Würzburg 1839, Tübingen 1840 und 1855, Erlangen 1840, Göttingen 1844, Marburg 1847 und besonders nachdrücklich aus *Heidelberg* 1849: *wir wollen einen ganzen und eigentlichen Bibliothekar haben! Das Oberbibliothekariat ist kein Amt, mit dem man noch viele andere Ämter kumulieren kann!*"[12]

Die Ideen Eberts werden im 19. Jahrhundert unter anderem vom Begründer der modernen Bibliothekswissenschaft, Martin Schrettinger (1772–1851), und Anton Klette (geb. 1834, Todesdatum unbekannt), einem der ersten hauptamtlichen Universitätsbibliotheksleiter in Deutschland, unterstützt.[13] Im preußischen Erlass über die Zulassung zum wissenschaftlichen Bibliotheksdienst von 1893 sollten sie dann endlich umgesetzt werden. Wichtigste Zulassungsbedingung für den Vorbereitungsdienst in Form eines Volontariats bzw. Referendariats war ein mit der Promotion abgeschlossenes Studium, bevorzugt der Geisteswissenschaften, weil dieses allein „die Beherrschung der wissenschaftlichen Methode" garantiere und die „unentbehrliche ‚Einsicht in die Art und die Wege wissenschaftlicher Forschung'" vermittele.[14] Durch diesen politischen Akt wurde der hauptamtlich tätige und auskömmlich alimentierte, verbeamtete Berufsbibliothekar Wirklichkeit.

Die verbreiteten Klagen über Doppel- und Mehrfachbelastungen, krank machende Überforderungen des Berufsalltags und die Dichotomien des

[11] Leyh, Georg: Der Bibliothekar und sein Beruf. In: Ders. (Hrsg.): Handbuch der Bibliothekswissenschaft. Zweite, vermehrte und verbesserte Auflage. Bd. 2: Bibliotheksverwaltung. Wiesbaden: Harrassowitz 1961, S. 1–112, hier S. 13.

[12] Ebenda. Hervorhebungen im Original.

[13] Siehe z.B. Scholl, Nikolaus: Bibliothekar und Wissenschaft. Studien zur Geschichte des bibliothekarischen Berufs. In: Bibliothek und Wissenschaft 1 (1964), S. 142–200, hier S. 154f. und S. 149 (Klette).

[14] Zit. nach: Schochow, Werner: Der Berufsbibliothekar. Die Begründung und Sicherung des bibliothekarischen Berufsstandes in der Ära Althoff-Milkau, insbesondere in Preußen. In: Bibliothek und Wissenschaft 17 (1983), S. 56–101, hier S. 79. Schochow bezieht sich hier auf einen Aufsatz von Karl Schulz (Leipzig), ZfB 1 (1884), S. 490.

Berufs fanden dadurch jedoch kein Ende. Glaubt man Georg Leyh, ist davon auszugehen, dass tiefe „Resignation über eine geistlose Registrierarbeit“[15] auf der einen und „gelehrte[n] Müssiggängerei“[16] auf der anderen Seite in den Universitätsbibliotheken der ersten Hälfte des 20. Jahrhunderts eine verbreitete Erscheinung waren. Die ewige Debatte über die „Berufssorgen“[17] des Wissenschaftlichen Bibliothekars finden jedoch sowohl Ladislaus Buzás (1915–1997) als auch Leyh übertrieben und unangemessen. Zu Recht weist Buzás in seiner Replik auf seinen Münchner Kollegen Joachim Wieder (1912–1992) darauf hin, es sei zwar nicht von der Hand zu weisen, dass Bibliothekare Berufssorgen hätten, er glaube aber nicht, „daß diese Sorgen größer und andersartig wären als die Sorgen anderer geistiger Berufsgruppen, wie etwa die der Lehrer, Hochschullehrer, Richter, Ingenieure oder anderer, und keineswegs anders als die der Bibliothekare vor 30 oder 100 Jahren“.[18] Und bei Georg Leyh, der gern von den Verfechtern des wissenschaftlich schöpferisch tätigen Bibliothekars als Kronzeuge zitiert wird, heißt es unmissverständlich: „Keiner sage, dass seine Kräfte in einem Beruf missbraucht werden, in dem die Arbeit in einem Missverhältnis zur Vorbildung stehe. Niemand ist gezwungen, Bibliothekar zu werden. [...] Das Entscheidende ist immer, sich mit der Arbeit, wie sie eben vorliegt, zu identifizieren. [...] Es ist grundsätzlich unrichtig, nur die Arbeit dem Bibliothekar als angemessen zu betrachten, für deren Durchführung ein akademisches Wissen erforderlich ist. [...] Nicht einmal der wissenschaftliche Dienst lässt sich so durchrationalisieren, dass das Mechanische vom Geistigen sich rein ablöst; die Arbeitsakte sind viel zu sehr ineinander verflochten.“[19] Für jeden sei es die erste Aufgabe, „in seinen Arbeitsbereich einzuwurzeln und nicht nur durch Wollen, sondern auch durch positive Leistungen aufzufallen. Eine mangelnde Initiative, die eine Eigenschaft des Charakters“ sei, könne „niemals durch eine veränderte

[15] Leyh (wie Anm. 7), S. 9.

[16] Ebenda, S. 17.

[17] Wieder, Joachim: Berufssorgen des wissenschaftlichen Bibliothekars. In: Libri 9 (1959), 2, S. 132–165.

[18] Buzás, Ladislaus: Berufssorgen des wissenschaftlichen Bibliothekars. Ein Diskussionsbeitrag. In: Libri 10 (1960), 2, S. 81–104, hier S. 81. Das ernüchternde Fazit dieser offensichtlich völlig überbewerteten Debatte sieht nach Sven Kuttner so aus: „Bei Licht betrachtet lässt sich der Meinungsstreit jedoch unter dem Rubrum einer ephemeren Bibliothekarsposse abbuchen; der zwischenmenschlichen Tragik gebrach es diesem Münchner Händel der späten Nachkriegszeit indes nicht.“ Kuttner, Sven: Die Wieder-Buzás-Kontroverse 1959 bis 1962. Ein Blick hinter die Kulissen einer Berufsbilddiskussion der späten Nachkriegszeit. In: Bibliotheksdienst 43 (2009), 4, S. 384–398, hier S. 398. Wiederabdruck im vorliegenden Band, hier S. 80.

[19] Leyh (wie Anm. 7), S. 79, S. 80, S. 82.

Arbeitsteilung ins Leben gerufen werden".[20] Mit Goethe vertritt er die Auffassung, dass die Bibliothek nicht für den „Privatspass" der Bibliothekare gemacht worden sei.[21]

Der Übergang zur hauptamtlichen Verwaltung der Universitätsbibliotheken vollzog sich auch nach der Regelung der Ausbildung durch den Staat nicht abrupt, sondern sehr langsam. So wie im 19. Jahrhundert Haupt- und Nebenamt bereits parallel bestanden hatten, waren auch die ersten 50 Jahre des 20. Jahrhunderts von einer Durchmischung bestimmt. Selbst Friedrich Althoff, der Schöpfer des Berufsbibliothekars, besetzte 12 Jahre nach dem Erlass von 1893 die Königliche Bibliothek in Berlin nebenamtlich mit dem habilitierten Theologen und Kirchenhistoriker Adolf von Harnack. Proteste gegen diesen Bruch mit den eigenen Prinzipien wies Althoff selbstbewusst zurück: Harnack verfüge über eine hervorragende Stellung in der Wissenschaft und ausgewiesene „administrative Geschicklichkeit".[22]

Auswirkungen der Bibliothekssysteme auf die Berufsbilddebatte

Die in der Fachliteratur wechselnden Bewertungen der Leistungen der Berufs- und Professorenbibliothekare[23] können bis heute aufgrund fehlender quellengestützter Studien nicht abschließend beurteilt werden. Sicher scheint zu sein, dass das erste halbe Jahrhundert nach der Schaffung des Berufsbibliothekars im Jahr 1893 der Entfaltung und Bewährung desselben nicht günstig war. Die mit der heutigen Situation durchaus vergleichbare häufige Diskussion und Änderung der Ausbildungsinhalte zählt vermutlich noch zu den geringsten Hindernissen,[24] während die politischen und universitären Rahmenbedingungen demotivierend wirken mussten.

[20] Ebenda, S. 83.

[21] Vgl. ebenda.

[22] Leyh, Handbuch der Bibliothekswissenschaft (wie Anm. 10), S. 349.

[23] Zum Thema Berufsbibliothekar – Professorenbibliothekar siehe auch Leyh, Handbuch der Bibliothekswissenschaft (wie Anm. 10), S. 51–55; Schochow (wie Anm. 14) und Lohse, Hartwig: Friedrich Ritschl und die Bonner Universitätsbibliothek. Ein Beitrag zum Berufsbild des Professoren-Bibliothekars im 19. Jahrhundert. In: Liebers, Gerhard; Vodosek, Peter (Hrsg.): Bibliotheken im gesellschaftlichen und kulturellen Wandel des 19. Jahrhunderts. Hamburg: Hauswedell 1982 (Wolfenbütteler Schriften zur Geschichte des Buchwesens, 8), S. 35–52; Jochum, Uwe: Das Opfer der Schrift. Zur beruflichen Identität der Bibliothekare im 19. Jahrhundert. In: Wolfenbütteler Notizen zur Bibliotheksgeschichte 21 (1996), S. 166–184.

[24] Leyh, Handbuch der Bibliothekswissenschaft (wie Anm. 11), S. 15–30.

Das seit den 90er Jahren des 19. Jahrhunderts einsetzende kontinuierliche Wachsen der Seminar- und Institutsbibliotheken führte binnen weniger Jahrzehnte zu einer Marginalisierung der Universitätsbibliotheken. 1893 soll sich die Zahl der Bände an 114 Institutsbibliotheken von 14 Universitäten auf 100.000 bis 200.000 belaufen haben, bereits 10 Jahre später wurden an 367 Instituten der 10 preußischen Universitäten 616.900 Bände gezählt, 1927 hatte sich die Zahl der Institute fast vervierfacht (1.232), die Zahl der dort enthaltenen Bände war auf 5 Millionen angewachsen.[25] Die Fachöffentlichkeit hat diesen Prozess sehr aufmerksam verfolgt, sah aber keine Möglichkeit, diese „Entwicklung der Institutsbibliotheken zu vollständigen Fachbibliotheken, die nicht mehr neben den Universitäts-Bibliotheken, sondern über ihnen stehen"[26], zu stoppen. Ein früher und weitsichtiger Kritiker dieses Prozesses war der Direktor der Universitätsbibliothek Bonn, Wilhelm Erman, der die Unwirtschaftlichkeit dieses dualen Systems und die desaströsen Folgen für die Position der Universitätsbibliothek als Restelager, als Anstalt, die nur noch kauft, was die Institutsdirektoren in ihren Bibliotheken für entbehrlich hielten, zu Beginn des 20. Jahrhunderts deutlich erkannte und mit Sinn für Zynismen anschaulich beschrieb.[27] 25 Jahre später spricht auch Georg Leyh von „den völlig ungeordneten Zuständen, die heute in persönlicher und sachlicher Hinsicht in dem Verhältnis zwischen den Universitätsbibliotheken einerseits und den Fakultäten und Instituten andererseits herrschen". Er schließt nicht aus, dass der „extensive Wissenschaftsbetrieb starker Präsenz- und Ausleihebibliotheken nebeneinander bedarf", hält die „voneinander unabhängige Ausbildung beider Bibliotheksformen am gleichen Ort" jedoch für „unrationell". Es sei notwendig, „wenigstens die Erwerbung [...] durch gleichartige Bibliotheken am gleichen Ort in ein System zu bringen und das Bücherwesen einer Universität als eine Einheit zu behandeln".[28] Damit nimmt er die kooperative oder funktionale Einschichtigkeit gedanklich vorweg.

Obgleich Leyh ein großer Befürworter des 1893 geschaffenen Berufsbibliothekars ist, vermutet er, dass das massive Anwachsen der Institutsbibliotheken auch auf ein falsches Berufsverständnis eben dieser Berufsbibliothekare zurückzuführen sei. Die chaotischen Zustände sind für ihn

[25] Hartmann, Karl Julius: Das Problem der Institutsbibliotheken. In: Zentralblatt für Bibliothekswesen 56 (1939), S. 17–37, hier S. 25f.

[26] Ebenda, S. 26.

[27] Erman, Wilhelm: Erläuterung und Begründung der Allgemeinen Grundsätze für die Vermehrung der preußischen Staatsbibliotheken. In: Zentralblatt für Bibliothekswesen 26 (1909), 3, S. 97–121.

[28] Leyh, Georg: Stellung und Aufgabe der wissenschaftlichen Bibliothek in der Zeit. In: Zentralblatt für Bibliothekswesen 53 (1936), 9–10, S. 473–482, hier S. 477.

„das sichtbare Kennzeichen für die breite Kluft, die aus der an sich notwendigen Verselbständigung der bibliothekarischen Arbeit zwischen produktiver und verwaltender Wissenschaft sich aufgetan hat".[29] Leyh war Zeitzeuge und wird dieses Thema besser beurteilen können als diejenigen, die acht Jahrzehnte später auf schriftliche Quellen angewiesen sind. Dennoch gibt es aus meiner Sicht eine Unstimmigkeit: Wenn der Übergang von der nebenamtlichen Leitung von Universitätsbibliotheken auf das Hauptamt sich nicht abrupt, sondern gleitend vollzog, wie auch von Leyh behauptet wird, kann man dieses Anwachsen der Institutsbibliotheken nicht allein auf ein kollektives Versagen der Berufsbibliothekare zurückführen, es sei denn, man verfügt über entsprechende institutionsgeschichtliche Untersuchungen, die dies dezidiert belegen. Solche Studien liegen meines Wissens nicht vor.

Nach dem Zweiten Weltkrieg wurde die Front gegen das ineffiziente duale System breiter. Sowohl die Deutsche Forschungsgemeinschaft als auch der Wissenschaftsrat positionierten sich durch eindeutige Empfehlungen. Schon damals ahnte man, dass das vergleichsweise junge zweigleisige System schwer reformierbar sein würde[30], und empfahl einen Neuanfang für die geplanten Universitätsneugründungen. Zumindest der Wissenschaftsrat schwankte in den 1960er Jahren noch zwischen einem zentralen und einem dezentralen Modell.[31] Letzteres war bereits 50 Jahre früher von Wilhelm Erman als mögliche Option gedacht, aber als Absurdität abgetan worden.[32]

Kennzeichnend für die Mitte der 1960er Jahre zunächst in Bielefeld und in Konstanz entstehenden sogenannten Reformbibliotheken war der Ver-

[29] Ebenda. Diese Kluft erklärt Leyh so: „Im Rückblick auf die Geschichte in den beiden letzten Menschenaltern werden wir dem Wirken des Berufsbibliothekars die ausschlaggebenden Verdienste um den hohen Stand des wissenschaftlichen Bibliothekswesens in Deutschland zuschreiben. Aber wir werden heute auch die Schatten im Gesamtbild nicht mehr übersehen dürfen, den Zahlen- und Sammelwahn, ein gesteigertes, vom Gebrauch nicht immer gefordertes Katalogwesen, die betonte Pflege neuer, inhaltlich sehr eng umgrenzter Spezialwissenschaften, die Spannung zwischen bibliothekarischer Praxis und Wissenschaft, gewaltsame Versuche der Technisierung." Ebenda, S. 477f.

[30] Z.B. Empfehlungen des Wissenschaftsrats zum Ausbau der wissenschaftlichen Einrichtungen Teil II. Wissenschaftliche Bibliotheken. Tübingen 1964, S. 29–47, in jüngster Zeit für die meisten zweischichtigen Systeme bestätigt durch: Vogt, Renate: Funktionale Einschichtigkeit – heute noch ein Thema. Rückblick und Perspektiven aus nordrhein-westfälischer Sicht. In: Thiele, Rolf (Hrsg.): Der Bibliothekar im 21. Jahrhundert – ein traditionsbewußter Manager. Festschrift für Wolfgang Schmitz zum 60. Geburtstag. Köln 2009 (Kleine Schriften der Universitäts- und Stadtbibliothek Köln, 26), S. 279–289.

[31] Empfehlungen des Wissenschaftsrats (wie Anm. 30), S. 42.

[32] „Eine solche Lösung wäre unheilvoll für die Universitäten und sehr kostspielig für den Staat. [...] Ich bin überzeugt, daß, wenn es wirklich einmal zur Aufhebung der

zicht auf eine Trennung zwischen Zentral- und Institutsbibliothek und die Einrichtung einer zentralen Erwerbungs-, Katalogisierungs-, Ausleih- und Informationsabteilung.[33] Das Handeln der Direktoren dieser neuen einschichtigen Bibliothekssysteme wurde von dem Grundsatz der größtmöglichen Nutzerorientierung bestimmt, was angesichts fehlender autonomer Institutsbibliotheken überlebensnotwendig war und einem überhistorisch gültigen Grundsatz guter bibliothekarischer Praxis entsprach. Das Neue war auf diese Weise trotz der es begleitenden, revolutionär anmutenden Änderungen in den Bereichen Organisation und EDV in der Tradition verwurzelt. Mit Blick auf die Geschichte konnte es sogar für sich in Anspruch nehmen, das ältere und bewährtere Modell zu sein: Auch die dualen Bibliothekssysteme, die sich mit der „Entstehung" der einschichtigen Systeme in den 1960er Jahren wie in Konstanz und Bielefeld plötzlich als traditionell gerierten[34], waren über viele Jahrhunderte einschichtig gewesen, bevor es ab Ende des 19. Jahrhunderts zum unkontrollierten Wachstum der Instituts- und Seminarbibliotheken gekommen war.[35] Diese historischen Zusammenhänge nicht reflektierend und womöglich getrieben von der Furcht, die „Neuen" könnten zu einem Ressourcenverlust bei den „Alten" führen,[36] entstand nun ein in der Sache grotesker, im Ton harter, unversöhnlicher, unkollegialer und verletzender Feldzug gegen die

Universitätsbibliotheken käme, was ich nicht ernstlich befürchte, nach kürzester Zeit gerade aus den Dozentenkreisen der Ruf nach Wiederherstellung einer einheitlichen, umfassenden Bibliothek erschallen und sich unwiderstehlich geltend machen würde." Erman (wie Anm. 27), S. 105, S. 106.

[33] Vgl. dazu z. B.: Neubauer, Karl Wilhelm: Universitätsbibliothek. In: Lundgreen, Peter (Hrsg.): Reformuniversität Bielefeld. 1969–1994. Zwischen Defensive und Innovation. Bielefeld: Verlag für Regionalgeschichte 1994, S. 435–441.

[34] Die Vertreter der einschichtigen Bibliotheken haben zur Verfestigung dieser Vorstellung erheblich beigetragen. Vgl. z.B.: Stoltzenburg, Joachim: Bibliothek zwischen Tradition und Fortschritt. In: Verband der Bibliotheken des Landes Nordrhein-Westfalen. Mitteilungsblatt N.F. 34 (1984), 4, S. 433–456. Die Replik ließ nicht lange auf sich warten: Lohse, Hartwig: Die Bibliothek in der Gegenwart: Eine Antwort an J. Stoltzenburg. In: Verband der Bibliotheken des Landes Nordrhein-Westfalen. Mitteilungsblatt N.F. 35 (1985), 2, S. 177–181.

[35] Die Geschichte der UB Marburg beschreibt Dirk Barth in Anlehnung an Gottfried Zedler so: „Die Universitätsbibliothek Marburg, die gleichzeitig mit ihrer Universität 1527 gegründet wurde, hat als wissenschaftliche Gebrauchsbibliothek über drei Jahrhunderte lang die Literaturversorgung der Universität allein getragen. Dann kamen dezentrale Bibliotheken hinzu. 1856 gab es zwölf Institutsbibliotheken." Barth, Dirk: Vom zweischichtigen Bibliothekssystem zur kooperativen Einschichtigkeit. In: Zeitschrift für Bibliothekswesen und Bibliographie 44 (1997), 5, S. 495–522, hier S. 497.

[36] Diese Vermutung wird bestätigt von Walter Barton: Die Gesamthochschulbibliothek. Erfahrungen im Bibliotheksverbund Nordrhein-Westfalen. München [u.a.]: K. G. Saur 1990, S. 34: „Die Neuen waren den Alten schon deshalb anstößig, weil sie aus dem gemeinsamen Etattopf ernährt werden mußten."

Reformbibliotheken. Dass Direktoren der zweischichtigen Bibliotheken, deren Amtsvorgänger das unaufhaltsame Wachstum der Institutsbibliotheken angeprangert und zu stoppen versucht hatten, nun Loblieder auf das duale System[37] und die damit verbundene akademische Freiheit[38] der darin arbeitenden Bibliothekare anstimmten und das einschichtige System als „Zwangsanstalt"[39] werteten, kann man heute nur verständnislos zur Kenntnis nehmen.

Die einschichtigen Bibliothekssysteme konnten sich nur bewähren und Akzeptanz gewinnen, wenn sie die Annehmlichkeiten der ihnen fehlenden Institutsbibliotheken durch zentral organisierte Dienstleistungen kompensieren würden. Es ist daher nicht verwunderlich, dass in der Berufsbilddiskussion Ende der 1960er/Anfang der 1970er Jahre der Akzent wieder in Richtung Dienstleistungsbibliothekar verschoben wurde. Dies mag ein Bruch mit der Praxis der Universitätsbibliotheken in dualen Systemen gewesen sein, stellte aber keinesfalls ein Novum dar: Für Leyh[40] wie für Ebert war der erste Grundsatz bibliothekarischen Handelns, dass die Bibliothek für den Gebrauch da zu sein habe.

Dass die Neugründung einschichtiger Bibliothekssysteme im 20. Jahrhundert zeitlich zusammenfiel mit dem Siegeszug der EDV und der von den Sozialdemokraten bewirkten und geförderten Öffnung der Universitäten für bis dahin bildungsferne Schichten, ist eine mehr oder weniger zufällige Koinzidenz. Die in diesem Kontext anstehenden neuen fachlichen Anforderungen auf den Feldern Management und Informatik verbanden sich mit der stärkeren Dienstleistungskomponente und wurden in dieser Kombination sowohl von den Vertretern des „neuen" Berufsbildes – die den Bibliothekar vorrangig als Dienstleister sahen – als auch von den Kritikern als Revolution, als Bruch mit der Tradition gewertet. Dabei handelte es sich nur um eine notwendige, unumgängliche Anpassung an die technischen und bildungspolitischen Rahmenbedingungen auf der einen Seite und die Fortführung eines schon immer vorhandenen bibliothekari-

[37] Z. B. Lohse, Hartwig: Universitätsbibliotheken – Institutsbibliotheken. Anmerkungen zu aktuellen Fragen der Bibliotheksstruktur. Bonn: Bouvier Verlag Herbert Grundmann 1972 (Forschungsstelle für Buchwissenschaft an der Universitätsbibliothek Bonn, 9), insbesondere S. 14f.

[38] Lohse, Gerhart: Die Universitätsbibliotheken und das Problem der akademischen Freiheit. In: Zeitschrift für Bibliothekswesen und Bibliographie 20 (1973), 1, S. 1–13, insbesondere S. 2. Weitere Literatur: Siebert, Irmgard: Innovation ist unsere Tradition – 40 Jahre Universitätsbibliothek Bielefeld. In: ABI-Technik 30 (2010), 1, S. 21–30, Anm. 26.

[39] Lohse (wie Anm. 37), S. 6.

[40] „Keine wissenschaftliche Bibliothek ist sich Selbstzweck, jede ist nur Instrument für Lehre und Forschung […]. Im Dienen und Helfen muß jeder Bibliothekar sein oberstes Gesetz erblicken." Leyh, Handbuch der Bibliothekswissenschaft (wie Anm. 11), S. 38.

schen Selbstverständnisses – für die Belange der Wissenschaft da zu sein – auf der anderen Seite.

Die schonungsloseste Kritik erfährt das von der Wissenschaft geförderte duale System in den 1980er Jahren durch einen Wissenschaftler: Das Problem des dualen Systems – Institutsbibliothek versus Universitätsbibliothek – für die Wissenschaft, resümiert Bernhard Fabian, „lag nicht nur in dem *circulus vitiosus*, daß eine schwache Universitätsbibliothek Institutsbibliotheken herausforderte und erstarkende Institutsbibliotheken die zentrale Universitätsbibliothek weiter schwächten, sondern vor allem darin, daß trotz hohen Aufwandes die Leistungsfähigkeit beider Bibliothekstypen, von Ausnahmen abgesehen, über ein mittleres Niveau nicht hinauskamen".[41]

Der Marburger Weg

Wir sind in der glücklichen Lage, eine erfahrungsgestützte Dokumentation der Auswirkungen der oben beschriebenen Änderungen (EDV, einschichtiges System, Massenuniversität, Bibliothek als Betrieb), wie sie während des letzten Drittels des 20. Jahrhunderts stattfanden, auf die „Berufswirklichkeit des wissenschaftlichen Dienstes in universitären Bibliothekssystemen" zu besitzen. „Die Entwicklung der Informationstechnologie und strukturelle Veränderungen", heißt es in einem Beitrag von Dirk Barth und Ralf Brugbauer über die UB Marburg, einer lange Zeit klassisch zweischichtigen Bibliothek, „haben das Aufgabenspektrum des wissenschaftlichen Dienstes in Marburg grundlegend verändert. In seinem Rahmen haben der Betrieb von Datenverarbeitungssystemen sowie Verwaltungs- und Managementfunktionen in dezentralen Bibliotheken ein besonderes Gewicht erhalten. Ausgehend von einem praktischen, dienstleistungsorientierten Verständnis des Berufs, wird aufgrund der Marburger Erfahrungen ein funktional differenzierter Bedarf an wissenschaftlichen Bibliothekaren, Bildungsmanagern und -informatikern formuliert."[42]

[41] Fabian, Bernhard: Buch, Bibliothek und geisteswissenschaftliche Forschung. Zu Problemen der Literaturversorgung und der Literaturproduktion in der Bundesrepublik Deutschland. Göttingen: Vandenhoeck und Ruprecht 1983 (Schriftenreihe der Stiftung Volkswagenwerk, 24), S. 54. Online-Ausgabe: Düsseldorf: Universitäts- und Landesbibliothek 2013. URN: http://nbn-resolving.de/nbn:de:hbz:061:1-243494. Hervorhebung im Original.

[42] Barth, Dirk; Brugbauer, Ralf: Zwischen Fachreferat, Management und Informationstechnologie. Zur Berufswirklichkeit des wissenschaftlichen Dienstes in universitären

Auf den ersten Blick mag es verwundern, dass die ausführlichste und sachlichste, auf Erfahrungen gestützte Beschreibung der Veränderungen des Berufsbilds des Bibliothekars im letzten Drittel des 20. Jahrhunderts an einem zweischichtigen Bibliothekssystem entstand, das von 1950 bis 1973 noch von einem Gelehrtenbibliothekar klassischer Prägung geleitet worden war, einer Persönlichkeit, so der Amtsnachfolger Franz-Heinrich Philipp, der es gegeben war, den alten Traum von der Verbindung des bibliothekarischen Berufs mit dem eines Gelehrten zu verwirklichen:

„Wolf Haenisch, eine unverwechselbare Persönlichkeit. Ein Mensch, geprägt durch die Begegnung mit der Geisteswelt des Fernen Ostens, magisch von ihr angezogen, fast ihr zugehörig. Spürbar dieses, wenn er Kollegen aus Japan in Marburg begrüßen konnte und im immer erneutem Verbeugen die höfliche Geste sich entfaltete oder wenn im Kreis der Gäste daheim der Tee zeremoniell gereicht wurde. Verhaltenheit, Aufmerksamkeit, Bereitschaft zum Zuhören im persönlichen Gespräch, vorsichtiges, fast tastendes Angehen der Fragen, die nach Entscheidung verlangen, und manchmal ein weise lächelndes, fast schon entrücktes Umgehen mit den Dingen dieser Welt. Prädestiniert darum zum Eingehen, zum Einfühlen in japanische Geschichte und japanische Historiographie. Ein Gelehrter also, fasziniert von der Welt des japanischen Buches, des japanischen Geistes.“[43]

Haenisch sei es zum Wohl seiner bibliothekarischen Aufgabe und zum Wohl seines Berufsstandes gelungen, Wissenschaft und Verwaltung in eine ausgewogene Balance zu bringen. „Achtung, Anerkennung, offene Ohren und Türen“, so das Fazit Philipps, „findet sicherlich im Hochschulbereich leichter jener Bibliothekar, der nicht im Management allein aufgeht, sondern auch Partner im Bereich fachlicher Lehre und Forschung ist.“[44]

Wir haben es hier mit einer interessanten Konstellation zu tun. Haenisch, der als Professor im Interesse seiner Kollegen in den Fakultäten eigentlich die Selbstständigkeit der Institutsbibliotheken hätte unterstützen müssen, macht die Überwindung der Nachteile der Dualität zu seinem Anliegen und plädiert bereits 1965 für ein tolerantes Miteinander der alten

Bibliothekssystemen. In: ABI-Technik 18 (1998), 2, S. 122–130, hier S. 122. Wiederabdruck im vorliegenden Band, S. 81–97. Ebenfalls grundlegend: Barth, Dirk: Über Berufssorgen und -perspektiven des wissenschaftlichen Bibliothekars. Marburger Erfahrungen. In: Rützel-Banz, Margit (Hrsg.): Grenzenlos in die Zukunft. 89. Deutscher Bibliothekartag in Freiburg im Breisgau 1999. Frankfurt am Main: Klostermann 2000 (Zeitschrift für Bibliothekswesen und Bibliographie, Sonderheft 77), S. 265–275.

[43] Philipp, Franz-Heinrich: Bibliothekar, Gelehrter, Gelehrter und Bibliothekar. Ein Nachruf für Wolf Haenisch. In: Zeitschrift für Bibliothekswesen und Bibliographie 25 (1978), 4, S. 348–350, hier S. 348.

[44] Ebenda, S. 349.

und neuen Bibliotheken.[45] Die Leitlinie seines bibliothekarischen Handelns, „ein stärkeres Hineinwachsen [der Zentralbibliothek] in die Hochschule“[46], führte zu praktischen Schritten, wie zum Beispiel der Einführung bzw. Fortführung des die Institutsbestände integrierenden zentralen alphabetischen Katalogs[47]. Dies „wurde schon in den sechziger Jahren als *Marburger Modell* bezeichnet und ging in die Empfehlungen der Deutschen Forschungsgemeinschaft von 1970 ein“.[48] Den engeren Kontakt mit der Hochschule empfand Haenisch – anders als sein Kollege Lohse – als entscheidenden und damit nachahmenswerten Vorteil der neuen Bibliotheken. Mit der Öffnung der Bibliothek am Sonntag, als erste Universitätsbibliothek in Deutschland, nahm Haenisch Dienstleistungen vorweg, die eigentlich zu den Errungenschaften der sogenannten Reformbibliotheken gezählt werden. Die von ihm vorbereitete kooperative Einschichtigkeit wurde unter den nachfolgenden Direktoraten von Franz-Heinrich Philipp und Dirk Barth fortgeführt und intensiviert.[49] Als eine von wenigen alten Bibliotheken trat Marburg den Beweis an, dass ein solcher Weg möglich, sinnvoll und erfolgreich sein kann.

Doch zurück zu dem 1998 von Dirk Barth und Ralf Brugbauer konstatierten deutlichen Voranschreiten der „funktionale[n] Differenzierung“.[50] Dies sieht auch Uwe Jochum als einzige Möglichkeit, die „permanente Krise des höheren Dienstes“[51] zu überwinden. Gleichwohl sind die Positionen nicht ganz identisch: Unter dem Druck der wachsenden Aufgaben des Bibliothekars stellen Barth und Brugbauer die schöpferische, produktive wissenschaftliche Arbeit[52] zurück, Jochum hingegen will sie durch die ge-

[45] Vgl. dazu Haenisch, Wolf: Was können die bestehenden Hochschulbibliotheken den Neugründungen entnehmen. In: Zeitschrift für Bibliothekswesen und Bibliographie 12 (1965), S. 304–314, insbesondere S. 313f.

[46] Zit. nach Barth (wie Anm. 35), S. 498; vgl. auch Haenisch (wie Anm. 45), S. 312.

[47] Philipp, Franz-Heinrich: Der zentrale alphabetische Katalog im Bibliothekssystem der Philipps-Universität Marburg. In: Zeitschrift für Bibliothekswesen und Bibliographie 21 (1974), 4, S. 292–305.

[48] Barth (wie Anm. 35), S. 498. Hervorhebung im Original.

[49] Ebenda. Siehe auch: Gebauer, Hans Dieter: Das ‚Marburger Modell‘ als Beispiel. In: Verband der Bibliotheken des Landes Nordrhein-Westfalen. Mitteilungsblatt N.F. 30 (1980), S. 498–504.

[50] Barth/Brugbauer (wie Anm. 42), S. 127. Im vorliegenden Band S. 93. Barth/Brugbauer zitieren hier Totok, Wilhelm: Der Bibliothekar zwischen Praxis und Wissenschaft. In: Bibliothek und Wissenschaft 21 (1987), S. 189–206, hier S. 197.

[51] Jochum (wie Anm. 6), S. 49.

[52] „Der wissenschaftliche Bibliothekar bringt zwar die in seinem Studium erworbenen Kenntnisse und die Beherrschung der Technik wissenschaftlichen Arbeitens ein, arbeitet jedoch in seinem Beruf nicht wissenschaftlich. Wissenschaftliche Bibliotheken tragen ihrem heute üblichen Selbstverständnis zufolge das Etikett ‚wissenschaftlich‘ deshalb, weil

forderte Binnendifferenzierung (wieder) ermöglichen. Er zieht folgende Bilanz: Aus der Tatsache, dass man Wissenschaft und Verwaltung niemals zu dem noch von Leyh propagierten harmonischen Ausgleich bringen könne, habe das sozialwissenschaftlich-technische Paradigma den falschen Schluss gezogen, dass es sich hier um „überfordernde Zumutungen“[53] handele. Angesichts der durch die Modernisierung notwendigen neuen Kompetenzen in Management und EDV habe man entschieden, auf die wissenschaftliche Komponente des Berufs zu verzichten. Vor diesem Hintergrund fordert er, die wissenschaftliche Rolle der Bibliotheken zu stärken, „ohne dabei auf die durch die Modernisierung erzielten Gewinne zu verzichten“. Das impliziere eine „Anerkennung der Spezialisierung und einen expliziten Verzicht auf den Einheitsbibliothekar“. Die einsetzende Verwaltungsmodernisierung könne man dem „dafür geeigneten Personal überlassen [...], ohne die Mehrheit der wissenschaftlich vorgebildeten Bibliothekare in diese unpassende Rolle zu drängen. Die wissenschaftlichen Bibliothekare würden dadurch frei werden, sich aufgrund ihrer Verankerung in der Fachwissenschaft auf die Verknüpfung von Bibliothek und Wissenschaft zu spezialisieren.“[54] Die Idee, ein sich ausdifferenzierendes Aufgabenspektrum durch Spezialisierung zu bewältigen, ist nicht ganz neu. Schon die Einführung des Fachreferentensystems zu Beginn des 20. Jahrhunderts[55] bedeutete eine Binnendifferenzierung und die Anerkennung, dass das Berufsbild Einheitsbibliothekar seine Grenzen gefunden hatte.[56]

sie Dienstleistungen für die Wissenschaft erbringen. Im Rahmen dieser Funktion unterstützen sie die Wissenschaftler in ihrer wissenschaftlichen Arbeit.“ Barth/Brugbauer (wie Anm. 42), S. 122. Im vorliegenden Band S. 83.

[53] Jochum, Uwe: Die Aufgabe des Höheren Dienstes. In: Ders. (Hrsg.): Der Ort der Bücher. Festschrift für Joachim Stoltzenburg zum 75. Geburtstag. Konstanz: Universitätsverlag Konstanz 1996, S. 69–79, hier S. 78. Jochum bezieht sich hier auf einen Beitrag von Buzás.

[54] Ebenda. Ganz ähnlich an anderer Stelle: „Wenn es daher eine Lösung für die permanente Krise des höheren Dienstes gibt, dann kann diese Lösung nur in einer Binnendifferenzierung des Berufes liegen, die den seit Ebert virulenten Konflikt zwischen gelehrter und Verwaltungstätigkeit, der bislang sozusagen im Herzen eines jeden Bibliothekars auszutragen war, veräußerlicht. [...] Von nun an könnte man die Verwaltung von Datenbanken und Medienmixen Informationsmanagern überlassen, während an den Bibliotheken durch diese Trennung wieder Raum für wissenschaftliche Arbeiten geschaffen wäre.“ Jochum (wie Anm. 6), S. 49, S. 50.

[55] Vgl. dazu Enderle, Wilfried: Selbstverantwortliche Pflege bibliothekarischer Bestände und Sammlungen. Zu Genese und Funktion wissenschaftlicher Fachreferate in Deutschland 1909–2011. In: Bibliothek Forschung und Praxis 36 (2012), 1, S. 24–31. Wiederabdruck im vorliegenden Band, S. 47–64.

[56] Vgl. dazu Leyh: „Die große Aufgabe der Zukunft ist der organische Ausbau des Fachreferatesystems [...]. Der bibliothekarische Verwaltungskörper muß der Spezialisierung der Wissenschaft in gewissen Abständen und in vereinfachter Linien-

Die UB Marburg erreicht die von ihr als notwendig erachtete Spezialisierung des Höheren Dienstes durch Komprimierung der Fachreferate. Dieser Weg wurde „begünstigt" durch einen exorbitant niedrigen Erwerbungsetat und einen im Vergleich zu anderen Bibliotheken relativ niedrigen Aufwand für Sacherschließung.[57] Das Modell ist folglich nicht einfach auf andere Bibliotheken übertragbar, sondern muss an die jeweils lokalen Rahmenbedingungen angepasst werden. An die Stelle der Komprimierung der Fachreferate könnte beispielsweise eine Vermehrung der Stellen des Höheren Dienstes treten. Selbst wenn Aufgaben des Höheren Dienstes vom Gehobenen Dienst übernommen würden, was Barth, Stoltzenburg und Jochum nicht ausschließen,[58] bedarf es einer Vermehrung gut dotierter Stellen, um den aufstiegswilligen Mitarbeitern des Gehobenen Dienstes einen Anreiz und eine adäquate Vergütung bieten zu können. Vergleicht man das Stellenverhältnis Höherer Dienst–Gehobener Dienst zu Beginn und am Ende des 19. Jahrhunderts[59] und vergegenwärtigt man sich die Zunahme der anspruchsvollen Tätigkeiten im Bibliothekswesen sowie die durch neue Ausbildungsordnungen geebneten Wege für Aufstiege des Gehobenen Dienstes, ist es sehr verwunderlich, dass nicht schon längst mit sehr viel mehr Nachdruck eine Vermehrung hoch dotierter Stellen für Wissenschaftliche Bibliotheken gefordert wurde.

Andere Risiken des Marburger Weges zeigten sich kurz nach der Publi-

führung folgen, wenn die nicht wegzuleugnende Entfremdung zwischen verwaltender und schöpferischer Wissenschaft beseitigt werden soll. Nur aus den Bedürfnissen der Fachwissenschaften, denen sie als Arbeitsinstrument zu dienen hat, ist die moderne Gebrauchsbibliothek aufzubauen." Leyh (wie Anm. 28), S. 479. Seiner Meinung nach war die Spezialisierung an großen Bibliotheken schon immer ein „Muss". Leyh, Handbuch der Bibliothekswissenschaft (wie Anm. 11), S. 106. „Die alte *Kgl. Bibliothek in Berlin* hatte Spezialkenner für die abendländischen Handschriften, für den Vorderorient und für den fernen Osten; der chinesische und japanische Gelehrte konnten als Besucher in ihren Landessprachen begrüßt werden. HAEBLER war der Spezialkenner der Frühdrucke in der Antiqua; VOULLIÉME in der gotischen Schrift. Es gab ausgezeichnete Kenner der Buchmalerei, der Theorie und der Geschichte der Musik. Für den Aufbau der Bestände und die Führung der Sachkataloge hatten alle Hauptfächer ihre wissenschaftlich ausgewiesenen Kenner." Ebenda. Hervorhebungen im Original.

[57] In den 1960er Jahren wurde Marburg in der Fachöffentlichkeit „berühmt" wegen des Abbruchs des Sachkatalogs. Vgl. hierzu: Scholz, Hans-Jürgen: Der Sachkatalog – eine lebendige Tradition? In: Zeitschrift für Bibliothekswesen und Bibliographie 16 (1969), 5–6, S. 274–279.

[58] S. Barth/Brugbauer (wie Anm. 42), S. 129. Im vorliegenden Band S. 94; Jochum, Uwe; Oehling, Helmut: Die das falsche Steckenpferd reiten. Eine Replik auf den Beitrag von te Boekhorst, Buch und Ceynowa im Bibliotheksdienst 32 (1998), H. 4. In: Bibliotheksdienst 32 (1998), 5, S. 857–865; Stoltzenburg, Joachim: Der Bibliothekar und seine Ausbildung. Eine Diskussion des Aufsatzes von W. Grunwald in ZfBB, XVI (1969), S. 154–169. In: Zeitschrift für Bibliothekswesen und Bibliographie 16 (1969), 5–6, S. 381–392.

[59] Leyh, Handbuch der Bibliothekswissenschaft (wie Anm. 11), S. 47f.

kation des oben genannten Aufsatzes. Das große Vertrauen, das die Direktion der UB Marburg in die Fähigkeiten und Entwicklungsmöglichkeiten ihres durchweg dienstjungen Fachreferententeams hatte und durch frühe Übertragung von Leitungsfunktionen förderte, führte letztlich dazu, dass die meisten der in den 1990er Jahren ins Haus gekommenen Mitarbeiter des Höheren Dienstes[60] innerhalb weniger Jahre auf Leitungspositionen außerhalb Marburgs wechselten.[61]

Der skizzierte Marburger Weg war ein personeller, organisatorischer und konzeptioneller Kraftakt, der sich unter extrem schwierigen finanziellen Rahmenbedingungen vollzog, durch letztere auch angeregt und forciert wurde. Er hat die neuen Anforderungen, die neuen Aufgaben des Höheren Dienstes im letzten Drittel des 20. Jahrhunderts vermutlich deutlicher in Erscheinung treten lassen als an den Bibliotheksneugründungen. Bibliothekswissenschaftlich interessant ist dieser Weg, weil er die „Schwarz-Weiß-Zeichnungen“ von Lohse, Stoltzenburg, Jochum und anderen widerlegt.

Renaissance des Wissenschaftlichen Bibliothekars?

Die Herausforderungen, die die Mitte der 60er Jahre des vorigen Jahrhunderts entstehenden neuen Bibliotheken zu bewältigen hatten – Aufbau eines Bestands aus dem Nichts, Einführung der EDV, Bewältigung der Massenuniversität, Implementierung und Sicherung der nicht dualen Literaturversorgung –, waren in quantitativer und qualitativer Hinsicht ohne Beispiel. Dass der Alltag dieser Generation von Bibliothekaren wenig Zeit ließ für bibliothekswissenschaftliche, bibliotheks- oder buchgeschichtliche Aktivitäten ist nachvollziehbar. Verständlich ist auch, dass diese die Wissenschaft aus dem Berufsbild zu verdrängen suchten, um sich dem von Leyh geforderten Ausbalancieren der Spannungen zu entziehen.[62] Man glaubte in den 1970er Jahren, am Beginn einer neuen Bibliotheksepoche zu stehen, die nichts oder nur wenig mit der vorangegangenen verband. „Mit Leyhs Abgang“, schreibt Walther Gebhardt, „ist die Bibliotheksepoche, die mit der

[60] Barth/Brugbauer (wie Anm. 42), S. 128. Im vorliegenden Band S. 93.

[61] Ralf Brugbauer: Bayreuth, Stephan Fliedner: UB Mainz/Stadtbibliothek Mainz, Dietmar Haubfleisch: UB Paderborn, Sabine Homilius: Stadtbücherei Frankfurt am Main, Joachim Kreische: ULB Düsseldorf/UB Dortmund, Sven Kuttner: UB München, Peter Otzen: FHB Köln, Irmgard Siebert: UB Essen/ULB Düsseldorf. Renate Stegerhoff-Raab nimmt heute die Position der stellvertretenden Direktorin der UB Marburg wahr.

[62] Jochum spricht nicht zu Unrecht davon, dass man „die Spannung zwischen bibliothekarischer Gelehrsamkeit und beruflicher Praxis durch einen Sprung in die Praxis auflösen“ wollte. Vgl. den Beitrag von Jochum im vorliegenden Band, S. 135.

Göttinger UB begonnen, das 19. Jahrhundert bestimmt hat und im preußischen Bibliothekswesen der Zeit zwischen den Weltkriegen kulminierte, endgültig abgeschlossen."[63] Eine Position, die von Joachim Stoltzenburg unterstützt wird.[64] Noch in der Tradition verwurzelten Kollegen wie Paul Raabe unterstellt Stoltzenburg ein unbefangenes, von „nostalgische[r] Sentimentalität" geprägtes Geschichtsverständnis.[65] Über Georg Leyh, der in seinen Schriften immer wieder die wissenschaftliche Gebrauchsbibliothek beschworen hatte, also jene Einrichtung, von der die Reformbibliotheken glaubten, sie gerade aus der Taufe gehoben zu haben, schreibt Stoltzenburg in völliger Verkehrung der Tatsachen, dass dieser die Bibliothek als „eine autonom-autarke, in sich geschlossene, ganz auf sich selbst bezogene und unabhängig entscheidende Institution" gesehen habe.[66]

Dieses Negieren vorhandener Kontinuitäten ist vermutlich auf eine zu Überheblichkeit neigende Gründungseuphorie, ein starkes Abgrenzungsbedürfnis und ein noch nicht gefestigtes Selbstvertrauen zurückzuführen. Heute feiern die damaligen einschichtigen Neugründungen ihre ersten Jubiläen und haben aufgrund einer dem dualen System in vielen Feldern überlegenen Dienstleistungsorientierung ihren festen Platz im deutschen Bibliothekswesen, bedroht allenfalls – wie die zweischichtigen Systeme auch – von zentralistischen Utopien sich überschätzender neuer Akteure. In diesem noch jungen Wettbewerb könnte sich die fehlende Singularität des Bestands, die die Reformbibliotheken noch immer zwingt, ihre Tradition auf permanente Innovation zu gründen,[67] als nachteilig erweisen.

Um zu verstehen, was Georg Leyh oder auch Paul Raabe unter wissenschaftlicher Tätigkeit des Bibliothekars subsumierten, muss man sich die entsprechenden Äußerungen genauer ansehen. Georg Leyh widmet diesem Thema im Rahmen seiner Ausführung über den Beruf des Biblio-

[63] Gebhardt, Walther: Georg Leyh 1877–1977. Betrachtungen an seinem hundertsten Geburtstag. In: Zeitschrift für Bibliothekswesen und Bibliographie 24 (1977), 3, S. 209–223, hier S. 222.

[64] Stoltzenburg, Joachim: Bibliothek zwischen Tradition und Fortschritt. In: Verband der Bibliotheken des Landes Nordrhein-Westfalen. Mitteilungsblatt N.F. 34 (1984), 4, S. 433–456, hier S. 436.

[65] Ebenda, S. 437.

[66] Ebenda, S. 438. Die Gegenbeweise sind zahlreich: Vgl. dazu Leyh, Handbuch der Bibliothekswissenschaft (wie Anm. 11). S. 38: „Keine wissenschaftliche Bibliothek ist sich Selbstzweck, jede ist nur Instrument für Lehre und Forschung."; S. 46: „Die Geltung jeder Bibliothek stützt sich auf einen mit kritischer Sorgfalt ausgewählten *Bücherbestand* und auf seine liberale *Benutzung*." Hervorhebung im Original. S. 61: „Oberster Grundsatz bleibt, daß jede Bibliothek aus den Bedürfnissen ihrer Benutzer aufgebaut werden muß." Ebenfalls S. 83, S. 86.

[67] Vgl. dazu beispielsweise: Siebert (wie Anm. 38).

thekars 26 Seiten. Sie tragen die Überschrift „Die Bildung des Bibliothekars".[68] Er beginnt mit der schon bekannten Feststellung, dass die Bewertung der bibliothekarischen Arbeit in Extremen schwanke. Auf der einen Seite sehe man nur die handwerkliche Tagesarbeit einer wissenschaftlichen Verkehrsanstalt, auf der anderen Seite werde diese Arbeit zu einer Wertwissenschaft an sich übersteigert, die über allen Wissenschaften stehe. Dass hier seit Jahrhunderten ein Problem vorliege, das ähnlich aus den gleichartigen Sammlungsberufen der Archivare und Museumsbeamten nicht bekannt sei, zeige die umfangreiche Literatur zu diesem Thema. „Wir werden", verspricht er dann, „die Deutung der Berufsaufgaben und die Lösung der Spannungen nicht in den Wolken suchen, sondern auf dem Boden der Wirklichkeit."[69]

„Wert und Wesen des bibliothekarischen Amtes", so Leyh, müssten aus „der geistigen Höhenlage, die von der Geschichte bestimmt" werde,[70] beurteilt werden. Er bezieht sich damit auf die Zeit des 17. und 18. Jahrhunderts, die von Gelehrten ersten Ranges wie Leibniz, Lepsius, Mommsen oder Alexander von Humboldt geprägt worden sei.[71] Gleichwohl ist Leyh weit davon entfernt, den Professorenbibliothekar oder den gelehrten Bibliothekar alter Schule reaktivieren zu wollen.[72] Ganz im Gegenteil ist er ein glühender Anhänger des 1893 geschaffenen Berufsbeamtentums. Die „Berufslosigkeit", die vorher geherrscht habe, sei ein „Zustand, den nur ganz starke, elastische, geistig produktive Naturen ohne seelischen Schaden zu ertragen" vermochten.[73] Dieser Zustand musste beendet werden, der Bibliothekar, so Leyh, musste ins „Gleichgewicht gebracht" werden, er benötigte „einen Schwerpunkt"[74]. Dies sei der Kern der preußischen Ordnung von 1893; die stets schwankenden Inhalte der Ausbildung seien gegenüber dieser Errungenschaft, der Beendigung der Berufslosigkeit und der Begründung einer „Berufsidee"[75] nebensächlich.

Den wissenschaftlichen Charakter der Tätigkeit des Höheren Dienstes[76]

[68] Vgl. Leyh, Handbuch der Bibliothekswissenschaft (wie Anm. 11), S. 81–107.

[69] Ebenda, S. 81.

[70] Ebenda, S. 83.

[71] Vgl. ebenda, S. 81f.

[72] „Das ernsthafte Bestreben, die aktive Fühlung mit dem alten Studienfach nicht zu verlieren, verdient durchaus Anerkennung. Die entscheidende Frage bleibt aber immer, inwieweit die Habilitation tatsächlich der Bibliothek zugute kommt. Es ist nun einmal die Gefahr aller Dualisten, daß ihr Schwerpunkt ins Wanken gerät." Ebenda, S. 74.

[73] Ebenda, S. 17.

[74] Ebenda.

[75] Ebenda, S. 83.

[76] Eine angemessene Ausübung des bibliothekarischen Berufs kann nach Leyh nur von „geistig und wissenschaftlich belebten Persönlichkeiten" erwartet werden, die „enge

leitet Leyh jedoch nicht aus der „geistigen Höhenlage“ des Berufs, auch nicht aus den 1893 festgeschriebenen Zulassungsbedingungen und Ausbildungsinhalten ab, sondern aus – man muss wohl sagen – überhistorischen „Leitsätzen“ guter bibliothekarischer Arbeit. Für diejenigen, die Leyh eine ausschließlich „traditionelle Berufskonzeption“[77] bescheinigten und ihn zur „geschichtlichen Figur“[78] relativieren wollten, mögen die Aktualität und der pragmatische Charakter dieser Vorstellungen überraschend sein.

An erster Stelle steht für Leyh der Grundsatz, *„daß es keine Bibliothek an sich gibt*, sondern immer nur für den Gebrauch; die wissenschaftliche Bibliothek ist ein Instrument der Forschung“[79]. Wir würden heute hinzufügen: und der Lehre, des Studiums und der Weiterbildung. Seine Philosophie, dass die Bibliothek für die Nutzer da zu sein hat, entspricht der angeblich neuen Dienstleistungskonzeption der einschichtigen Bibliotheken, die nach Ansicht einiger ihrer Vertreter keine historischen Vorläufer kennt. Heute ist die Dienstleistungsorientierung unbestrittenes Credo aller wissenschaftlichen Bibliotheken und in allen Leitbildern oder Verwaltungsordnungen verankert.

Einen weiteren Grundsatz sieht Leyh in der untrennbaren Verbindung von wissenschaftlicher und verwaltender Tätigkeit, die sich nicht unbedingt, aber auch in fach-, buch- oder bibliothekswissenschaftlichen und -geschichtlichen Publikationen[80] sowie der aufmerksamen Rezeption bibliothekshistorischer und -wissenschaftlicher Literatur niederschlagen kann. Der Bibliothekar, so Leyh, habe „auch einen persönlichen Gewinn, wenn er sich daran gewöhnt, über seine Arbeit nachzudenken und sie in einem größeren Zusammenhang zu sehen“.[81] „Die Geschichte der Bibliotheken als der vornehmsten äußeren Träger der wissenschaftlichen Forschung ist ein bedeutendes Stück Wissenschaftsgeschichte überhaupt.“[82] Der Bibliothekar lerne „sich selbst kennen nur in seiner Geschichte, […] ein Ergebnis im höchsten Sinn des Wortes. Eine bloße Geschichte des Büros würde diesen Zweck nicht erreichen.“[83]

Verbindung von Verwaltung und Wissenschaft“ sei „das charakteristische Kennzeichen der bibliothekarischen Arbeit“. Ebenda.

[77] Gebhardt (wie Anm. 63), S. 215.

[78] Ebenda, S. 210.

[79] Leyh, Handbuch der Bibliothekswissenschaft (wie Anm. 11), S. 83. Hervorhebung im Original.

[80] „Um die Bedürfnisse der Wissenschaft recht zu verstehen, muß man sich daher am wissenschaftlichen Leben beteiligen; der Umfang ist nicht entscheidend, selbst die aktive und passive Form der Beteiligung greifen ineinander über.“ Ebenda, S. 88.

[81] Ebenda, S. 89.

[82] Ebenda, S. 93.

[83] Ebenda, S. 94.

Diese Äußerungen, die sich auch an anderen Stellen finden, legen nahe, dass Leyh eine Spezialisierung im Sinne von Barth, Brugbauer und Jochum – hier IT und Management, dort aktiv oder passiv arbeitender Wissenschaftlicher Bibliothekar – nicht teilen würde. Er ist fest davon überzeugt, dass auch der Manager, der Verwalter historischen Wissens bedarf, um die Anforderungen der Praxis bibliotheks- bzw. wissenschaftsgerecht zu lösen, und damit der „Registratorengeist“[84] nicht überhandnimmt. Er meint damit kein angelesenes, totes Wissen, keine Gelehrsamkeit, sondern ein von Problemen der Praxis ausgehendes, erarbeitetes Wissen. Das „wirklich Fruchtbare“ ist und bleibt für Leyh „nicht die Theorie, sondern die Praxis“.[85] Er will eine historisch reflektierte Praxis und eine von der Praxis ausgehende Aneignung der geschichtlichen Grundlagen.

Dieses Hauptanliegen Leyhs wird von Jochum richtig erkannt und beschrieben[86]; er hält die geforderte Verbindung von Wissenschaft und Verwaltung jedoch für nicht mehr realisierbar und transformiert Leyh wegen dieser Position zu einem „sympathischen Romantiker“.[87] Wer die Arbeit von Hannsjörg Kowark über Leyhs Tübinger Direktorat kennt, wird diese Charakterisierung mit einem großen Fragezeichen versehen müssen.[88] Die Relativierung der Leyh'schen Position als romantisch-idealistische Überhöhung macht den Weg frei für Jochums Konzept der „Binnendifferenzierung“. Diese durchaus interessante Idee zur Lösung der Krise des Höheren Dienstes unterscheidet sich grundsätzlich nicht von dem Konzept der Reformbibliothekare, deren Ansatz Jochum als unhistorisch kritisiert. Ob man die Spannung zwischen Wissenschaft und Praxis nun durch einen „Sprung in die Praxis“ löst, wie Jochum den Reformbibliothekaren vorwirft, oder wie Jochum durch einen Sprung in die Wissenschaft[89] und Separierung der Wissenschaft vom Management auflöst, ist – vom Ergebnis her gesehen – egal: In Leyhs Augen würde genau dies die Krise des bibliothekarischen Berufs heraufbeschwören.

Die Position Leyhs scheint aktuell eine Renaissance in Empfehlungen des Wissenschaftsrats zu erfahren. Konstitutiv für die Konzeption, Weiterentwicklung, den Betrieb und die Nutzung von Informationsinfrastruktureinrichtungen, heißt es dort, seien fachwissenschaftliche bzw.

[84] Leyh (wie Anm. 7), S. 130.
[85] Leyh, Handbuch der Bibliothekswissenschaft (wie Anm. 11), S. 18.
[86] Z.B. Jochum (wie Anm. 53), S. 72 und Jochum (wie Anm. 6), S. 45f.
[87] Jochum (wie Anm. 6), S. 47.
[88] Kowark, Hannsjörg: Georg Leyh und die Universitätsbibliothek Tübingen (1921–1947). Tübingen: J. C. B. Mohr 1981.
[89] Siehe dazu Jochum (wie Anm. 53), S. 78.

interdisziplinäre Kompetenzen und Kenntnisse.[90] Wissenschaftliche Arbeit auf der einen und Informationsinfrastrukturen auf der anderen Seite stünden in einem unauflöslichen Verhältnis wechselseitiger Bedingung. Die von Leyh für die praktische Arbeit als extrem wichtig empfundene Institutionengeschichte wird auch vom Wissenschaftsrat gefordert: Informationsinfrastrukturen müssten selbst Gegenstand wissenschaftlicher Befassung sein, beispielsweise im Rahmen historischer Untersuchungen zur Genese und Entwicklung von Sammlungen.[91] Bedauerlicherweise fällt der Wissenschaftsrat mit seiner Forderung, dass die „wissenschaftliche Verantwortung für eine Infrastruktureinrichtung bei einer Professorin oder einem Professor“ liegen sollte[92], auf historisch überholte Positionen zurück. Unter dem Gesichtspunkt der von bibliothekarischer Seite betriebenen Eliminierung der Wissenschaft aus dem Berufsbild und der immer wieder geforderten Trennung von Wissenschaft und Management ist diese Position durchaus konsequent.

Leyh hat in seinen theoretischen Schriften nichts unversucht gelassen, um dieses Auseinanderfallen von Wissenschaft und Verwaltung zu verhindern, unter anderem durch Anwendung eines sehr weiten Begriffs von Wissenschaft. So zählen für ihn der *„Aufbau der Bücherbestände“*[93] und die Erarbeitung und Reformierung von Regeln im Bereich der formalen und sachlichen Katalogisierung[94] zu Tätigkeiten, in denen Verwaltung und Wissenschaft Hand in Hand gehen müssen. Wie recht er mit dieser Auffassung hat, wird sich nach Einführung der RDA in Deutschland zeigen. Die Beschäftigung mit diesem Thema haben die meisten Bibliotheksdirektoren nicht als strategische Aufgabe begriffen, sondern in den Bereich des operativen Geschäfts verwiesen.[95]

Anders als Georg Leyh, der das Zeitalter der Reformuniversitäten und Reformbibliotheken nur noch in dessen Anfängen miterlebt hat und nicht mehr dazu publizierte, konnte Paul Raabe darauf reagieren. Sehr früh hat

[90] Wissenschaftsrat: Übergreifende Empfehlungen zu Informationsinfrastrukturen. Berlin 2011, S. 11. URL: http://www.wissenschaftsrat.de/download/archiv/10466-11.pdf [Stand 15.05.2013].

[91] Ebenda, S. 12.

[92] Ebenda, S. 9.

[93] Leyh, Handbuch der Bibliothekswissenschaft (wie Anm. 11), S. 83. Hervorhebung im Original. „Schon die kritische Auswahl aus der Fülle der Neuerscheinungen stellt eine ausgesprochene wissenschaftliche Betätigung dar“. Ebenda, S. 89.

[94] Vgl. ebenda, S. 85.

[95] Diese unverantwortliche Vernachlässigung wird sich vermutlich in Form steigenden Aufwandes für die Katalogisierung und einen Rückfall in lokale Anwendungsauslegungen rächen, die dem Hauptanliegen der RDA, der Förderung der Internationalisierung, zuwiderlaufen.

er die Gefahren erkannt, die von der Massenuniversität und dem fehlenden bzw. gering ausgeprägten Geschichtsbewusstsein ausgingen. „Der Sinn für Tradition“ sei im Schwinden, schreibt Raabe schon 1972, das „technische Zeitalter“ richte „seine Gedanken mehr in die unsicher genug erscheinende Zukunft, als daß es noch Kraft aus der Vergangenheit“ ziehe.[96] Er zeigt zwar Verständnis für die Anforderungen des Massenzeitalters an den Bibliothekar,[97] warnt aber davor, diese Forderungen zu verabsolutieren und darüber „die eigentliche Dimension“[98] des Berufs zu vergessen. Die wissenschaftliche Aufgabe des Bibliothekars sieht er in der Erforschung der Geschichte und Kulturgeschichte des Buches, der Handschriftenkunde, der Inkunabelkunde, der Geschichte der Wissenschaften, der Erarbeitung von Bibliographien und Editionen.[99] Infolge der Überlastung mit Verwaltungsaufgaben seien diese wissenschaftlichen oder wissenschaftsunterstützenden Aufgaben längst zum „Privatvergnügen“ geworden, vom „Idealismus des einzelnen“ abhängig.[100]

Dass die neuen Bibliotheken für diese Aufgaben wenig Verständnis hatten, ist nachvollziehbar: Ihnen fehlten die historischen Bestände, anhand derer diese Arbeiten hätten erfolgen können. Aber auch in den alten Bibliotheken verloren das Sammeln, die Pflege und Erforschung der historischen Bestände wegen der Anforderungen der Massenuniversität an Bedeutung. Erst in jüngster Zeit, vier Jahrzehnte nach den berechtigten

[96] Raabe, Paul: Der Bibliothekar und die Bücher. In: Börsenblatt für den Deutschen Buchhandel – Frankfurter Ausgabe. 56 (1972) vom 14. Juli 1972, S. 1581–1588, hier S. 1584. Auch in: Raabe, Paul (Hrsg.): 400 Jahre Bibliothek zu Wolfenbüttel. Reden – Vorträge – Berichte aus dem Festjahr 1972. Frankfurt am Main: Klostermann 1973, S. 131–144. Wiederabdruck im vorliegenden Band, hier S. 16.

[97] „Die perfekte Literaturversorgung ist eine selbstverständliche und unabweisbare Forderung in unserer Zeit und in der Zukunft. Die Bibliotheken müssen sich angesichts der weltweiten Bedeutung des Wissens in einem technisch-wissenschaftlichen Zeitalter darauf einrichten, diesen auf sie einstürmenden Problemen durch eine extensive Buchanschaffung, durch die Bearbeitung differenzierter Kataloge und durch eine gute Zugänglichkeit und eine reibungslos funktionierende Benutzung gerecht zu werden.“ Ebenda, S. 1588. Im vorliegenden Band S. 22.

[98] Ebenda. Im vorliegenden Band S. 22.

[99] Hier liegt aus meiner Sicht ein fundamentaler Unterschied zu Leyh: „Es ist gewiß richtig“, schreibt dieser 1936, „daß der Bibliothekar vor allem andern unterrichtet sein soll über Schriftformen, Drucktechnik, Buchillustration, Einband und deren Geschichte. Aber man vergesse nicht, daß diese neuen Spezialwissenschaften ohne inneren Zusammenhang zueinander stehen und sich auch nur mit der äußeren, schmückenden oder technischen Form des Buches befassen. Die Bibliotheken sind aber weder Bücherasyle noch Buchmuseen, wenigstens nicht in erster Linie. Das Buch wird in die wissenschaftliche Bibliothek eingestellt als Gebrauchsgegenstand und es wird nach seinem Inhalt ausgewählt.“ Leyh (wie Anm. 28), S. 478f.

[100] Raabe (wie Anm. 96), S. 1584. Im vorliegenden Band S. 17.

Warnungen von Paul Raabe, erleben wir eine Renaissance der historischen Sammlungen[101] und des Themas Forschungsbibliotheken[102], begleitet von der Erkenntnis, dass das für diese Aufgaben erforderliche Personal nicht oder nicht im erforderlichen Umfang vorhanden ist.

Die Mehrheit der aktuellen Bibliothekarsgeneration scheint ihre Hauptaufgabe jedoch in der Beschäftigung mit E-Books, Open Access, Patron Driven Acquisition, Forschungsdaten, E-Science und der Vermittlung von Informationskompetenz[103] zu sehen und übersieht das die Institution Bibliothek destabilisierende Potenzial dieser Trends.

Die Geschichte der Berufsbilddebatte zeigt, dass es wenig hilfreich ist, immer neue Aufgabenkataloge für den Wissenschaftlichen Bibliothekar zu entwerfen. Die Trends von heute und morgen sind die Ladenhüter von übermorgen. Die aktuell zu beobachtende, von Bibliotheken durchaus unterstützte und forcierte Zunahme an Endkunden-orientierten Dienstleistungen durch Verlage und Agenturen kann in Verbindung mit der inflationären Vermehrung digitaler Endgeräte die traditionelle Vermittlungsfunktion der Bibliothekare bedrohen. Wenn die digitale Transformation eine Disintermediation nach sich zieht, wie Bonte und Ceynova[104] prognostizieren, stehen wir in der Tat vor einer Identitätskrise der Institution Bibliothek, die nur durch tragfähige Alleinstellungsmerkmale verzögert werden kann. Einzigartige, wissenschaftsrelevante Bestände in analoger und digitaler Form, forschungsnahe Dienstleistungen, landesbibliothekarische Aufgaben und Sammlungen sowie attraktive historische oder spektakuläre moderne Gebäude werden in diesem Kontext von großer strategischer Bedeutung sein.

[101] Siehe dazu z.B.: Siebert, Irmgard: Die Bedeutung von Sammlungen für die Wissenschaft. Profilierungschancen für Bibliotheken im Zeitalter ubiquitärer Verfügbarkeit. In: Brintzinger, Klaus-Rainer; Hohoff, Ulrich (Hrsg.): Bibliotheken: Tore zur Welt des Wissens. Hildesheim [u.a.]: Georg Olms 2013, S. 290–302.

[102] Vgl. dazu Siebert, Irmgard (Hrsg.): Digitalisierung in Regionalbibliotheken. Frankfurt am Main: Klostermann 2012; Siebert, Irmgard: Die Zukunft liegt in der Vergangenheit. Historische Bibliotheken auf dem Weg zu Forschungsbibliotheken. In: Bibliothek Forschung und Praxis 37 (2013), 1, S. 78–90.

[103] Vgl. dazu das Programm des Bibliothekartags 2013 in Leipzig. URL: http://bid-kongress-leipzig.de [Stand 15.05.2013].

[104] Bonte, Achim; Ceynowa, Klaus: Bibliothek und Internet. Die Identitätskrise einer Institution im digitalen Informationszeitalter. In: Lettre International (2013), 100, S. 115–117.

WILFRIED ENDERLE

Selbstverantwortliche Pflege bibliothekarischer Bestände und Sammlungen. Zu Genese und Funktion wissenschaftlicher Fachreferate in Deutschland 1909–2011*

1. Einleitung

Wissenschaftliche Bibliothekare, die als Fachreferenten weitgehend eigenverantwortlich den Aufbau, die Pflege sowie die Erschließung eines Bestandes verantworten, sind keine Selbstverständlichkeit. Es gab und gibt andere organisatorische Modelle für den Betrieb einer wissenschaftlichen Bibliothek, wie beispielsweise ein Blick auf Bibliotheken des angelsächsischen Kulturraums zeigt. Als 1975 der australische Bibliothekar Peter Biskup über seine Besuche deutscher Bibliotheken berichtete, musste er seinen angloamerikanischen Lesern erst einmal genau erklären, was ein deutscher Fachreferent tut und was ihn von subject specialists, subject bibliographers oder reference librarians unterscheidet.[1] In Deutschland hat sich hingegen seit den 1920er Jahren an allen Universitätsbibliotheken das Fachreferatesystem als das organisatorische Standardmodell durchgesetzt. Erst in den letzten Jahren ist dieses Modell des autonom durch Fachreferenten verantworteten Bestandsaufbaus mit der zunehmenden Digitalisierung der Medien – Stichwort: access versus ownership – sowie neoliberal grundierten bibliothekarischen Erwerbungskonzepten – Stichwort: patron driven acquisition – grundsätzlich in Frage gestellt worden. Angesichts dieser Entwicklung mag es hilfreich und nützlich sein, sich mit der Frage zu beschäftigen, welche Ursachen und Umstände zur Ein-

* Erstabdruck des Beitrags in: Bibliothek Forschung und Praxis 36 (2012), 1, S. 24–31. DOI: 10.1515/bfp-2012-0004 (digitale Version über die Verlagswebsite von De Gruyter).

[1] Biskup, Peter: Subject Specialists in German Learned Libraries. Impressions from a 1975 Visit to the Federal Republic of Germany. In: Libri 27 (1977), S. 136–153, hier S. 137. Die Unterschiede zwischen dem deutschen und dem amerikanischen Erwerbungsmodell waren ausführlich auch bereits thematisiert worden von Danton, J. Periam: Book Selection and Collections: A Comparison of German and American University Libraries. New York, London 1963 (Columbia University Studies in Library Service, 12).

führung des Fachreferatesystems geführt haben, wie es sich im Kontext des modernen Wissenschaftsbetriebes entwickelt hat und welche Entwicklungsperspektiven aktuelle wissenschaftspolitische Konstellationen bieten.

Zur Geschichte des Fachreferatesystems gibt es kaum einschlägige Studien; was vor allem fehlt sind empirisch fundierte sozialhistorische Analysen. Indirekt thematisiert werden Aufgaben und Selbstverständnis der Fachreferenten hingegen in den zahlreichen Beiträgen zur Berufsbilddiskussion der wissenschaftlichen Bibliothekare, da diese in der Mehrzahl als Fachreferenten tätig waren und (immer noch?) sind. Berufsbilddiskussion und Geschichte des Fachreferatesystems sind zwar eng miteinander verflochten, aber nicht identisch. In der nachfolgenden Skizze wird daher zwar immer wieder auf die Berufsbilddiskussion zurückgegriffen werden, im Mittelpunkt steht aber zunächst die Frage nach der Entstehung eines bibliothekarischen Organisationsmodells, das auf der fachwissenschaftlichen Pflege bibliothekarischer Bestände und Sammlungen gründet.

2. Einführung des Fachreferatesystems in den 1920er-Jahren

Einen wichtigen Anstoß für eine Diskussion um die Einführung des Fachreferatesystems gab der Göttinger Bibliothekar Johannes Füchsel mit einem 1909 im Zentralblatt für Bibliotheken publizierten Aufsatz über *Geschäftsgang und Arbeitsteilung an den wissenschaftlichen Bibliotheken*[2], dessen Forderungen der Hallenser Kollege Heinrich Reinhold in einer im selben Jahr anonym publizierten Streitschrift[3] aufgriff und zuspitzte und damit eine Diskussion über Stellung und Aufgaben wissenschaftlicher Bibliothekare auslöste.[4] Füchsel rekurrierte in seinem Aufsatz auf eine be-

[2] Füchsel, [Johannes]: Geschäftsgang und Arbeitsteilung an den wissenschaftlichen Bibliotheken. In: Zentralblatt für Bibliothekswesen 26 (1909), 2, S. 49–59.

[3] [Reinhold, Heinrich]: Der Bibliothekar und sein Beruf. Nöte, Wünsche und Hoffnungen, erwogen von einem preußischen Kollegen. Leipzig: Quelle & Meyer 1909, S. 5.

[4] Richard Fick hatte die anonyme Streitschrift in der Deutschen Litteraturzeitung vom 02.10.1909 rezensiert, worauf Reinhold mit einem handschriftlichen, hektographierten offenen Brief vom Oktober 1909 unter dem Titel „Noch einmal der Bibliothekar und sein Beruf“ reagierte. Vgl. Schulze, Alfred: Der Bibliothekar und sein Beruf. In: Zentralblatt des Bibliothekswesens 2 (1910), 1–2, S. 29–34; Bollert, Martin: Der Bibliothekar und sein Beruf. In: Ebenda, S. 162–164; Füchsel, [Johannes]: Ueber Arbeitsmethoden und Organisationsformen der Bibliotheken. In: Zentralblatt für Bibliothekswesen 27 (1910), S. 294–313. Einen knappen Abriß über die Entwicklung des Referatesystems gibt Redenbacher, Fritz: Die Erwerbung. In: Leyh, Georg (Hrsg.): Handbuch der Bibliotheks-

reits seit einigen Jahren unter den Bibliothekaren artikulierte Unzufriedenheit über das Missverhältnis ihrer wissenschaftlichen Qualifikation gegenüber dem Umfang subalterner, stupider bürotechnischer Arbeiten. Einer der entscheidenden Stichwortgeber dieser Debatte war Fritz Milkau gewesen, der bereits 1905 wortmächtig beklagt hatte, dass es nur wenigen Bibliothekaren „... gelingt, aus der abstumpfenden Arbeit Beweglichkeit des Geistes und Freiheit des Blicks zu retten."[5] Bedenkt man, dass nur ein gutes Jahrzehnt früher die Bibliothekare mit dem zum 1. April 1894 in Kraft getretenen *Erlass, betreffend die Befähigung zum wissenschaftlichen Bibliotheksdienst*[6] ein wichtiges Ziel bei der Formierung eines eigenen Berufsstandes erreicht hatten, so verwundert auf den ersten Blick diese harsche Kritik. Bei näherer Betrachtung zeigen sich indes zwei Problembereiche: Die Bibliotheken waren damals streng hierarchisch organisiert und auf den Direktor zugeschnitten. Dieser entschied nicht nur allein über die Arbeitsverteilung und die konkreten Erwerbungen, sondern legte auch ohne weitere Abstimmungen die Entwicklungslinien der Bibliothek fest. Wilhelm Erman beklagte anschaulich in seinen Erinnerungen das Regiment von Carl Richard Lepsius an der Königlichen Bibliothek in Berlin, bei dem „... die Bibliothekare so gut wie nichts über den Gang der Geschäfte [erfuhren], die Ziele waren uns unbekannt und selbst von den wichtigsten Schritten hörten wir nur gelegentlich und zufällig etwas, oft auf Umwegen und daher ohne alle Zuverlässigkeit".[7] Dazu kam als zweites Problemfeld, dass in den Jahren um 1900 in den Bibliotheken die Zahl der Benutzer deutlich angestiegen war, ebenso wie die Zahl wissenschaftlicher Publikationen und in gewissem Umfang auch die Bibliotheksetats. Diese Entwicklungen müssen vor dem Hintergrund der Institutionalisierung und des Ausbaus eines modernen Universitäts- und Wissenschaftsbetriebes in den Jahrzehnten um 1900 gesehen werden.[8] Allein die Zahl

wissenschaft. Zweite, vermehrte und verbesserte Auflage. Bd. 2: Bibliotheksverwaltung. Wiesbaden: Harrassowitz 1961, S. 113–241, hier vor allem S. 228–235.

[5] Milkau, Fritz: Die Bibliotheken. In: Hinneberg, Paul (Hrsg.): Die Kultur der Gegenwart. Ihre Entwicklung und ihre Ziele. T. 1, Abt. 1. Berlin, Leipzig: Teubner 1906. S. 338–590, hier S. 584; vgl. ferner Scholl, Nikolaus: Bibliothekar und Wissenschaft. Studien zur Geschichte des bibliothekarischen Berufs. In: Bibliothek und Wissenschaft 1 (1964), S. 142–200, hier vor allem S. 173–185.

[6] Erlass, betreffend die Befähigung zum wissenschaftlichen Bibliotheksdienst bei der Königlichen Bibliothek zu Berlin und den Königlichen Universitäts-Bibliotheken. In: Zentralblatt für Bibliothekswesen 11 (1894), S. 77–79.

[7] Erman, Wilhelm: Erinnerungen. Bearb. u. hrsg. von Hartwig Lohse. Köln, Weimar, Wien: Böhlau 1994 (Veröffentlichungen aus den Archiven Preussischer Kulturbesitz, Bd. 38), S. 133.

[8] Vgl. Szöllösi-Janze, Margit: Die institutionelle Umgestaltung der Wissenslandschaft

der Studenten war in Deutschland von 29.011 im Jahr 1889 auf 60.235 im Jahr 1914 gestiegen.[9] Bereits diese Zahlen machen den Anpassungsdruck augenfällig, unter dem die Universitätsbibliotheken standen. Dass gerade große wissenschaftliche Bibliotheken wie die Königliche Bibliothek in Berlin oder die Hofbibliothek in Wien begannen, Bibliothekare verstärkt für die Betreuung einzelner Fachgruppen einzusetzen[10], indiziert, dass die Frage einer rationellen, arbeitsteiligen Organisation angesichts zunehmender Erwerbungen und Aufgaben eine nicht unwichtige Rolle bei der Einführung des Fachreferatesystems gespielt haben dürfte. Doch es ging nicht nur um arbeitsorganisatorische Optimierungen.

Dies zeigen die Vorschläge Johannes Füchsels für ein neues bibliothekarisches Organisationsmodell. Zwar führte er expressis verbis auch das Argument organisatorischer Effizienz an, doch seine primären Argumente waren die Forderung nach Einführung einer kollegialen Verfassung und die Aufteilung nach Referatgruppen für die „bibliothekswissenschaftlichen Agenden“, bei denen es um die „Ergänzung, Bearbeitung und bibliographische Beschreibung der Bibliotheksbestände“ geht. Dabei konnte er hierfür auch bereits auf erste, erfolgreiche Umsetzungen an österreichischen Bibliotheken sowie an der Landes- und Universitätsbibliothek Straßburg verweisen.[11] „Selbständig wissenschaftlich vertiefte Tätigkeit der einzelnen Bibliothekare innerhalb der ihnen zugewiesenen Fachgruppen und Wahrung der Einheitlichkeit der Verwaltung durch regelmäßige Konferenzen aller Beamten, wobei dem Bibliotheksvorstand die endgültige Entscheidung insbesondere über alle Bücherankäufe bleibt, das sind also die Grundzüge dieser Organisation.“[12] Die entscheidende Begründung für

im Übergang vom späten Kaiserreich zur Weimarer Republik. In: Vom Bruch, Rüdiger; Kaderas, Brigitte (Hrsg.): Wissenschaften und Wissenschaftspolitik. Bestandsaufnahmen zu Formationen, Brüchen und Kontinuitäten im Deutschland des 20. Jahrhunderts. Stuttgart: Franz Steiner Verlag 2002, S. 60–74.

[9] Jarausch, Konrad H.: Universität und Hochschule. In: Handbuch der deutschen Bildungsgeschichte. Bd. 4: 1870–1918. Von der Reichsgründung bis zum Ende des Ersten Weltkriegs. Hrsg. von Christa Berg. München: Beck 1991, S. 313–345, hier S. 315. Der Anstieg setzte sich bis 1931 fort; vgl. Titze, Hartmut: Hochschulen. In: Handbuch der deutschen Bildungsgeschichte. Bd. 5: 1918–1945. Die Weimarer Republik und die nationalsozialistische Diktatur. Hrsg. von Dieter Langewiesche und Heinz-Elmar Tenorth. München: Beck 1989, S. 209–239, hier S. 209f.

[10] Vgl. Redenbacher (wie Anm. 4), S. 231; Ohly, Kurt: Die Kontroverse Wieder-Buzás im Spiegel der deutschen Bibliotheksgeschichte. In: Libri 12 (1962), 1, S. 31f., wonach mit dem Dienstantritt Harnacks 1905 die eigenverantwortliche Tätigkeit der Bibliothekare in der Königlichen Bibliothek in Berlin gestärkt worden war. Zur Hofbibliothek in Wien vgl. Egger-Möllwald, Friedrich Ritter von: Das Referatsystem in der Diensteinteilung der k.k. Hofbibliothek in Wien. In: Zentralblatt für Bibliothekswesen 29 (1912), S. 303–310.

[11] Füchsel (wie Anm. 2), S. 51f.

[12] Ebenda, S. 53.

das Referatesystem ist bei Füchsel also nicht die zunehmende Arbeit, die eine stärker arbeitsteilige Organisationsform erfordert, sondern die Notwendigkeit, die Bibliothekare freizumachen für „wissenschaftliche Berufsarbeit“[13]. Und Füchsel versteht darunter im Kern den möglichst selbständig verantworteten Aufbau und die Erschließung der Bestände. Dass die Frage des Bestandsaufbaus eine zentrale Rolle spielte, belegen auch die Ausführungen Reinholds[14], wenn auch gerade bei Reinhold deutlich wird, dass eine ganz Reihe von Gesichtspunkten, die von berufsständischen Fragen bis hin zu einer grundsätzlichen Reorganisation der Aufgabenverteilung reichten, eine Rolle spielten. Doch die eigenständige Betreuung von Fächern stand als Basis aller Forderungen im Zentrum.

Auch wenn die Expansion des Universitätsbetriebes und damit verbundene Sachzwänge die Bibliotheken in den Jahren nach 1900 zwangen, sich organisatorisch zu modernisieren, so hätte das nicht zwangsläufig zu der Einführung des Fachreferatesystems führen müssen. Dass in Deutschland der wissenschaftliche Bibliothekar zum Fachreferenten mutierte, hing entscheidend mit dem Erlass von 1894 zusammen, der die Qualifikation des wissenschaftlichen Bibliothekars definierte und als Voraussetzung für die Zulassung zum Bibliotheksvolontariat ein Studium mit abgeschlossener Promotion verlangte.[15] Nicht zuletzt daraus erklärt sich die Forderung Füchsels, mit Hilfe des Referatesystems die wissenschaftliche Seite des Berufs ausbauen zu wollen.[16] Denn er verhehlte nicht, dass das Thema des Sozialprestiges des Bibliothekars für ihn eine wichtige Rolle spielte. Eine

[13] Ebenda, S. 49.

[14] Vgl. nur Reinhold (wie Anm. 4), S. 15f. „Zu diesem Zweck hatte ich in meiner Schrift den, denke ich, nicht phantastischen, leider aber in den Entgegnungen [von Richard Fick; siehe Anm. 4] nicht erwähnten Vorschlag gemacht, an die verschiedenen wiss. Beamten die einzelnen Fachdezernate zu verteilen, innerhalb deren sie verpflichtet wären, die Ordnung in jeder Weise aufrecht zu erhalten, die neuen Erscheinungen nebst Rezensionen zu verfolgen, Lücken im Bestande festzustellen, auf Gelegenheiten zu ihrer Ergänzung zu achten und über dieses alles von Zeit zu Zeit mündlich oder schriftlich zu referieren. Dies [?] wäre eine wahrhaft würdige Aufgabe des wiss. Bibliothekars, der dadurch von dem zum Prinzip erhobenen Kultus der Quisquilien befreit und auf die Stufe eines in seiner Weise gleich anderen produktiv Schaffenden und sich als Persönlichkeit betätigenden Mannes gehoben würde.“

[15] Die spezifische Problematik dieses Erlasses und der damit implizierten konzeptionellen Entscheidungen hat detailliert analysiert: Jochum, Uwe: Die vergebliche Suche nach dem Allgemeinen. 100 Jahre Höherer Dienst. In: Lohse, Hartwig (Hrsg.): Arbeitsfeld Bibliothek. 6. Deutscher Bibliothekskongress, 84. Deutscher Bibliothekartag in Dortmund 1994. Frankfurt am Main: Klostermann 1994 (Zeitschrift für Bibliothekswesen und Bibliographie, Sonderheft 59), S. 39–50; Ders.: Die Aufgabe des Höheren Dienstes. In: Ders. (Hrsg.): Der Ort der Bücher. Festschrift für Joachim Stoltzenburg zum 75. Geburtstag. Konstanz: Universitätsverlag Konstanz 1996, S. 69–79.

[16] Füchsel (wie Anm. 2), S. 49.

Tätigkeit, die sich allein auf die Zuarbeit für den Direktor beschränkte und sogar noch einfache Büroarbeiten umfasste, entsprach seiner Auffassung nach nicht den sozialen Ansprüchen eines promovierten Akademikers. „Dem Universitätsbibliothekar macht sich diese untergeordnete Stellung um so schmerzlicher fühlbar, als er in tägliche Berührung mit den Vertretern der Wissenschaft kommt, die in durchaus berechtigter Einschätzung der Tätigkeit, die sie ihn regelmäßig verrichten sehen, nur zu geneigt sind, in ihm lediglich den gefälligen Handlanger zu erblicken."[17] Ein Bibliothekar, der als Fachreferent primär für den Bestandsaufbau verantwortlich ist und nicht mehr auch noch einfache Bürotätigkeiten, das Heraussuchen bestellter Bücher etc., übernehmen muss, der zudem in einer kollegialen Verfassung dem gleichsam als primus inter pares fungierenden Direktor beigeordnet ist, ein solcher Fachreferent, so die nicht ausformulierte Erwartung Füchsels, könnte als gleichberechtigter Partner im universitären Wissenschaftsbetrieb agieren und damit das Sozialprestige genießen, das ihm gemäß seiner wissenschaftlichen Ausbildung zustände. Wie präsent und wichtig das Argument des Sozialprestiges war, belegt auch die zeitgenössische Diskussion, bei der unter anderem Martin Bollert die „... beschämende sozial-gesellschaftliche Einschätzung unseres Standes ..."[18] beklagte.

Auch wenn es unter den zeitgenössischen Bibliothekaren über den Nutzen eines Fachreferatesystems noch geteilte Meinungen gab, so bestand doch bereits weithin Einigkeit darüber, dass der Bibliothekar von mechanischen Büroarbeiten entlastet und die wissenschaftliche Seite seines Berufes aufgewertet werden sollte. Dass in Preußen 1909 die Laufbahn des mittleren Dienstes zur Entlastung der wissenschaftlichen Beamten eingeführt wurde, war auch eine Reaktion auf die Unzufriedenheit der Bibliothekare mit ihrer Stellung und ein Faktor, der die Einführung des Fachreferatesystems beförderte.[19] Da bis zum Ausbruch des Ersten Weltkrieges erst einige wenige große Bibliotheken den wissenschaftlichen Bibliothekaren mehr autonome Verantwortung zugestanden hatten, verschob sich die breitere Einführung dieses neuen organisatorischen Modells auf die 1920er und 1930er Jahre. In der Stuttgarter Landesbibliothek wurde das Referatesystem 1922 sogar in die Dienstordnung aufgenommen.[20] An der

[17] Ebenda, S. 50f.

[18] Bollert (wie Anm. 4), S. 163.

[19] Leyh, Georg: Die deutschen Bibliotheken von der Aufklärung bis zur Gegenwart. In: Ders. (Hrsg.): Handbuch der Bibliothekswissenschaft. 2. Aufl. Bd. 3. Wiesbaden: Harrassowitz 1955, S. 1–491, hier S. 327.

[20] Redenbacher (wie Anm. 4), S. 232.

Universitätsbibliothek Göttingen, der Arbeitsstätte von Johannes Füchsel, wurde 1921 mit der Einführung begonnen, wobei die Bibliothekare dafür geschickt den Wechsel in der Direktion von Richard Pietschmann zu Richard Fick im Jahr 1921 nutzten, denn laut Protokollbuch erhielt im April 1921 Johannes Füchsel den Auftrag, bis zum 1. Mai einen Entwurf für ein Fachreferatesystem vorzulegen.[21] Bereits im November 1922 erwähnte Fick in einem Bericht an den Kurator der Universität, dass „… nun an der Göttinger Bibliothek das Referatsystem eingeführt worden ist und jeder wissenschaftliche Beamte die Verantwortung für das ihm zugewiesene Fach übernommen hat und verpflichtet ist, sich über die Neuerscheinungen seines Referats auf dem Laufenden zu halten …".[22] Vom 4. März 1925 ist erstmals eine schriftlich ausformulierte Fachreferatsordnung überliefert, die von den konkreten Geschäftsgangsdetails abgesehen im Wesentlichen zwei Dinge regelt: zum einen eine gewisse kollegiale Verfassung, denn bei der Verteilung der Fachgebiete wurde im ersten Absatz grundsätzlich festgelegt: „Für jedes Gebiet werden vom Bibliotheksdirektor nach Anhörung des Beamtenkollegiums Fachreferenten bestellt"[23]; zum anderen wurde festgelegt, dass die Referenten für die Auswahl der Bücher und für den Bestandsaufbau zuständig sind. Der entscheidende Punkt in dieser Ordnung war also die Übergabe der Verantwortung für den Bestandsaufbau – wenn man von den natürlich weiterbestehenden Prärogativen des Direktors absieht – an die wissenschaftlichen Bibliothekare. Bestandsaufbau und -pflege durch autonom verantwortliche Fachreferenten, das bildete mithin den Kern einer organisatorischen Reform der Universitätsbibliotheken in den 1920er Jahren.

Als Ludwig Klaiber 1936 über *Das Referatsystem* schrieb, konnte er bereits feststellen, dass es an den meisten Universitätsbibliotheken mittlerweile eingeführt worden sei.[24] Auch wenn es noch einige wenige kritische Stimmen gab, die bezeichnenderweise von Bibliothekaren der beiden Staatsbibliotheken zu Berlin und München kamen[25], nicht aber von

[21] SUB Göttingen, Bibl.Arch., C 7,25, Protokollbuch 13.04.1921. Das Direktorat war Fick zum 01.04.1921 übertragen worden (Univ.Archiv Göttingen, Kur. 1827). An den im Normalfall wöchentlich stattfindenden Sitzungen des Bibliothekarkollegiums nahm Fick aber laut Protokollbuch erstmals am 03.08.1921 und von da an regelmäßig teil.

[22] SUB Göttingen, Bibl.Arch. C 7.1, 11.11.1922, Fick an den Kurator.

[23] Ebenda, 04.03.1925, Fachreferatsordnung für die Universitäts-Bibliothek Göttingen.

[24] Klaiber, Ludwig: Das Referatsystem. In: Zentralblatt für Bibliothekswesen 53 (1936), 1–2, S. 69–73. Dies konstatiert ebenso Hans Füchsel im Artikel ‚Referatsystem' im Lexikon des gesamten Buchwesens. Hrsg. von Löffler, Karl; Kirchner, Joachim; Olbrich, Wilhelm. Bd. 3. Leipzig: Karl W. Hiersemann Verlag 1937, S. 90.

[25] Vgl. den Hinweis bei Redenbacher (wie Anm. 4), S. 232.

einem Universitätsbibliothekar, so hatte sich das Konzept doch durchgesetzt. Mehr noch, für Georg Leyh, dessen fachliche Autorität vielfach anerkannt war, war „... die große Aufgabe der Zukunft ... der organische Ausbau des Fachreferatsystems ...". Denn: „Nur aus den Bedürfnissen der Fachwissenschaften, denen sie als Arbeitsinstrument zu dienen hat, ist die moderne Gebrauchsbibliothek aufzubauen."[26] Während Leyh das Fachreferatesystem primär unter bibliothekspolitischen Prämissen sah, klingt bei Klaiber als ein entscheidender Punkt immer noch – wie bereits für Füchsel, Reinhold und die anderen Diskutanten in den Jahren vor dem Ersten Weltkrieg – das Sozialprestige an. „Ein derart vertikal durch fast alle Zweige der Verwaltung durchgeführtes Referatsystem sichert dem akademischen Bibliothekar jenes Volumen an Aufgaben, das seiner Vorbildung entspricht und das ihm andererseits aus dem rationell aufgeteilten Arbeitsvorrat der Bibliotheksverwaltung zukommt. Ausbau, Ordnung und Nutzbarmachung der Bücherbestände sind für einen fest abgesteckten Sektor verantwortlich in seine Hand gelegt. Dies erst ergibt den Fachbibliothekar."[27]

Für die Einführung des Fachreferatesystems gab es mithin mehrere Gründe. Die Expansion des Wissenschaftsbetriebs mit ihren Folgen für die Bibliotheken (intensivierte Nutzung, Ausbau des wissenschaftlichen Publikationsmarktes) vor dem Ersten Weltkrieg, die sich nach Ende des Krieges fortsetzen sollte, war ein wichtiger Umstand, der die Bibliotheken zu organisatorischer Modernisierung und stärker arbeitsteiligen Konzepten zwang. Dies hätte aber nicht gleich zum Siegeszug des Fachreferatesystems in den 1920er Jahren führen müssen, zumal in den ersten Nachkriegsjahren alle Bibliotheken mit knappen Etats und eher geringen Zugängen zu kämpfen hatten. Entscheidender waren daher wohl bibliothekspolitische Argumente, wie Leyh sie anführte, der mit dem Fachreferatesystem die Hoffnung verband, die zentralen Universitätsbibliotheken wieder in engeren Kontakt mit den Fakultäten zu bringen. Den Ausschlag dürfte indes gegeben haben, dass das Fachreferatesystem kongenial der professionellen Sozialisierung des deutschen Bibliothekars als Fachwissenschaftler mit angeschlossenem Bibliotheksvolontariat und entsprechender Prüfung entsprach. Nicht uninteressant ist auch der Aspekt, dass mit dem Fachreferatesystem eine gewisse Abschwächung der bis dato existierenden autoritären innerbibliothekarischen Machtstruktur zuguns-

[26] Leyh, Georg: Stellung und Aufgabe der wissenschaftlichen Bibliothek in der Zeit. In: Zentralblatt für Bibliothekswesen 53 (1936), 9–10, S. 473–482, hier S. 479; vgl. auch Redenbacher (wie Anm. 4), S. 232.

[27] Klaiber (wie Anm. 24), S. 73.

ten einer stärker kollegialen Verfassung intendiert war. Entscheidend für den Siegeszug des Fachreferatesystems dürfte aber letztlich gewesen sein, dass es die Notwendigkeit einer stärker arbeitsteiligen Organisationsform optimal mit der spezifischen Professionalisierung des Bibliothekars als Wissenschaftler verband. Die entscheidende Hoffnung der Bibliothekare dabei war, dass die selbständige Pflege eines fachlichen Bestandes als Fortsetzung wissenschaftlicher Arbeit angesehen würde und dem wissenschaftlichen Bibliothekar damit auch ein adäquates Sozialprestige zuteil werden sollte.

3. Fachreferatesystem und Berufsbilddiskussion

Diese Hoffnung sollte sich indes nicht erfüllen. Die Unzufriedenheit, die sich in den Jahren vor dem Ersten Weltkrieg unter den Bibliothekaren artikuliert hatte, löste sich nämlich in den 1920er und 1930er Jahren mit der Einführung des Fachreferatesystems nicht auf. Wieder kann man Fritz Milkau als Gewährsmann und Wortführer benennen, der 1926 über den wissenschaftlichen Bibliothekar schrieb: „Es ist ein Elend, zu sehen, wieviel guter Wille, wieviel jugendliche Kraft an dieser Kleinarbeit zugrunde geht ... Gewiß verstauben und verrosten Leute genug auch in anderen akademischen Berufen, aber nirgends so schnell und so hoffnungslos wie hier, so dass es keine Übertreibung ist, wenn man von einer Tragik des bibliothekarischen Berufs spricht".[28] Diese resignierte Selbsteinschätzung von einem der renommiertesten Vertreter des Berufsstandes, dem bis 1925 noch als Generaldirektor der Preußischen Staatsbibliothek amtierenden Begründer und Herausgeber des maßgeblichen Handbuchs der Bibliothekswissenschaften, zeugt augenfällig von einem ambivalenten, gebrochenen Selbstverständnis und Selbstbewusstsein der wissenschaftlichen Bibliothekare. Und dass Friedrich Knorr 1936 „... in dieser Stunde großer und folgenreicher Umwälzungen unseres gesamten staatlichen Lebens ..." sich dem nationalsozialistischen Zeitgeist anbiederte, um „... die Frage nach der eigentlichen Bestimmung des wissenschaftlichen Bibliothekars mit ernstem Nachdruck wieder aufzunehmen"[29], dokumentiert, dass Bibliothekare mit dem bis dato Erreichten nicht zufrieden waren.

[28] Milkau, Fritz: Bibliothekswissenschaft als Universitätsfach. In: Minerva-Zeitschrift. Nachrichten für die gelehrte Welt 2 (1926), S. 27–31, hier S. 29.

[29] Knorr, Friedrich: Der Beruf des wissenschaftlichen Bibliothekars in unserer Zeit. In: [Schreiber, Heinrich] (Hrsg.): Otto Glauning zum 60. Geburtstag. Festgabe aus Wissenschaft und Bibliothek. Leipzig: Hadl 1936, S. 112–118, hier S. 113.

Angesichts der Erwartungen, welche Johannes Füchsel und andere 1910 mit der Einführung eines Referatesystems verbunden hatten, stellt sich natürlich die Frage, warum sich diese nicht erfüllt hatten? Was war geschehen? Ein generelles Grundproblem der bibliothekarischen Professionalisierung in Deutschland hat Uwe Jochum herausgearbeitet: Die Etablierung eines generalistischen Konzeptes bibliothekarischer Ausbildung, das sich nicht mit den für den modernen Wissenschaftsbetrieb konstituierenden Anforderungen fachwissenschaftlicher Spezialisierung vertrug.[30] Welche Folgen dies aus der Perspektive der Bibliothekare im Kontext des sich in den Jahrzehnten um 1900 formierenden und institutionalisierenden Wissenschaftsbetriebes hatte, wird deutlich, wenn man als Interpretament das offenkundig zentrale Thema des Sozialprestiges weiterverfolgt. Die Bibliothekare hatten versucht, wie Füchsel es formuliert hatte, sich für „wissenschaftliche Berufsarbeit" freizumachen. Dies hieß für einen Bibliothekar zweierlei: Zum einen, sich über die Forschung in seinem Fach auf dem Laufenden zu halten; um damit zum anderen einen wissenschaftlich qualifizierten Bestandsaufbau für sein Fachgebiet betreiben zu können. Mit anderen Worten: Sie versuchten, für ihre genuine Arbeit des Bestandsaufbaus und der Pflege bibliothekarischer Sammlungen wissenschaftliche Anerkennung zu erlangen. Dass sie dies taten, hing auch eng damit zusammen, dass sie sich in ihrer Mehrzahl als Angehörige des Sozialsystems Universität verstanden. Anders als Archivare oder Kuratoren in Museen, deren Organisationen in der Regel in andere institutionelle Kontexte eingebunden waren, waren die Universitätsbibliotheken, die das Gros der wissenschaftlichen Bibliotheken bildeten, Teil der Universitäten. In diesem Kontext ist es nicht uninteressant, dass Hugo Andres Krüss als Generaldirektor der Preußischen Staatsbibliothek in den 1920er Jahren versuchte, aufgrund des diffizilen Verhältnisses von Bibliothek und Universität die Berufsgruppe der Bibliothekare stärker mit den wissenschaftlichen Beamten der Archive und Museen zu verbinden.[31] Für die Universitätsbibliothekare ging es indes darum, dass die sich als Wissenschaftler verstehenden Bibliothekare zur Erlangung sozialen Kapitals sich entweder den Spielregeln dieses Sozialsystems unterwerfen oder diese modifizieren mussten. Im ersten Fall hätte dies bedeutet, dass sie sich primär über Publikationen als Ausweis kontinuierlicher wissenschaftlicher Forschungstätigkeit oder sekundär über Teilhabe an der akademischen Lehre hätten profilieren müssen; im zweiten Fall, dass ihre eigentliche Arbeit, Aufbau,

[30] Vgl. Jochum: Die vergebliche Suche (wie Anm. 15); Ders.: Die Aufgabe (wie Anm. 15).

Pflege und Erschließung bibliothekarischer Bestände und Sammlungen, als wissenschaftliche Leistung hätte anerkannt werden müssen.

Der erste Weg widersprach der Professionalisierung des Berufs. Für fachwissenschaftliche Forschung blieb ohnehin kaum Zeit, abgesehen davon, dass sie auch nicht das primäre Ziel eines Bibliothekars sein konnte. Der logisch konsequente Weg war der zweite. Die selbstverständliche Anerkennung der Fachreferatsarbeit per se als eigenständige wissenschaftliche Leistung konnte indes nicht durchgesetzt werden. Dafür mag es mehrere Gründe gegeben haben. Dies im Einzelnen zu bewerten ist angesichts des bibliothekshistorischen Forschungsstandes schwierig. Klar ist aber, dass mit der Institutionalisierung des modernen Wissenschaftsbetriebes auch eine Forschungsinfrastruktur aufgebaut wurde, wie es in neuerer Wissenschaftsterminologie heißt, bei der Bibliotheken eine wichtige Rolle spielten. Die Arbeit an und für eine Forschungsinfrastruktureinrichtung wie zum Beispiel die fachwissenschaftliche Pflege eines bibliothekarischen Bestandes oder einer Sammlung, die den Kern der professionellen Identität und Leistung bibliothekarischer Fachreferate bildeten, hatte im sozialen Bewertungssystem der Wissenschaft indes noch keinen Platz gefunden. Das soziale Kapital der Wissenschaftler wurde primär durch eigene „klassische" Forschung und Publikationen erworben, nicht durch ein bibliothekarisches Fachreferat oder die Leitung einer Bibliothek. Die Wissenschaftler selbst hatten weder Anlass noch Interesse dies zu ändern.

4. Die Diskussion um Fachreferatsarbeit nach 1945 bis zur Gegenwart

Eine Folge dieser Konstellation war, dass es – mit gewissen Konjunkturen – eine fast kontinuierliche Diskussion nach dem Zweiten Weltkrieg bis zur Gegenwart über die Stellung der Fachreferenten, ihren Status als Wissenschaftler und die Wissenschaftlichkeit ihres Tuns gab. Diese Diskussion ist weithin bekannt und braucht nicht en détail nachgezeichnet zu werden.[32] Bereits in der unmittelbaren Nachkriegszeit unternahm Hermann Tiemann eine Standortbestimmung des Berufs[33]; Georg Leyh hat

[31] So jedenfalls Ohly (wie Anm. 10), S. 37f.

[32] Einen historischen Überblick über die Berufsbilddiskussion gibt in einer unveröffentlichten Master's Thesis Bosserhoff, Björn: Fachreferent – quo vadis? Standortbestimmung eines Berufsbilds. Köln 2008. URL: http://opus.bibl.fh-koeln.de/volltexte/2012/345/pdf/Bosserhoff-Bjoern.korr.pdf [Stand 08.05.2013].

[33] Tiemann, Hermann: Vom Beruf des Bibliothekars. Schlußvortrag. In: Ders. (Hrsg.):

sich mehrfach mit dem Thema befaßt, zuletzt 1961 mit *Der Bibliothekar und sein Beruf*, einem gleichsam autoritativen, im Handbuch der Bibliothekswissenschaft publizierten Beitrag[34], wobei Tiemann wie Leyh in ihren Argumentationsfiguren keine neuen Ansätze erkennen ließen. Die Wieder-Buzás-Kontroverse von 1959 bis 1961[35] deutete erstmals an, dass die Entwicklung zur modernen Massenuniversität auch zu einem neuen bibliothekarischen Selbstverständnis führen könnte. In den 1960er und frühen 1970er Jahren wurde über Fachreferatsarbeit dann vor allem im Kontext einer Reform der bibliothekarischen Ausbildung sowie der Einführung einschichtiger Bibliothekssysteme diskutiert.

Bei diesen Diskussionen, so unterschiedlich auch jeweils die Ansätze und Blickwinkel waren, fällt auf, dass das Modell des Fachreferatesystems als solches und die Kernaufgabe des Fachreferenten, der autonome Bestandsaufbau, kaum in Frage gestellt wurden. Selbst die auf den ersten Blick so konträren Beiträge von Wieder und Buzás lagen, wenn man von den polemischen Invektiven und den nicht genannten, implizit aber vorhandenen persönlichen Motiven und Spannungen absieht, im Grunde konzeptionell nicht sehr weit auseinander. Auch Wieder konstatierte, freilich in resignierend-kulturkritischem Tonfall, dass er unter wissenschaftlicher Arbeit „... nicht gelehrte Forschungsarbeit auf dem engeren persönlichen Studiengebiet des Bibliothekars ...“[36] versteht. Was er beklagte, ist nur noch, dass „... die Möglichkeit zu wissenschaftlicher Arbeit auch auf den eigentlichen bibliothekarischen Fachgebieten der Buchwissenschaft und der theoretischen Grundlagen unseres Berufes weitgehend eingeengt ist.“[37] Gar so viel anders, wenn auch mit sichtlich technokratischem Optimismus formuliert, liest sich das auch bei Buzás nicht. Er betonte, dass die Grundla-

Probleme des Wiederaufbaus im wissenschaftlichen Bibliothekswesen. Aus den Verhandlungen der 1. Bibliothekartagung der britischen Zone in Hamburg vom 22.–24. Oktober 1946. Hamburg: Hansischer Gildenverlag 1947, S. 137–146.

[34] Leyh, Georg: Der Bibliothekar und sein Beruf. In: Ders. (Hrsg.): Handbuch der Bibliothekswissenschaft. Zweite, vermehrte und verbesserte Auflage. Bd. 2: Bibliotheksverwaltung. Wiesbaden: Harrassowitz 1961, S. 1–112; sowie Ders.: Der Bibliothekar der Zukunft. In: Zentralblatt für Bibliothekswesen 63 (1949), S. 151–171; Ders.: Die Bildung des Bibliothekars. Kopenhagen: Ejnar Munksgaard 1952 (Library Research Monographs, 3). Vgl. dazu auch Babendreier, Jürgen: Diskurs als Lebensform. Georg Leyh und seine Schrift „Die Bildung des Bibliothekars“. In: Wolfenbütteler Notizen zur Buchgeschichte 35 (2010), 1, S. 81–97.

[35] Vgl. dazu Kuttner, Sven: Die Wieder-Buzás-Kontroverse 1959 bis 1962. Ein Blick hinter die Kulissen einer Berufsbilddiskussion der späten Nachkriegszeit. In: Bibliotheksdienst 43 (2009), 4, S. 384–398. Wiederabdruck im vorliegenden Band, S. 65–80.

[36] Wieder, Joachim: Berufssorgen des wissenschaftlichen Bibliothekars. In: Libri 9 (1959), 2, S. 132–165, hier S. 144.

[37] Ebenda.

ge der bibliothekarischen Arbeit wissenschaftliche Fachkenntnis ist und der Bibliothekar die Fortschritte auf seinem Fachgebiet verfolgen müsse, auch wenn er als Bibliothekar darin nicht mehr weiter produktiv tätig sein kann, sondern sich auf bibliothekarische Verwaltung beschränken müsse. Zugleich unterstrich er aber, dass der ganze Bereich der bibliothekskundlichen Forschung, wie er es nannte, zu den genuinen Aufgaben des Bibliothekars gehöre.[38]

Die fachwissenschaftliche Qualifikation und die darauf aufsetzende Tätigkeit als Fachreferenten wurden in keinem der Beiträge in Frage gestellt. Eine Ausnahme machte hiervon erstmals Wilhelm Grunwald, der sich 1969 dafür aussprach, die Aufgaben des höheren Dienstes nur „... für die wissenschaftlich schwierigeren Entscheidungen [bei der Erwerbung], sowie die Leitung und Adaption der bibliothekarischen Einrichtungen und Betriebseinheiten bis hin zu ganzen Bibliotheks-Systemen ... einzusetzen."[39] Mit anderen Worten: der höhere Dienst sollte vor allem Management- und Führungsaufgaben wahrnehmen; Bestandsaufbau und Erschließung könnten nach Grunwald auch entsprechend ausgebildete Bibliothekare des gehobenen Dienstes übernehmen. Doch diese Position war die Ausnahme. Selbst in den neuen einschichtigen Bibliothekssystemen, bei denen es analog zum amerikanischen Modell durchaus möglich gewesen wäre, die Aufgabe des Bestandsaufbaus weitgehend an den Lehrkörper zu übertragen, wurde das Modell des Fachreferatesystems weiter tradiert. Günther Pflug, Gründungsdirektor der Universitätsbibliothek Bochum, konstatierte zwar 1971 im Hinblick auf die Stellung des Fachreferenten zwischen Fachwissenschaft und Bibliothek einen Interessenskonflikt und folgerte daraus: „Die Funktion der Fachreferenten in der Bibliothek wird also ein ständig neuralgischer Punkt sein. Diese Gefahr droht um so mehr, als die Stellung der Fachreferenten im augenblicklichen System keineswegs hinreichend geklärt ist."[40] Doch eine konkrete Alternative schlägt auch er nicht vor und zieht sich auf folgende Position zurück: „Die Bibliothek von morgen ist uns allenfalls als Problemkatalog gegenwärtig, noch keineswegs jedoch als Zielvorstellung ... Solange dies fehlt ... hängen alle Ausbildungsmodelle in nicht mehr tolerierbarem Maße von emotionalen und berufsständischen Komponenten ab, die die Gefahr in sich bergen,

[38] Buzás, Ladislaus: Berufssorgen des wissenschaftlichen Bibliothekars. Ein Diskussionsbeitrag. In: Libri 10 (1960), 2, S. 81–104, hier S. 93f.

[39] Grunwald, Wilhelm: Der Bibliothekar und seine Ausbildung. In: Zeitschrift für Bibliothekswesen und Bibliographie 16 (1969), 2, S. 154–169, hier S. 159.

[40] Pflug, Günther: Die Bibliothek der Zukunft als Ausbildungsaufgabe der Gegenwart. In: Zeitschrift für Bibliothekswesen und Bibliographie 18 (1971), 4–5, S. 221–235, hier S. 230.

die Kluft zwischen Ausbildungserfordernis und Ausbildungsrealität weiter zu vergrößern."[41]

Angesichts dieser abwartenden Position kann es daher nicht verwundern, dass in dem dreibändigen, 1976 veröffentlichten Handbuch *Zur Theorie und Praxis des modernen Bibliothekswesens* die Aufgaben des Fachreferenten in klassischer Form konserviert wurden. Das Berufsbild, das dort Hans-Peter Geh umriss, basierte ganz auf den traditionellen Fachreferatsaufgaben. Geh sah sie als das „zentrale Betätigungsfeld" des höheren Dienstes und er ging sogar davon aus, dass die Fachreferatsarbeit „... durch die neuen zusätzlichen Aufgaben im universitären Bereich noch an Bedeutung zunehmen wird ...".[42] Die Modernisierung des Berufsbildes bestand bei ihm nur darin, dass er zusätzlich weitere Aufgaben und Funktionen aufsattelte wie Organisations- und Planungsaufgaben, höhere Management-Funktionen, Gremienarbeit, hochschuldidaktische Aufgaben und anderes mehr.[43] Das Fachreferatesystem blieb also trotz aller Diskussionen um das Berufsbild das Modell der Wahl; an dessen Kernaufgaben wurde nicht gerüttelt. Noch 1983 ging Winfried Gödert bei der Frage, wie der Fachreferent optimal in die bibliothekarische Organisation einzubinden ist, ganz selbstverständlich als Basis von den klassischen Aufgaben Bestandsaufbau und -erschließung aus.[44] Auch im *Berufsbild des Wissenschaftlichen Bibliothekars* von 1984 rangieren bei den Aufgabengebieten Bestandsaufbau und dessen wissenschaftliche Erschließung an erster Stelle.[45]

Der Tradierung des Berufsbildes und des organisatorischen Modells der Fachreferate standen freilich signifikante Veränderungen der bibliothekarischen Umwelt gegenüber. Mit dem Ausbau des Hochschulsystems seit

[41] Ebenda, S. 235.

[42] Geh, Hans-Peter: Berufsbild und Ausbildung des Bibliothekars. In: Kehr, Wolfgang; Neubauer, Karl Wilhelm; Stoltzenburg, Joachim (Hrsg.): Zur Theorie und Praxis des modernen Bibliothekswesens. Bd. 1: Gesellschaftliche Aspekte. München: Verlag Dokumentation 1976, S. 230–262, hier S. 233. Auch Schmidt-Künsemüller, Friedrich-Adolf: Strukturprobleme des deutschen Bibliothekswesens. In: Ebenda, S. 155–183, hier S. 177f., bleibt einem traditionellen Berufsbild verhaftet und wirbt darum, dass dem Bibliothekar „... ein Quantum eigener wissenschaftlicher Produktivität erlaubt ..." sein sollte, ohne freilich darzulegen, wie das in der Praxis realisiert werden könnte.

[43] Geh (wie Anm. 42), S. 234.

[44] Gödert, Winfried: Zum Berufsbild des Fachreferenten an wissenschaftlichen Bibliotheken. In: Hering, Jürgen; Zwink, Eberhard (Hrsg.): Etatkürzungen und Öffentlichkeitsarbeit. Bibliotheken im Umbruch? 72. Deutscher Bibliothekartag in Darmstadt vom 1. bis 5. Juni 1982. Frankfurt am Main: Klostermann 1982 (Zeitschrift für Bibliothekswesen und Bibliographie, Sonderheft 38), S. 175–188, hier S. 178.

[45] Das Berufsbild des Wissenschaftlichen Bibliothekars. In: Zeitschrift für Bibliothekswesen und Bibliographie 31 (1984), S. 141–150, hier S. 142. Danach kamen die fachwissenschaftliche und bibliotheksfachliche Information, sodann die Vertretung fachspezifischer und bibliothekarischer Interessen.

den 1960er Jahren, der Automatisierung der Bibliothekssysteme und der Zunahme an Verwaltungsaufgaben veränderte sich das Umfeld der Fachreferatsarbeit. Verwaltungs-, Organisations- und Projektaufgaben nahmen zu, das Selbstverständnis des höheren Dienstes als Wissenschaftsorganisatoren und -manager entwickelte sich zu einem konkurrierenden Modell, das freilich nicht dazu führte, das Konzept des Fachreferatesystems im Kern aufzulösen.[46] Die bibliothekarische Sozialisation begann in den 1970er und 1980er-Jahren für den höheren Dienst in der Regel immer noch mit der Übernahme eines Fachreferats.

Erst in den 1990er-Jahren wurde das Paradigma des Fachreferatesystems, die autonome Organisation des Bestandsaufbaus, grundsätzlicher in Frage gestellt. Digitale Medien, die eine völlig standortunabhängige Nutzung erlauben, schienen lokale Kollektionen zunehmend obsolet werden zu lassen. Access versus ownership wurde zu einem neuen bibliothekarischen Paradigma erhoben, natürlich auch in der vermeintlichen Hoffnung, damit Magazin- und Personalkosten einsparen zu können. Konsortiale Lizenzierungen elektronischer Zeitschriftenpakete, der Erwerb von E-Book-Paketen, die von Verlagen oder anderen Dienstleistern zusammengestellt werden, haben in der Tat auch das klassische Geschäft des bibliothekarischen Bestandsaufbaus deutlich verändert. Dass ein über einen längeren Zeitraum nach definierten Kriterien aufgebauter Bestandsaufbau zunehmend als Wert an sich in Frage gestellt wird, belegen die patron driven acquisition-Modelle, die den Bestand letztlich nur noch als zufälliges Resultat aktueller Nutzerbedürfnisse definieren. Damit war das Fachreferat an sich in Frage gestellt. Es dürfte auch kein Zufall gewesen sein, dass 1998 nochmals eine grundsätzliche Diskussion um die Aufgaben wissenschaftlicher Fachreferenten entbrannt war[47], in deren Folge es dann auch noch einige weitere Beiträge und Überlegungen zum Thema gab.[48]

[46] Vgl. Vodosek, Peter; Arnold, Werner (Hrsg.): Auf dem Wege in die Informationsgesellschaft: Bibliotheken in den 70er und 80er Jahren des 20. Jahrhunderts. Wiesbaden: Harrassowitz 2008 (Wolfenbütteler Schriften zur Geschichte des Buchwesens, 43).

[47] Vgl. Jochum, Uwe: Die Situation des höheren Dienstes. In: Bibliotheksdienst 32 (1998), 2, S. 241–247; Oehling, Helmut: Wissenschaftlicher Bibliothekar 2000 – quo vadis? 12 Thesen zur Zukunft des Fachreferenten. In: Bibliotheksdienst 32 (1998), 2, S. 247–254; Boekhorst, Peter te; Buch, Harald; Ceynowa, Klaus: „Wissenschaftlicher" Bibliothekar 2000 – Hic Rhodus, hic salta! Bemerkungen zu Helmut Oehlings Thesen zur Zukunft des Fachreferenten. In: Bibliotheksdienst 32 (1998), 4, S. 686–693; Jochum, Uwe; Oehling, Helmut: Die das falsche Steckenpferd reiten. Eine Replik auf den Beitrag von te Boekhorst, Buch und Ceynowa im Bibliotheksdienst 32 (1998), H. 4. In: Bibliotheksdienst 32 (1998), 5, S. 857–865.

[48] Genannt seien nur: Hapke, Thomas: Auch die „Lean Library" braucht das Fachreferat! Gedanken zur Zukunft des wissenschaftlichen Bibliotheksdienstes im Zeitalter digitaler

Wie sehr das klassische Paradigma des Fachreferats, Bestandspflege und -erschließung, in die Defensive geraten war, zeigt sich auch daran, dass zunehmend die Vermittlung von Fachinformation und Fachinformationskompetenzen ins Zentrum der Fachreferatsaufgaben gerückt wird, um diese damit den gewandelten medialen Rahmenbedingungen anzupassen. „Der klassische Fachreferent, der „nur" erwirbt und erschließt, hat keine Zukunft. Der neue Fachreferent tut dies auch, er vermittelt aber auch aktiv das, was er erwirbt, im Sinne einer aktiven Fachinformation."[49]

5. Die Empfehlungen des Wissenschaftsrates von 2011

Genau zu der Zeit, zu der die fast über ein Jahrhundert hinweg unbestrittene Kernaufgabe des Fachreferats – diejenige Aufgabe, die das Fachreferat überhaupt erst definierte, die eigenständige Betreuung eines fachlichen Bestandes, einer bibliothekarischen Sammlung – durch Konzepte obsolet wird, die auf standortunabhängige und von Drittanbietern aufgebaute Sammlungen digitaler Medien sowie einen von Nutzerbedürfnissen zufällig generierten Bestandsaufbau setzten, hat sich der Wissenschaftsrat in mehreren Empfehlungen des Jahres 2011 mit Informationsinfrastrukturen und insonderheit auch mit wissenschaftlichen Sammlungen als Forschungsinfrastrukturen beschäftigt.[50] Der generelle Tenor der Empfehlungen liegt darauf, den Blick für die Bedeutung von Informationsinfrastruktureinrichtungen an Universitäten zu stärken, zu denen neben Archiven und Sammlungen auch Bibliotheken gezählt werden. Der Wis-

Medien und modernen Managements. In: Auskunft 18 (1998), 3, S. 253–268; Schröter, Marcus; Steinhauer, Eric W.: Philologie und Bibliothek – Philologie oder Bibliothek? Das Verhältnis von Fachstudium und Bibliothek als Herausforderung in beruflicher Praxis und bibliothekarischer Ausbildung. In: Lorenz, Bernd (Hrsg.): Bibliothek und Philologie. Festschrift für Hans-Jürgen Schubert zum 65. Geburtstag. Wiesbaden: Harrassowitz 2005, S. 151–178. Aus „berufsständischer" Perspektive Sühl-Strohmenger, Wilfried: Zur Gruppenzugehörigkeit des wissenschaftlichen Bibliotheksdienstes in der Hochschule – die Problematik aus der Sicht des Vereins Deutscher Bibliothekare e.V. (VDB). In: Rützel-Banz, Margit (Hrsg.): 91. Deutscher Bibliothekartag in Bielefeld 2001. Bibliotheken – Portale zum globalen Wissen. Frankfurt am Main: Klostermann 2001 (Zeitschrift für Bibliothekswesen und Bibliographie, Sonderheft 81), S. 167–178. Vgl. ferner Weber, Jürgen: Forschungsbibliothekar/in: Thesen zu einem neuen Berufsbild. In: Bibliothek Forschung und Praxis 22 (1998), 3, S. 309–313.

[49] Oehling (wie Anm. 47), S. 251.

[50] Wissenschaftsrat: Übergreifende Empfehlungen zu Informationsinfrastrukturen. Berlin 2011; Empfehlungen zu Forschungsinfrastrukturen in den Geistes- und Sozialwissenschaften. Berlin 2011; Empfehlungen zu wissenschaftlichen Sammlungen als Forschungsinfrastrukturen. Berlin 2011.

senschaftsrat stellt dabei auch fest, dass „... Forschung erforderlich [ist], um Informationsinfrastrukturen für die Wissenschaft nutzbar zu machen. Dazu gehören etwa Forschungstätigkeiten im Kontext der wissenschaftlichen Erfassung und Erschließung von Bibliotheken, Sammlungen und Archiven sowie der Konzeption von Datenerhebungen und -sammlungen. Hier ist auch die Forschung zu nennen, die im Zusammenhang der Ausstellung oder Darstellung (z. B. umfangreiche wissenschaftliche Katalog-, Handbuch- und Editionsprojekte) von Bibliotheks-, Archiv- und Sammlungsbeständen steht. Entsprechende Forschungstätigkeiten werden im Folgenden als infrastrukturbezogene Forschung bezeichnet."[51] Fasst man die Fachreferatsarbeit nicht zu eng, indem Erschließungsarbeiten im umfassenderen Sinne, die Pflege spezifischer thematischer und regionaler Sammlungen, von Sondersammelgebieten usw. darunter subsumiert werden, so ist Fachreferatsarbeit infrastrukturbezogene Forschung im Sinne des Wissenschaftsrates. Eine Arbeit, die der Wissenschaftsrat auch ausdrücklich stärker als wissenschaftliche Leistung gewürdigt wissen will.[52]

Es ist daher nicht ohne Ironie, dass das, was die Bibliothekare in den 1920er-Jahren unter anderem mit der Einführung des Fachreferatesystems versucht hatten, nämlich die Anerkennung ihrer genuinen Arbeit, der Pflege und Erschließung bibliothekarischer Bestände und Sammlungen, als wissenschaftliche Tätigkeit zu erlangen, dass genau dies zu einem Zeitpunkt vom Wissenschaftsrat propagiert wird, zu dem die Bibliothekare selbst beginnen, sich vom Bestandsaufbau und dessen vertiefter Erschließung als einem Kern ihrer Arbeit zu verabschieden. Folgte man der Logik der Empfehlungen des Wissenschaftsrates, so könnte Fachreferatsarbeit in Zukunft genau das sein, was ursprünglich ihr Zweck gewesen war: der Aufbau und die Erschließung bibliothekarischer Bestände und Sammlungen durch fachlich und bibliothekarisch qualifizierte Wissenschaftler.

Doch dafür müsste erst einmal eine Diskussion darüber geführt werden, was bibliothekarischer Bestandsaufbau, was collection building und dessen vertiefte Erschließung heute eigentlich noch bedeutet und welchen Stellenwert dies für Bibliotheken hat. Die Digitalisierung der Medien verändert natürlich den Bestands- und Sammlungsbegriff, doch macht sie ihn bereits obsolet? Auch dort, wo Leser digital(isiert)e Medien über das Netz nutzen, steht am Ende letztlich noch eine Sammlung, auch wenn diese sich grundlegend von Sammlungen herkömmlicher Printmedien unterscheiden mag. Nicht zuletzt sollte man auch die klassischen Bücher nicht

[51] Wissenschaftsrat: Übergreifende Empfehlungen (wie Anm. 50), S. 12.
[52] Vgl. ebenda, S. 51.

einfach verdrängen. Auch wenn die Funktion gedruckter Bestände sich mit ihrer Digitalisierung für die Wissenschaft wandelt, müssen sie deshalb nicht aufhören, zu bestehen und ihren eigenen Wert zu besitzen. Jedenfalls nicht solange es Bibliothekare gibt, die darüber nachdenken, welche Bedeutung Sammlungen, mögen sie aus Büchern oder Dateien bestehen, für die Existenz von Bibliotheken haben. Wenn man davon ausgeht, dass Bibliotheken, so vielfältig und differenziert ihre Aufgaben in einer primär digitalen Medienwelt auch sein mögen, sich primär über ihre Bestände und Sammlungen definieren, dann sollte es auch noch weiterhin Bibliothekare geben, die diese fachwissenschaftlich betreuen. Das setzte freilich voraus, dass akzeptiert wird, dass bei dem wissenschaftlichen Personal an Bibliotheken eine zunehmende Spezialisierung vonnöten ist und in der Praxis zum Teil auch bereits stattgefunden hat.[53] Bibliotheksmanagement, Informationstechnologie, Informationsvermittlung und fachwissenschaftliche Erschließung sind Arbeitsfelder, die jeweils unterschiedlicher Kompetenzen bedürfen. Folgt man den Empfehlungen des Wissenschaftsrates, so sollten Bibliothekare jedenfalls die fachwissenschaftliche Pflege und Erschließung von Sammlungen nicht zugunsten neuer und anderer Aufgaben vollständig aufgeben.

[53] Darauf wiesen bereits auch hin: Jochum, Uwe: Bildungsgrenzen – Die Ausbildung des Höheren Bibliotheksdienstes in Deutschland. In: Plassmann, Engelbert; Syré, Ludger (Hrsg.): Verein Deutscher Bibliothekare 1900–2000. Festschrift. Wiesbaden: Harrassowitz 2000, S. 231–253, hier S. 253; Dugall, Berndt: Die Ausbildung für den höheren Dienst an wissenschaftlichen Bibliotheken: einige provokante Thesen. In: Zeitschrift für Bibliothekswesen und Bibliographie 48 (2001), 2, S. 132–133, hier S. 133.

SVEN KUTTNER

Die Wieder-Buzás-Kontroverse 1959 bis 1962. Ein Blick hinter die Kulissen einer Berufsbilddiskussion der späten Nachkriegszeit[1]*

Der bibliothekarische Diskurs der gut letzten 100 Jahre kennt so manchen roten Faden in seiner Kontinuität; einer der dauerhaftesten Diskursfäden dürfte die Auseinandersetzung um das bibliothekarische Berufsbild und Selbstverständnis sein, in deren Schlepptau auch immer Ausbildungsfragen und -inhalte zur Debatte standen. Die oftmals mit handfester Polemik geführten Kontroversen, denen durchweg eine vorgebliche Krisenhaftigkeit des bibliothekarischen Berufes oder ein scheinbarer Scheideweg mit apokalyptischer Endzeitstimmung geradezu zwanghaft zugrunde liegen mussten, kennzeichnete ein fast hostiler Manichäismus, der bei dem ansonsten für seine innere Konsens- und Harmoniebedürftigkeit bekannten Berufsstand der deutschen Bibliothekare aus dem Rahmen fiel. Zumeist gab es in der Diskussion um die Verortung des Berufes nur Schwarz oder Weiß, Top oder Flop, Dafür oder Dagegen, ein Reich des Lichts, dessen Heerführer die alleinseligmachende Weisheit gepachtet zu haben schienen, und ein Reich der Finsternis, das die auf dem Holzweg Irrlichternden heillos verschlungen hatte. Differenzierungen und rational abwägende Zwischentöne blieben die nicht selten unbeachtete Ausnahme.

Der zu Beginn der 1960er Jahre entbrannte Meinungsstreit, der auf zwei kontroverse Beiträge von Joachim Wieder[2] und Ladislaus Buzás[3] zurückging, fiel in diesem Kontext nicht aus dem üblichen Rahmen der bibliothekarischen Streitkultur um die berufliche Selbstverortung. Seine tieferen Ursachen gründeten in der strukturellen Erneuerung der wissenschaftlichen Bibliotheken nach dem Zusammenbruch 1945. Der Wiederauf- und Ausbau des deutschen Bibliothekswesens in der Bundesrepublik,

* Erstabdruck des Beitrags in: Bibliotheksdienst 43 (2009), 4, S. 384–398.

[1] Für Almut Tietze-Netolitzky zum 65. Geburtstag.

[2] Wieder, Joachim: Berufssorgen des wissenschaftlichen Bibliothekars. In: Libri 9 (1959), 2, S. 132–165.

[3] Buzás, Ladislaus: Berufssorgen des wissenschaftlichen Bibliothekars. Ein Diskussionsbeitrag. In: Libri 10 (1960), 2, S. 81–104.

der sich parallel zum westdeutschen „Wirtschaftswunder" entwickelte, zog relativ rasch einschneidende Veränderungen in der Arbeitssituation der Bibliotheken nach sich. Dieser grundlegende Wandlungsprozess, der nicht zuletzt das Spannungsverhältnis von „Gelehrtenbibliothekar" und „Dienstleistungsbibliothekar" berührte, warf unter veränderten Rahmenbedingungen Fragen nach der Zukunft des bibliothekarischen Berufes und der Ausbildung auf. Geistig gefangen in einer längst überholten Bildungswelt, versunken in bibliothekstechnische Diskussionen, die außerhalb der eigenen Profession auf kein Verständnis stießen, verloren die Bibliothekare zu Beginn der 1950er Jahre in ihren Hochschulen und in einer interessierten Öffentlichkeit zunehmend an Boden. Die Führungsrolle in der Literaturversorgung der Universitäten übernahmen Instituts- und Seminarbibliotheken, die einen exorbitanten Ausbau unter professoraler, im Namen der Wissenschaft auf Autonomie pochender Vorherrschaft erlebten. Die drohende Marginalisierung des Berufsstandes und der sich abzeichnende Verdrängungsprozess zwangen zu einer Neuausrichtung; gefragt waren Leistungsfähigkeit und Effizienz in den Zentralen zweischichtiger Bibliothekssysteme, um mit den Bedürfnissen des boomenden Wissenschaftsbetriebs in der bundesrepublikanischen Hochschullandschaft ansatzweise Schritt halten zu können.[4]

Zwei Positionen im Widerstreit

Mit den bibliotheksinternen Auswirkungen des Wandels setzten sich die von Joachim Wieder geäußerten Berufssorgen auseinander, der „vor einem weiteren geistigen und sozialen Absinken des bibliothekarischen Berufes" warnen wollte. Die Krisenhaftigkeit des Berufes führte er auf den rücksichtslosen Arbeitsrhythmus des modernen Berufslebens zurück, das mit seinen unablässigen Verwaltungsaufgaben und der täglichen Routinearbeit unter Zeitdruck den Raum zur geistigen Besinnung immer stärker eingrenze. Mit Vermassung, Mechanisierung und Bürokratie habe „ein ernsthafter beruflicher Substanzverlust" in den Bibliotheken Einzug gehalten, die den Bibliothekar zum „Funktionär im Räderwerk des Betriebs" degenerieren lasse. Die körperliche und seelische Belastung im modernen Zeitalter der technischen Zivilisation, der Urbanisierung, des Verkehrslärms

[4] Pflug, Günther: Die wissenschaftlichen Bibliotheken in Deutschland von 1945 bis 1965. In: Vodosek, Peter; Leonhard, Joachim-Felix (Hrsg.): Die Entwicklung des Bibliothekswesens in Deutschland 1945–1965. Wiesbaden: Harrassowitz 1993 (Wolfenbütteler Schriften zur Geschichte des Buchwesens, 19), S. 19–21.

und der Betriebswelt sei nicht ohne schädigende Wirkung auf Leistungsvermögen und Widerstandskraft geblieben. Das Gefährdungspotential sei zudem durch eine „wachsende Naturentfremdung seiner persönlichen Umwelt, die beständig auf ihn einstürmenden Außenreize mannigfacher Art, in erster Linie eben die mit der Technik verknüpfte gesundheitswidrige Lärmentwicklung" deutlich, wenngleich für die Betroffenen oftmals unmerklich gestiegen. Wie in keinem anderen akademischen Beruf sei der wissenschaftliche Bibliothekar der Gefahr ausgesetzt, psychisch abzustumpfen und geistig einzurosten; umfassende Allgemeinbildung, wissenschaftliche Haltung, kritische Urteilsfähigkeit und geistige Wendigkeit, die als grundsätzliche Voraussetzungen des bibliothekarischen Berufes anzusehen seien, könnten aber nur unter bestimmten Prämissen auch in der Zukunft gewahrt bleiben. Ohne „Muße und Selbstbesinnung, ohne die der gelassene Blick für das Sachgerechte und Notwendige verloren gehen muss", werde am Ende eine „Senkung des wissenschaftlichen Niveaus der Bibliothekare" und eine Beeinträchtigung ihrer „geistigen Haltung" stehen.[5]

Wieders Kritik an den Folgen des Wandels, die in nuce, wiewohl pointierter und erheblich weniger wortreich Rudolf Juchhoff schon zwei Jahre zuvor geäußert hatte,[6] fügte sich zum einen in den nicht gerade neuen Kanon der mahnenden und warnenden Stimmen von Modernisierungsskeptikern und -kritikern ein, der von Fritz Milkau, der bereits 1912 den bibliothekarischen Bürobetrieb als eine „Schule der Mittelmäßigkeit" qualifiziert hatte, bis zu Georg Leyh reichte;[7] der Tübinger Bibliothekar hatte mehrfach den Primat der Wissenschaftlichkeit für den Beruf betont, durch den sich der gelehrte Bibliothekar „von dem Bücherregistrator und seinem stumpfen Fleiß" zu unterscheiden wisse, sein Schweizer Kollege Paul Scherrer vor den Auswirkungen von Rationalisierung und Mechanisierung mit Selbstzweckcharakter im Bibliothekswesen gewarnt.[8] Zum

[5] Wieder (wie Anm. 2), S. 135, S. 137, S. 139, S. 142f. u. S. 162.

[6] Juchhoff, Rudolf: Der Bibliothekar in seiner Zeit. Vortrag, gehalten auf dem Bibliothekartag 1957 in Lübeck. In: Zeitschrift für Bibliothekswesen und Bibliographie 4 (1957), 3, S. 151–169, hier S. 168.

[7] Pape, Manfred: Der wissenschaftliche Bibliothekar im Widerstreit der Meinungen von 1945 bis 1979. Zum Selbstverständnis des heutigen Bibliothekars. In: Libri 30 (1980), 2, S. 150–163, hier S. 155.

[8] Leyh, Georg: Stellung und Aufgabe der wissenschaftlichen Bibliothek in der Zeit. In: Zentralblatt für Bibliothekswesen 53 (1936), 9–10, S. 473–482, hier S. 480; Ders.: Die Bildung des Bibliothekars. Kopenhagen: Ejnar Munksgaard 1952 (Library Research Monographs, 3), S. 28; Scherrer, Paul: Bibliotheken und Bibliothekare als Träger kultureller Aufgaben. Vom Ethos des Berufes. In: Nachrichten der Vereinigung Schweizerischer Bibliothekare 32 (1956), 5–6, S. 129–145, hier S. 132.

anderen können Wieders Gravamina die Nähe zur konservativen Modernekritik in der Nachkriegszeit nicht verleugnen: Hans Sedlmayr, der nach dem Zweiten Weltkrieg seinen Wiener Lehrstuhl wegen seiner Zugehörigkeit zur NSDAP verloren und erst 1951 wieder einen Ruf an die Ludwig-Maximilians-Universität München erhalten hatte, konstatierte mit seiner Kunst- und Kulturkritik der Moderne 1948 den „Verlust der Mitte“, der Südosteuropahistoriker und Herausgeber der *Historia Mundi*, Fritz Valjavec, der sich während der nationalsozialistischen Gewaltherrschaft nicht nur als politischer Berater der SS in südosteuropäischen Fragen etabliert, sondern auch seit dem Sommer 1941 in dieser Funktion und als Dolmetscher an einem Einsatz des Sonderkommandos 10b in der Bukowina teilgenommen hatte, schwadronierte nach 1945 vom „Zeitalter der Löhnerkultur“ und Eduard Spranger sowie Romano Guardini wandten sich 1956 gegen die „Diktatur des Lärms“, durch die dem menschlichen Dasein die lebensnotwendige Stille verloren zu gehen drohe.[9]

Joachim Wieders Aufsatz, der dazu angeraten sei, „de dénoncer un malaise qui atteint la profession de bibliothécaire dans notre monde contemporain“[10], stieß bei ausländischen Kollegen auf ein weitgehend positives Echo.[11] An Wieders „Spengler-Pose“[12] mit seinem stellenweise den Untergang der abendländischen Kultur beschwörenden Bocksgesang nahm gleichwohl Ladislaus Buzás Anstoß. In seiner Replik attestierte er seinem Kollegen, „einer Psychose der modernen Kulturhysteriker“ zu unterliegen; denn „die Angstmacherei vor der entgeistigenden Wirkung der Technik gehört heute ebenso zum ständigen Repertoire der allzu zahlreichen pessimistischen Kulturphilosophen wie das oben erwähnte Zerschreiben des Humanismus.“ Ferner sollten sich die Bibliothekare nicht den Blick auf das Wesentliche durch das Zerrbild einiger unfähiger oder gar bildungsfeindlicher Standesgenossen trüben lassen, „die ihre Unfähigkeit auf dem Gebiet des Geistes durch die Betonung des Verwaltungsbibliothekars oder durch Managermanieren verschleiern.“ Die einzige Aufgabe der wis-

[9] Sedlmayr, Hans: Verlust der Mitte. Die bildende Kunst des 19. und 20. Jahrhunderts als Symbol der Zeit. Salzburg: Müller 1948; Guardini, Romano; Spranger, Eduard: Vom stilleren Leben. Würzburg: Werkbund-Verlag 1956 (Weltbild und Erziehung, 16), S. 16f. u. S. 54.

[10] Lethève, Jacques: Aperçu sur la situation du bibliothécaire scientifique. In: Libri 10 (1960), 1, S. 46–48, hier S. 46.

[11] Barberi, Francesco: A Courageous Admonition. In: Libri 10 (1960), 2, S. 135–140; Brummel, Leendert: En marge de l'article de M. Wieder. In: Libri 10 (1960), 1, S. 43–46; Piquard, Maurice: Autour de l'activité professionnelle du bibliothécaire. In: Libri 10 (1960), 1, S. 40–42.

[12] Pape (wie Anm. 7), S. 155.

senschaftlichen Bibliotheken sei es, Benutzern die von ihnen gewünschte Literatur zur Verfügung zu stellen, und für einen Bibliotheksbenutzer sei es ganz gleichgültig, ob er sein Buch von einem harmonisch gebildeten Zeitgenossen oder von einem seelisch wie geistig unausgeglichenen Vielwisser ausgewählt und überreicht bekomme. Ferner seien die Begabungen, Neigungen und Arbeitsverhältnisse in den einzelnen Institutionen so verschieden verteilt, dass ein Zwang zu wissenschaftlichen und publizistischen Aktivitäten eher zum Misserfolg als zur angeblich notwendigen Neubelebung des Berufsstandes führen werde. In der Befreiung der Bibliothekare vom Zwang der fachwissenschaftlichen Produktivität sah Buzás gerade die Stärke des Berufsbibliothekars, denn ein Jagdhund, den man zur Jagd hintragen muss, wird kein Wild erjagen." Überdies sei allen Bibliothekaren, die über Geistlosigkeit, Bürokratisierung, Mechanisierung, den übermächtigen Apparat und die abstumpfende Alltagsarbeit klagen, ins Stammbuch geschrieben, dass das Kernwesen der bibliothekarischen Tätigkeit vorrangig in der peinlich genauen Kleinarbeit liege; wer sich ihr nicht verschreiben wolle, solle am besten „gleich die Finger von diesem Beruf lassen." Kurzum: Von einer Krise des deutschen Bibliothekswesens, die Wieder mit einer undeutlichen Terminologie der heutigen Kulturkritik und -philosophie anhand einiger relativ unbedeutsamer Nebenerscheinungen herauszulesen glaube, könne nicht die Rede sein. Wieders „Alarmruf vor dem Untergang" sei somit deplaziert, „denn gerade solche in schwimmende Begriffe gehüllten Darstellungen lassen die Probleme viel bedeutungsvoller erscheinen, als sie in Wirklichkeit sind, wenn nicht überhaupt erst diese Denkweise sie entstehen lässt."[13]

Nachdem Buzás den kulturpessimistischen Höhenkammbeitrag Wieders aus der Perspektive des in den Niederungen des Bibliotheksalltags beheimateten Praktikers zerpflückt hatte, ließ die Resonanz auf seine stellenweise harsche Kritik nicht lange auf sich warten. Sie kam zunächst in Gestalt einer Gegenpolemik seines Münchner UB-Kollegen Theodor Kiener,[14] der ein nicht minder geharnischter Beitrag von Kurt Ohly folgen sollte.[15] Kiener sprach zu Beginn seiner Philippika gegen Buzás ihm die Legitimation ab, den Standpunkt der Münchner Bibliothekare oder gar der UB München in der Auseinandersetzung mit Wieder vertreten zu können; allerdings ging diese Pfeilspitze völlig ins Leere, da sich Buzás eine derartige Position in seinem Beitrag gar nicht angemaßt hatte. Des weiteren

[13] Buzás (wie Anm. 3), S. 81, S. 85, S. 89–91 u. S. 94f.
[14] Kiener, Theodor: Berufsethos und Berufsfunktion. In: Libri 11 (1961), 1, S. 49–56.
[15] Ohly, Kurt: Die Kontroverse Wieder-Buzás im Spiegel der deutschen Bibliotheksgeschichte. In: Libri 12 (1962), 1, S. 25–50.

warf er ihm vor, das „freie Wort" in einer internationalen Fachzeitschrift missbraucht zu haben, und zog Buzás' Kompetenz in Zweifel, zu sachgerechten „Urteilen über das Wesen bibliothekarischer Tätigkeit, die heutige Funktion der Bibliotheken und neue Organisationsformen" überhaupt gelangen zu können. Schließlich nahm Kiener die Gedankenführung Wieders erneut auf und stellte heraus, dass der Bibliothekar seine *Raison d'être* aus der Überlieferung und der inneren Haltung beziehe. Seine Existenz als Kultur- und Bildungsträger sowie Verteidiger der Humanität seien elementare Bausteine für das Berufsethos. Die innere Gefährdung der bibliothekarischen Arbeit erblickte Kiener vor allem in der neutralisierenden Entwertung der Bibliotheksarbeit zur indifferenten Büroarbeit. Folglich rede Buzás einer Eliminierung der geistigen Lebenswelt des Bibliothekars „zugunsten einer berufsfernen Doktrin autoritär gesteuerter formaler Arbeitsleistung" das Wort. Was Buzás aus einer utilitaristischen Gesinnung heraus proklamiere, bedeute am Ende nur die Enthumanisierung des Berufes und die Preisgabe des Berufsethos.[16]

Der bereits pensionierte Inkunabelspezialist Kurt Ohly stellte seine Kritik an den Buzás'schen Ausführungen in einen erheblich größeren Kontext, indem er die vorgeblich grundlegenden Berufsfragen mit einem umfangreicheren historischen Überblick zur bibliothekarischen Existenz im 20. Jahrhundert verband. Grundsätzlich warf er dem jüngeren Münchner Kollegen eine unzulässige Simplifizierung vor; die argumentative Schwäche des Beitrags liege auf der Hand, da er „im Empirischen und Zufälligen" stecken bleibe. Den von Wieder artikulierten Berufssorgen brachte Ohly volles Verständnis entgegen. Buzás wiederum attestierte er ein deplorables Berufsverständnis, das in schärfstem Widerspruch zum Berufsideal stünde, „das seit Beginn des 20. Jahrhunderts von den führenden deutschen Bibliothekaren Harnack, Schwenke, Milkau, Krüss, Jacobs und Juchhoff" repräsentiert worden sei. Das von Buzás vertretene Leitbild bibliothekarischer Existenz bedeute in seinem Wesenskern nur „Verarmung, Entleerung und Verkümmerung." Bei Buzás könne man „das wahrhaft beklemmende Schauspiel erleben, dass „ein tüchtiger Bibliothekar einen Holzweg einschlägt und zu Ende geht, der in ausweglose Irre führt." Geistig aufgeschlossene junge Menschen, die den Beruf des Bibliothekars ins Auge gefasst haben sollten, könnten nach einer Lektüre des Buzás'schen Beitrags nur mit einer schroffen Ablehnung reagieren: „Welchen Beruf ich auch wähle – Bibliothekar werde ich nie!"[17]

[16] Kiener (wie Anm. 14), S. 49f., S. 53 u. S. 55.

[17] Ohly (wie Anm. 15), S. 27, S. 41, S. 47 u. S. 48.

Im Prinzip setzte Ohly mit seinem Beitrag den Schlussakkord unter die Kontroverse. Der Aufsatz des Würzburger Bibliothekars Werner Fitz nahm die Auseinandersetzung um das Berufsbild nochmals zum Anlass, die Fragwürdigkeit der tradierten Berufsauffassung zu betonen. Sein auf Ausgleich und Versachlichung bedachter Ansatz wollte die Wissenschaftlichkeit des Berufs vor allem auf die Belange der Praxis beschränkt wissen. Mit seinem an Georg Leyh angelehnten Berufsverständnis und der Forderung nach einem das gesamte Wissenschaftsspektrum abdeckenden Fachreferatsystems schrieb er aber im Prinzip an der Sache vorbei.[18] Dies gilt nicht minder für den Beitrag von Günther Reichhardt, der die wissenschaftliche Substanz des Spezialbibliothekars in den Vordergrund stellte.[19] Mit dem Ende der Kontroverse rückte die mit ihr auch verbundene Frage nach der Bedeutung der Wissenschaftlichkeit für den Beruf zunächst in den Hintergrund, wenngleich Vertreter des Berufsstandes sie in auffallender Regelmäßigkeit anrissen.[20] Erst 1998/99 hatte sich wieder eine lebhafte Diskussion über das Berufsbild des Fachreferenten – und damit auch grundsätzlich des höheren Bibliotheksdienstes – entwickelt, die einige Kernpunkte dessen thematisierte, was die Wissenschaftlichkeit ihres Handelns ausmachen könnte. Im Unterschied zur älteren Debatte zum Verhältnis von Bibliothekar und Wissenschaft ging es dabei allerdings im wesentlichen um Laufbahn- und Besoldungsfragen bzw. um die Problematik der Gruppenzugehörigkeit im Hochschulbereich, weniger um die Reflexion eines Berufsideals im Kontext von Bildung und Wissenschaft,[21] wenngleich die terminologische Pathetik, die ebenfalls mit Begriffen wie „Scheideweg", „Überleben" des Berufes oder „Identitätskrise" zu operieren wusste, Reminiszenzen an die Wieder-Buzás-Kontroverse wachrief.[22]

[18] Fitz, Werner: Der Bildungsauftrag wissenschaftlicher Bibliotheken und das moderne Berufsbild des Bibliothekars. In: Libri 12 (1963), 4, S. 341–351.

[19] Reichardt, Günther: Die innere Form einer Spezialbibliothek. Ein Beitrag zur Frage des Berufsbildes des Bibliothekars. In: Libri 12 (1962), 1, S. 8–12.

[20] Lohse, Hartwig: Der Bibliothekar und seine Fachwissenschaft. Ein Beitrag zum Berufsbild des höheren Bibliotheksdienstes. In: Zeitschrift für Bibliothekswesen und Bibliographie 26 (1979), 4, S. 253–265; Lorenz, Bernd: Wissenschaftliche Tätigkeit von Bibliothekaren – Überlegungen zu einer alten Frage. In: Libri 28 (1978), 4, S. 309–312; Scholl, Nikolaus: Bibliothekar und Wissenschaft. Studien zur Geschichte des bibliothekarischen Berufs. In: Bibliothek und Wissenschaft 1 (1964), S. 142–200; Totok, Wilhelm: Der Bibliothekar zwischen Praxis und Wissenschaft. In: Bibliothek und Wissenschaft 21 (1987), S. 189–206.

[21] Sühl-Strohmenger, Wilfried: Lehren und Lernen in der Bibliothek. Das Kompetenz- und Lernzentrum der Universitätsbibliothek Freiburg. In: Raffelt, Albert (Hrsg.): Positionen im Wandel. Festschrift für Bärbel Schubel. Freiburg: Universitätsbibliothek 2002 (Schriften der Universitätsbibliothek Freiburg im Breisgau, 27), S. 217–245, hier S. 219.

[22] Bosserhoff, Björn: Wissenschaftlicher Bibliothekar – Berufsstand in der Legiti-

Die langfristige Wirkung der Auseinandersetzung auf das Berufsbild blieb gleichwohl eher marginal. Dass Bibliotheken, vormals Oasen gelehrter Arbeit, zu „Literaturversorgungsanstalten“ degeneriert seien, und insofern Joachim Wieders Warnung der Enthumanisierung und geistigen Verarmung an Aktualität nichts eingebüßt habe, blieb eine Einzelmeinung.[23] Dass die „pragmatisch zupackende Auseinandersetzung Buzás' mit den Thesen Wieders“ auch bald vier Jahrzehnte später noch lesenswert sei und man seiner Argumentation noch weitgehend zustimmen könne, versteckte der Marburger Bibliothekar Dirk Barth in den Anmerkungsapparat eines Beitrags, der 40 Jahre nach der Wieder-Buzás-Kontroverse „Berufssorgen“ erneut thematisierte.[24] Somit ist die fast ausschließlich von Münchner Akteuren geführte Debatte über den Episodencharakter kaum hinausgekommen. Ein präziser Blick auf das Beziehungsgeflecht der Kontrahenten untereinander lässt sie gleichwohl in einem anderen Licht erscheinen und verrät über den eigentlichen Wesenszug und personenspezifischen Hintergrund der Auseinandersetzung mehr als die bisweilen bleiwüstenartigen Suaden, die sich die Streithähne von der Isar ausgerechnet in einer internationalen Fachzeitschrift um die Ohren schlugen. Die Unterlagen aus dem an der Universitätsbibliothek München verwahrten Nachlass von Ladislaus Buzás und das UB-Verwaltungsregistraturgut eröffnen eine andere Dimension der Kontroverse, die der zwischenmenschlichen Tragik nicht entbehrt.

mationskrise? Ein Rückblick auf die Debatte von 1998. In: Bibliotheksdienst 42 (2008), 11, S. 1161–1171.

23 Schmidt-Künsemüller, Friedrich-Adolf: Gedanken zum Wandel des bibliothekarischen Berufsbildes. In: Schweigler, Peter (Hrsg.): Bibliothekswelt und Kulturgeschichte. Eine internationale Festgabe für Joachim Wieder zum 65. Geburtstag dargebracht von seinen Freunden. München: Verlag Dokumentation 1977, S. 275–280, hier S. 276 u. S. 280.

24 Barth, Dirk: Über Berufssorgen und -perspektiven des wissenschaftlichen Bibliothekars. Marburger Erfahrungen. In: Rützel-Banz, Margit (Hrsg.): Grenzenlos in die Zukunft. 89. Deutscher Bibliothekartag in Freiburg im Breisgau 1999. Frankfurt am Main: Klostermann 2000 (Zeitschrift für Bibliothekswesen und Bibliographie, Sonderheft 77), S. 265–275, hier S. 265.

Die „München-Connection“ oder Vier Streithähne unter sich

Der in Ungarn als Sohn einer deutschen Familie 1915 geborene Ladislaus Buzás[25] und der aus dem schlesischen Marklissa stammende Joachim Wieder[26] absolvierten gemeinsam ihre bibliothekarische Ausbildung in dem von Rupert Hacker als „Geniekurs“[27] apostrophierten Referendarsjahrgang 1950/52, dem auch Fridolin Dreßler, Max Pauer und Bernhard Sinogowitz angehörten. Die divergierenden Berufsinteressen manifestierten sich schon in der Ausbildungszeit. Joachim Wieder, Jahrgang 1912, zutiefst geprägt, wenn nicht gar traumatisiert von seiner Kriegserfahrung als Ordonnanzoffizier im Kessel von Stalingrad und von seiner über siebenjährigen Kriegsgefangenschaft in der Sowjetunion,[28] fand mit seiner breiten Allgemeinbildung und versierten Eloquenz rasch Gefallen an publikumswirksamen Tätigkeiten. So wurde der Spätheimkehrer bereits als Referendar zu Bibliotheksführungen an der BSB München herangezogen und versah gelegentlich den Auskunftsdienst im Katalogsaal; unter seinen Kurskollegen brachte ihm dies den Spitznamen J. W. Cicerone ein.[29] Ladislaus Buzás wiederum, dessen Interesse nicht zuletzt den Katalogarbeiten galt, konnte einer auf Außenwirkung bedachten bibliothekarischen Tätigkeit wenig abgewinnen. Der von ihm kolportierte Satz Joachim Wieders, demzufolge „das Blödeste an der ganzen Bibliotheksarbeit“ das Katalogisieren sei[30], fügt sich somit ins Bild zweier völlig unterschiedlicher Charaktere.

Nach dem Abschluss ihrer Ausbildung, aus der Bernhard Sinogowitz als Jahrgangsbester hervorging, standen Buzás und Wieder über Jahre hin-

[25] Heischmann, Günter: Ladislaus Buzás 1915–1997. In: Zeitschrift für Bibliothekswesen und Bibliographie 45 (1998), S. 355–356; Junginger, Fritz: Ladislaus Buzás †. In: Bibliotheksforum Bayern 25 (1997), S. 312–314.

[26] Pflug, Günter: Joachim Wieder 1912–1992. In: Zeitschrift für Bibliothekswesen und Bibliographie 40 (1993), S. 241–242; Werner, Horst: Joachim Wieder †. In: Bibliotheksforum Bayern 21 (1993), S. 88–89.

[27] Hacker, Rupert: Die bibliothekarische Ausbildung in Bayern 1946–1988. In: Niewalda, Paul (Hrsg.): Bibliothekslandschaft Bayern. Festschrift für Max Pauer zum 65. Geburtstag. Wiesbaden: Harrassowitz 1989, S. 199–247, hier S. 201.

[28] Wieder, Joachim: Die Tragödie von Stalingrad. Erinnerungen eines Überlebenden. Deggendorf: Nothhaft 1955; Ders.: Stalingrad und die Verantwortung des Soldaten. München: Nymphenburger Verlagshandlung 1962. Sein Werk von 1962 wurde in acht Sprachen übersetzt.

[29] UB München: 4° Cod. ms. 996(27#17: Dreßler-Bamberg, F[ridolin] K. u. Buzás, L[adislaus] (Hrsg.): Sinogo-Fitziana. Eine Festschrift aus Anlass des Bibliotheksexamens 1952. München: Selbstverlag 1952 (Gerüchte für wissenschaftliche Bibliotheken, 1), [S. 2].

[30] UB München: NL Ladislaus Buzás <14>: l, 3 (Dokumente 1947–1965), 10 (1954–1965). Wie kam es zur Kontroverse Wieder-Buzás?, S. 3.

weg nicht in Kontakt. Wieder organisierte als Sekretär Gustav Hofmanns, der von 1958 bis 1963 als erster deutscher Nachkriegspräsident der IFLA amtierte, die IFLA-Konferenz 1956 in München, die in den Räumlichkeiten der Technischen Universität tagte, und fand so seinen Einstieg in viele Funktionen in nationalen wie internationalen Gremien, deren völkerverbindenden Kulturarbeit sich der philanthropische Geist zutiefst verpflichtet fühlte. Mit der Arbeit am systematischen Katalog, der Neuausgabe der Katalogisierungsordnung sowie der Revision des Hauptkatalogs begab sich Buzás wiederum in die „staubigen Niederungen des praktischen bibliothekarischen Alltags“ und fand seine „Probleme immer vor der eigenen Nase.“[31] In der Nachkriegszeit arbeitete die während der Bombenangriffe auf München nahezu vollständig zerstörte Bibliothek in ebenso zerstreuten wie unzweckmäßigen Behelfsräumen im Universitätshauptgebäude. Von den Beständen konnten 200.000 Bände und der Neuzugang in zwei zwischen 1952 und 1959 wieder aufgebauten alten Magazinen, 200.000 in angemieteten Räumen untergebracht werden; der Rest blieb bis zur Errichtung des Neubaus 1967 in Kisten verpackt.[32]

Ab 1958 trafen sich die beiden Kurskollegen jedoch wieder öfter in den Räumlichkeiten der UB München. Joachim Wieders Besuche galten gleichwohl primär Theodor Kiener; dieser hatte sich einem Münchner Kollegenkreis angeschlossen, der sich regelmäßig zu Diskussionsabenden in Wieders Wohnung traf, um kulturell-literarische und künstlerische Themen zu erörtern. Nachdem Wieder seinen Aufsatz zu den Berufssorgen veröffentlicht hatte, bat er seinen Kurskollegen mehrfach, zu den von ihm angeschnittenen Problemen Stellung zu nehmen. Buzás war trotz seiner Alltagsarbeit mit den grundsätzlichen Schwierigkeiten des bibliothekarischen Berufes in der Nachkriegszeit fraglos vertraut, wenngleich er keinen Anlass sah, sie in eine publizistische Form zu gießen. Schon Anfang 1953 hatte ihn der Generaldirektor der BSB, Gustav Hofmann, gebeten, konkrete Vorschläge für eine Verbesserung der Ausbildung zu unterbreiten. In seiner sieben Seiten zählenden Stellungnahme vom März 1953 drängte er auf eine zeitgemäßere und vor allem praxisbezogenere Struktur der Ausbildung im höheren Dienst.[33] Auf Bitten Joachim Wieders sollte nun

[31] Ebenda.

[32] Buzás, Ladislaus: Geschichte der Universitätsbibliothek München. Wiesbaden: Reichert 1972, S. 253–258; Liebers, Gerhard (Hrsg.): Bibliotheksneubauten in der Bundesrepublik Deutschland. Frankfurt am Main: Klostermann 1968 (Zeitschrift für Bibliothekswesen und Bibliographie, Sonderheft 9), S. 255–260.

[33] UB München: 4° Cod. ms. 996(27#18: Buzás, Ladislaus: Vorschläge für die Verbesserung der Ausbildung. München 01.03.1953.

Buzás auf einem von Norbert Fischer initiierten Diskussionsabend in der Bibliothek des Deutschen Patentamtes in München seine Sicht der Berufssorgen vortragen. So brachte er eine erste Rohfassung zu Papier, die er ausschließlich Wieder auf dessen Wunsch hin zum vertraulichen und persönlichen Gebrauch zur Verfügung stellte.

Auf dem Diskussionsabend im Oktober 1959 kam es jedoch zum Eklat: Joachim Wieder hatte das Buzás'sche Manuskript weitergereicht. Kaum hatte die Abendgesellschaft Platz genommen, erhob sich Martin Müllerott von der BSB München, der später an die neugegründete UB Regensburg wechseln sollte, und attackierte frontal den zunächst völlig konsternierten Buzás. Ihm liege in maschinenschriftlicher Form sein Angriff auf den Aufsatz Wieders vor, der weder von Verständnis für den Beruf noch von Sachkenntnis zeuge. Diese Indiskretion Joachim Wieders zählte Buzás in der Rückschau zu den größten menschlichen Enttäuschungen seines Berufslebens.[34] Die tiefe Kränkung entging den Münchner Kollegen freilich nicht. So baten ihn die bereits pensionierten Bibliothekare Theodor Ostermann und Albert Hartmann, seine Stellungnahme in überarbeiteter und erweiterter Form ebenfalls in *Libri* zu veröffentlichen. Aufgrund ihrer Verbindungen zu Georg Leyh gelangte die wesentlich veränderte Fassung, in die Buzás bewusst überspitzt ironische Formulierungen einfließen ließ, Ende April 1960 zum Herausgeber des Organs, Svend Dahl in Kopenhagen.

Nach dem Eklat im Patentamt und der Veröffentlichung der Buzás'schen Replik herrschte zwischen den beiden ehemaligen Kurskollegen fast zehn Jahre lang Funkstille. Nachdem sie die Leitungen der beiden großen Münchner Hochschulbibliotheken übernommen hatten, begegneten sie sich erst auf der Bayerischen Direktorenkonferenz wieder und tauschten gelegentlich Höflichkeiten untereinander aus. Über ihre Kontroverse und deren Begleitumstände verloren sie untereinander bis zum Tod Joachim Wieders 1992 kein einziges Wort mehr.

Grundsätzlich anderer Natur war die Beziehung zwischen Ladislaus Buzás und Theodor Kiener, wiewohl sie eine Gemeinsamkeit teilten: Bei beiden ging die Verbindung zur UB München in die NS-Zeit zurück. Während seiner Zeit als Forschungsstipendiat der Alexander von Humboldt-Stiftung in München war der Promotionsstudent Buzás als wissenschaftlicher Volontär im Sommer und Herbst 1940 an der Universitätsbibliothek tätig. Mit einem Bibliographieprojekt zu den Veröffentlichungen der Universität München zwischen 1826 und 1885 betraute der damalige Direktor der UB München, Joachim Kirchner, im Sommer 1942 den

[34] UB München: NL Ladislaus Buzás (wie Anm. 30), S. 4.

sprachbegabten Neuphilologen Theodor Kiener, der im selben Jahr an der Universität Frankfurt mit einer Arbeit über die Gestalt des Sonderlings in der Erzählungsliteratur des ausgehenden 18. Jahrhunderts promoviert wurde. Aufgrund einer Herzerkrankung, die ihn zu einem Kuraufenthalt in Bad Nauheim zwang, konnte der 1914 in Markneukirchen im sächsischen Vogtland geborene Kiener die Projektarbeit jedoch nicht fortführen; sein Bibliotheksreferendariat, das ihn nach Königsberg, Marburg und Wien führte, schloss er im Dezember 1945 ab. Seine in Österreich abgeschlossene Bibliothekarsausbildung und wohl nicht zuletzt seine vergleichsweise frühe Mitgliedschaft in der NSDAP, der er als Jugendlicher im Alter von 18 Jahren mit einer Mitgliedsnummer unterhalb der Millionengrenze beigetreten war, entpuppten sich in der Nachkriegszeit als beruflicher Stolperstein. Die Spruchkammer Darmstadt (Stadt) hatte ihn im Januar 1947 in die Gruppe der Mitläufer eingereiht, Kiener musste sich über Jahre hinweg mit Gelegenheitsarbeiten im Volkshochschul-, Zeitungs- und Verlagswesen notdürftig über Wasser halten, bis er endlich an der Landes- und Stadtbibliothek Düsseldorf 1953 eine Anstellung als Bibliothekar fand.[35] Buzás hingegen, der zwar nie der NSDAP, aber 1944 der Waffen-SS freiwillig beigetreten war, konnte nach seiner amerikanischen Kriegsgefangenschaft im Spätsommer 1947 eine Tätigkeit als Angestellter an der UB München aufnehmen. Seine SS-Vergangenheit im Ungarn der letzten Kriegsmonate spielte dabei keine Rolle mehr, da die Spruchkammer München (Land) Ende April 1947 entschieden hatte, dass er vom Gesetz zur Befreiung von Nationalsozialismus und Militarismus vom 5. März 1946 nicht betroffen sei.[36]

Schon bald nach Kieners Wechsel an die UB München im Frühjahr 1957 – ein Jahr zuvor hatte er sich nach München verheiratet – kam es zu Spannungen zwischen Buzás und ihm. Über die näheren Gründe ihres Zwists haben beide zeitlebens geschwiegen; letztendlich stießen wohl zwei grundverschiedene Charaktere aufeinander. Über Theodor Kieners Wesen vermerkte die dienstliche Beurteilung vom März 1962, dass es sich bei ihm um eine „agile und hilfsbereite, nach Selbständigkeit und Anerkennung strebende Persönlichkeit mit vielseitigen kulturellen und beruflichen Interessen und idealistischer Standesauffassung“ handele. Gleichwohl neige er dazu, „die Menschen und Verhältnisse der dienstlichen Umwelt bisweilen tiefgründiger zu sehen, als es die Praxis erfordert, und sie mehr subjektiv-

[35] UB München: 4° Cod. ms. 1182(3#9 <Kiener, Theodor>: Lebenslauf.
[36] UB München: 4° Cod. ms. 1182(2#1 <Buzás, Ladislaus>: Lebenslauf.

gefühlsbetont als logisch-sachlich zu beurteilen."[37] Buzás hingegen, mit „ernstem Pflichtbewusstsein, reger Initiative, großer Tatkraft und vielseitigen Berufskenntnissen" ausgestattet, verkörpere eine „flotte und bibliothekarisch überall verwendbare Kraft mit sehr gutem Blick für rationelle Arbeitsgestaltung." Er stelle „sich selbst sehr hohe Anforderungen", sein Temperament jedoch „bedarf bisweilen einer ruhigeren und nachsichtigeren Einstellung zu Personen und Aufgaben des dienstlichen Bereiches."[38] Max Hackelsperger, der – von der Universitätsbibliothek Würzburg kommend – als Bibliotheksleiter die Nachfolge Theodor Ostermanns angetreten hatte, führte das Konfliktverhältnis auf ein von Eifersucht und Minderwertigkeitskomplexen geprägtes Konkurrenzdenken Kieners zurück.[39] Allerdings scheint auch die braune Vergangenheit eine nicht unmaßgebliche Rolle gespielt zu haben. Anfang 1958 erreichte das Kultusministerium die Bitte um Untersuchung eines Vorfalles, bei dem es um eine ebenso lautstarke wie handgreifliche Auseinandersetzung zwischen einem Beamten des unteren und einem Beamten des höheren Dienstes ging, die sich am 20. Januar 1958 in den Vormittagsstunden auf der Galerie über dem Ausleihamt der UB München zugetragen haben soll. Welchen Beamten des höheren Dienstes das Schreiben ins Visier nahm, war Insidern sehr schnell klar, denn sein Kontrahent soll ihn erregt als „einen SS-Lumpen, der nicht mehr in sein Vaterland Ungarn 1945 zurück konnte", beschimpft haben. Die Art und Weise, mit der der Beamte des höheren Dienstes handgreiflich gegen seinen Widersacher vorgegangen sei, „roch allerdings wirklich sehr nach SS-Methoden." Die gut ein Dutzend zählenden Studierenden, die Zeugen des Vorfalls geworden seien, sollen sich „über derartig brutale Praktiken" sehr empört gezeigt haben, wie der Student der Naturwissenschaften Erich Baum in seinem Brandbrief ausführte. Ferner vermerkte er: „Sie erfuhren auch, dass der höhere Beamte, der Flüchtling ist und in Bayern rasch Beamter wurde, auch sonst mit seinen Untergebenen in keiner Weise umzugehen versteht. [...] Auf jeden Fall sei er als ehemaliger SS-Mann auch bei seinen Kollegen bekannt."[40]

Bei der Untersuchung des Vorfalls, die der damalige Direktor der UB München, Theodor Ostermann, kurz vor seinem Ruhestand für den Ver-

[37] UB München: 4° Cod. ms. 1182(3#9 <Kiener, Theodor>: Dienstliche Beurteilung vom 05.03.1962.

[38] UB München: 4° Cod. ms. 1182(2#1 <Buzás, Ladislaus>: Dienstliche Beurteilung vom 05.03.1962.

[39] UB München: 4° Cod. ms. 1182(3#9 <Kiener, Theodor>: Aktennotiz vom 06.06.1961.

[40] UB München: 4° Cod. ms. 1182(2#1 <Buzás, Ladislaus>: Schreiben von Erich Baum vom 25.01.1958 an das Bayerische Staatsministerium für Unterricht und Kultus.

waltungsausschuss der LMU durchführte, ergaben seine Nachforschungen schnell, dass es einen Studenten namens Erich Baum in München gar nicht gab. Ferner stellte Ostermann in seinem Untersuchungsbericht unmissverständlich klar, dass das Kultusministerium die Frage der ehemaligen SS-Zugehörigkeit, die Buzás nach 1945 übrigens nie in Abrede gestellt hatte, bei der Übernahme ins Beamtenverhältnis geprüft und abschließend geklärt habe. Der Vorfall selbst brachte Buzás gleichwohl eine Rüge des Kultusministeriums ein, das zwar von einer Dienststrafverfügung absah, ihn jedoch „nochmals eindringlich auf das Unwürdige und Unzweckmäßige seines Verhaltens“ mit den nicht geleugneten Handgreiflichkeiten während der Auseinandersetzung hinwies.[41]

Der Verdacht, die anonyme Denunziation lanciert zu haben, fiel auf Theodor Kiener, den Ladislaus Buzás bis zu seinem Lebensende für den Drahtzieher des Verleumdungsschreibens hielt. Das Verhältnis zwischen beiden bewegte sich auf den Nullpunkt zu: „Kiener steigerte sich immer mehr in einen glühenden Hass gegen mich hinein. Er gab abfällige Bemerkungen über mich und meine Arbeit von sich, hielt Hetzreden beim Personal der Bibliothek, in der Staatsbibliothek, ja sogar in Universitätsinstituten [...]. Es verging kaum eine Woche, dass es ihm nicht gelungen wäre, mich persönlich zu provozieren und mit mir einen Streit zu entfachen.“[42] Nachdem Kiener seinen Beitrag zur Wieder-Buzás-Kontroverse 1961 veröffentlicht hatte, dessen Durchschlag bei der Absendung des Manuskripts nur Joachim Wieder zugegangen war, betrieb Hackelsperger dessen Versetzung, da der Konflikt der Kontrahenten mit Vorgesetztenfunktion „die Grundlagen eines geregelten Betriebes und einer förderlichen Zusammenarbeit innerhalb der gesamten Bibliothek“[43] massiv in Mitleidenschaft gezogen habe. Der aus Straubing stammende UB-Direktor, den die andauernden Streitereien sichtlich Zeit und Nerven kosteten, wollte auf Buzás nicht verzichten, der über herausragende Katalog- und Bestandskenntnisse verfügte, auch wenn er sich gegenüber Joachim Wieder „stilistisch einige Geschmacklosigkeiten geleistet“[44] hätte. Ferner distanzierte er sich schriftlich im Namen der UB München bei der *Libri*-Schriftleitung vom Umgangs- und Argumentationsstil der Münchner Streithähne, die sich

[41] UB München: 4° Cod. ms. 1182(2#1 <Buzás, Ladislaus>: Schreiben von Theodor Ostermann vom 22.03.1958 an den Verwaltungsausschuss der Universität München. Schreiben des Bayerischen Staatsministeriums für Unterricht und Kultus vom 22.05.1958 an den Verwaltungsausschuss der Universität München.

[42] UB München: NL Ladislaus Buzás (wie Anm. 30), S. 5.

[43] UB München: 4° Cod. ms. 1182(3#9 <Kiener, Theodor>: Schreiben von Max Hackelsperger vom 08.06.1961 an den Verwaltungsausschuss der Universität München.

[44] UB München (wie Anm. 39).

mit ihren Veröffentlichungen nicht im Auftrag des Hauses äußern würden. Theodor Kiener ging dann im Sommer 1962 an die Münchner Stadtbibliothek; er verstarb im Alter von nur 53 Jahren im Spätherbst 1967.

Der 1892 in Bielefeld geborene Kurt Ohly stach allein schon vom Alter und Ansehen her ein Stück weit aus den personenspezifischen Rahmenbedingungen der Kontroverse heraus, an der sich ansonsten eine relativ homogene Altersgruppe der Jahrgänge 1912 bis 1915 beteiligte. Den ebenso ausgewiesenen wie international geachteten Inkunabelspezialisten und ehemaligen Leiter der Berliner Geschäftsstelle für den Gesamtkatalog der Wiegendrucke, der nach dem Zweiten Weltkrieg die Inkunabelsammlung der StUB Frankfurt betreut hatte, zog es im Ruhestand, in den er 1957 trat, an die Isar. Auch als Pensionist arbeitete er für den Gesamtkatalog der Wiegendrucke weiter; so hielt er sich Ende der 1950er Jahre für eine Zeitlang an der UB München auf, die mit rund 3.500 Wiegendrucken über einen beachtlichen Inkunabelbestand verfügt. Dort kam er sowohl mit Buzás als auch Kiener in Kontakt. Zu Theodor Kiener und damit auch Joachim Wieder knüpfte der erheblich ältere Bibliothekar und Neumünchner bald schon freundschaftliche Bande, einen Draht zu Buzás, der mit dem Hauptkatalog bestens vertraut war, fand er jedoch nicht; der Bestands- und Katalogkenner hielt von der Arbeit, die Ohly an der UB München leistete, rein gar nichts, sie sei „keinen Fünfer wert“[45] gewesen. Ladislaus Buzás, der zwar ein überaus befähigter Bibliotheksorganisator war, aber im persönlichen Umgang mitunter zu Schroffheiten neigen konnte, hat mit seiner Meinung gegenüber dem älteren, renommierten Kollegen wohl nicht hinterm Berg gehalten. Seinem Verhältnis zu ihm dürfte das, vorsichtig formuliert, nicht gerade zuträglich gewesen sein. Ohly verstarb Ende März 1970 in München.

In einer persönlichen Beziehung zu den beiden Hauptkontrahenten des Meinungsstreits stand schlussendlich auch Werner Fitz, der mit seinem auf differenzierende Zwischentöne setzenden *Libri*-Beitrag um Versachlichung und Ausgleich bemüht war, aber dabei das Grundthema der Wieder-Buzás-Kontroverse verfehlte: Der 1919 in Ludwigshafen am Rhein geborene Würzburger Bibliothekar gehörte ebenfalls dem „Geniekurs“ an. Als sich Fitz 1970 beruflich verändern wollte, nahm sich der Kurskollege Buzás seiner gerne an. Seine Bemühungen, den zweifach promovierten Humanmediziner, Theologen und Philosophen mit der Leitung der medizinischen Abteilungen im Bibliothekssystem der LMU als A15-Funktionsamt zu betrauen, scheiterten 1977 an der grundsätzlichen Ablehnung

[45] UB München: NL Ladislaus Buzás (wie Anm. 30), S. 5.

durch die Generaldirektion der Bayerischen Staatlichen Bibliotheken, an deren Spitze zu diesem Zeitpunkt der gemeinsame Kurskollege Fridolin Dreßler stand.[46] Fitz blieb gleichwohl bis zu seinem Ruhestand 1982 an der UB München; er verstarb wenige Tage vor Weihnachten 2005. Bereits acht Jahre zuvor war Ladislaus Buzás Anfang Oktober 1997 den Folgen einer langwierigen Erkrankung erlegen.

Summa controversiae

Ladislaus Buzás wollte zunächst seiner Replik gegen Joachim Wieders Beitrag seinen „bibliothekarischen Wahlspruch" voranstellen, auf den er dann aber doch verzichtete: „Man muss zuerst den eigenen Misthaufen ordentlich geradeklopfen, bevor man sich um den gesamtdeutschen Saustall kümmert."[47] Vielleicht liegt am Ende die Ironie der ganzen Debatte genau darin: Ein Münchner Bibliothekarsgezänk, das als Wieder-Buzás-Kontroverse Eingang in die Fachliteratur finden sollte und dessen Schärfe zu einem Gutteil persönlichen Rivalitäten, Animositäten und Befindlichkeiten geschuldet war, erlebte seine Aufführung nicht auf einer bayerischen oder westdeutschen Publikationsbühne, der Meinungsstreit suchte ausgerechnet das Rampenlicht einer internationalen Fachzeitschrift, des zentralen Kommunikationsorgans der IFLA; und München leuchtete, scheinbar, allenfalls für eine kurze Zeit und gewiss anders als bei Thomas Manns Novelle von 1902, als die Herrschaft der Kunst ihr rosenumwundenes Zepter über die Stadt hinstreckte und lächelte. So mochten vielleicht manche in der Position, die Joachim Wieder oder Theodor Kiener wortreich vertraten, eine Neuauflage des vom Ruf aus der Höhe geleiteten Protagonisten Hieronymus erkennen, wohingegen Ladislaus Buzás die Rolle des ebenso biederen wie geistlosen Packers Krauthuber zukommen sollte, der sich als stämmiger, malzgenährter Sohn des Volkes mit fürchterlicher Rüstigkeit von der Münchner Kunstsinnigkeit völlig ungerührt zeigte. Bei Licht betrachtet lässt sich der Meinungsstreit jedoch unter dem Rubrum einer ephemeren Bibliothekarsposse abbuchen; der zwischenmenschlichen Tragik gebrach es diesem Münchner Händel der späten Nachkriegszeit indes nicht.

[46] UB München: Altregistratur-PA <Fitz, Werner>: Schreiben von Fridolin Dreßler vom 08.12.1977 an die Universitätsbibliothek München.

[47] UB München: NL Ladislaus Buzás <14>: l, 3 (Dokumente 1947–1965), 10 (1954–1965). Handschriftlicher Vermerk auf der Kopie der ersten Seite des Libri-Beitrags von 1960.

DIRK BARTH UND RALF BRUGBAUER

Zwischen Fachreferat, Management und Informationstechnologie. Zur Berufswirklichkeit des wissenschaftlichen Dienstes in universitären Bibliothekssystemen*

Die Entwicklung der Informationstechnologie und strukturelle Veränderungen im universitären Bibliothekssystem haben das Aufgabenspektrum des wissenschaftlichen Dienstes in Marburg grundlegend verändert. In seinem Rahmen haben der Betrieb von Datenverarbeitungssystemen sowie Verwaltungs- und Managementfunktionen in dezentralen Bibliotheken ein besonderes Gewicht erhalten. Ausgehend von einem praktischen, dienstleistungsorientierten Verständnis des Berufs, wird aufgrund der Marburger Erfahrungen ein funktional differenzierter Bedarf an wissenschaftlichen Bibliothekaren, Bibliotheksmanagern und -informatikern formuliert. Es wird vorgeschlagen, die bisherige antizipatorische Ausbildung zu verkürzen und zum Teil durch ein abgestimmtes System verbindlicher Fortbildungsveranstaltungen zu ersetzen.

The development of information technology and the structural changes in university library systems have basicly changed the tasks of scientific librarians at the university of Marburg. The run of data processing systems as well as management and administrative tasks have been crucial. Starting with a practical and service oriented understanding of the job a functional different request of librarians, library managers and computer specialists is indicated. It is proposed to reduce the existing anticipating structure of a two year postgraduate library education and to replace it partially by a coordinated system of binding in-service training courses.

* Erstabdruck des Beitrags in: ABI-Technik 18 (1998), 2, S. 122–130.

1. Einführung

„Das klassische Fachreferat existiert in Marburg heute praktisch nicht mehr." – So beginnt Gabi Schneider (StUB Bern) einen kurzen Bericht über ihren Aufenthalt an der Universitätsbibliothek Marburg, die sie im Rahmen eines Austauschprogramms im September 1997 besuchte. Damit nimmt sie Bezug auf die lebendigen Diskussionen im Marburger Kollegium, die in ein Papier mit dem Titel *Veränderungen im Aufgabenspektrum des wissenschaftlichen Dienstes an Hochschulbibliotheken. Marburger Überlegungen und Erfahrungen* mündeten.[1] „Persönlich denke ich", so fährt sie fort, „daß eine Verlagerung/Erweiterung der Aufgaben des wissenschaftlichen Dienstes stattfinden wird und muß. Entscheidend dafür, in welche Richtung diese Veränderung schwerpunktmäßig geht ..., ist die Situation der jeweiligen Bibliothek".[2]

Gut hundert Jahre nach der Professionalisierung bibliothekarischer Aufgaben wird vielerorts über den wissenschaftlichen Dienst an Bibliotheken nachgedacht und diskutiert.[3] Um diese Überlegungen, die vielfach von einem zunehmenden Legitimationsdruck ausgehen, weiterzuentwickeln, reicht es wohl nicht aus, in immer kürzeren Abständen Berufsbilder zu entwerfen, die zumeist rasch von der Berufswirklichkeit überholt werden. Der vorliegende Beitrag möchte daher zeigen, in welche Richtung die Veränderungen in Marburg gegangen sind, Veränderungen, die sich in der bibliothekarischen Praxis an der Philipps-Universität seit der Mitte der achtziger Jahre *real* vollzogen haben. Er versucht, daraus Anforderungen an Berufsausübung und -ausbildung abzuleiten. Der konkrete Hintergrund der folgenden Darstellungen und Überlegungen ist also ein zweischichtiges Bibliothekssystem einer alten Universität, das sich in einer Umbruchphase befindet. In den vergangenen eineinhalb Jahrzehnten hat es sich strukturell in Richtung auf eine kooperative Einschichtigkeit weiterentwickelt.[4]

[1] Dieses Papier ist in seiner letzten Fassung vom 24.07.1997 über folgende URL erreichbar: http://archiv.ub.uni-marburg.de/sonst/1998/0001.html [Stand 06.05.2013]. Es hat im übrigen auch der Konferenz der Direktoren der wissenschaftlichen Bibliotheken des Landes Hessen vorgelegen, die auf einer Sondersitzung am 18.12.1997 ausführlich über Fragen des wissenschaftlichen Bibliotheksdienstes diskutiert hat.

[2] Der Bericht Gabi Schneiders ist unveröffentlicht. Wir zitieren aus der uns vorliegenden Kopie mit ihrer freundlichen Genehmigung.

[3] Wenn in diesem Aufsatz vom wissenschaftlichen Dienst (an Bibliotheken) gesprochen wird, so ist damit die Gesamtheit der an einer wissenschaftlichen Bibliothek tätigen Beamten und Angestellten mit akademischer Qualifikation und einer Besoldung bzw. Vergütung von A 13 BBesG bzw. IIa BAT an aufwärts gemeint.

[4] Vgl. Barth, Dirk: Vom zweischichtigen Bibliothekssystem zur kooperativen Ein-

2. *Veränderungen im Tätigkeitsspektrum des wissenschaftlichen Dienstes*

Das *gesamte* Spektrum der Tätigkeiten, die heute von Bediensteten mit Hochschulabschluß in den Bibliotheken ausgeübt werden, hat sich aufgrund rasant ändernder Rahmenbedingungen gegenüber dem „klassischen" Aufgabengebiet des wissenschaftlichen Bibliothekars nicht nur in den Arbeitsmethoden grundlegend modernisiert, sondern auch inhaltlich beträchtlich gewandelt.[5] Die überlieferten, geisteswissenschaftlich orientierten Vorstellungen vom fachwissenschaftlich ausgebildeten Bibliothekar gehen, verkürzt gesagt, davon aus, daß seine Aufgaben im wesentlichen im Bestandsaufbau, in der Bestandserschließung und in der Information bestehen, und davon, daß er, um diese Tätigkeiten erfolgreich wahrnehmen zu können, eigenständig wissenschaftlich arbeiten muß.[6]

Für das heute zu bewältigende Aufgabenpensum sind demgegenüber vor allem folgende Aspekte kennzeichnend:

- Der wissenschaftliche Bibliothekar bringt zwar die in seinem Studium erworbenen Kenntnisse und die Beherrschung der Technik wissenschaftlichen Arbeitens ein, arbeitet jedoch in seinem Beruf nicht wissenschaftlich.[7] Wissenschaftliche Bibliotheken tragen ihrem heute üblichen Selbstverständnis zufolge das Etikett „wissenschaftlich" deshalb, weil sie Dienstleistungen für die Wissenschaft erbringen. Im Rahmen dieser Funktion unterstützen sie die Wissenschaftler in ihrer wissenschaftlichen Arbeit.[8]
- Im Zuge von universitären Strukturreformen und -veränderungen, die von einem Zusammenwachsen der bibliothekarischen Einrichtungen sowie zumeist von einer wachsenden Bedeutung der dezentralen Biblio-

schichtigkeit. In: Zeitschrift für Bibliothekswesen und Bibliographie 44 (1997), 5, S. 495–522.

[5] Zu den Rahmenbedingungen vgl. etwa Leskien, Hermann: Ein Zeitalter für Bibliotheken. Vielfältig gewandelte Rahmenbedingungen erfordern eine tiefgreifende Neuorientierung. In: Zeitschrift für Bibliothekswesen und Bibliographie 44 (1997), S. 1–19.

[6] Zur eigenständigen wissenschaftlichen Tätigkeit vgl. z. B. Tiemann, Hermann: Vom Beruf des Bibliothekars. Schlußvortrag. In: Ders. (Hrsg.): Probleme des Wiederaufbaus im wissenschaftlichen Bibliothekswesen. Aus den Verhandlungen der 1. Bibliothekartagung der britischen Zone in Hamburg vom 22.–24. Oktober 1946. Hamburg: Hansischer Gildeverlag 1947, S. 137–146.

[7] Vgl. Hagenau, Bernd: Wissenschaftlicher Bibliothekar – ein Beruf mit Zukunft. Saarbrücken: Universität des Saarlandes 1992 (Sonderreihe öffentliche Vorträge, 8).

[8] Vgl. Totok, Wilhelm: Der Bibliothekar zwischen Praxis und Wissenschaft. In: Bibliothek und Wissenschaft 21 (1987), S. 189–206.

theken gekennzeichnet sind, geht die verantwortliche Selektion des *insgesamt* zu erwerbenden Materials nun auch in zweischichtigen Bibliothekssystemen zunehmend auf die Mitglieder des Lehrkörpers über – eine Tendenz, die in einschichtigen Bibliothekssystemen durch die Einbeziehung der Professoren und anderer Fachbereichsbeauftragter in den Erwerbungsprozeß zumeist von Anfang an realisiert wurde.

– Neue Tendenzen, die sich mit Stichworten wie Entstaatlichung und Deregulierung, Globalhaushalt und Budgetierung, doppelte Buchführung und Refinanzierung verbinden, zielen auf eine wachsende Selbständigkeit der Einrichtungen der öffentlichen Hand und damit insbesondere auch auf ihre größere ökonomische Verantwortung. Hier stehen wir erst am Anfang einer nicht zuletzt durch die Lage der öffentlichen Haushalte forcierten Entwicklung.[9] Um eine eigenverantwortliche Bewirtschaftung sämtlicher Ressourcen vornehmen zu können, müssen auch in den Bibliotheken zusätzlich zu den im Management erforderlichen Rechts- und Verwaltungskenntnissen hinreichende betriebswirtschaftliche Kompetenzen aufgebaut werden.[10]

– Die einschneidendsten Veränderungen im Bibliothekswesen seit der Mitte der sechziger Jahre hängen mit der Entwicklung der Informationstechnologie zusammen. Diese ist nicht nur für die mittlerweile weitreichende Automatisierung der Bibliotheken verantwortlich, sondern auch für tiefgreifende Veränderungen der Medienlandschaft. Neben die Printmedien sind digitale Publikationsformen getreten, die gleichfalls in den Zuständigkeitsbereich der Bibliotheken gehören. Diesen Veränderungen müssen auch die wissenschaftlichen Bibliothekare ihre berufliche Kompetenz laufend anpassen. Darüber hinaus muß es in den Bibliotheken wissenschaftliche Mitarbeiter geben, die einen effizienten Einsatz der Informationstechnologie auf ihrem jeweils aktuellen Stand sicherstellen.

[9] Vgl. in diesem Zusammenhang etwa die Empfehlungen der Kultusministerkonferenz „Zur Stärkung von Kostenbewußtsein und Dienstleistungsorientierung bei Kultureinrichtungen", die derzeit diskutiert werden und in einer Entwurfsfassung [Stand: 01.09.1997] kursieren.

[10] Vgl. dazu den Abschnitt 3.3.1 Management. In: Bundesvereinigung Deutscher Bibliotheksverbände. Bibliotheken '93. Strukturen – Aufgaben – Positionen. Berlin: Deutsches Bibliotheksinstitut 1994, S. 8f. URL: http://www.bibliotheksportal.de/bibliotheken/strategie-und-vision/bibliotheksentwicklung/deutschland.html#c726 [Stand 20.06.2013].

3. Die Aufgaben des wissenschaftlichen Dienstes in Marburg

An der Universitätsbibliothek Marburg wurde in den letzten Jahren der Anteil der Fachreferatstätigkeiten an der Personalkapazität des wissenschaftlichen Dienstes deutlich vermindert. Annähernd die Hälfte der Stellen, die zuvor ganz oder überwiegend durch Fachreferatsaufgaben ausgefüllt waren, wurde umgewidmet:

- Heute werden 3,5 Stellen der Vergütungsgruppe BAT IIa in der Datenverarbeitung für Systembetreuung, Planung und Entwicklung eingesetzt.
- Weitere drei bis vier Stellen werden zur Verwaltung dezentraler Bibliotheken im Bibliothekssystem verwendet.

Infolgedessen sind die wissenschaftlichen Mitarbeiter der Universitätsbibliothek Marburg in drei Aufgabenbereichen tätig:

a. Fachreferate
b. Verwaltung und Management
c. Informationstechnologie

3.1 Fachreferate

Einerseits wird in der Fachdiskussion in letzter Zeit immer wieder auf den Umstand aufmerksam gemacht, daß die einzelnen Aufgaben des höheren Bibliotheksdienstes deswegen neu gewichtet werden müssen, weil zwei „wesentliche Tätigkeitsfelder des Fachreferenten" – der Bestandsaufbau und die Bestandserschließung – durch die EDV, durch Strukturveränderungen in den Universitäten und auch durch die Etatkrise an Bedeutung verlieren.[11] Andererseits werden gerade die „wissenschaftlichen Komponenten" der Tätigkeit des wissenschaftlichen Bibliothekars, zu denen diese Aufgaben ja gerechnet werden, wieder besonders hervorgehoben.[12]

In Marburg haben die genannten Tätigkeiten zwar relativ an Bedeutung

[11] Vgl. etwa Frankenberger, Rudolf: EDV-Einfluß auf Ausbildung und Berufsbild des höheren Dienstes. In: ABI-Technik 13 (1993), S. 317–319.

[12] Vgl. z.B. Jochum, Uwe: Die Situation des höheren Dienstes. In: Bibliotheksdienst 32 (1998), 2, S. 241–247, und Oehling, Helmut: Wissenschaftlicher Bibliothekar 2000 – quo vadis? 12 Thesen zur Zukunft des Fachreferenten. In: Bibliotheksdienst 32 (1998), 2, S. 247–254.

eingebüßt. Insgesamt hat die Stellung der wissenschaftlichen Bibliothekare im Zusammenhang mit den Strukturveränderungen des universitären Bibliothekssystems an Gewicht gewonnen, gerade weil sie zusätzlich verwaltende und koordinierende Aufgaben im Universitätsbereich dienstleistungsorientiert wahrnehmen. Die Bibliothekare füllen hier eine Funktion aus, die tatsächlich als „Schaltstelle zwischen Bibliothek und Wissenschaft" bezeichnet werden kann,[13] d.h. ihr Beruf wird wegen der größeren Nähe zu den Benutzern und zur Wissenschaft „wissenschaftlicher".[14]

Im Zuge der Entwicklung des Bibliothekssystems hat die Universitätsbibliothek Marburg mittlerweile neun dezentrale Bibliotheken verschiedener Einrichtungen und Fachbereiche der Universität in ihre Verwaltung übernommen. In diesen *Teilbibliotheken*, die die aktuellen Bestände des Fachbereichs und der UB zusammenfassen, sind die Fachreferenten für die Erwerbung, Erschließung und Bereitstellung von Medien des jeweiligen Fachs verantwortlich und betreuen es praktisch universitätsweit. Die Erwerbung erfolgt in Verbindung mit Wissenschaftlern in den Fachbereichen. Die zwischen der Universitätsbibliothek und den Fachbereichen abgeschlossenen Vereinbarungen über die Verwaltung der Teilbibliotheken sehen vor, daß der Bestandsaufbau *maßgeblich* vom Fachbereich bestimmt wird. Allerdings enthält das Wort maßgeblich eine Einschränkung, die zusammen mit anderen Bestimmungen der Vereinbarungen dem Bibliothekar Erwerbungskompetenzen bewahrt. Sie beziehen sich vor allem auf

- die Realisierung einer verbindlichen Erwerbungskoordinierung
- die Gewährleistung eines systematischen und kontinuierlichen Bestandsaufbaus sowie auf
- eine angemessene Berücksichtigung allgemeiner und interdisziplinärer Literatur.[15]

Die Etats der Teilbibliotheken werden aus den jeweiligen Fachanteilen des UB-Haushalts und den Buchmitteln der Fachbereiche gebildet. So bewirtschaften die Fachreferenten trotz zum Teil dramatischer Kürzungen Er-

[13] Jochum, Uwe: Das Berufsbild des höheren Dienstes. In: Bibliotheksdienst 27 (1993), 3, S. 328–334, hier S. 332.

[14] Frankenberger (wie Anm. 11), S. 318.

[15] Nach den Grundsätzen für die Beschaffungspolitik der Bibliotheken im Bereich der Philipps-Universität in der Fassung vom 6.12.1979 wird grundlegende Literatur zu Fachgebieten, die an der Philipps-Universität nicht gepflegt werden, im Rahmen ihrer Möglichkeiten von der Universitätsbibliothek erworben, vergleiche URL: http://archiv.ub.uni-marburg.de/sta/sta4/1979-02.html [Stand 06.05.2013].

werbungsmittel in einer Höhe, die erheblich über dem „ehemaligen“ Ansatz der Universitätsbibliothek allein liegen.[16]

Durch die organisatorische Ausgestaltung von konkreten Arbeitsabläufen im Erwerbungsbereich (z.B. Vorbereitung von Erwerbungsabsprachen in einer Bibliothekskommission) nehmen die Fachreferenten erheblichen praktischen Einfluß auf den Bestandsaufbau. Aufgrund ihrer Kenntnis der einschlägigen Literaturproduktion des Faches bereiten sie Erwerbungsentscheidungen vor, begründen und koordinieren sie. Dies ist den Bibliotheksbeauftragten – Professoren und Dozenten – willkommen, weil sie wegen ihrer wissenschaftlichen Spezialisierung einen derartigen Überblick zumeist nicht haben. Je nach fachlichem wie organisatorischem Geschick und je nach Temperament können die Fachreferenten darüber hinaus *informelle* Einwirkungsmöglichkeiten nutzen.

Die moderne Entwicklung auf dem Medienmarkt zu verfolgen und im Hinblick auf den Bedarf der Fächer auch im übergreifenden Zusammenhang zu analysieren, ist im übrigen nicht zuletzt wegen der elektronischen Publikationen ein komplexes und anspruchsvolles Geschäft geworden, das seinerseits den informationswissenschaftlich vorgebildeten Spezialisten verlangt. Die Wahrnehmung dieser Aufgaben ist im Hinblick auf eine verantwortliche Informationsversorgung des jeweiligen Faches unverzichtbar.

Durch diese Integration in den Wissenschafts- und Studienbetrieb werden die Erwartungen der Nutzer an die Bibliothekare nicht nur unmittelbarer, sondern auch zahlreicher und anspruchsvoller.[17] Dabei können sie wegen der fortgeschrittenen Spezialisierung der wissenschaftlichen Disziplinen zwar nicht auf der Höhe des aktuellen Forschungsstands der vertretenen Fächer sein, wohl aber müssen sie sich in ihren Gegenständen und Methoden, insbesondere in der Terminologie und bei den Hilfsmitteln auskennen. Entsprechende Kompetenz vorausgesetzt, werden sie in Fragen der Literatur- und Informationsversorgung als Gesprächs- und

[16] In Marburg werden die im Haushaltsplan veranschlagten Mittel für wissenschaftliches Schrifttum nach einem Schlüssel im Verhältnis 1:2 zwischen der UB und den Fachbereichen aufgeteilt.

[17] Dazu gehört auch, daß er durch gezielte Schulungsmaßnahmen (CD-ROM-Schulungen, Vermittlung fachlicher Recherchestrategien u.a.) und Lehraufträge entweder eigenständige Beiträge zur Ausbildung der Studierenden leistet oder in entsprechende Lehrveranstaltungen des Fachbereichs eingebunden wird. Vgl. dazu etwa Brugbauer, Ralf: Veränderungen in der Medizinerausbildung und ihre Auswirkungen auf die medizinischen Bibliotheken. In: Mitteilungen der Arbeitsgemeinschaft für medizinisches Bibliothekswesen 25 (1995/96), S. 92–97. URL: http://www.archiv.ub.uni-marburg.de/sonst/1997/0011.html [Stand 10.12.2013].

Ansprechpartner von den Angehörigen des Fachbereichs gesucht und erbringen als nun nicht mehr Außenstehende Dienstleistungen, die deshalb gefragt sind, weil man sie anderweitig nur mit einigem Aufwand bekommen kann. Wissenschaftler und Studierende werden so durch den arbeitsteiligen Ansatz der Marburger Konzeption vor allem zeitlich entlastet.

Neben die bedarfsorientiert antizipatorische Literaturbeschaffung und -bereitstellung aus dem eigenen Bestand ist als eine gewichtige Aufgabe das Aufspüren und Vermitteln von nicht physisch vorhandener Literatur getreten, die etwa in internationalen Wissenschaftsnetzen vorgehalten wird. Mit dem Navigieren in Netzen wird das Ziel verfolgt, lokal den direkten Zugriff auf prinzipiell alle irgendwo gespeicherten relevanten Informationen sicherzustellen. Diese müssen kritisch gesichtet, – unter Umständen kooperativ – erschlossen, über Hyperlinks komfortabel recherchierbar gemacht und/oder langfristig archiviert werden (Langzeitsicherung). Dieses sind Aufgaben, die ein Wissenschaftler allenfalls punktuell für seine eigenen Bedürfnisse leisten kann, Aufgaben, für die in Marburg die wissenschaftlichen Bibliothekare zuständig sind.

Hierbei handelt es sich in erster Linie um *praktische* Aufgabenstellungen. Um sie sachgerecht erledigen zu können, sind zwar die theoretischen fachlichen und fachwissenschaftlichen Grundlagen unverzichtbar; doch ermöglichen erst die sich darauf aufbauenden praktisch-technischen Kenntnisse und Fähigkeiten ein bedarfsorientiertes Dienstleistungsangebot. Zu ihnen gehören im übrigen auch

- der Aufbau eines bibliothekseigenen elektronischen Textarchivs, dessen Gestaltung und Fortentwicklung eine immer wichtigere Rolle im Aufgabenspektrum des wissenschaftlichen Bibliotheksdienstes spielt,
- Aufbau und Pflege von Fachinformationen im WWW (World Wide Web),
- fachbibliographische Schulungen und Einführung in die Bedienung von Fachdatenbanken.

3.2 Verwaltung und Management

Zur quantitativen Ausweitung *und* zur qualitativen Aufwertung des bibliothekarischen Verantwortungsbereichs trägt nicht nur bei, daß der wissenschaftliche Dienst in Marburg Fachreferatsaufgaben im erweiterten Umfang und in aktueller Form wahrnimmt, sondern auch, daß er gleichzeitig *fachbezogene* Verwaltungsaufgaben im dezentralen Bereich des Bibliothekssystems der Universität versieht.

Bei der Umwandlung von Fachbereichsbibliotheken in Teilbibliotheken wurde deren Leitung dem jeweils fachlich zuständigen wissenschaftlichen Bibliothekar der Universitätsbibliothek übertragen. Er ist dadurch nicht mehr nur für sein Fach in UB und Teilbibliothek verantwortlich, in seiner Person verbindet sich darüber hinaus auch die fachliche mit der verwaltungsmäßigen Zuständigkeit. Diese Struktur bringt vor allem folgende Vorteile mit sich:

- Im Interesse kundenorientierter Dienstleistungen können fachliche Anforderungen unverzüglich in aktives Verwaltungshandeln umgesetzt werden.
- Die Teilbibliotheken, die zuvor von Professoren oder Fachbereichsbeauftragten *nebenamtlich* geführt wurden, haben nun eine *hauptamtliche* bibliotheksfachliche Leitung. Durch die so für den dezentralen Bereich auf dieser Ebene nachgeholte Professionalisierung können bibliothekarische Arbeitsabläufe nach den aktuellen Fachstandards organisiert und die Teilbibliothek als Verwaltungseinheit in Bezug auf Personal und Etat effizient geführt werden.[18]
- Dadurch, daß der Teilbibliotheksleiter durch die Integration in die Fachbereiche nicht aus der Zentralbibliothek herausgelöst wird, wird eine Anbindung der dezentralen Bibliotheken an die Entwicklungen, die das lokale sowie das (über-)regionale Bibliothekssystem betreffen, sichergestellt.[19]

Durch die kooperative Einschichtigkeit hat sich in Marburg der Schwerpunkt des Aufgabenbereichs der wissenschaftlichen Bibliothekare zu verwaltenden und koordinierenden Tätigkeiten verlagert. Diese stehen jedoch mit den fachwissenschaftlichen und fachbibliothekarischen Aufgaben im Fachreferat in enger Verbindung. Dies erst ermöglicht eine effektive Umsetzung der fachlichen Anliegen in konkrete Dienstleistungen.

Neben diesen *dezentralen* Verwaltungsaufgaben, die eng mit der universitätsweiten Betreuung der Fachreferate verknüpft sind, obliegen dem wissenschaftlichen Dienst auch zentrale Management- und Verwaltungsfunktionen in der Universitätsbibliothek.

[18] Vgl. Jochum (wie Anm. 12), S. 243.

[19] Der Bibliothekar bleibt mit seiner Stelle bei der UB etatisiert; pro Teilbibliothek werden den Vereinbarungen zufolge 0,2 bis 0,5 Stellenanteile des höheren Dienstes der Universitätsbibliothek durch einen dezentralen Einsatz gebunden; in der Realität ist der durch die Anwesenheit der Bibliothekare in den Teilbibliotheken höher. Vgl. dazu Barth (wie Anm. 4), S. 514f.

In der UB Marburg werden Leitungsaufgaben auf verschiedenen Ebenen und in verschiedenen Formen vom wissenschaftlichen Dienst wahrgenommen. Er leitet die Bibliothek insgesamt sowie ihre großen Linienabteilungen Buchbearbeitung, Benutzung und Koordinierung des Bibliothekssystems. Weitere Aufgaben im Verwaltungsbereich sind wegen ihrer abteilungsübergreifenden, die ganze Bibliothek betreffenden Aufgabenstellungen in sogenannte Stabsfunktionen eingebettet wie zum Beispiel die Bereiche Ausbildung, Öffentlichkeitsarbeit sowie bibliothekarische Planung und Koordinierung der Bibliotheksautomatisierung. Hinzu kommen Aufgaben bei der Leitung von Projektteams, die zeitlich befristet bestimmte Fragestellungen bearbeiten.

Angesichts der Notwendigkeit, auf laufende Veränderungen mit Organisationsanpassungen zu reagieren und neue Aufgaben in die Arbeitsabläufe zu integrieren, wurden den Abteilungsleitern je ein oder zwei Stellvertreter aus dem wissenschaftlichen Dienst an die Seite gestellt. Deren Aufgabe umfaßt neben der Abwesenheitsvertretung vor allem die kontinuierliche Wahrnehmung von Teilaufgaben der Abteilungsleitung. So unterstützen zum Beispiel zwei Stellvertreter mit den Aufgabenbereichen *Katalogsaal einschließlich neue Medien (CD-ROM)* und *Dokumentlieferung* den Leiter der Benutzungsabteilung.

In allen Bereichen ist die Verwaltungs- und Managementtätigkeit der wissenschaftlichen Bibliothekare durch Führungs-, insbesondere Informations- und Koordinierungsaufgaben, konzeptionelle (Mit-)Gestaltung der Bibliothekspolitik, Planung vor allem in den Bereichen Haushalt, Personal, Datenverarbeitung sowie Bau- und Raumangelegenheiten, schließlich die Mitarbeit in Hochschul- und Verbundgremien gekennzeichnet.

Soweit es die im öffentlichen Dienst vorgegebene Hierarchie zuläßt, wird in Marburg die Realisierung eines kooperativen Führungskonzepts angestrebt. Insbesondere wird versucht, bei geeigneten Gelegenheiten Teamstrukturen herzustellen, die Fachleute aus unterschiedlichen Bereichen und Ebenen zu gemeinsamer Arbeit zusammenbringen und so eine Flexibilität erzielen, die für einen rationellen und effektiven Verwaltungsbetrieb notwendig ist. Fast alle Leitungsfunktionen unterhalb der Abteilungsleitung – von den für die Geschäftsverteilung und den Personaleinsatz der Abteilungen zuständigen Dienstleitungen bis zu den Sachgebietsleitungen – sind Mitarbeitern des gehobenen Dienstes zur selbständigen Wahrnehmung übertragen. Die Marburger Erfahrungen bestätigen die Aussagen Hagenaus, daß „der wissenschaftlich vorgebildete Bibliothekar … seinen Kollegen aus dem gehobenen Dienst bibliotheksfachlich nicht unbedingt überlegen" und „die Eignung zum Vorgesetzten ... persönlichkeitsbedingt (ist) und ... in beiden Laufbahngruppen vorhanden sein"[20] kann.

3.3 Informationstechnologie

Die Informationstechnologie ist ein Instrument der Bibliotheksverwaltung zur Optimierung der Informationsversorgung und wird folgerichtig *in* der Bibliothek angesiedelt.[21] Im Hinblick auf die enge Verzahnung der Bibliotheksdatenverarbeitung mit den Betriebsabläufen der Bibliothek hat die Universitätsbibliothek Marburg ihr Referat für Bibliothekstechnologie zu einer leistungsfähigen DV-Arbeitsgruppe ausgebaut und durch Umwandlung von 4,5 Planstellen – davon 2,5 des höheren Dienstes – in 3,5 DV-Stellen ihre technische Kompetenz erweitert.[22] Dadurch, daß sie als Stabsstelle direkt der Direktion zugeordnet ist, kommt die Anbindung der Technik an die bibliotheksfachlichen Vorgaben auch organisatorisch zum Ausdruck. Durch die Integration der DV-Arbeitsgruppe in den Gesamtbetrieb werden die Anforderungen der Bibliotheksverwaltung mit den technischen Realisierungsmöglichkeiten der Datenverarbeitung in eine ständige, wechselseitige Verbindung gebracht. Auf diese Weise wird gewährleistet, daß sie so bibliotheksgerecht wie möglich erfüllt werden. In arbeitsteiliger Zusammenarbeit mit dem Hochschulrechenzentrum, das die Gesamtverantwortung für die Infrastruktur des Hochschulnetzes trägt, und mit seiner Unterstützung stellt die Universitätsbibliothek den laufenden Betrieb der Bibliotheksrechner sicher und realisiert eine zeitgemäße, kundenorientierte Bibliotheksautomatisierung.

Die Universitätsbibliothek Marburg mußte im Bereich der Bibliotheksdatenverarbeitung ihre langfristig angelegten Planungen vor allem im personellen Bereich aus eigener Kraft verwirklichen. Im Blick auf die mit der Migration zu PICA (1995) verbundene Dezentralisierung von Systembetreuungsaufgaben hatte sie im übrigen dazu keine Alternative: Der gestiegene und laufend weiter steigende Bedarf an DV-Kapazität und -Kompetenz zwang und zwingt zum Ausbau des entsprechenden Personals.

[20] Hagenau (wie Anm. 7), S. 13 und 18f.

[21] Vgl. Deutsche Forschungsgemeinschaft: Informationsverarbeitung und Rechner für Hochschulen 1996 bis 2000. Empfehlungen der Kommission für Rechenanlagen. Bonn: Deutsche Forschungsgemeinschaft 1996, S. 32.

[22] Hinzu kommen übrigens weitere 3,5 für DV-Aufgaben umgewidmete Stellen des gehobenen Dienstes.

4. Folgerungen

Die Aufgaben in Management und Informationstechnologie bzw. Bibliotheksdatenverarbeitung sind im Prinzip nicht neu. Als „Verwaltung", „Leitung" und „Bibliothekstechnik" hat es sie auch in der Vergangenheit gegeben. Im Laufe der Zeit, insbesondere im letzten Vierteljahrhundert, hat in den Bibliotheken allerdings ein Spezialisierungsprozeß stattgefunden, in dessen Verlauf diese Aufgaben an Umfang und Bedeutung gewonnen haben. Der Gesamtaufgabenbereich ist in seiner inhaltlichen Zielsetzung wie hinsichtlich der Einzelaufgaben im Grundsatz der gleiche geblieben, allerdings haben sich die Gewichte verlagert.

Versahen in der Vergangenheit die mit einem Hochschulstudium und einer bibliotheksfachlichen Zusatzausbildung (Referendariat) qualifizierten Bibliothekare des höheren Dienstes je nach Neigung und erworbener Eignung die anstehenden Aufgaben der Bibliotheksleitung und -technik, so reicht diese Qualifikation heute dafür nicht mehr aus. Zwar werden Fachreferats- und Verwaltungsaufgaben in Marburg durchaus erfolgreich in Personalunion von traditionell ausgebildeten Bibliothekaren wahrgenommen. Und auch die angesprochenen Qualifikationen im Bereich der angewandten Informationstechnologie lassen sich im hergebrachten beruflichen Werdegang noch aneignen. Der Betrieb und die Weiterentwicklung der Datenverarbeitungssysteme aber können mit dieser Qualifikation nicht mehr sichergestellt werden.

4.1 Bedarf

Aus dem geschilderten Einsatz des wissenschaftlichen Dienstes in Marburg ergibt sich heute folgender, den drei Arbeitsschwerpunkten entsprechender Bedarf:

- *Wissenschaftliche Bibliothekare* mit fachwissenschaftlichem Hintergrund zur universitätsweiten Durchführung von bibliothekarischen Fach- und Verwaltungsaufgaben sowie zur Wahrnehmung von fachlichen Spezialaufgaben (Sammelschwerpunkte).
- *(Bibliotheks-)Manager und Verwaltungsfachleute* mit herausragenden Kenntnissen der Betriebsführung und entsprechenden Fähigkeiten und Erfahrungen.
- *(Bibliotheks-)Informatiker* mit abgeschlossenem Hochschulstudium für den Betrieb der Bibliotheksrechner, die Betreuung der DV-Systeme und ihre Weiterentwicklung.

Die „funktionale Differenzierung“[23] dieser drei Aufgabenkomplexe ist gegenüber früher deutlich vorangeschritten.

Hinsichtlich des Personaleinsatzes – derzeitige Größenordnungen und zukünftiger Bedarf – gelten für Marburg folgende Aussagen:

- Zur Zeit umfaßt der Stellenplan der Universitätsbibliothek 15,5 Planstellen des wissenschaftlichen Dienstes (Beamten- und Angestelltenstellen).
- 3,5 Stellen, also nahezu ein Viertel, sind mit Informatikern (wissenschaftliche Angestellte) besetzt.
- Von den übrigen 12 Stellen entfallen zwei auf die Direktion, die – mit Ausnahme eines Fachreferats – ausschließlich mit Managementaufgaben befaßt ist.
- Neun wissenschaftliche Bibliothekare[24] versehen zusätzlich zu ihren Fachreferatstätigkeiten Leitungsaufgaben in der Verwaltung der zentralen Bibliothek und in den Teilbibliotheken.
- Die dadurch in den Teilbibliotheken eingesetzte Kapazität beläuft sich de jure auf 2,3 Stellen; de facto geht die UB aber von einem dezentralen Einsatz ihres wissenschaftlichen Personals in einer Größenordnung von drei bis vier Stellen aus.
- Zwei Kollegen betreuen als Fachreferenten in der Universitätsbibliothek Fächer, in denen es noch keine Teilbibliotheken gibt, die zweischichtige Struktur also noch weiter besteht.

Die auf Management- und Verwaltungsaufgaben insgesamt verwendete Stellenkapazität läßt sich statistisch nur schwer ermitteln; es wird angenommen, daß sie unter Einschluß der Direktion und der Leitung der Teilbibliotheken bei über 40% der Gesamtkapazität liegt. Damit ergäbe sich insgesamt eine Ist-Relation von schätzungsweise 5:7:3,5 zwischen dem Aufwand für Fachreferate, Management/Verwaltung und Bibliotheksdatenverarbeitung. Weil davon auszugehen ist, daß die Datenverarbeitung weiter expandiert und auch die Integration des Bibliothekssystems auf dem eingeschlagenen Weg langsam aber stetig fortschreitet, wird für die Zukunft mit einem weiteren Ausbau der DV- und Verwaltungskapazität zu Lasten der Fachreferate gerechnet.

[23] Totok (wie Anm. 8), S. 197.

[24] Einschließlich des stellvertretenden Bibliotheksleiters, der neben seinen Managementfunktionen das Fachreferat Physik betreut und die Teilbibliothek Physik leitet.

4.2 Aus- und Fortbildung

Eine einheitliche bibliothekarische Zusatzausbildung kann das Rüstzeug für die drei großen Aufgabenbereiche – Fachreferat, Verwaltung, Datenverarbeitung – nicht mehr vermitteln. Die für eine funktionierende Informationsversorgung der Wissenschaft benötigte Gesamtqualifikation kann zukünftig nur über ein differenziertes Instrumentarium von Hochschulstudiengängen, Zusatzausbildungen und berufsbegleitenden Fortbildungsmaßnahmen sichergestellt werden.

Für alle drei Funktionsbereiche ist eine *zusätzliche* bibliotheksfachliche Ausbildung wünschenswert. Sie muß jedoch nicht in jedem Fall bei Aufnahme der Berufstätigkeit in vollem Umfang vorausgesetzt werden. Eine aktive Teilnahme an einer berufslebenslangen Fortbildung ist allerdings für alle als obligatorisch anzusehen.

Neben einem fachwissenschaftlichen Studium, als dessen Resultat in den Bibliotheken zwar auch die erworbenen inhaltlichen Kenntnisse, vor allem jedoch die angeeignete Methodenkompetenz im Vordergrund des Interesses steht, ist eine grundlegende bibliotheksfachliche Ausbildung für den Berufseinstieg der wissenschaftlichen Bibliothekare nach wie vor geboten. Allerdings gibt es zahlreiche spezialisierte Aufgabenstellungen, die von Experten ohne formale bibliothekarische Qualifikation nach einer Einarbeitung in bibliothekarische Sachzusammenhänge durchaus fachkundig geleistet werden können. Dazu zählt zum Beispiel die Leitung von Fach- und Sonderabteilungen einer Bibliothek. Die Ausbildung zum höheren Bibliotheksdienst, von der in erster Linie eine zeitnahe Qualifizierung erwartet wird, kann die für eine solche Aufgabe erforderlichen speziellen Kenntnisse und Fähigkeiten nicht vermitteln.

Der Betrieb von Bibliotheksrechnern kann, wie die Erfahrung zeigt, durchaus Informatikern ohne bibliothekarische Zusatzausbildung übertragen werden. Sie werden in der Regel nach dem jeweils vorliegenden konkreten DV-Bedarf der Bibliothek gezielt ausgewählt und eingestellt. Allerdings ist es aufgrund der engen Verzahnung von Datenverarbeitung und Bibliotheksverwaltung wünschenswert, sie berufsbegleitend in bibliothekarische Aus- und Fortbildungsmaßnahmen einzubeziehen.

Im Hinblick auf die heutigen Anforderungen der Betriebsführung (Globalhaushalt, Abschied von der kameralistischen Haushaltsführung, Budgetierung usw.) sind in Leitungsfunktionen neben Rechts- und Verwaltungskenntnissen, neben der Fähigkeit, die DV als Organisations- und Rationalisierungsinstrument einschätzen zu können, vor allem betriebswirtschaftliche Kenntnisse nötiger denn je. Es mag für Bibliotheken nicht relevant sein, ob diese Erfahrungen in einem Studium oder durch praktische Erfahrungen im Laufe des bisherigen Berufslebens erworben wurden. Es mehren sich jedoch Stimmen, die ein Studium der Betriebswirtschaftslehre für wichtiger halten als eine bibliothekarische Ausbildung. Gerade für eine sachgerechte Wahrnehmung von Leitungsfunktionen sind aber bibliothekarische Kenntnisse unverzichtbar. Allerdings kann dagegen eingewandt werden, daß diese angesichts der schwindenden Bedeutung der vorgeschalteten Ausbildung auch im Wege der berufsbegleitenden Fortbildung erworben werden können.

Wenn heute eine erfolgreiche Berufsausübung bei sich laufend verändernden Rahmenbedingungen ein kontinuierliches, berufsbegleitendes Lernen voraussetzt, verliert die antizipatorische Fachausbildung zunehmend an Bedeutung gegenüber einer permanenten berufsbegleitenden Fortbildung.[25] Im Hinblick darauf, daß das während einer solchen Ausbildung kumulierte Fachwissen oft schon nach fünf Jahren weitgehend veraltet ist[26], erscheint es sinnvoll, sie zu verkürzen und zu einem großen Teil durch langfristig angelegte Fortbildung praxis- und bedarfsorientiert zu ersetzen.

Um dem dringenden aktuellen und zukünftigen Bedarf an fachlicher Kompetenz bald begegnen zu können, sollte die berufsbegleitende Fortbildung möglichst rasch ausgebaut werden. Vordringlich ist es, aus dem Nebeneinander diverser *freiwilliger* Fortbildungsangebote ein auf einander abgestimmtes System *verbindlicher* Veranstaltungen mit Qualifikationsnachweisen zu machen. Auf diese Weise kann ein jeweils aktueller Kenntnisstand der Mitarbeiter sichergestellt werden. Dies ist besonders wichtig, weil ein gravierendes Problem in den Bibliotheken vor allem darin besteht, daß sie die derzeitigen und wohl auch einen nicht unerheblichen Teil der zukünftigen Aufgaben mit dem vorhandenen Personal lösen müssen.

In der Universitätsbibliothek Marburg hat in den neunziger Jahren ein Generationenwechsel stattgefunden. Zehn der sechzehn Mitarbeiterinnen und Mitarbeiter der Besoldungs- bzw. Vergütungsgruppen A 13 und

[25] Vgl. dazu: Verfallszeit für Hochschulabschlüsse. In: Süddeutsche Zeitung vom 24./25.01.1998: „Lernen auf Vorrat wird bedeutungslos werden."

[26] Vgl. Winfried Giesen, der am 03.11.1997 in einem Vortrag über „Die Fortbildungsaktivitäten der Bibliotheksschule [Frankfurt am Main]" ausgeführt hat: „Die sog. Halbwertszeit der Ausbildung nimmt ständig ab; was wir alle im Examen einmal gewußt haben, ist heute fast nichts mehr wert. Die Lebensdauer eines heutigen Examenswissens beträgt vielleicht noch fünf Jahre – so rasant und vielfältig sind die Neuerungen in allen bibliothekarischen Arbeitsbereichen". Der Vortrag, aus dem wir mit Genehmigung des Verfassers zitieren, liegt uns in einer Kopie vor.

BAT IIa und höher sind nach 1991 ins Haus gekommen, darunter, wie oben mitgeteilt, vier Informatiker. So hat eine den aktuellen dienstlichen Erfordernissen entsprechende Aufgabenverteilung in der oben dargestellten Weise vorgenommen und ausgefüllt werden können.

5. Schlußbemerkungen

Dieser Aufsatz hat sich nicht zu den aktuellen *formalen* Problemen des öffentlichen Dienstrechts geäußert, obwohl sie auch die Arbeit in den Bibliotheken tangieren.[27] Er hat sich vielmehr auf die *inhaltlichen* Aufgaben, die vom wissenschaftlichen Dienst an den Bibliotheken zu erfüllen sind, konzentriert und kommt auf Grund der dargelegten praktischen Erfahrungen zu dem Ergebnis, daß es auch in Zukunft einen Bedarf an entsprechend qualifizierten Mitarbeitern gibt. Allerdings haben sich die Inhalte der Aufgaben grundlegend verändert, insbesondere haben sie sich arbeitsteilig differenziert und spezialisiert – ein Prozeß, der mit der Professionalisierung der Bibliotheksarbeit eingesetzt hat und sich nun beschleunigt fortsetzt. Diese Veränderungen erfordern umfangreiche Anpassungen in den Bibliotheken und in den Aus- und Fortbildungseinrichtungen.

Die Professionalisierung des Bibliotheksdienstes hat mit der Ablösung von der Wissenschaft gegen Ende des 19. Jahrhunderts begonnen. Seither hat er sich vielfach dadurch auszuzeichnen versucht, daß er seinerseits Wissenschaftlichkeit für sich beanspruchte. Seine Eigenständigkeit kann er indes nur bewahren, wenn er sich von solchen illusionären Ansprüchen freimacht. Auch führen krampfhafte Abgrenzungsversuche etwa gegenüber Hochschullehrern oder gegenüber dem gehobenen Dienst nicht zum Erfolg. Im Gegenteil: Ohne Berührungsängste müssen auf allen Arbeitsgebieten Kooperationen angestrebt und für die Informationsversorgung fruchtbar gemacht werden. Und der Beruf muß endlich als das begriffen werden, was er ist: ein *praktischer* Beruf, der *aktiv* auf die Anforderungen der Benutzerschaft *reagiert.*[28]

Zur Eigenständigkeit kann eine klare Arbeits*teilung* zwischen Hochschullehrern und wissenschaftlichen Bibliothekaren, wie sie im Rahmen

[27] In der Diskussion befinden sich unter anderem Fragen des Status der Mitarbeiter (Beamte oder Angestellte?), der Laufbahnen (Zuordnung, Durchlässigkeit), der Besoldung und der korporationsrechtlichen Zuordnung von Bibliothekaren in den Universitäten.

[28] Vgl. Totok (wie Anm. 8), S. 197: „Die berufliche Aufgabe des Bibliothekars besteht nicht vorrangig darin zu agieren, sondern auf die Bedürfnisse der Wissenschaft und Gesellschaft zu reagieren.“ Hervorhebungen im Original.

der kooperativen Einschichtigkeit in Marburg vereinbart wurde, durchaus beitragen, wenn sie mit einer engen Kooperation einhergeht. Durch die Einbindung der Professorenschaft in die Verantwortung für die jeweilige Teilbibliothek, durch die Partnerschaft zwischen Wissenschaftler und Bibliothekar hat das Bibliothekswesen hier inneruniversitär an Gewicht gewonnen, das auch nach außen ausstrahlen und dem Beruf insgesamt zugute kommen dürfte.

In der gegenwärtigen Umbruchphase des Bibliothekswesens ist es wenig hilfreich, überkommenen Idealvorstellungen anzuhängen und unrealistische Forderungen zu stellen. Im Interesse einer positiven Fortentwicklung des Berufs kommt es vor allem darauf an, seine im Laufe der Zeit mühevoll errungene Eigenständigkeit durch ein dienstleistungsorientiertes Profil zu sichern. Nur durch eine konsequente, berufsalltäglich auf ihre Aktualität und Modernität überprüfte Hinwendung zum Kunden gewinnt der Beruf die für zukünftige Entwicklungen erforderliche Dynamik und Flexibilität.

DIETMAR HAUBFLEISCH

Die Bibliothek ist für ihre Nutzer da. Der Einfluss der nordrhein-westfälischen Gesamthochschulbibliotheken auf die Entwicklung des Fachreferats

1. Einleitung

Durch das ‚Gesetz über die Errichtung und Entwicklung von Gesamthochschulen im Lande Nordrhein-Westfalen' vom 30.05.1972[1] wurden zum 01.08.1972 „in einem für die Bundesrepublik Deutschland einmaligen Kraftakt"[2] fünf Gesamthochschulen in den Städten Duisburg, Essen, Paderborn, Siegen und Wuppertal errichtet. Diese neuen Einrichtungen waren – wie auch die in den Jahren zuvor gegründeten Universitäten in Bochum (1961), Dortmund (1962), Düsseldorf (1965) und Bielefeld (1966) – Teil des Ausbaus und der Neuordnung des Hochschulwesens in Nordrhein-Westfalen (NRW) und damit Teil der Reaktion des Landes auf den konstatierten ‚Bildungsnotstand'. Mit ihren Aktivitäten wurden die Empfehlungen des Wissenschaftsrats zum Ausbau der wissenschaftlichen Hochschulen vom Oktober 1960[3] sowie die Empfehlungen zur Struktur

[1] Gesetz über die Errichtung und Entwicklung von Gesamthochschulen im Lande Nordrhein-Westfalen (Gesamthochschulentwicklungsgesetz – GHEG) vom 30. Mai 1972. In: Gesetz- und Verordnungsblatt für das Land Nordrhein-Westfalen. Ausgabe A. 26 (1972), 25 vom 12.06.1972, S. 134–141; elektronische Veröffentlichung: hrsg. von Dietmar Haubfleisch. Paderborn: Universitätsbibliothek Paderborn 2012. URN: http://nbn-resolving.de/urn:nbn:de:hbz:466:2-9262.

[2] Jammers, Antonius: Einleitung. In: Barckow, Klaus; Barton, Walter; Jammers, Antonius; Schwan-Michels, Roswitha; Süle, Gisela (Hrsg.): Bibliotheksverbund in Nordrhein-Westfalen. Planung und Aufbau der Gesamthochschulbibliotheken und des Hochschulbibliothekszentrums 1972–1975. München: Verlag Dokumentation 1976 (Bibliothekspraxis, 19), S. 7–9; elektronische Veröffentlichung: hrsg. von Dietmar Haubfleisch. Paderborn: Universitätsbibliothek 2012. URN: http://nbn-resolving.de/urn:nbn:de:hbz:466:2-10072; hier (1976), S. 7.

[3] Wissenschaftsrat: Empfehlungen des Wissenschaftsrats zum Ausbau der Wissenschaftlichen Einrichtungen. Bd. 1: Wissenschaftliche Hochschulen. Tübingen 1960; Online-Ausgabe. Paderborn: Universitätsbibliothek Paderborn 2012. URN: http://nbn-resolving.de/urn:nbn:de:hbz:466:1-8275.

und zum Ausbau des Bildungswesens im Hochschulbereich des Wissenschaftsrats vom Oktober 1970 aufgegriffen[4]. Avisiert wurde, einer größtmöglichen Zahl von Studienbewerbern Zugang zu einem Studium ihrer Wahl zu ermöglichen.

Ausbau und Neuordnung des Hochschulwesens in Nordrhein-Westfalen wiederum waren Teil eines intensiven Reformeifers, einer umfassenden Planungseuphorie, in der die Landesregierung das Land grundlegend verändern wollte. Ihre Ziele formulierte die Regierung im März 1970 in dem ‚Nordrhein-Westfalen-Programm 1975'[5]. Mit diesem beabsichtigte sie, zwar „kein Utopia [zu] verwirklichen", jedoch „die Fundamente zu legen", „von denen die neuen Dimensionen der Gesellschaft im Jahre 2000 gewonnen werden"[6]. Unter anderem sollte – so einige der in dem Programm verwendeten Slogans – das Land von der ‚Stagnation zum Wachstum', ‚von der Straße zum Verkehrssystem', ‚von der Kohle zur Atomenergie', ‚von der Schreibmaschine zum Computer' und ‚vom Bildungsnotstand zum Bildungsvorrang' geführt werden.[7]

Das ‚Nordrhein-Westfalen-Programm 1975' sah vor, bis zum Ende der 1970er Jahre acht neue Universitäten und in 13 Städten – unter anderem in Duisburg, Essen, Paderborn, Siegen und Wuppertal – Fachhochschulen zu gründen. Zudem war beabsichtigt, bestehende und neue Universitäten, Fachhochschulen und bestimmte andere Hochschulen in acht ‚Gesamthochschulbereiche' zusammenzufassen[8]. Innerhalb eines solchen Bereichs sollten die Hochschulen eng miteinander kooperieren und ihre „Ausbildungseinrichtungen, Bibliotheken, technische Anlagen der Verwaltungseinrichtungen" gemeinsam nutzen.[9]

Gegen die Pläne der Bildung von Gesamthochschulregionen regte sich jedoch bald heftiger Widerstand, insbesondere bei den klassischen Universitäten. Dies führte dazu, dass die Regierung ihre Planungen rasch modifizierte. Sie hielt zwar an dem Ziel der Gesamthochschulbereiche fest, wie beispielsweise der 1973 verfasste ‚Halbzeitbericht'[10] zum Programm

[4] Wissenschaftsrat: Empfehlungen zur Struktur und zum Ausbau des Bildungswesens im Hochschulbereich nach 1970. 3 Bde. Bonn 1970; Online-Ausgabe: Paderborn: Universitätsbibliothek Paderborn 2012. URN: http://nbn-resolving.de/urn:nbn:de:hbz:466:1-8319.

[5] Landesregierung Nordrhein-Westfalen (Hrsg.): Nordrhein-Westfalen-Programm 1975. Düsseldorf 1970; Online-Ausgabe: Paderborn: Universitätsbibliothek Paderborn 2012. URN: http://nbn-resolving.de/urn:nbn:de:hbz:466:1-8442.

[6] Ebenda, Vorwort (o. S.).

[7] Ebenda, S. 2f.

[8] Ebenda, S. 68f.

[9] Ebenda, S. 69.

[10] Landesregierung Nordrhein-Westfalen (Hrsg.): Halbzeitbericht Nordrhein-West-

zeigt, ließ jedoch im Laufe des Jahres 1971 Empfehlungen zur Errichtung von Gesamthochschulen ausarbeiten. Diese Gesamthochschulen sollten als Vorreiter der – nun zeitlich gestuften – landesweiten Umwandlung der bisherigen Hochschullandschaft fungieren.

2. *Die Planung der Gesamthochschulbibliotheken*

Zum 01.10.1971 berief der damalige Minister für Wissenschaft und Forschung des Landes NRW, Johannes Rau (1931–2006), eine Planungsgruppe ‚Bibliothekswesen im Hochschulbereich Nordrhein-Westfalen' ein.[11] Ihre Aufgabe war es, „zunächst [...] eine Konzeption für das Bibliothekswesen an den fünf neuen Gesamthochschulbibliotheken [...] zu erarbeiten".[12] Auch sollte sie „einen Plan für den koordinierten Aufbau dieser neuen Bibliotheken entwickeln, [...] den Raum-, Personal- und Sachmittelbedarf ermitteln und praktische Vorschläge zur Realisierung des Projektes unterbreiten".[13] Darüber hinaus sollten „unter Gesamthochschulaspekten Empfehlungen zu Bibliotheksstruktur und -organisation, Einsatz der EDV, Audiovisuellen Medien, Normrichtwerten und Bibliotheksverbund aufgestellt werden".[14] Dass sich die Planungen nicht ausschließlich auf die Gesamthochschulbibliotheken beschränken, sondern – mit Blick auf die beabsichtigte Reform der Hochschullandschaft in NRW und damit der gesamten Hochschulbibliothekslandschaft – umfassender angelegt werden sollten, wurde durch die Namensgebung ‚Planungsgruppe für das Bibliothekswesen im Hochschulbereich Nordrhein-Westfalen' deutlich.

Den Vorsitz der Gruppe, die aus Bibliothekaren, Hochschullehrern, einer Studentin, ministeriellen Vertretern und einem Betriebswirt bestand, übernahm Antonius Jammers (geb. 1937)[15], der zum 01.03.1971 das im Wissenschaftsministerium NRW neu gegründete Bibliotheksreferat übernommen hatte und dieses bis 1995 leiten sollte.

Zwischen Dezember 1971 und 1975 legte die Planungsgruppe dem Wissenschaftsministerium eine Reihe von Empfehlungen vor, von denen einige

falen-Programm 1975. Düsseldorf 1973; Online-Ausgabe: Paderborn: Universitätsbibliothek Paderborn 2013. URN: http://nbn-resolving.de/urn:nbn:de:hbz:466:1-11165.

[11] Planungsgruppe für das Bibliothekswesen im Hochschulbereich Nordrhein-Westfalen. In: Verband der Bibliotheken in Nordrhein-Westfalen. Mitteilungsblatt N.F. 22 (1972), S. 178f.

[12] Ebenda, S. 178.

[13] Ebenda.

[14] Ebenda.

[15] Ebenda.

sehr grundsätzlicher Art waren, während sich andere mit Einzelfragen auseinandersetzten. Sie zielten partiell auf die Konzeption der fünf Gesamthochschulbibliotheken und teilweise auf die Reformierung der gesamten Bibliothekslandschaft im Hochschulbereich Nordrhein-Westfalen ab.

Das erste umfassende Arbeitsergebnis der Planungsgruppe waren die im Juni 1972 fertig gestellten, als ‚Zwischenbericht' deklarierten ‚Empfehlungen für das Bibliothekswesen an den fünf Gesamthochschulen des Landes Nordrhein-Westfalen'[16]. Sie enthielten bereits alle wesentlichen Merkmale der künftigen Gesamthochschulbibliothekskonzeption. Alle nachfolgenden Empfehlungen der Planungsgruppe bauten darauf auf. Außerdem zeigten sie bereits sehr früh Wirkung im Wissenschaftsministerium.[17] Ihre zentralen Aussagen finden sich wieder in den Festlegungen zur Gesamthochschulbibliothek, den ‚Vorläufigen Grundordnungen für die Gesamthochschulen in Duisburg, Essen, Paderborn, Siegen/Hüttental und Wuppertal vom 31.07.1972'[18]. Auf dieser Grundlage wurde zum 01.10.1972 eine ‚Aufbaustelle' für das Hochschulbibliothekszentrum (HBZ) geschaffen[19] und zum 01.03.1973 das HBZ per Erlass gegründet.[20] Auch in den

[16] Empfehlungen für das Bibliothekswesen an den fünf Gesamthochschulen des Landes Nordrhein-Westfalen. Zwischenbericht. Vorgelegt von der Planungsgruppe Bibliothekswesen im Hochschulbereich Nordrhein-Westfalen beim Minister für Wissenschaft und Forschung des Landes Nordrhein-Westfalen. Düsseldorf, Juni 1972 (maschr., 72 Seiten); abgedr. in: Barckow, Klaus; Barton, Walter; Jammers, Antonius; Schwan-Michels, Roswitha; Süle, Gisela (Hrsg.): Bibliotheksverbund in Nordrhein-Westfalen. Planung und Aufbau der Gesamthochschulbibliotheken und des Hochschulbibliothekszentrums 1972–1975. München: Verlag Dokumentation 1976 (Bibliothekspraxis, 19), S. 251–300; elektronische Veröffentlichung: hrsg. von Dietmar Haubfleisch. Paderborn: Universitätsbibliothek 2012. URN: http://nbn-resolving.de/urn:nbn:de:hbz:466:2-9429.

[17] Jammers (wie Anm. 2), S. 7, schreibt, die Empfehlungen vom Juni 1972 hätten noch vor ihrer förmlichen Verabschiedung das Interesse der Landesregierung geweckt und bewirkt, dass der Minister für Wissenschaft und Forschung bereits im April 1972 eine ‚Arbeitsgruppe für das Verbundsystem an den künftigen Gesamthochschulbibliotheken' einsetzte, die ihre ‚Empfehlungen für die Aufgabenverteilung zwischen den Gesamthochschulbibliotheken und dem Hochschulbibliothekszentrum und für ein einheitliches Buchaufstellungssystem' im August 1972 vorlegte.

[18] Vorläufige Grundordnungen für die Gesamthochschulen in Duisburg, Essen, Paderborn, Siegen/Hüttental und Wuppertal vom 31. Juli 1972. In: Gemeinsames Amtsblatt des Kultusministeriums und des Ministeriums für Wissenschaft und Forschung des Landes Nordrhein-Westfalen. Ausgabe A. 24 (1972), 10: September, S. 370–430. – Vorläufige Grundordnung für die Gesamthochschule Paderborn. In: Ebenda, S. 395–406 (§ 32 Gesamthochschulbibliothek); elektronische Veröffentlichung: hrsg. von Dietmar Haubfleisch. Paderborn: Universitätsbibliothek Paderborn 2012. URN: http://nbn-resolving.de/urn:nbn:de:hbz:466:2-9262.

[19] Pflug, Günther: Das Hochschulbibliothekszentrum [1975]. In: Barckow, Klaus; Barton, Walter; Jammers, Antonius; Schwan-Michels, Roswitha; Süle, Gisela (Hrsg.): Bibliotheksverbund in Nordrhein-Westfalen. Planung und Aufbau der Gesamthochschulbibliotheken und des Hochschulbibliothekszentrums 1972–1975. München: Verlag

nachfolgenden Jahren blieben die Empfehlungen der Planungsgruppe das entscheidende Planungsinstrument für Bibliotheksbelange im Wissenschaftsministerium[21]. Damit stellen sie ein Schlüsseldokument für das Werden und das Verständnis der Gesamthochschulbibliotheken und der Planungen zur Reformierung des Bibliothekswesens im Einflussbereich des Wissenschaftsministeriums NRW in den 1970er Jahren dar.

Vor diesem Hintergrund werden im Folgenden Kernelemente der ‚Empfehlungen für das Bibliothekswesen an den fünf Gesamthochschulen des Landes Nordrhein-Westfalen' vom Juni 1972 vorgestellt.

2.1 Aufgaben der Gesamthochschulbibliotheken

In den Empfehlungen definierte die Planungsgruppe die Aufgaben, die die Gesamthochschulbibliotheken wahrnehmen und erfüllen sollten.

Da die neuen Gesamthochschulen für „Forschung, Lehre und Studium [...] in großem Maße Informationen [benötigten]", hätten die an ihnen einzurichtenden Bibliotheken die vordringliche Aufgabe, sie damit zu versorgen, das heißt, die erforderlichen Informationen zu erwerben, sie formal und sachlich zu erschließen und zur Nutzung bereitzustellen[22]. Diese Informationen würden – so die Planungsgruppe – „nach wie vor am häufigsten in der Form von Druckschriften" produziert werden, doch sei zu erwarten, dass die gedruckten Materialien „zunehmend durch neue Informationsträger ergänzt" würden und somit „entsprechend ihrer Bedeutung von der Bibliothek berücksichtigt werden" müssten[23]. Die Auswahl

Dokumentation 1976 (Bibliothekspraxis, 19), S. 55–81; elektronische Veröffentlichung: hrsg. von Dietmar Haubfleisch. Paderborn: Universitätsbibliothek 2012. URN: http://nbn-resolving.de/urn:nbn:de:hbz:466:2-10069; hier (1976), S. 56f.

[20] Errichtung des Hochschulbibliothekszentrums des Landes Nordrhein-Westfalen in Köln. Bekanntmachung des Ministers für Wissenschaft und Forschung vom 12. März 1973. In: Gemeinsames Amtsblatt des Kultusministeriums und des Ministeriums für Wissenschaft und Forschung des Landes Nordrhein-Westfalen. Ausgabe A. 25 (1973), 4: April, S. 267; elektronische Veröffentlichung: hrsg. von Dietmar Haubfleisch. Paderborn: Universitätsbibliothek 2012. URN: http://nbn-resolving.de/urn:nbn:de:hbz:466:2-9177.

[21] Siehe z.B.: Jammers, Antonius: Die Hochschulbibliotheken im Umbruch. In: Informationen MWF. Aus dem Ministerium für Wissenschaft und Forschung des Landes Nordrhein-Westfalen. 10 (April 1974), S. 9–13; wieder in: Verband der Bibliotheken des Landes Nordrhein-Westfalen. Mitteilungsblatt N.F. 24 (1974), S. 203–208; elektronische Veröffentlichung: hrsg. von Dietmar Haubfleisch. Paderborn: Universitätsbibliothek 2012. URN: http://nbn-resolving.de/urn:nbn:de:hbz:466:2-9683; hier (1974a) S. 9 bzw. (1974b) S. 203. – Und: Jammers (wie Anm. 2), S. 8.

[22] Empfehlungen (wie Anm. 16), S. 260.

[23] Ebenda. – Empfehlungen für das Bibliothekswesen an den fünf Gesamthochschulen

der konventionellen und neuen Informationsträger sollte sich „an dem zu erwartenden Bedarf orientieren".[24]

Die Planungsgruppe befasste sich auch mit der Frage, wie viel Personal die neuen Gesamthochschulbibliotheken benötigen würden, um ihre Aufgaben angemessen erfüllen zu können. Sie erstellte ein Mengengerüst[25] und kam zu dem Ergebnis, dass es aufgrund der bundesweit schwierigen Personalsituation, der Lage des Arbeitsmarkts in Nordrhein-Westfalen sowie „der Erfahrungen beim Bibliotheksaufbau der Hochschulgründungen der letzten Jahre in der Bundesrepublik" fraglich sei, bis 1975 an den fünf Gesamthochschulen ein leistungsfähiges Bibliothekssystem etablieren zu können.[26]

Diese Einschätzung führte jedoch nicht dazu, dass die Planungsgruppe ihre Arbeit niederlegte. Sie präsentierte vielmehr ein Konzept, das alle positiven Erfahrungen beim Neuaufbau von Hochschulbibliotheken in Deutschland seit Anfang der 1960er Jahre berücksichtigte. Darüber hinaus enthielt das Konzept ein neues Element, das eine zu dieser Zeit ganz neue Dimension der Kooperation zwischen Hochschulbibliotheken ermöglichen und Auswirkungen auf das gesamte Hochschulbibliothekswesen in Deutschland haben sollte: das Konzept des regionalen Bibliotheksverbundes.

des Landes Nordrhein-Westfalen. Ergänzungsbericht. Vorgelegt von der Planungsgruppe Bibliothekswesen im Hochschulbereich Nordrhein-Westfalen beim Minister für Wissenschaft und Forschung des Landes Nordrhein-Westfalen. Düsseldorf, Dezember 1974 (maschr., 48 Seiten); abgedr. in: Barckow, Klaus; Barton, Walter; Jammers, Antonius; Schwan-Michels, Roswitha; Süle, Gisela (Hrsg.): Bibliotheksverbund in Nordrhein-Westfalen. Planung und Aufbau der Gesamthochschulbibliotheken und des Hochschulbibliothekszentrums 1972–1975. München: Verlag Dokumentation 1976 (Bibliothekspraxis, 19), S. 369–398; elektronische Veröffentlichung: hrsg. von Dietmar Haubfleisch. Paderborn: Universitätsbibliothek 2012. URN: http://nbn-resolving.de/urn:nbn:de:hbz:466:2-9455; hier (1976), S. 261 heißt es ausführlicher: Da zu erwarten sei, dass neben die konventionellen Informationsträger „in den nächsten Jahren in zunehmendem Maße andere Medien, insbesondere Mikroformen, die konventionell gespeicherte Texte aus Gründen der Kostenersparnis in ihrem physischen Umfang minimieren, sowie Tonträger und audiovisuelles Material, das die in einigen Bereichen der wissenschaftlichen Forschung und Didaktik geforderte Einheit von akustischer und optischer Information liefert", treten und diese Formen „an die Ermittlung, Besorgung, Verwaltung, Speicherung und Bereitstellung besondere Anforderungen" stellen würden, müssten „bereits beim Aufbau der Bibliotheken der Gesamthochschule die erforderlichen räumlichen, technischen und personellen Voraussetzungen geschaffen werden.

[24] Empfehlungen (wie Anm. 16), S. 260.

[25] Ebenda, S. 280.

[26] Ebenda, S. 268f.

2.2. *Grundsätze der Struktur und Organisation der Gesamthochschulbibliotheken*

Die Planungsgruppe legte Grundsätze der Struktur und Organisation der Gesamthochschulbibliotheken vor, die maßgeblich § 38 des ‚Gesetzes über die wissenschaftlichen Hochschulen des Landes Nordrhein-Westfalen' (HSchG) vom 07.04.1970 berücksichtigten. Im Gesetz heißt es, dass alle bibliothekarischen Einrichtungen innerhalb der Hochschule eine zentrale Einrichtung bilden, deren Leiter die bibliothekarische Aufsicht sowie die Koordinierung der Beschaffungen obliegt.[27] Des Weiteren waren die Vorschläge „an neueren Bibliotheksmodellen" orientiert (die ihrerseits auch das HSchG mit beeinflusst haben dürften); namentlich erwähnt wurden die Bibliotheken der Universitäten in Regensburg (gegründet 1964), Konstanz (gegründet 1966) und Bielefeld (gegründet 1967).[28]

Leitendes Motiv der Planungsgruppe war es, „Bibliotheken als zentrale Einrichtungen der Gesamthochschulen" zu organisieren, da es ihr nur auf diese Weise möglich schien, dass „alle Aufgaben einer optimalen Informationsversorgung entsprechend den Grundsätzen der öffentlichen Verwaltung mit ökonomischem Einsatz der Sachmittel und des Personals erreicht werden" könnten.[29] Sie distanzierte sich damit entschieden von den in Deutschland bis dahin vorherrschenden, von ihr als insuffizient bewerteten zweischichtigen Bibliothekssystemen, die – wie auch an den Vorgängereinrichtungen der Gesamthochschulen – aus einer zentralen Hochschulbibliothek sowie einer Vielzahl von Instituts-, Seminar-, Fachbibliotheken und Ähnlichem bestanden.[30]

2.3 *Umfassender IT-Einsatz*

Als ein Kernelement sah die Planungsgruppe den Einsatz von IT bzw. – wie es damals hieß – der ‚Automatisierten Daten-Verarbeitung' (ADV) vor, und zwar zunächst in den Bereichen „bibliothekarische Buchbearbeitung"[31], Katalogisierung und Ausleihverbuchung, die „bei Selbstbe-

[27] Gesetz über die wissenschaftlichen Hochschulen des Landes Nordrhein-Westfalen (Hochschulgesetz HSchG) vom 7. April 1970. In: Gesetz- und Verordnungsblatt für das Land Nordrhein-Westfalen. Ausgabe A. 24 (1970), 35 vom 16.04.1970, S. 254–264, hier § 38: S. 259.

[28] Empfehlungen (wie Anm. 16), S. 262.

[29] Ebenda, S. 260.

[30] Ebenda, S. 257f.

[31] Ebenda, S. 267.

dienung durch den Benutzer reibungslos erfolgen muß"[32]. Perspektivisch sollte ADV in allen Bereichen der Bibliothek eingesetzt werden. So empfahl die Planungsgruppe, von Anfang an die „Möglichkeit eines laufenden Informationsdienstes" einzuplanen, der künftig unter „Ausnutzung der automatisierten Datenverarbeitung" und, „mit Hilfe von Benutzerprofilen, auf neue Literatur zu bestimmten Sachgebieten hinweist".[33] Noch offen ließ man die Frage, ob die Zettelkataloge der bibliothekarischen Vorgängereinrichtungen fortgeführt oder zugunsten per ADV erstellter Mikrofichekataloge abgebrochen werden können.[34]

2.4 Ein einheitliches Bibliothekssystem

Die Gesamthochschulbibliothek sollte ein alle bibliothekarischen Einrichtungen einer Gesamthochschule umfassendes, einheitliches, auf die Gesamtheit der Informationsbedürfnisse der Gesamthochschule hin konzipiertes Bibliothekssystem gemäß § 38 Absatz 1 HSchG bilden. Das bedeutete vor allem Folgendes:

„Alle bibliothekarischen Arbeitsabläufe" sollten „aus Gründen der Arbeitsökonomie, der Leistungsfähigkeit und Benutzungstransparenz nach einheitlichen bibliotheksfachlichen Richtlinien weitgehend zentral durchgeführt" werden.[35] Das Bibliothekssystem sollte „einen einheitlichen Personalstellenplan und einen einheitlichen Sachmitteletat" erhalten.[36] „Sämtliche Buchbestände" der Gesamthochschulen sollten „eine allen Benutzern zugängliche Einheit" darstellen und „unter Berücksichtigung betriebswirtschaftlicher Gesichtspunkte, fachlich gegliedert da aufgestellt [werden], wo sie am meisten benötigt werden"; „überflüssige Doppel- und Mehrfachanschaffungen" sollten vermieden werden.[37]

Geleitet werden sollte die Gesamthochschulbibliothek gemäß § 38 Absatz 2 HSchG von einem Direktor; dieser sollte „insbesondere die bibliotheksfachliche Aufsicht" haben und damit „unmittelbarer Vorgesetzter aller Mitarbeiter des Bibliothekssystems" und Verantwortlicher „für die Koordinierung der Beschaffungen" sein.[38]

[32] Ebenda, S. 263.
[33] Ebenda, S. 261.
[34] Ebenda, S. 283.
[35] Ebenda, S. 262.
[36] Ebenda, S. 263.
[37] Ebenda.
[38] Ebenda.

Außerdem war ein Gremium für Bibliotheksfragen (Bibliothekskommission) vorgesehen, das „im Zusammenwirken mit dem Direktor für grundsätzliche Fragen des Bibliothekssystems zuständig“[39] sein sollte.

Die Erwerbung der für Forschung, Lehre und Studium benötigten Informationsmedien wurde von der Planungsgruppe als die vordringlichste Aufgabe der neuen Gesamthochschulbibliotheken angesehen.[40] Die Auswahl der zu erwerbenden Informationsmedien betrachtete die Planungsgruppe als „grundsätzlich gemeinsame Aufgabe der Bibliothekare und der übrigen Hochschulangehörigen“, die „die Möglichkeit zu eigenen Erwerbungsvorschlägen“ haben sollten[41]. Die Planungsgruppe ging davon aus, dass die Zusammenarbeit zwischen diesen beiden Gruppen „institutionalisiert“ werden müsse, „insbesondere auf Fachbereichsebene“; gleichwohl sollte der „Hauptteil der praktischen Selektionsarbeit [...] aus Gründen der Ökonomie und Koordination der gesamten Erwerbung bei der Bibliothek liegen“.[42]

2.5 Der Verbundgedanke: Kooperation und Zentrale Dienstleistungen

Die beschriebenen Überlegungen zielten auf ein durchrationalisiertes System. Gleichwohl ging man davon aus, dass die den neuen Bibliotheken zugedachten Aufgaben im vorgegebenen Rahmen „bei einem in traditioneller Weise isolierten Aufbau einer jeden Bibliothek nicht zu bewältigen“ seien.[43]

Mit den fünf neuen Gesamthochschulen sollten zeitgleich fünf neue Hochschulen mit einer im Wesentlichen übereinstimmenden Konzeption – mit weitgehend gleichen Studienfächern und Fachgruppen – sowie geringfügig voneinander abweichenden Studienplatzzahlen und mit sehr ähnlichem baulichen Konzept errichtet werden. Die Planungsgruppe unterstellte, dass sich auch für die Gesamthochschulbibliotheken eine solche Homogenität ergeben könnte, da „Ausgangsbedingungen, Ziel und Bedarf hinreichend konform sind“; daher müsse es möglich sein, nicht nur „die Bibliotheken der 5 Gesamthochschulen nach einer quantitativ, baulich und organisatorisch gleichen Konzeption zu errichten“, sondern auch

[39] Ebenda.
[40] Ebenda, S. 260.
[41] Ebenda.
[42] Ebenda, S. 266.
[43] Ebenda, S. 268.

„gleiche Arbeitsgänge für alle fünf GHS zusammenzufassen".[44] Basierend auf diesen Überlegungen schlug die Planungsgruppe etwas vor, was es im deutschen Bibliothekswesen bis dahin nicht gegeben hatte: „einen neuartigen Weg in Form eines Verbundes".[45] Sie war sich bewusst, dass dieser Weg „nicht ohne Probleme und Risiken" war; gleichwohl sah sie in ihm „noch am ehesten die Chance zur Realisierung" des sehr ambitionierten Aufbauprojekts.[46]

Konstitutiv für diesen Verbund sollte die enge Kooperation zwischen den Bibliotheken sowie der intensive ADV-Einsatz werden. Der Gedanke der Kooperation hatte im deutschen Bibliothekswesen durchaus eine lange, bis ins 19. Jahrhundert zurückreichende Tradition. Und auch der ADV-Einsatz war Anfang der 1970er Jahre in deutschen Hochschulbibliotheken nicht mehr gänzlich neu; er war (jedoch) zunächst dadurch gekennzeichnet, dass in den 1960er Jahren einige wenige Hochschulbibliotheken für einzelne Arbeitsprozesse ADV einsetzten und dabei rein lokale, selbst entwickelte Einzellösungen verwendeten. Anfang der 1970er Jahre – die Universitätsbibliothek Augsburg nutzte die elektronischen Katalogdaten der Universitätsbibliothek Regensburg als Fremdleistung – begann sich abzuzeichnen, dass der ADV-Einsatz die bisher praktizierte Kooperation zwischen Bibliotheken weiter befördern würde.

Völlig neu an den Vorschlägen der Planungsgruppe war, die Gesamthochschulbibliotheken als Verbund zu betrachten, für den sofort eine „zentrale Verbundstelle"[47] eingerichtet werden sollte. Die geforderte gemeinsame „Dienstleistungseinrichtung"[48] sollte durch die Bereitstellung einer zentralen ADV-Infrastruktur eine enge Kooperation zwischen den Bibliotheken ermöglichen und für die Bibliotheken zentrale Dienstleistungen erbringen. Diese Einrichtung sollte „Hochschulbibliothekszentrum (HBZ)" heißen, als Rechtsform „die Stellung einer selbständigen, landesunmittelbaren Behörde [...], die fachlich direkt dem Minister für Wissenschaft und Forschung unterstellt ist", erhalten; als Standort für das HBZ wählte man Köln.[49]

Im Einzelnen schlug die Planungsgruppe vor, dem HBZ folgende Aufgaben zuzuweisen: Erstens sollte ihm die Aufgabe einer „ADV-Zentrale, bibliothekstechnische[n] Stabs- und Koordinierungsstelle sowie Clea-

[44] Ebenda, S. 269.
[45] Ebenda.
[46] Ebenda.
[47] Ebenda, S. 269f.
[48] Ebenda, S. 262.
[49] Ebenda, S. 275.

ringstelle für betriebliche Kosten-/Leistungsrechnungen für das gesamte Verbundsystem", „ADV-Planung und ADV-Processing sowie die Arbeitsablauforganisation des Verbundes" obliegen.[50] Zweitens sollte das HBZ einen Beitrag leisten „zur Beschleunigung und Rationalisierung des Bestandsaufbaus"[51] in den Gesamthochschulbibliotheken, indem es für die Bibliotheken „die automatisierbaren Arbeitsgänge für die Erwerbung und Katalogisierung von Monographien und Zeitschriften unter Ausnutzung der vorliegenden oder zu erwartenden Fremdleistungen" durchführt.[52] Drittens sollte das HBZ einen – später ‚Verbundkatalog' genannten – „Gesamtkatalog der Bestände der 5 Einzelbibliotheken, dem sehr bald der nordrhein-westfälische Zentralkatalog angeschlossen werden soll", aufbauen und pflegen; auf seiner Basis sollte „ein beschleunigter Fernleihverkehr, in dem das HBZ Steuerungsfunktionen wahrnimmt, zwischen den neuen Bibliotheken eingerichtet werden".[53] Und viertens sollte das HBZ als – wie man heute sagen würde – ‚Konsortialstelle' tätig werden, welche die Erwerbung der Bibliotheken, unter anderem durch ein ‚Ressource Management' von Zeitschriftenabonnements, unterstützt.[54]

Die Planungsgruppe regte an, das HBZ gleichzeitig „für weiterführende Aufgaben" zu planen. Dabei dachte man zum einen daran, dass das HBZ seine Dienstleistungen „stufenweise auch für die bestehenden Hochschulbibliotheken" in Nordrhein-Westfalen anbieten könne mit dem Ziel, perspektivisch „alle bibliothekarischen Automatisierungsprojekte des Landes durch das HBZ oder im Zusammenwirken mit dem HBZ und unter Ausnutzung seiner ADV-Hard- und -Soft-Ware durchzuführen".[55] Zum anderen stellte man sich vor, dass das HBZ sein Dienstleistungsspektrum vermehren und „später noch weitere, dem gesamten Bibliothekswesen des Landes zugutekommende Funktionen [...] übernehmen" könne; explizit genannt wurden: Aufgaben im Bereich der Planung, Entwicklung und Forschung im Bibliothekswesen, Verfilmungsprojekte, Schaffung automatisierter Zentralkataloge sowie Mitwirkung bei der Aus- und Fortbildung.[56]

Mit Blick auf die rechtlichen Implikationen der Verbundkonstruktion wies die Planungsgruppe darauf hin, dass das vorgestellte Verbundkonzept die „Verwaltungsautonomie der Hochschulen"[57] nicht antasten würde: Die

[50] Ebenda, S. 270.
[51] Ebenda, S. 269.
[52] Ebenda, S. 270.
[53] Ebenda, S. 272.
[54] Ebenda, S. 270 und S. 285.
[55] Ebenda, S. 274.
[56] Ebenda, S. 275.
[57] Ebenda, S. 273.

Bibliotheken blieben „eigenständige Bibliotheken ihrer Hochschulen", der Verbund dürfe „die grundlegenden Interessen und Rechte der Hochschulen nicht beeinträchtigen".[58]

Die Kühnheit des Vorhabens war den Planern durchaus bewusst: Es gab keinerlei Vorbilder für die Errichtung einer Dienstleistungseinrichtung, wie sie mit dem HBZ avisiert war. Es existierte keine für das Vorhaben einsetzbare technische Infrastruktur. In nordrhein-westfälischen Bibliotheken waren lediglich zwei für Teilbereiche entwickelte, allein für den Einsatz in einzelnen Bibliotheken geschaffene und im Grundsatz schon veraltete Softwaresysteme im Einsatz. Mit dem zeitnah geplanten Start der Arbeit der Gesamthochschulen und ihrer Bibliotheken war so gut wie keine Vorlaufzeit gegeben.[59]

2.5 Erfolgsdruck: Effizienz und Nutzernähe

Die Planungsgruppe suchte einen Weg, der es den neuen Gesamthochschulbibliotheken ermöglichen sollte, gleichermaßen ihre vielfältigen Aufgaben „einer optimalen Informationsversorgung der Gesamthochschule[n]"[60] angemessen, aber auch wirtschaftlich und ressourcenschonend, erfüllen zu können. Der Gedanke einer Arbeit im Verbund mit einer Verbundzentrale als gemeinsamem Dienstleister erschien ihr dabei die am besten geeignete und konsequenteste Form zu sein.[61]

Die Empfehlungen lassen die Sorge der Planer erkennen, ob dieser Spagat zwischen hohem Dienstleistungsniveau und hohem Rationalisierungsgrad wirklich gelingen würde. Dass im Zweifelsfall die Nutzerorientierung Vorrang haben sollte, wurde an vielen Stellen deutlich: So sollten etwa die Arbeitsabläufe so flexibel gestaltet werden, dass auch „eiligen Benutzerwünschen entsprochen werden kann".[62]

Diese Gewichtung entsprach nicht nur dem Selbstverständnis der Planungsgruppe von Kundenorientierung, sondern hatte auch einen systemischen Hintergrund: Die an den Gesamthochschulen tätigen Hochschullehrer wurden zum Teil aus den bestehenden Vorgängereinrichtungen übernommen, die neu berufenen Hochschullehrer kamen überwiegend aus traditionellen Hochschulen. Das heißt, das Gros dieser Hochschulleh-

[58] Ebenda, S. 270.
[59] S. insbesondere: ebenda, S. 273 und S. 287.
[60] Ebenda, S. 260.
[61] Vgl. ebenda, S. 269.
[62] Ebenda, S. 264.

rer war klassische zweischichtige Bibliothekssysteme gewohnt. Auftretende Einzelprobleme sollten nicht in eine „Unzufriedenheit der Hochschulangehörigen mit der neuen Bibliothekskonzeption" münden und damit eine „ernsthafte Gefährdung des auf Rationalisierung hin konzipierten Systems" hervorrufen.[63] Weder irgendwelche Probleme vor Ort noch „Arbeitsteilung und Zentralisierung der Bearbeitung im Verbund" sollten sich „für die Benutzung [...] nachteilig auswirken".[64] Es müsse „den Benutzern der Vorteil des einheitlichen Bibliothekssystems in der Praxis demonstriert werden".[65]

Anders ausgedrückt: Der Planungsgruppe war in hohem Maße bewusst, dass sich das von ihr vorgeschlagene Gesamtsystem in den neuen Gesamthochschulen nur dann durchsetzen konnte, wenn es gelang, dort bereits zu einem frühen Zeitpunkt eine hohe Nutzerakzeptanz – insbesondere bei den Hochschullehrern – zu erreichen.

Obgleich die Konzeption dem Effizienzgedanken verpflichtet war, sollte sie in der Praxis zu einer Nutzerorientierung führen, die den klassischen zweischichtigen deutschen Hochschulbibliotheken damals weitgehend fremd war.

3. Die Kritik von Gerhart Lohse

Sehr heftige und grundlegende Kritik an der Konzeption und der Realisierung der Gesamthochschulbibliotheken, des HBZ und des Bibliotheksverbundes kam aus dem Kreis der traditionellen nordrhein-westfälischen Universitätsbibliotheken, insbesondere öffentlich vorgebracht durch Gerhart Lohse (1914–2001), von 1959 bis 1979 Leitender Direktor der Universitätsbibliothek Aachen.[66]

Lohse hatte der Planungsgruppe ‚Bibliothekswesen im Hochschulbereich Nordrhein-Westfalen' in ihrer ersten Zusammensetzung angehört

[63] Ebenda, S. 268.
[64] Ebenda.
[65] Ebenda, S. 266.
[66] Die Geschichte des Werdens und der Anfänge der Gesamthochschulbibliotheken in Nordrhein-Westfalen wie auch des Hochschulbibliothekszentrums und des nordrhein-westfälischen Bibliotheksverbundes ist noch nicht (ausreichend) erforscht; das gilt auch für deren Rezeption. Einen ersten Einstieg bietet: Barton, Walter: Die ‚häßliche' Bibliothek. Von der Rezeption der Gesamthochschulbibliothek in Hochschule und bibliothekarischer Umwelt. In: Barton, Walter (Hrsg.): Vom Neuen Standort der Gesamthochschulbibliothek. Festschrift der Gesamthochschulbibliothek Siegen anläßlich des Bezugs ihres Neubaus. Siegen 1977, S. 38–48.

und an den skizzierten Empfehlungen vom Juni 1972 mitgearbeitet. Sie waren, wie es in den Vorbemerkungen heißt, von der Planungsgruppe mit einer Gegenstimme verabschiedet worden. Diese Gegenstimme kam von Lohse, der das gesamte Konzept abgelehnt hatte.[67]

Lohse hatte Ende Mai 1972 der Planungsgruppe ein Sondervotum vorgelegt. Dieses wurde, angereichert mit längeren Vorbemerkungen, 1973 unter dem Titel *Bielefeld und die Folgen* veröffentlicht.[68] Darin kritisierte er die aus seiner Sicht verfehlte Konzeption für die Universitätsbibliothek Bielefeld und betrachtete die Gesamthochschulbibliotheken in Nordrhein-Westfalen als deren negative Folgen. Lohse führte zehn inhaltlich sehr unterschiedliche Hauptkritikpunkte an, so zum Beispiel die „Freihandaufstellung der Masse aller Bücher", da diese „einen erheblichen Raum- und Verwaltungsaufwand" erfordere, die gemischte Aufstellung von Präsenz- und Ausleihliteratur, da diese zu einer „Beeinträchtigung der Arbeitsatmosphäre in den Freihandbereichen" führe und die Gefahr bestehe, „daß durch die uneingeschränkte Freihandaufstellung die systematische Arbeit mit Bibliographien und Katalogen vernachlässigt werden könnte, die durch nichts zu ersetzen" sei.[69] Für „völlig ausgeschlossen" hielt er, dass es möglich sei, „in kurzer Zeit das benötigte Fachpersonal zu verpflichten".[70] Die Sinnhaftigkeit, dass die Datenverarbeitung ein „tragender Pfeiler der gesamten Verwaltungsorganisation" werden solle, wurde von ihm infrage gestellt. Bei „dem noch vielfach experimentellen Charakter der EDV im Bibliothekswesen" bedeute dieses Vorhaben „das ungesicherte Betreten neuen Terrains", das zudem Ressourcen erfordere, die „zunächst nur auf Kosten anderer bibliothekarischer Aufgaben" gehen könnten.[71]

Die unmittelbare Kopplung der Gründung der Gesamthochschulbibliotheken „mit einem gemeinsamen Hochschulbibliothekszentrum (HBZ) als Steuerungsorgan" barg für Lohse zu große Risiken, denn der avisierte Verbund mit seiner „komplizierten Konstruktion" sei „in dieser Form noch nirgends erprobt" und sein Scheitern wäre für die fünf neuen Hochschulen „ein außerordentlicher Rückschlag".[72]

Die grundlegendste Kritik Lohses aber richtete sich gegen die Ein-

[67] Empfehlungen (wie Anm. 16), S. 255.

[68] Lohse, Gerhart: Bielefeld und die Folgen. In: Lohse, Gerhart; Pflug, Günther (Hrsg.): Bibliotheksarbeit heute. Beiträge zur Theorie und Praxis. Festschrift für Werner Krieg zum 65. Geburtstag am 13. Juni 1973. Frankfurt am Main: Klostermann 1973 (Zeitschrift für Bibliothekswesen und Bibliographie, Sonderheft 16), S. 199–208.

[69] Ebenda, S. 203.

[70] Ebenda, S. 203f.

[71] Ebenda, S. 202.

[72] Ebenda.

schichtigkeit der neuen Bibliotheken: Er behauptete, dass diese nicht im Sinne der Wissenschaftler sei, und argumentierte, die „Schwerfälligkeit einer zentralen Verwaltung (Gefahr langer Bearbeitungszeiten) und die räumliche Trennung aller bibliothekarischer Einrichtungen von den Arbeits- und Übungsräumen der Institute bzw. Fachbereiche" würde „für die Hochschullehrer und ihre Mitarbeiter eine erhebliche Erschwerung der Arbeit" bedeuten und „zur Quelle vieler Auseinandersetzungen zwischen Bibliothek und Universität" werden.[73]

Als Gegenvorschlag formulierte Lohse die „Schaffung eines zweigleisigen Bibliothekssystems mit einer starken Zentralbibliothek herkömmlicher Art und einer überschaubaren Zahl von kleineren bibliothekarischen Einheiten an der Peripherie (Fachbibliotheken) mit einheitlicher Bibliotheksverwaltung, bindenden Grundsätzen für das Beschaffungswesen und mit der Einrichtung eines unabhängigen Hochschulbibliothekszentrums als zentraler Behörde für das gesamte wissenschaftliche Bibliothekswesen des Landes Nordrhein-Westfalen, besonders für die einheitliche Organisation der neuen Gesamthochschulbibliotheken und als Zentrum für die Einführung der EDV in allen Hochschulbibliotheken"[74]. EDV sollte in den neuen Bibliotheken stufenweise und gegebenenfalls nur partiell eingeführt werden.[75] Die Verantwortung für den Bücherkauf in den dezentralen Bibliotheken sollte vollständig beim Lehrkörper, die für die Zentralbibliothek vollständig bei den Fachbibliothekaren liegen.[76]

1973 publizierte Lohse einen weiteren Beitrag, in dem er sich mit dem Thema einschichtiger Bibliothekssysteme – explizit die Universitätsbibliotheken in Bielefeld und Konstanz sowie die nordrhein-westfälischen Gesamthochschulbibliotheken nennend – auseinandersetzte.[77] Für „den aufmerksamen Beobachter", schrieb er, würden sich die Zeichen des Endes „einer heilen Welt" mehren, eines dieser Zeichen sei die „Abkehr von der traditionellen Form der selbständigen Universitätsbibliothek"[78] hin zu „‚eingleisigen' (einheitlichen, einschichtigen) Bibliotheksmodelle[n]".[79] Eine solche Bibliotheksreform drohe, „die innere Lebensform der Bibliotheken und ihre Rolle im akademischen Raum grundlegend zu verändern" und gefährde gar „eine der tragenden Säulen unseres Zusammenlebens und

[73] Ebenda, S. 203.
[74] Ebenda, S. 205.
[75] Ebenda, S. 207.
[76] Ebenda, S. 208.
[77] Lohse, Gerhart: Die Universitätsbibliotheken und das Problem der akademischen Freiheit. In: Zeitschrift für Bibliothekswesen und Bibliographie 20 (1973), 1, S. 1–13.
[78] Ebenda, S. 1.
[79] Ebenda, S. 3.

unseres Staates [...]: die uneingeschränkte Gedanken- und Gewissensfreiheit".[80] Damit meinte Lohse vor allem die „Freiheit des Bibliothekars, das zu sammeln, was ihm für die Förderung von Forschung und Lehre geboten erscheint".[81] Diese Freiheit sei „ein gewachsenes und bewährtes Prinzip, das unveräußerlich sein" müsse. Nur ein von allen Zwängen freier Bibliothekar sei in der Lage, für eine Bibliothek das zu erwerben, „was im Sinne eines breiten Wissenschaftspluralismus für die geistige Auseinandersetzung in der Gegenwart und für die historische Nachbereitung wichtig" sei; „jeder Verzicht auf die bibliothekarische Zuständigkeit bei der Buchauswahl" sei „ein Schritt in die Unfreiheit".[82] Die so von unabhängigen Bibliothekaren bestückte Bibliothek sei „das notwendige Gegengewicht zu der ebenfalls unverzichtbaren Unabhängigkeit der Professoren beim Zusammentragen der Literatur in ihrem Bereich".[83]

Dabei ergänzte Lohse, dass auch „durch die Zusammenführung von bisher getrennten Institutsbibliotheken zu größeren Einheiten (Fachbereichsbibliotheken) dem literarischen Freiraum einzelner Forscher ähnliche Gefahren drohen [würden] wie an Hochschulen mit eingleisiger Bibliotheksorganisation".[84] Er kam zu dem Schluss, das einheitliche Bibliothekssystem sei „für beide Seiten, Bibliothekare und Hochschullehrer, eine Zwangsanstalt."[85]

„Dies alles" war für Lohse „nicht eine Frage der Ökonomie, sondern des inneren Selbstverständnisses unserer Universitäten und damit eine Angelegenheit von sehr prinzipieller Bedeutung".[86] Auch wenn er „die unverkennbaren materiellen Nachteile des bisherigen Systems"[87] sah, waren sie für ihn „der notwendige Preis für ein hohes ideelles Gut"[88] – schließlich ginge es nicht an, dass man aus ökonomischen Gründen den „Dualismus" und mit ihm „auch dessen hohen ideellen Wert kassiert"[89].

Vor dem Hintergrund einer solchen Einstellung war es folgerichtig, dass Lohse einschichtige Bibliotheksmodelle und somit auch die Konzeption der neuen Gesamthochschulbibliotheken in Nordrhein-Westfalen mit ihrer „radikalen Abkehr von der traditionellen Art der Bibliotheksorganisa-

[80] Ebenda, S. 1.
[81] Ebenda, S. 2.
[82] Ebenda.
[83] Ebenda.
[84] Ebenda, S. 8f. – Vgl.: ebenda, S. 6.
[85] Ebenda, S. 6.
[86] Ebenda, S. 2.
[87] Ebenda, S. 6.
[88] Ebenda, S. 2.
[89] Ebenda, S. 6.

tion“[90], die aus seiner Sicht „keinerlei Spielraum für eine wirkliche Freiheit im bibliothekarischen Bereich mehr“[91] ließ, grundlegend ablehnte.

Diese Ablehnung tat Lohse mit Modifikationen und Ergänzungen in weiteren Veröffentlichungen kund. 1975 schrieb er von einer „deutliche[n] Trennung zwischen den ‚armen‘ und den ‚reichen‘ Hochschulbibliotheken“ – und bezeichnete die neuen einschichtigen Bibliotheken wie Konstanz, Bielefeld und die nordrhein-westfälischen Gesamthochschulen als reiche „Parvenüs“, als mit „relativ reichlichen Sachmitteln, großzügig dimensionierter Maschinenausstattung, einem befriedigenden, z. T. hervorragenden Raumprogramm und mit ausreichendem Personal“ ausgestattete „Nachkömmlinge“, die „auf Kosten der alten (armen)“ Universitätsbibliotheken leben würden.[92]

1976 folgte eine neue These: Die „wirkliche crux der zweigleisigen Bibliothekssysteme, nämlich ein gewisses Maß an unnötigen Doppelanschaffungen“, stehe „in keinem Verhältnis zu dem hohen Personal- und Verwaltungsaufwand, der heute an vielen Hochschulen mit einheitlicher Bibliotheksstruktur getrieben“ würde.[93] Denn – so in einem weiteren Aufsatz – die Bibliothek müsse „zuerst eine Anstalt in der kulturellen Region bleiben, deren Rang durch das geistige Ingenium der in ihr enthaltenen Bücher und nicht durch die bürokratisch/bibliokratische Perfektion ihrer Verwaltung bestimmt wird“.[94] Aber genau diese Beschränkung auf Ver-

[90] Ebenda, S. 4.

[91] Ebenda, S. 4f.

[92] Lohse, Gerhart: Zerrbild oder Vorbild? Die Bibliothek der Universität Konstanz [Rezension des Bandes: Joachim Stoltzenburg und Günther Wiegand: Die Bibliothek der Universität Konstanz 1968–1974. Pullach: Verlag Dokumentation 1975 (Bibliothekspraxis, 18)]. In: Verband der Bibliotheken des Landes Nordrhein-Westfalen. Mitteilungsblatt N.F. 25 (1975), S. 282–289, hier S. 286. – Interessant zu lesen ist diese Rezension auch deswegen, weil sich Lohse hier zunächst ausgesprochen positiv gegenüber der Universitätsbibliothek Konstanz äußert, die er als „eine gut ausgestattete und funktionsfähige Bibliothek, ein Schmuckstück für ihre Universität und ein achtenswertes Mitglied im Reigen der deutschen Hochschulbibliotheken“ bezeichnet (S. 287). Er endet aber damit, dass die in Konstanz gewonnenen Erkenntnisse „kaum Allgemeingültigkeit besitzen“ könnten, denn diese würden ausschließlich „unter ganz bestimmten und bisher noch nicht wieder erreichten Bedingungen“ funktionieren; zudem sei Konstanz „beim näheren Zusehen [nichts] als eine von Fachleuten geleitete große ‚Instituts‘-Bibliothek mit einmaligen räumlichen und personellen Möglichkeiten“ (S. 289).

[93] Lohse, Gerhart: Kooperation oder Integration? Die Bibliotheksreform an den Hochschulen der Bundesrepublik Deutschland 1953–1975. In: Wissenschaftsrecht, Wissensverwaltung, Wissenschaftsforschung. Zeitschrift für Recht und Verwaltung der wissenschaftlichen Hochschulen und der wissenschaftspflegenden und -fördernden Organisationen und Stiftungen 9 (1976), S. 122–141, hier S. 139.

[94] Lohse, Gerhart: Bibliothekar – Bibliokrat – Bibliokratie. Änderungen in einer sich wandelnden Berufswelt. In: Weber, Otfried (Hrsg.): Bibliothek und Buch in Geschichte

waltung sei in den einschichtigen Systemen Fakt: Hier existiere eine ‚Bibliokratie', in der der Bibliothekar zum ‚Bibliokraten' verkomme.[95]

Am 01.12.1977 stellte Marianne Englert (geb. 1926), von 1950 bis 1992 Leiterin der Abteilung Dokumentation und Archive der Frankfurter Allgemeinen Zeitung, in der FAZ die Festschrift der Gesamthochschulbibliothek Siegen *Vom Neuen Standort der Gesamthochschulbibliothek* vor[96]. Dabei wies sie darauf hin, dass diese Selbstdarstellung nicht nur die positiven Seiten der nun fünf Jahre alten Bibliothek beleuchte, sondern auch offen darlege, dass das neue Bibliotheksmodell in Siegen „auf vielerlei Bedenken und Anlaufschwierigkeiten" gestoßen sei.[97]

Diese Buchvorstellung bewegte Lohse zum Verfassen eines Leserbriefes, der am 09.12.1977 in der FAZ erschien[98] und – ergänzt durch einen zweiten Leserbrief vom 14.01.1978[99] – gewissermaßen Höhepunkt und Abschluss seiner veröffentlichten Attacken gegen die Gesamthochschulbibliotheken darstellt.

Lohse warf Marianne Englert vor, „auf eine echte Wertung" verzichtet zu haben, und nahm seinerseits eine solche vor. Er wandte sich erneut gegen die Aussage, das einschichtige Modell sei im Vergleich zum traditionellen zweischichtigen System „die ökonomisch bessere Lösung", und stellte – ohne hierfür Belege vorzulegen – die Gegenthese auf, „der Personal- und Sachaufwand der neuen Bibliotheken [sei] [...] in aller Regel deutlich höher als im älteren dualen System". Er wolle öffentlich machen, dass „die in Konstanz begonnene und über Bielefeld und Bremen hin bis zu den Gesamthochschulen des Landes Nordrhein-Westfalen gegangene Entwicklung mit dem Verzicht auf eigenständige Institutsbibliotheken an den Universitäten schwere Nachteile [...] [habe], die mit den folgenden Vokabeln nur angerissen werden können: geminderter Einfluß der Hochschullehrer und der wissenschaftlichen Mitarbeiter auf ihre Bibliothek, erschwerter Zugriff zur Literatur, Verzicht auf die persönliche Atmosphäre". Durch „die Zentralisierung und die Verlagerung der wesentlichen Verant-

und Gegenwart. Festgabe für Friedrich-Adolf Schmidt-Künsemüller zum 65. Geburtstag am 30. Dezember 1975. München: Verlag Dokumentation 1976, S. 134–150, hier S. 147.

[95] Ebenda, S. 141.

[96] Englert, Marianne: Bibliothek neuen Typs. Festschrift der Gesamthochschule Siegen [Buchbesprechung: Barton, Walter (Hrsg.): Vom Neuen Standort der Gesamthochschulbibliothek. Festschrift der Gesamthochschulbibliothek Siegen anläßlich des Bezugs ihres Neubaus. Siegen 1977]. In: Frankfurter Allgemeine Zeitung vom 01.12.1977.

[97] Ebenda.

[98] Lohse, Gerhart: Bibliothek neuen Typs. In: Frankfurter Allgemeine Zeitung vom 09.12.1977.

[99] Lohse, Gerhart: Irreführend. In: Frankfurter Allgemeine Zeitung vom 14.01.1978.

wortung auf den Leiter der Hochschulbibliothek und dessen Stab" werde „ein Element des Unpersönlichen und ein deutliches Mehr an Bürokratie (Bibliokratie) in die Universität gebracht". Damit aber fände die „Massenuniversität [...] ihr getreues Pendant in der Massenbibliothek."

Seiner Meinung nach hätten die „Hochschullehrer, ihre Mitarbeiter und auch die in der Forschung mitarbeitenden Studenten" in Nordrhein-Westfalen ganz aktuell „allen Anlaß, besorgt zu sein", denn mit dem vorliegenden Referentenentwurf für ein neues Hochschulgesetz sei die Regierung gerade dabei, „sogar den älteren Universitäten neue Bibliotheksstrukturen vorzuschreiben".[100]

Damit hatte Lohse auf den Punkt gebracht, worum es ihm ging: Ihm war klar, dass das Wissenschaftsministerium NRW mit der Einrichtung der Gesamthochschulbibliotheken und des HBZ ein Modell schaffen wollte für eine umfangreiche Umstrukturierung des wissenschaftlichen Bibliothekswesens im Land, das auch ihn bzw. die von ihm geleitete Universitätsbibliothek in Aachen betreffen würde. Mit dem 1977 geplanten Hochschulgesetz drohten zentrale Elemente dieses Gesamtplanes gesetzlich fixiert zu werden.

In dieser Situation wählte er mit der Form des Leserbriefes ganz gezielt ein Medium, mit dem er ein breiteres Publikum erreichen konnte, als ihm dies mit seinen bibliotheksfachlichen Veröffentlichungen möglich war, und damit weitere potenzielle Bündnispartner, insbesondere Hochschullehrer, Mitarbeiter und in der Forschung mitarbeitende Studierende.

Während er zuvor auf vermeintliche Nachteile der Beseitigung der Zweischichtigkeit für den bibliothekarischen Berufsstand hingewiesen bzw. behauptet hatte, das einheitliche Bibliothekssystem sei gleichermaßen für Bibliothekare wie für Hochschullehrer von Nachteil, so hob er nun einseitig die Nachteile für die Wissenschaftler hervor. Dabei scheute er sich nicht, den traditionellen Universitätsbibliotheken in zweischichtigen Bibliothekssystemen und damit auch der von ihm selbst geleiteten Einrichtung ein unzureichendes Leistungsniveau, eine fehlende Leistungsorientierung und eine Unfähigkeit zu nutzerorientierten Veränderungen zu bescheinigen.

Auf Lohses Leserbrief reagierten zwei Bibliothekare[101] sowie ein Hoch-

[100] Lohse (wie Anm. 98).

[101] Limburg, Hans: Unpassende Stelle. In: Frankfurter Allgemeine Zeitung vom 29.12.1977. – Und: Barton, Walter: Bibliotheken alten und neuen Typs. In: Frankfurter Allgemeine Zeitung vom 02.01.1978. – Hans Limburg (geb. 1933), damals stellvertretender Bibliotheksdirektor in der Universitäts- und Stadtbibliothek Köln, einem zweischichtigen Bibliothekssystem, schrieb, es ließe sich „Vieles" zu den Ausführungen Lohses sagen;

schullehrer: Am 30.01.1978 wurde ein Leserbrief von Hans Martin Klinkenberg (1921–2002) veröffentlicht.[102] Klinkenberg war von 1964 bis 1986 Professor für Mittelalterliche Geschichte an der Technischen Hochschule Aachen. Er dankte Lohse, denn dieser habe „endlich das brennende Problem der Bibliotheksreform“, mit der „ein weiterer Teil des Hochschulwesens reformiert“ werde, „an die Öffentlichkeit gebracht“; er unterstütze Lohses Thesen, dass die „Unzulänglichkeiten des zentralistischen Bibliothekssystems der Gesamthochschulen [...] allmählich zutage treten“ würden und durch die einschichtigen Bibliothekssysteme zuungunsten der Wissenschaftler eine ‚Bibliokratie‘ entstehe:

„Durch Kompetenzballung bei den Bibliotheksdirektoren und Zentralisierung des gesamten Bibliothekswesens, wie sie etwa nach dem neuen Landeshochschulgesetzentwurf für Nordrhein-Westfalen möglich sind, entscheidet letztlich der Bibliotheksdirektor mit seinem Apparat über jedes Buch, das eine Klinik, ein Institut, ein Seminar benötigt, oft sehr schnell benötigt. Beim besten Willen der Bibliothekare, den niemand ihnen absprechen kann, glauben sie wirklich, über das Nötige besser befinden zu können als die Wissenschaftler in den Instituten? Oder glaubt man, daß die großen zentralen Bibliotheksbürokratien schneller arbeiten als die Institutsbibliotheken? Auch sparsamer arbeiten sie nicht, schon weil sie nicht schnell genug zugreifen können bei günstigen Angeboten auf dem Antiquariatsmarkt.“

Wenigstens in einem Punkt zeigte sich Klinkenberg etwas reformfreudiger als Lohse: „Besonders günstige Umstände“ könnten durchaus punktuelle „Modifikationen des dualen Systems erlauben“, so „die Zusammen-

am gravierendsten aber erschiene ihm, dass hier „an unpassender Stelle“ versucht werde, „Meinungsverschiedenheiten über die Bibliotheksentwicklung an den Hochschulen in Nordrhein-Westfalen in Leserbriefen auszutragen“. Es sei aus seiner Sicht auch nicht hilfreich, dass Lohse „Zuflucht zu allgemeinen Behauptungen und dem Vorwurf des Ideologieverdachtes“ suche: „Sollte dieser Vorwurf nicht auf ihn zurückkommen, wäre es sinnvoller, andere Wege zu suchen, richtig Gemeintes und mit Recht Erstrebtes zu realisieren.“ – Barton (zu ihm unten mehr) fragte nicht ohne Polemik, warum sich Lohse „wieder einmal in die Rolle eines Praeceptor Germaniae“ begeben habe. Er konterte auf seine Behauptung, die einschichtigen Bibliotheken seien keine ökonomisch günstigere Lösung, und entlarvte diese mit einem Hinweis auf die hohe Effizienz seiner Bibliothek im Kontrast zur Leistungsfähigkeit der Universitätsbibliothek Aachen am Beispiel der Effizienz bei der Beschaffung und Bearbeitung von Literatur. – Lohse (wie Anm. 99) bezeichnete den von Barton angestellten „Vergleich der Arbeitsleistungen der Hochschulbibliotheken in Aachen und Siegen“ in seinem zweiten Leserbrief als „irreführend“, da sich Leistungsfähigkeit nicht allein auf den Aspekt der Bucherwerbung und -bearbeitung reduzieren lasse.

[102] Klinkenberg, Martin: Institutsbibliotheken nötig. In: Frankfurter Allgemeine Zeitung vom 30.01.1978.

legung der Bibliotheken mehrerer Institute, wenn diese unter einem Dach untergebracht sind", die Vereinheitlichung der Katalogisierung und das Anlegen eines zentralen Katalogs aller Institutsbestände einer Hochschule. Für solche Modifikationen könnten „die Initiativen und die Aufsicht beim Direktor der Zentralbibliothek liegen", aber „mehr" sei „in den meisten Fällen nicht zu vertreten". Schließlich könne es „nicht an[gehen], daß die Bibliothekare unter sich und mit der Ministerialbürokratie ohne dauernde und gleichberechtigte Mitwirkung derer, für die sie Dienste zu leisten haben, Bibliotheksstrukturen verabreden und durchsetzen."

Das von Lohse und Klinkenberg so vehement verteidigte zweischichtige Bibliothekssystem in Deutschland war im Laufe des 19. Jahrhunderts entstanden, als neben die Universitätsbibliotheken in rasch zunehmender Zahl Institutsbibliotheken traten – und mit ihnen die zentralen Universitätsbibliotheken in hohem Maße die Hochschullehrer als Nutzer verloren.[103] Nahezu zeitgleich vollzog sich die Ablösung des sogenannten Professorenbibliothekars durch den professionellen Bibliothekar mit spezieller bibliotheksfachlicher Ausbildung.

Dieser Berufsbibliothekar fand sein Tätigkeitsfeld vor allem in den Universitätsbibliotheken. Dagegen wurde diese „gerade institutionalisierte bibliothekarische Laufbahn" an den Institutsbibliotheken unterlaufen[104]: „Denn während an den Universitätsbibliotheken nur staatlich geprüfte Bibliothekare tätig sein durften und sogar eine Differenzierung der Laufbahnen einsetzte, war an den Seminar- und Institutsbibliotheken ehrenamtliches oder schlecht bezahltes studentisches Personal tätig, das naturgemäß an den innerbibliothekarischen Entwicklungen kaum interessiert war."[105]

Wenn es aber so war, dass die Institutsbibliotheken den Hochschullehrern ermöglichten, in Sachen Literaturversorgung als Selbstversorger zu agieren und sich die Professionalisierung des Bibliothekars weitgehend ohne direkte Beziehung zu den Hochschullehrern als Bibliotheksnutzern

[103] Fabian, Bernhard: Buch, Bibliothek und geisteswissenschaftliche Forschung. Zu Problemen der Literaturversorgung und der Literaturproduktion in der Bundesrepublik Deutschland. Göttingen: Vandenhoeck und Ruprecht 1983 (Schriftenreihe der Stiftung Volkswagenwerk, 24); Online-Ausgabe: Düsseldorf: Universitäts- und Landesbibliothek Düsseldorf 2013. URN: http://nbn-resolving.de/urn:nbn:de:hbz:061:1-243494, bes. S. 46–55. Fabians Beitrag zeigt eindrücklich, wie die schon im frühen und mittleren 19. Jahrhundert unzureichend finanziell ausgestatteten Universitätsbibliotheken Ende des 19. Jahrhunderts durch den Ausbau der Königlichen Bibliothek in Berlin noch weiter vernachlässigt wurden, wie diese Vernachlässigung den Ausbau von Institutsbibliotheken beförderte, der wiederum die Etatausstattung der Universitätsbibliotheken weiter schwächte.

[104] Jochum, Uwe: Kleine Bibliotheksgeschichte. 3., verbesserte und erw. Aufl. Stuttgart: Reclam 2007, S. 138.

[105] Ebd.

vollzog, dann drängt sich die Frage auf, ob es sich um mehr als eine parallele Entwicklung handelt: Konnte sich der Bibliothekar – in der oben skizzierten Lohse'schen Ausprägung – allein im Windschatten der existierenden Institutsbibliotheken, also durch die Distanz zwischen Bibliothekaren und ihren Nutzern, entwickeln?

Und gab es – ein durch die oben vorgestellten Leserbriefe von Lohse und Klinkenberg evozierter Gedanke – so etwas wie ein faktisches ‚Agreement' zwischen Bibliothekaren und Hochschullehrern, den erreichten Status quo beizubehalten, im universitären Alltag einander in Ruhe zu lassen und ohne gegenseitige Erwartungen und Ansprüche die eigenen Wege zu gehen?

Wie dem auch sei: Gerhart Lohse trat zum 01.09.1979 in den Ruhestand. Kurz darauf wurde am 20.11.1979 das neue ‚Gesetz über die wissenschaftlichen Hochschulen des Landes Nordrhein-Westfalen' verabschiedet[106]. Es enthielt wie von Lohse befürchtet deutlicher als die frühere Fassung[107] eine eindeutige Aussage: Die Bibliotheken aller Hochschulen des Landes Nordrhein-Westfalen sollten als einschichtige Bibliothekssysteme gestaltet werden.[108] Vor allem aber schrieb das neue Gesetz ein Zusammenwirken aller Hochschulbibliotheken des Landes mit dem HBZ vor.[109] Damit wurde rechtlich festgeschrieben, dass alle Hochschulbibliotheken des Landes als Bestandteil des regionalen Bibliotheksverbundes Nordrhein-Westfalen zu organisieren waren.

Die neue Gesetzeslage beendete nicht die Kritik an den Reform- und Modernisierungsbestrebungen. Exemplarisch wird im Folgenden die mit Gerhart Lohse vergleichbare Position von Hartwig Lohse (1926–1995) vorgestellt – von 1970 bis 1991 Leitender Direktor der Universitätsbibliothek Bonn und Bruder von Gerhart Lohse.

1983, also etwa elf Jahre nach der Entstehung des Konzeptes und der Gründung der Gesamthochschulbibliotheken, veröffentlichte Hartwig

[106] Gesetz über die wissenschaftlichen Hochschulen des Landes Nordrhein-Westfalen (WissHG) vom 20. November 1979. In: Gesetz- und Verordnungsblatt für das Land Nordrhein-Westfalen. 33 (1979), 72 vom 20.12.1979, S. 926–962.

[107] Gesetz über die wissenschaftlichen Hochschulen des Landes Nordrhein-Westfalen (Hochschulgesetz HSchG) vom 7. April 1970. In: Gesetz- und Verordnungsblatt für das Land Nordrhein-Westfalen. Ausgabe A. 24 (1970), 35 vom 16.04.1970, S. 254–264; hier hieß es in § 38 bereits: „Alle bibliothekarischen Einrichtungen innerhalb der Hochschule bilden eine zentrale Einrichtung [...]."

[108] § 33 Abs. 1: „Die Hochschulbibliothek ist eine zentrale Betriebseinheit. Sie umfasst den gesamten für ihre Aufgabenerfüllung vorhandenen Literaturbestand in Zentralbibliothek und Fachbibliotheken."

[109] § 33 Abs. 2: „Die Hochschulbibliothek bedient sich zur Erledigung ihrer Aufgaben der Dienstleistungen des Hochschulbibliothekszentrums des Landes Nordrhein-Westfalen. Der Einsatz der Datenverarbeitung in der Hochschulbibliothek soll im Einvernehmen mit dem Hochschulbibliothekszentrum geplant werden."

Lohse einen Aufsatz[110], in dem er „Absichten des Staates“ unterstellte, durch Beförderung des IT-Einsatzes in Bibliotheken eine „Förderung der heimischen EDV-Industrie“ betreiben zu wollen.[111] Er bezweifelte, dass durch einen IT-Einsatz in Bibliotheken wirklich eine Rationalisierung erreicht werden könne[112], denn ein mögliches Einsparen von Personalressourcen bedinge höhere Sachkosten für den IT-Einsatz.[113] Selbst wenn er Unrecht haben sollte, so sei ihm nicht klar, was mit dem Personal bzw. dem Geld geschehen solle, das eingespart werde; für ihn stelle sich die Frage, ob es denn „nicht andere, wichtigere Serviceleistungen“ gebe „als die Beschleunigung der Ausleihe oder den Direktzugriff auf einen online-Katalog“; ja, er bezweifelte, dass es irgendeine Notwendigkeit für „eine umfassendere und schnellere Information über die Buch- (und Zeitschriften)bestände der angeschlossenen Bibliotheken geben“ könne.[114]

Insbesondere wehrte sich Lohse gegen die Erweiterung des nordrhein-westfälischen Katalogisierungsverbundes um die zweischichtigen Bibliothekssysteme, explizit nannte er Aachen, Bonn, Köln und Münster, auch unter Einbeziehung der dortigen Institutsbibliotheken. Er schrieb von ministeriellen Plänen einer „Ein-Buch-Theorie“ und meinte damit einen geplanten Eingriff in die Zweischichtigkeit, indem durch die Verbundkatalogisierung ministeriell festgeschrieben und praktisch kontrollierbar gemacht werden solle, dass ein Buch in einem universitären Gesamtsystem lediglich einmal erworben werden dürfe.[115]

Trotz solcher Boykott-Haltungen, trotz der Tatsache, dass es bis Anfang der 1990er Jahre dauerte, bis alle Hochschulbibliotheken praktisch in den Verbund integriert waren, und obgleich die Einschichtigkeit an einigen Universitäten bis heute faktisch nur mit (starken) Einschränkungen realisiert ist: Das Gesetz von 1979 war ein Meilenstein fur die Hochschulbibliothekslandschaft in Nordrhein-Westfalen. Mit ihm wurde das Anfang

[110] Lohse, Hartwig: Rationalisierung oder Serviceverbesserung – welchem Zweck dient die EDV in wissenschaftlichen Bibliotheken? Günther Pflug zum 20. April 1983. In: Verband der Bibliotheken des Landes Nordrhein-Westfalen. Mitteilungsblatt N.F. 33 (1983), S. 89–96. – Es handelt sich bei diesem Titel um einen von zahlreichen Beiträgen von Hartwig Lohse, mit denen er in den 1970er und 1980er Jahren vehement für die Beibehaltung tradierter Strukturen eintrat.

[111] Ebenda, S. 93.

[112] Ebenda, S. 89.

[113] Ebenda, S. 90.

[114] Ebenda, S. 89.

[115] Ebenda. – Vgl. die Replik auf diese Polemik: Jammers, Antonius: Rationales oder Polemik – welchem Zweck dienen die Ausführungen von Hartwig Lohse zur Verbunderweiterung der Hochschulbibliotheken? In: Verband der Bibliotheken des Landes Nordrhein-Westfalen. Mitteilungsblatt N.F. 33 (1983), S. 233f.

der 1970er Jahre formulierte Ziel erreicht, über das Modell Gesamthochschulen eine Reformierung des gesamten Hochschulbibliothekswesens herbeizuführen – mit einschichtig organisierten und in einem Verbund miteinander kooperierenden Bibliotheken, die vom HBZ als dem gemeinsamen, zentralen Dienstleister unterstützt werden.

4. Walter Bartons Thesen zum Höheren Bibliotheksdienst an der Gesamthochschulbibliothek

Gerhart Lohses Angriffe weckten den Widerspruch der Direktoren einschichtiger Bibliothekssysteme bzw. der Gesamthochschulbibliotheken. Den Part eines publizistischen Gegenspielers übernahm Walter Barton (geb. 1924), von 1972 bis 1987 erster Leitender Direktor der Gesamthochschulbibliothek Siegen.

Barton eröffnete die Reihe seiner Beiträge 1973 mit seiner Replik *Freiheit, die ich meine ...*[116] Er schreibt von einem „Gespenst", das herumgehe „in deutschen Landen" und dabei „altgediente Bibliothekare in ihrer Studierklause" aufschrecke, indem es wispere, „den Universitätsbibliotheken drohe durch die neue Gattung der Gesamthochschulbibliotheken [...] der Verlust der Gedanken- und Gewissensfreiheit"; es schocke zudem den bibliothekarischen Nachwuchs, indem es raune, der Wissenschaftliche Bibliothekar an den Gesamthochschulbibliotheken „befände sich – und das nach Studium und fachlich-bibliothekarischer Ausbildung – in völliger Abhängigkeit von Hochschulgremien, die ihm in alles und jedes hineinredeten".[117] Dieses Gespenst habe Lohse zwar nicht geschaffen, doch sei er „seinen Einflüssen erlegen", als er „für die Erhaltung des ‚konservativen' dualistischen Hochschulbibliothekssystems und gegen das [...] ‚progressive' einschichtige [...] zu Felde zog".[118]

Lohses Angriffe – 1977 bezeichnete sie Barton gar als ein „Sperrfeuer gegen die Gesamthochschulbibliothek", ja als eine „Kriegserklärung"[119] – könne man „nicht einfach unwidersprochen lassen, schon gar nicht als Be-

[116] Barton, Walter: Freiheit, die ich meine ... Die Gesamthochschulbibliotheken und das Problem des bibliothekarischen Selbstverständnisses. In: Zeitschrift für Bibliothekswesen und Bibliographie 20 (1973), 4, S. 279–284.

[117] Ebenda, S. 279.

[118] Ebenda.

[119] Barton (wie Anm. 66), S. 44.

troffener".[120] Es sei für die Gesamthochschulbibliotheken „eine Art Notwehr, das Panier zu zeigen und ihre Version der Geschichte vorzutragen"; dabei solle die Auseinandersetzung „offen und ohne falsche Zurückhaltung ausgetragen werden".[121]

Gerhart Lohse hatte 1974[122] und erneut 1976 die Frage aufgeworfen, ob man „angesichts der unterschiedlichen Typen wissenschaftlicher Bibliotheken noch an einem einheitlichen Bibliothekar des höheren Dienstes festhalten"[123] könne.

Auf diese Frage erbat Werner Krieg (1908–1989) – von 1960 bis 1971 Leiter der Universitäts- und Stadtbibliothek Köln und von 1971 bis zu seinem Eintritt in den Ruhestand 1973 hauptamtlicher Leiter des Bibliothekar-Lehrinstituts des Landes Nordrhein-Westfalen in Köln – im Herbst 1976 von Barton und anderen Leitern einschichtiger Bibliothekssysteme eine Antwort. Unter Berücksichtigung der Rückmeldungen beabsichtigte er auf einer Tagung des Vereins Deutscher Bibliothekare (VDB), sich dazu zu positionieren, „ob und wieweit ggf. sich das Tätigkeitsfeld des Höheren Dienstes an den sog. neuen Hochschulbibliotheken gegenüber den Hochschulen mit herkömmlicher Bibliotheksstruktur geändert hat".[124]

Barton lieferte eine ausführliche Antwort.[125] Diese leitete er mit dem Hinweis ein, die Behauptung, „das Berufsbild des bibliothekarischen Höheren Dienstes werde durch einschichtige Bibliothekssysteme, insbesondere durch die Gesamthochschulbibliotheken, entscheidend verändert", da sich der Wissenschaftliche Bibliothekar hier in einer „unakademischen Abhängigkeit" befinde, die ihn „zu bloßem Reagieren, Organisieren und Verwalten" verdamme, verkenne „grundsätzlich die bibliothekarische Gesamtsituation sowie die Praxis und Selbsteinschätzung der Gesamthochschulbibliothek".[126]

[120] Barton (wie Anm. 116), S. 279.

[121] Ebenda.

[122] Lohse, Gerhart: Zur Personalstruktur des bibliothekarischen Berufes. Ein Diskussionsbeitrag. In: Verband der Bibliotheken in Nordrhein-Westfalen. Mitteilungsblatt N.F. 24 (1974), S. 113–121, bes. S. 120f.

[123] Lohse (wie Anm. 94), S. 141.

[124] Abdruck des Schreibens von Krieg an Barton vom 21.10.1976: Barton, Walter; Krieg, Werner: Duales gegen einschichtiges Bibliothekssystem? Thesen zum Berufsbild des bibliothekarischen Höheren Dienstes. In: Barton, Walter (Hrsg.): Vom Neuen Standort der Gesamthochschulbibliothek. Festschrift der Gesamthochschulbibliothek Siegen anläßlich des Bezugs ihres Neubaus. Siegen 1977, S. 148–151; elektronische Veröffentlichung: hrsg. von Dietmar Haubfleisch. Paderborn: Universitätsbibliothek 2013. URN: http://nbn-resolving.de/urn:nbn:de:hbz:466:2-11126; hier (1977) S. 148.

[125] Abdruck des Schreibens von Barton an Krieg vom 02.11.1976. In: Barton/Krieg (wie Anm. 124), S. 148–151.

[126] Ebenda, S. 148f.

Barton machte klar, dass für ihn „Bibliotheksdienst kein Selbstzweck, kein erhaben-genußvolles Verweilen im akademischen Freiraum" sei, „sondern ein verantwortungs- und zweckbezogenes Dienen" – eine Auffassung, die aus seiner Sicht „eigentlich aus jeder Benutzungsordnung abzulesen sein [sollte]".[127]

Explizit nahm Barton Bezug auf die Arbeiten von Hermann von Kortzfleisch (geb. 1925), einem Wirtschaftswissenschaftler, der im Auftrag der Deutschen Forschungsgemeinschaft ein *Gutachten über Rationalisierungsmöglichkeiten in wissenschaftlichen Bibliotheken*[128] und damals viel beachtete Thesen zur *Bibliothek als Betrieb*[129] vorgelegt hatte. Barton wies an anderer Stelle darauf hin, dass die Gesamthochschulbibliotheken deutlich von diesen Arbeiten geprägt seien, denn die Planer der Gesamthochschulen legten Kortzfleischs Organisationsthesen „in der Art aus [...], daß beim neuen Bibliothekstyp gegenüber den bisherigen Hochschulbibliothekssystemen mit geringstmöglichen Kräften größtmögliche Leistungen zu erbringen waren."[130] Er empfahl den Kritikern dieser Thesen, auf die Forderung nach wirtschaftlichem Einsatz der Kräfte und der Mittel des ‚Betriebes' Bibliothek „sachlich und nicht allergisch" zu reagieren.[131]

Lohses mehrfach vorgetragene ‚Freiheit des Bibliothekars' in einem dualen System bezeichnete Barton als mehr „eine Glaubensfrage als reale Wirklichkeit", denn „Unabhängigkeit und Entscheidungsfreiheit des Bibliothekars" würden gleich durch mehrere Faktoren eingeschränkt; so würden in zweischichtigen Bibliothekssystemen begrenzte Haushaltsmittel zur Kooperation und Absprache zwingen. Dabei könne gar wie in Marburg der Fall eintreten, dass „die bibliothekarische Aufgabenverteilung innerhalb einer Universität [...] die zentrale Universitätsbibliothek leicht zum

[127] Ebenda, S. 149.

[128] Kortzfleisch, Hermann von: Gutachten über Rationalisierungsmöglichkeiten in wissenschaftlichen Bibliotheken. In: Deutsche Forschungsgemeinschaft (Hrsg.): Rationalisierung in wissenschaftlichen Bibliotheken. Vorschläge und Materialien. Bonn [u.a.]: Boldt 1970, S. 13–84.

[129] Kortzfleisch, Hermann von: Die Bibliothek als Betrieb aus betriebswirtschaftlicher Sicht. In: Zeitschrift für Bibliothekswesen und Bibliographie 19 (1972), S. 193–202. – Kortzfleisch legte hier eindrücklich dar, dass Bibliotheken als Betriebe definiert werden können, da sie zentrale Kriterien hierfür erfüllen. So gebe es beispielsweise für Bibliotheken einen Markt, das sei „die Summe aller tatsächlichen und potentiellen Benutzer" (S. 194). „Die Bibliothek ist also für den Benutzer da, und die Leistung dieses Betriebes heißt Dienst am Benutzer." (Ebenda.)

[130] Barton, Walter: Der Aufbau des Bibliothekssystems. In: Woll, Artur (Hrsg.): Fünf Jahre Gesamthochschule Siegen. Konzept und Wirklichkeit. Siegen 1977, S. 212–229, hier S. 212.

[131] Barton/Krieg (wie Anm. 124), S. 149.

‚Ersatzteillager' macht"[132]. Die Unabhängigkeit und Entscheidungsfreiheit des Bibliothekars werde aber auch durch weitere Faktoren eingeschränkt, wie etwa durch „die fachliche Unzuständigkeit von Referenten, sofern sie mehrere Fächer betreuen müssen, die sie nicht studiert haben"[133] – eine Tatsache, die angesichts wachsender Spezialisierung in den Wissenschaften bei nicht steigender Zahl an Fachreferentenstellen und gänzlich unabhängig von der Art des Bibliothekssystems zunehmend Realität wurde.

Barton widersprach der These nicht, dass an den Gesamthochschulbibliotheken „im Auftrage, also in ‚Unfreiheit', Bestandsvermehrung betrieben" würde; er bestritt jedoch eine „ausschließliche Abhängigkeit"[134]. Es läge „doch gerade beim Bibliothekar, diejenigen ‚bleibenden' Werte herauszufinden und zu sichern, die sich im Netz der Bestellwünsche nicht gefangen haben"[135].

Zu der von Krieg gestellten Frage, ob es an den Gesamthochschulen ein anderes Berufsbild des Höheren Bibliotheksdienstes und damit einen Bedarf an einer anderen Ausbildung gebe, antwortete Barton eindeutig: Er wisse „nichts zu nennen, was aus Sicht einschichtiger Bibliothekssysteme an der bisherigen Ausbildung zwangsläufig zu ändern wäre".[136] Für eine Tätigkeit im Höheren Dienst einer Gesamthochschulbibliothek brauche man „keine andere Ausbildung, sondern ‚nur' einen besonderen Menschen"; dessen Eigenschaften seien „kaum durch Ausbildung zu gewinnen, und wenn, dann täten sie jedem Bibliothekar gut".[137]

[132] Ebenda. – In Marburg führte die Haushaltssituation bereits in den 1960er Jahren zur Kooperation und Absprache: Man hatte beschlossen, dass wichtige Lehrbücher, Bibliografien und andere Nachschlagewerke von der Universitätsbibliothek und den Institutsbibliotheken gleichzeitig gekauft, ansonsten aber Fachliteratur im Universitätsbereich nur einmal erworben werden sollte. Dabei überließ man es den dezentralen Bibliotheken, weiterhin die unmittelbaren Erwerbungswünsche der Hochschullehrer zu erfüllen. Die Neuerwerbungen der dezentralen Bibliotheken wurden für einen von der UB betreuten universitären Zentralkatalog gemeldet. Wurde Literatur von einer Institutsbibliothek erworben, verzichtete die UB auf eine entsprechende Erwerbung. Die UB beschränkte sich darauf – mit systembedingtem erheblichen Zeitverzug –, ergänzende, von den dezentralen Bibliotheken nicht erworbene und damit von den Hochschullehrern nicht als Bedarf angemeldete Literatur zu erwerben. – Siehe dazu (von Barton explizit genannt): Scholz, Hans-Jürgen: Der Sachkatalog – eine lebendige Tradition? In: Zeitschrift für Bibliothekswesen und Bibliographie 16 (1969), S. 274–279, hier bes. S. 275. – Der von Barton verwandte Begriff des ‚Ersatzteillagers' findet sich in einer Replik zu Scholz: Schug, Dieter: These zum Daseinsrecht von Sachkatalogen. In: Zeitschrift für Bibliothekswesen und Bibliographie 17 (1970), S. 107f., hier S. 107.

[133] Barton/Krieg (wie Anm. 124), S. 149.

[134] Ebenda, S. 150.

[135] Ebenda.

[136] Ebenda.

[137] Ebenda.

Man brauche an einer Gesamthochschulbibliothek „nicht
- den ‚gelehrten' Bibliothekar, der seinen Dienst nur als Hintergrund für eine ‚bessere' Hochschultätigkeit sieht;
- den unentschlossenen, mit Skrupeln beladenen Problematiker, der zu keiner Entscheidung kommen kann;
- den kontaktarmen Fachmann, der sich am liebsten nur schriftlich ausdrückt;
- den Phlegmatiker, der in Seelenruhe auf morgen verschiebt, was heute nicht zu schaffen ist;
- den Reiter auf dem hohen Roß, der sich zum Dienen zu schade ist;
- den Dogmatiker, der nur seine eigene Position gelten läßt und nicht zu einem Kompromiß findet, eben den ‚Bibliokraten'."[138]

Dagegen benötige und suche man für eine „Gesamthochschulbibliothek [...]
- den gebildeten und fachlich qualifizierten Bibliothekar, der ein kompetenter Gesprächspartner für die Hochschulangehörigen ist, ohne gleich sein zu wollen wie sie;
- den entschlußfreudigen und selbstbewussten Referenten, der seine Position zu beziehen weiß;
- den kontaktfreudigen, mit Überzeugungskraft ausgestatteten Fachmann, der zäh und ausdauernd genug ist, mit seiner Argumentation bei jedem neuen Hochschullehrer wieder von vorn anzufangen;
- den kooperationsbereiten Helfer, der seine Möglichkeiten der Information und Kommunikation nutzt;
- den Mann, der sich unter besonderen Bedingungen für nichts zu gut ist;
- den Referenten, der seine Sache verbindlich im Ton und fest, aber nicht starr in der Sache verfolgt und einen vernünftigen Kompromiß zu schließen in der Lage ist."[139]

Das Schreiben endet mit der süffisanten Frage: „Kann das duale Bibliothekssystem seinerseits auf ihn verzichten?"[140]

[138] Ebenda.

[139] Ebenda, S. 150f.

[140] Barton/Krieg (wie Anm. 124), S. 151. – Barton wiederholte seine Aufzählung unverändert in: Barton, Walter: Fachreferent in der Gesamthochschulbibliothek. Ein Beitrag zum Berufsbild des Höheren Bibliotheksdienstes. In: Verband der Bibliotheken des Landes Nordrhein-Westfalen. Mitteilungsblatt N.F. 32 (1982), 3, S. 221–231, hier S. 230f. – Eine umstrukturierte und inhaltlich leicht modifizierte Fassung findet sich in: Barton,

Krieg schließlich kam aufgrund der Antworten, die er von Barton und anderen erhalten hatte, zu dem Ergebnis, dass diese Lohses Thesen nicht bestätigten und Anpassungen der Ausbildung aufgrund besonderer Bedarfe einschichtiger Bibliothekssysteme nicht erforderlich seien.[141] Zur Rolle der Fachreferenten schrieb er:

„Gewiß vollzieht sich bei den einschichtigen Bibliothekssystemen der Bestandsaufbau im Zusammenwirken von Fachreferent und Lehrkörper, wobei die Formen der Kooperation und die Gewichtsverteilung zwischen beiden Partnern differieren. Der Fachreferent ist also im allgemeinen nicht autonom; indem er aber am Bestandsaufbau der gesamten Hochschule mitwirkt, während sein Kollege an einer Hochschule mit dem herkömmlichen zweischichtigen System nur für den Bestandsaufbau der zentralen Hochschulbibliothek zuständig ist, auf die Institutsbibliotheken aber keinen Einfluß hat, ist sein Einfluß auf die Anschaffungspolitik der Hochschule eher größer, als dies bei traditionellen Bibliotheksstrukturen der Fall ist. Er ist auch kein reiner, sich in organisatorischen Aufgaben erschöpfender Manager, auf dessen größere oder geringere fachwissenschaftliche Kenntnisse es nicht ankäme; im Gegenteil wird nur der Bibliothekar von dem Lehrkörper als Gesprächspartner akzeptiert werden, der fachwissenschaftlich gründlich durchgebildet ist und sich in seiner Wissenschaft auf dem laufenden hält. Es ist klar, daß seine Aufgabe an den neuen Hochschulen in manchem schwieriger ist als an den alten, daß von ihm neben wissenschaftlichem und bibliothekarischem Fachwissen in vermehrtem Maße Kontaktfähigkeit, Kooperationsbereitschaft, Verhandlungsgeschick usw. erfordert werden, Eigenschaften, die man den Fachreferenten an den alten Hochschulen auch wünschen möchte, die sie aber im allgemeinen nicht dauernd vorweisen müssen."[142]

Walter: Integrierte Hochschule aus Sicht ihrer Bibliothek. Eine ‚Abrechnung' aus 22jähriger Erfahrung. In: Bibliothek Forschung und Praxis 12 (1988), S. 271–277, hier S. 273; diese Fassung wieder in: Barton, Walter: Die Gesamthochschulbibliothek. Erfahrungen im Bibliotheksverbund Nordrhein-Westfalen. München [u. a.]: Saur 1990 (Bibliothekspraxis, 28), S. 57f.

[141] Abdruck des Schreibens von Krieg an Barton vom 28.12.1976 in: Barton/Krieg (wie Anm. 124), S. 151. – Siehe dazu auch: Krieg, Werner: Zum Berufsbild des Bibliothekars des Höheren Dienstes an wissenschaftlichen Bibliotheken. In: Neue Tendenzen der Ausbildung im Informationsbereich? FIABIB-Workshop, veranstaltet vom Institut für Dokumentationswesen, Frankfurt am Main, in Verbindung mit Forschungsprojekt integrierte Ausbildungskonzeption Bibliothek, Information, Dokumentation (FIABID) an der Freien Universität Berlin. Vorträge und Zusammenfassungen. Redaktion Thomas Seeger und Urs Schoepflin. Berlin 1977, S. 12–24.

[142] Barton/Krieg (wie Anm. 124), S. 151. – Als Beispiele für veröffentlichte (Selbst-) Bilder von Fachreferenten an einer Gesamthochschulbibliothek seien genannt: Mettler, Dieter: Zur Zusammenarbeit zwischen Fachreferent und Fachbereich in den Sprach-

1982 wurde Barton vom VDB erneut gefragt, ob „das Berufsbild des Bibliothekars im Höheren Dienst" gegebenenfalls „revisionsbedürftig" und damit „neu zu definieren" sei, da „die Bibliothekslandschaft bunt und vielgestaltig geworden" war.[143] Wie schon bei früheren Gelegenheiten wies er in seiner Stellungnahme zum *Fachreferenten in der Gesamthochschulbibliothek* zunächst darauf hin, dass es „innerhalb der neuen Hochschule keinen Freiraum [gebe], in den sich der Bibliothekar zurückziehen und nur [nach] seinen fachlichen Interessen leben könnte"[144]. Die Einschichtigkeit und das Selbstverständnis, dass „der aktuelle Bedarf von Forschung und Lehre [...] Vorrang bei der Literaturversorgung" habe, führe hier dazu, dass die Hochschullehrer mit ihren Wünschen „mehr als an anderen Hochschulbibliotheken" Einfluss auf die Erwerbungspolitik nehmen würden.[145] Für den Fachreferenten ergebe sich daraus ein „Spannungsbogen", der „von – nahezu überwundener – Abhängigkeit"[146] über gewisse Spielräume, in denen der Fachreferent „für den potentiellen, den abgerundeten Bedarf, unabhängig von Anforderungen Dritter"[147], sorgen könne, „bis zu weitgehend freier Hand im Erwerbungsgeschäft"[148] reiche. Der „jeweils erreichte Stand" hänge ganz maßgeblich ab „vom fachlichen Ansehen, das der Referent durch Kooperationsbereitschaft, fachliches Wissen und sinnvolle Informationsvermittlung" bei den Hochschullehrern erlangen

und Literaturwissenschaften [an der Gesamthochschulbibliothek Wuppertal]. In: DFW. Dokumentation – Information. Zeitschrift für Allgemein- und Spezialbibliotheken, Büchereien und Dokumentationsstellen 28 (1980): Sonderheft Bibliothekartag Wuppertal 1980, S. 35–37. – Mihalyhegyi, Andreas: Pfeiler der Bibliotheksstruktur. Die Gesamthochschulbibliothek in Gesetzen, Satzungen und Ordnungen. In: Barton, Walter (Hrsg.): Vom Neuen Standort der Gesamthochschulbibliothek. Festschrift der Gesamthochschulbibliothek Siegen anläßlich des Bezugs ihres Neubaus. Siegen 1977, S. 49–56, bes. S. 50–52. – Reinhardt, Werner: Bestandsaufbau im Fach Mathematik [an der Gesamthochschulbibliothek Wuppertal]. In: DFW. Dokumentation – Information. Zeitschrift für Allgemein- und Spezialbibliotheken, Büchereien und Dokumentationsstellen 28 (1980): Sonderheft Bibliothekartag Wuppertal 1980, S. 37f. – Stäglich, Dieter: Die einheitliche Bibliotheksstruktur: Das Beispiel der Gesamthochschulbibliothek Wuppertal. In: Havekost, Hermann; Hering, Jürgen; Zwink, Eberhard (Hrsg.): Bibliotheken im Verbund, Arbeitsplätze und neue Techniken. 70. Deutscher Bibliothekartag in Wuppertal vom 27. bis 31. Mai 1980. Frankfurt am Main: Klostermann 1981 (Zeitschrift für Bibliothekswesen und Bibliographie, Sonderheft 32), S. 80–90, bes. S. 84f. – Theuer, Heinrich: Benutzungsfragen und Benutzungshilfen. In: Barton, Walter (Hrsg.): Vom Neuen Standort der Gesamthochschulbibliothek. Festschrift der Gesamthochschulbibliothek Siegen anläßlich des Bezugs ihres Neubaus. Siegen 1977, S. 57–63.

143 Barton (wie Anm. 140), S. 221.

144 Ebenda, S. 227.

145 Ebenda, S. 223.

146 Ebenda, S. 225.

147 Ebenda, S. 223.

148 Ebenda, S. 225.

könnte, davon, „in welchem Maße er von Fachvertretern als selbständiger Partner betrachtet" werde.[149]

Ein wertvoller Baustein zum Erreichen einer (solchen) hohen Akzeptanz bei den Hochschullehrern könne die Fähigkeit und Bereitschaft sein, selbstständig Bedarfe zu erkennen – unter anderem unter Heranziehung von „Benutzungsresultaten"; als praktische Beispiele hierfür nannte Barton „aus Fernleihwünschen Entscheidungen für die Eigenbeschaffung ableiten" und „aus Vormerkungen auf die Notwendigkeit von Mehrfachexemplaren schließen" zu können.[150]

Die Bestandserschließung „in der Form der Sachkatalogisierung" nannte Barton nach den Aufgaben in der Erwerbung eine zweite Kernaufgabe der Fachreferenten.[151] Diese beschränke sich angesichts der Tatsache, dass es sich bei den Gesamthochschulbibliotheken um Bibliotheken mit überwiegender systematischer Freihandaufstellung handele, auf die Sacherschließung nach der für alle Gesamthochschulbibliotheken verbindlichen Aufstellungssystematik.[152] Um eine „gewisse Gefahr" zu reduzieren, dass sich der Referent „subjektiv als ‚Klassifiziermaschine' eingesetzt" sehen könnte, galt es – so Barton – den Sacherschließungsaufwand so gering wie möglich zu halten[153] und auf diese Weise auch dafür Sorge zu tragen, dem Fachreferenten „Kopf und Hände in bestimmtem Umfang freizuhalten" für andere Aufgaben.[154]

Barton meinte damit zum einen Aufgaben, die das Aufgabenspektrum des Fachreferats erweiterten, zum anderen weitere Verwaltungsaufgaben, die jenseits des Fachreferats im Bereich des Bibliotheksmanagements lagen.

So war für Barton die Aufgabe der Informationsvermittlung für die Bibliothek wie für die Fachreferententätigkeit „von besonderer Bedeu-

149 Ebenda.

150 Ebenda, S. 226.

151 Ebenda, S. 225.

152 Ebenda, S. 226.

153 Ebenda. – Barton weist hier darauf hin, dass es galt, bei der Sacherschließung „nicht alle möglichen systematischen Zuordnungen vorzunehmen [...], sondern pro Buch nur eine Entscheidung über den Ort innerhalb der Aufstellungssystematik" zu treffen. – Zur Aufstellungssystematik s. insbesondere: Barton, Walter; Scheele, Gisela: Das Aufstellungssystem [1975]. In: Barckow, Klaus; Barton, Walter; Jammers, Antonius; Schwan-Michels, Roswitha; Süle, Gisela (Hrsg.): Bibliotheksverbund in Nordrhein-Westfalen. Planung und Aufbau der Gesamthochschulbibliotheken und des Hochschulbibliothekszentrums 1972–1975. München: Verlag Dokumentation 1976 (Bibliothekspraxis, 19), S. 167–184; elektronische Veröffentlichung: hrsg. und mit einer Einleitung von Dietmar Haubfleisch. Paderborn: Universitätsbibliothek 2013. URN: http://nbn-resolving.de/urn:nbn:de:hbz:466:2-11113.

154 Barton (wie Anm. 140), S. 226.

tung“[155]. Der Fachreferent müsse daher „ständig eine offene Tür und die Bereitschaft zeigen [...], auf die Anliegen der Besucher oder Anrufer einzugehen“[156]; nicht zufällig lägen die Dienstzimmer der Fachreferenten „in größtmöglicher Nähe zum Benutzungsbereich, nicht versteckt in irgendeinem Verwaltungstrakt“[157].

Für Barton war die Zeit, in der „die einzelne Bibliothek sich als autarke Einheit sehen konnte“[158], vorbei. Essentiell sei nun die Vernetzung der Gesamthochschulbibliothek innerhalb der Hochschule wie auch „im weiten Netz der Bibliotheken des Landes“.[159] Aus dieser Rolle in der Hochschule ergebe sich, dass der Fachreferent bereit sein müsse, „in ständigen Kommissionen und Gremien [der Hochschule] mitzuarbeiten“, „sich nach seinen Möglichkeiten an der Arbeit von Forschungsschwerpunkten [zu] beteiligen“ und „Lehr- oder Unterrichtsaufträge [zu] übernehmen“.[160] Und aus der Funktion der Gesamthochschulbibliothek als „Glied eines landesweiten Literaturversorgungsnetzes“ ergäben sich weitere Aufgaben für den Höheren Dienst.[161] Dieser müsse bereit sein „zu Kontakten und Meinungsaustausch mit seinen Fachkollegen an anderen Orten, zu Mitarbeit in den Kommissionen und Arbeitsgemeinschaften der bibliothekarischen Institutionen oder Berufsverbänden in Bund und Land“.[162]

Als Beispiele für die Einbindung des Höheren Bibliotheksdienstes in Verwaltungsaufgaben nannte Barton die Aus- und Fortbildung[163], Aufgaben im Bereich „des Bibliotheksverbundes und seines Datenverkehrs mit dem Hochschulbibliothekszentrum, die ständiger Überprüfung bedürfen, ferner auf dem Benutzungssektor Automatisierte Ausleihverbuchung und Benutzerverhalten“ sowie Aufgaben im Haushalts- und Erwerbungsbereich, wie etwa „Umlage der Bibliothekmittel auf die Fächer, wirtschaftlicher Einsatz der Kräfte und der Mittel, automatisierte Haushaltsüberwachung“.[164]

Was die Voraussetzungen anbelangt, die für den Höheren Dienst an den Gesamthochschulbibliotheken erforderlich seien, äußerte Barton, dass hier – wie an allen Bibliotheken, an denen nicht Spezialisten wie zum

[155] Ebenda, S. 226.
[156] Ebenda, S. 227.
[157] Ebenda, S. 226.
[158] Ebenda, S. 228.
[159] Ebenda, S. 227.
[160] Ebenda.
[161] Ebenda.
[162] Ebenda.
[163] Ebenda, S. 228.
[164] Ebenda.

Beispiel „Handschriftenfachleute" benötigt würden –, „Studienvoraussetzungen von Vorteil [seien], die eine gewisse Bandbreite garantieren".[165] „Ausgesprochen hilfreich" sei die Promotion; denn da der Fachreferent „in ungewöhnlich intensiver Form den Kontakt mit den Fachvertretern der Hochschule zu wahren und seine Kompetenz bei der fachlichen Kommunikation zu erweisen" habe, benötige er „mehr als in anderen Systemen den Nachweis solider Qualifizierung und Vertrautheit mit dem Wissenschaftsbetrieb", damit er „von den Hochschullehrern und ihren Wissenschaftlichen Mitarbeitern eher als Partner akzeptiert" werde.[166]

Die Antwort auf die Kernfrage, „ob der Referent an den neuen einschichtigen Bibliothekssystemen eine andere Ausbildung brauche als sein Kollege in den traditionellen Bibliotheken", leitete Barton mit dem Hinweis ein, dass er die Ausbildung generell als aktualisierungswürdig erachte, etwa durch verstärkte Berücksichtigung von „Fragen der [Bibliotheks-]Automatisierung".[167] Ansonsten aber werde für die einschichtigen Bibliothekssysteme – wie Mitte der 1970er Jahre – „keine andere Ausbildung gebraucht, sondern ‚nur' ein besonderer Menschentyp"; dessen Eigenschaften allerdings seien „kaum durch Ausbildung zu gewinnen, und wenn doch, dann täten sie jedem Bibliothekar gut".[168] Im Einzelnen gälten weiterhin seine 1976 für Werner Krieg angestellten Überlegungen zu den Eigenschaften und Fähigkeiten, die ein Fachreferent an einer Gesamthochschule benötige oder auch nicht.[169]

Es kann als Bartons besondere Leistung bezeichnet werden, in seiner Auseinandersetzung mit Lohse herausgearbeitet und dargestellt zu haben, wo und wie sich das Berufsbild des Wissenschaftlichen Bibliothekars in einem einschichtigen Bibliothekssystem, und zwar in seiner speziellen Ausprägung an einer Gesamthochschulbibliothek, vom Berufsbild Lohse'scher Prägung unterschied.

165 Ebenda, S. 229.
166 Ebenda, S. 230.
167 Ebenda.
168 Ebenda. – Vgl. so schon 1976: Anm. 137.
169 Ebenda, S. 230f. – Vgl. so schon 1976: Anm. 138 und Anm. 139.

5. Fazit: *„form follows function …“*

Diese Diskussion ist heute Geschichte. Die Gesamthochschulen wurden in Universitäten umgewandelt und die Gesamthochschulbibliotheken avancierten damit zu Universitätsbibliotheken. Mit diesem Schritt sowie im Zuge der durch das Hochschulfreiheitsgesetz 2007[170] beförderten Wettbewerbssituation der Universitäten haben sich ihre vielfältigen, der gemeinsamen Entstehung geschuldeten Gemeinsamkeiten zunehmend reduziert. In ihrem Selbstverständnis und ihren Dienstleistungs- und Entwicklungsschwerpunkten weisen die ehemaligen Gesamthochschulbibliotheken heute untereinander nicht mehr oder weniger dieselben Ähnlichkeiten wie zu anderen Universitätsbibliotheken auf Landes- oder Bundesebene auf.

Sabine Hering (geb. 1947), von 1993 bis 2012 Hochschullehrerin in Siegen, hat darauf hingewiesen, es lasse sich vergleichsweise einfach darlegen, dass es sich bei den Gesamthochschulen „um ein von Anfang an zum Scheitern verurteiltes Projekt gehandelt“ habe, „welches nur an nachgeordneten Standorten zum Einsatz gekommen ist und auch dort relativ rasch zugunsten des klassischen Universitätsmodells wieder aufgegeben wurde“.[171] Sie formulierte die interessante These, „daß sich de facto die Idee der Gesamthochschule sehr wohl durchgesetzt hat – obwohl ihr Name aus unterschiedlichen Gründen nicht aufrechterhalten worden ist“; denn es finden sich zwischen der Struktur der deutschen Universitäten in ihrer gegenwärtigen Verfassung „sehr viel mehr Ähnlichkeiten“ mit der Konzeption der Gesamthochschulen „als mit dem, was traditionelle Hochschullandschaft damals zu bieten hatte“.[172]

Nimmt man in Anlehnung an Sabine Hering einen Vergleich zwischen den Universitätsbibliotheken vor, so entdeckt man zwischen den heutigen Universitätsbibliotheken in Deutschland deutlich mehr Parallelen als zwischen den jungen Gesamthochschulbibliotheken der 1970er und 1980er Jahre und den damaligen traditionellen zweischichtigen universitären Bibliothekssystemen. Wie andere in den 1960er und 1970er Jahren entstandene einschichtige Bibliothekssysteme haben die Gesamthochschulbibliotheken die zweischichtigen Bibliothekssysteme stark beeinflusst,

[170] Hochschulfreiheitsgesetz (HFG) vom 31. Oktober 2006. In: Gesetz- und Verordnungsblatt für das Land Nordrhein-Westfalen 60 (2006), 30 vom 16.11.2006, S. 474–508.

[171] Hering, Sabine: Die Gründungsgeschichte. Eine Rekonstruktion der ersten Jahre als Gesamthochschule. In: Universität Siegen (Hrsg.): Die Gründung und die Gründer. Ein Rückblick auf die Anfänge der Universität Siegen 1972–1980. Siegen 2012, S. 11–35, hier S. 14.

[172] Ebenda, S. 15.

vor allem bei den Schlüsselthemen Nutzerorientierung und Wirtschaftlichkeit.[173] Bei der Kooperation in einem regionalen Bibliotheksverbund mit einem eigens für sie geschaffenen regionalen Dienstleister kommt den Gesamthochschulbibliotheken die Rolle eines Vorreiters innerhalb des Hochschulbibliothekswesens in Nordrhein-Westfalen und darüber hinaus auf nationaler Ebene zu.

Auch was das Berufsbild des Höheren Bibliotheksdienstes bzw. des Fachreferenten anbelangt, lässt sich eine solche Einflussnahme konstatieren: Die Planer der Gesamthochschulbibliotheken hatten in ihren Empfehlungen keine eigenen Vorstellungen zum Berufsbild des Wissenschaftlichen Bibliothekars respektive des Fachreferenten formuliert. Bartons Aussagen zum Berufsbild des Höheren Bibliotheksdienstes und des Fachreferenten an Gesamthochschulbibliotheken weisen vielmehr darauf hin, dass es die Konzeption der Gesamthochschulbibliotheken war, die eine Veränderung des Berufsbildes bewirkte – zunächst an den Gesamthochschulbibliotheken und später auch darüber hinaus. Das Berufsbild, wie Lohse es verstand und das heute geradezu ‚spitzweghaft' anmutet, gehört (Ausnahmen mögen die Regel bestätigen) der Vergangenheit an.

Was allerdings noch immer anzutreffen ist, sind Versuche Wissenschaftlicher Bibliothekare, Berufsbilder zu konzipieren. Nicht selten sind diese rückwärtsgewandt oder überschätzen die Bedeutung des eigenen Berufsstandes für den Fortgang der Dinge. Es gab und gibt kein theoretisch-abstraktes, kein formschönes Berufsbild für den Höheren Dienst bzw. für den Fachreferenten an wissenschaftlichen Bibliotheken, dem die Wirklichkeit folgt.

Bibliothekare haben herauszufinden, welche Aufgaben Wissenschaftliche Bibliotheken gegenwärtig und in Zukunft wahrnehmen müssen. Sie haben strategische Ziele zu formulieren und Konzepte zu entwickeln – und Wege zu suchen, um diese strategischen Ziele und Konzepte zu realisieren und umzusetzen. Aus all dem ergeben sich die (jeweils) konkreten Anforderungen für das Personal im Höheren Dienst und in der Folge an die Personalauswahl und -weiterentwicklung.

[173] Eine Untersuchung wäre es m.E. wert, der Frage nachzugehen, welchen Impuls für eine deutliche Verbesserung der Nutzernähe von Universitätsbibliotheken in rechtlich oder faktisch zweischichtigen Bibliothekssystemen die zweckgebundene Zuweisung von Studiengebühren/-beitragsmitteln in den letzten Jahren bewirkt haben könnte, einmal bezüglich der konkreten (kurzfristigen) Verwendung der Mittel, zum anderen durch Herbeiführung einer verstärkten (nachhaltigen) Wahrnehmung der Interessen der Studierenden durch das Bibliothekspersonal.

UWE JOCHUM

Wissenschaftliche Bibliothekare. Ein Rettungsversuch

Als in der Mitte der 1960er Jahre die von Georg Picht diagnostizierte „Bildungskatastrophe“ einen raschen Ausbau und eine Vermehrung der Universitäten auf die politische Agenda gesetzt hatte, um mehr jungen Menschen als bisher eine akademische Ausbildung zu ermöglichen, da schien mit dem Aus- und Umbau der Universitäten auch eine Modernisierung der Universitätsbibliotheken und ein Wandel des bibliothekarischen Selbstverständnisses angesagt zu sein.[1]

Die ersten Zeichen dieses Wandels zeigten sich, als man sich kritisch auf die Position Georg Leyhs zu beziehen begann, der den bibliothekarischen Beruf, den er in der Spannung zwischen gelehrter und praktischer Arbeit verankert wissen wollte, zu einem „Bildungsmittel“ stilisiert hatte, durch das die „Einheit der Persönlichkeit“ erreicht werden sollte.[2] Das war zweifellos in der Absicht geschrieben, den Bibliothekarsberuf vor einem Fall in geschichtslose Praxis zu bewahren, aber Leyhs Kollegen sahen nicht diesen drohenden Fall, sondern wollten die Spannung zwischen bibliothekarischer Gelehrsamkeit und beruflicher Praxis durch einen Sprung in die Praxis auflösen. Zu diesem Sprung war man um so mehr bereit, als man mit Joachim Wieder darüber klagen konnte, dass angesichts eines immer komplexer werdenden beruflichen Alltags der Wissenschaftliche Bibliothekar des Höheren Dienstes kaum noch Möglichkeiten zu eigener wissenschaftlicher Arbeit finde und ihm längst „seine einstige akademische

[1] Dieser Beitrag greift auf folgenden Aufsatz zurück: Jochum, Uwe: Die Aufgabe des Höheren Dienstes. In: Jochum, Uwe (Hrsg.): Der Ort der Bücher. Festschrift für Joachim Stoltzenburg zum 75. Geburtstag. Konstanz: Universitätsverlag Konstanz 1996, S. 69–79. Der Rückgriff besteht in einer Übernahme der historischen Sicht auf die Phänomene, um die es geht. Alles andere ist völlig neu konzipiert.

[2] Zu Leyhs Position vgl. Jochum, Uwe: Die vergebliche Suche nach dem Allgemeinen. 100 Jahre Höherer Dienst. In: Lohse, Hartwig (Hrsg.): Arbeitsfeld Bibliothek. 6. Deutscher Bibliothekskongress, 84. Deutscher Bibliothekartag in Dortmund 1994. Frankfurt am Main: Klostermann 1994 (Zeitschrift für Bibliothekswesen und Bibliographie, Sonderheft 59), S. 39–50, hier S. 45–47.

Würde gemindert worden“ sei.[3] Um die Situation so deutlich wie möglich zu beschreiben, zitierte Wieder den Münchener Romanisten Karl Voßler: „Das Ideal der allseitigen Bildung, das einst so frisch und ruhmreich erstrahlte, hat sich überlebt und man muß schon, um ihm noch anzuhängen, ein Bildungsphilister sein oder auch ein romantischer Gelehrter.“[4] Das aber, Bildungsphilister oder romantischer Gelehrter, wollte die Mehrheit der Bibliothekare in den 1960er Jahren auf keinen Fall mehr sein; und wer es dennoch sein wollte, musste sich von Ladislaus Buzás sagen lassen, er leide an der „Psychose der modernen Bildungsphilister“, von der er freilich durch einen einfachen Akt analytischer Selbsterkenntnis geheilt werden könne, indem er sich bewusst mache, dass er „kein selbständiger Kulturfaktor [sei], wie etwa der Gelehrte oder Schriftsteller, sondern ein Diener und Helfer, ein Handlanger der ersteren.“[5] Was das heißen sollte, zeigte sich bei einem tieferen Blick in die Bibliotheken, in denen die ersten Anzeichen von „Vermassung, Mechanisierung und Bürokratie“[6] nicht mehr zu übersehen waren und auf die kein Leyh'sches Bildungsideal mehr Antwort zu geben schien, sondern nur noch eine Befassung mit den realen Problemen, die man durch Etaterhöhung, Personalvermehrung und Raumbeschaffung aus der Welt schaffen wollte. Alles andere, so Buzás, sei pure Illusion.[7]

Freilich bedurfte auch die so heftig herbeigewünschte illusionsfreie Bibliothekspraxis einer Legitimation, wenn sie mit guten Gründen angeben wollte, warum sie das eine zu tun für richtig hielt und das andere nicht. Da diese Legitimation nun aber nicht mehr aus dem unter Illusionsverdacht gestellten und als Psychopathie verunglimpften bibliothekarischen Bildungsideal à la Leyh gewonnen werden konnte, besorgte man sich das Benötigte bei ebenjenen Wissenschaften, deren beginnender Boom in den 1960er Jahren die Hinwendung zur allfälligen Praxis mit dem Versprechen zum Aufbau einer besseren Gesellschaft verband: Man besorgte sich das Benötigte bei den Sozialwissenschaften, in welche die im 19. Jahrhundert begründete Bibliothekswissenschaft nun als Informationswissenschaft eingebracht werden sollte.[8] Das meinte im Wesentlichen eine Melange aus

[3] Wieder, Joachim: Berufssorgen des wissenschaftlichen Bibliothekars. In: Libri 9 (1959), 2, S. 132–165, hier S. 144.

[4] Ebenda, S. 150.

[5] Buzás, Ladislaus: Berufssorgen des wissenschaftlichen Bibliothekars. Ein Diskussionsbeitrag. In: Libri 10 (1960), 2, S. 81–104, hier S. 85.

[6] Wieder (wie Anm. 3), S. 137.

[7] Buzás (wie Anm. 5), S. 87f.

[8] Siehe dazu die beiden Bände Krieg, Werner (Hrsg.): Bibliothekswissenschaft. Versuch einer Begriffsbestimmung in Referaten und Diskussionen bei dem Kölner Kolloquium (27.–

Datentechnik und Betriebswirtschaft, die, terminologisch vereint unter dem Dach einer systemtheoretisch gestylten Kommunikations- und Informationswissenschaft, darauf schauen sollten, wie die Input- und Output-Prozesse des „Systems Bibliothek“ optimiert werden könnten. Dafür brauchte es keine gelehrten Bibliothekare mehr, sondern Bibliothekare mit sozialwissenschaftlich-technischem Problembewusstsein, für die die Lektüre der von Leyh betreuten zweiten Auflage des dreibändigen *Handbuchs der Bibliothekswissenschaft* (erschienen von 1952 bis 1961) durch das Studium des ebenfalls dreibändigen Werks *Zur Theorie und Praxis des modernen Bibliothekswesens* (erschienen 1976) ersetzt wurde. Denn das Handbuch mit seiner stark historischen Ausrichtung war jetzt wenig mehr als ein „Denkmal der Vergangenheit“,[9] während das neue dreibändige Werk, das ganz gegenwärtig sein wollte, je einen Band dem gesellschaftlichen, dem technologischen und dem betriebswirtschaftlichen Aspekt des Bibliothekswesens widmete und konsequenterweise einen „neue[n] Typ des Bibliothekars“ verkündete.[10]

Welcher Art dieser neue Typ war, zeigte sich bald. Es war der Typ des Managers, der im „Management komplexer Betriebe“ seine Bestimmung finden und folglich als Bibliotheksmanager den komplexen Betrieb der Bibliothek führen sollte und bis heute führen soll. Das verband sich mit einer Frontstellung gegen die zweischichtigen Bibliothekssysteme, welche die gelehrten Bibliothekare als eine Art selbständiges Universitätsinstitut betrachtet hätten, um dort, isoliert von den übrigen Universitätsinstituten, das Phantom einer universalistischen Bildung zu pflegen, während es doch längst darum gehe, den Literaturbedarf der immer weiter sich spezialisierenden Fachwissenschaften zu decken und dafür die passende organisatorische Antwort zu finden.[11] Diese Antwort aber glaubte man in den

29. Oktober 1969). Köln: Greven 1970 und Kaegbein, Paul (Hrsg.): Bibliothekswissenschaft als spezielle Informationswissenschaft. Probleme und Perspektiven. Frankfurt am Main [u. a.]: Lang 1986.

[9] Schmidt, Wieland: Die Bibliothekswissenschaft in Deutschland in Vergangenheit und Gegenwart. In: Krieg (wie Anm. 8), S. 9–32, hier S. 15.

[10] Geh, Hans-Peter: Berufsbild und Ausbildung des Bibliothekars. In: Kehr, Wolfgang; Neubauer, Karl Wilhelm; Stoltzenburg, Joachim (Hrsg.): Zur Theorie und Praxis des modernen Bibliothekswesens. Bd. 1: Gesellschaftliche Aspekte. München: Verlag Dokumentation 1976, S. 230–262, hier S. 232.

[11] Stoltzenburg, Joachim: Die Universitätsbibliothek in den Hochschulen der Bundesrepublik Deutschland. In: Konstanzer Blätter für Hochschulfragen 10 (1972), S. 23–41, hier S. 41. Siehe auch Stoltzenburg, Joachim: Die Bibliothek zwischen Tradition und Moderne. In: Bibliotheksdienst 18 (1984), S. 695–706, hier S. 696, wo er einen „kompetenten Bibliothekar“ fordert, dessen Kompetenz aus einem technischen Verständnis der Informationstechnik, aus einem betriebswirtschaftlichen und sozialwissenschaftlichen Verständnis der Bibliothek und schließlich kooperativen Führungsqualitäten besteht.

einschichtigen Bibliothekssystemen parat zu haben. Dort nämlich sollte es dank der Bibliotheksmanager nicht nur ökonomischer und effizienter als an den zweischichtigen Bibliotheken zugehen, vielmehr wollte man an den einschichtigen Bibliotheken auch „der Institution Universitätsbibliothek wieder mehr anschauliche und erlebbare Bedeutung und funktionelles Gewicht" dadurch geben, „daß sie die bislang erstrebte Unabhängigkeit von der Universität – und das ist immer auch ein Stück Isolierung – aufgibt und unter Bewahrung ihrer Eigenständigkeit sich in die Universität integriert und mit ihren Einheiten eng kooperiert."[12] Dem von Gerhart Lohse vorgebrachten Bedenken, eine solche Bibliothekskonzeption gefährde nichts weniger als die akademische Freiheit der Bibliothekare,[13] konnte man entgegenhalten, dass das Konzept der einschichtigen Bibliothek im Gegenteil den Fachreferenten in unmittelbaren Kontakt mit Forschung und Lehre bringe und ihn dadurch wieder zum „Partner der Wissenschaftler" mache, ohne seine Selbständigkeit zu gefährden.[14]

*

Zweifellos hatten die sich als Bibliotheksmanager gebenden und zumeist von den neu gegründeten einschichtigen Bibliotheken aus agierenden Bibliothekare den Zeitgeist auf ihrer Seite, der sich nicht nur von einer größeren Zahl von akademisch ausgebildeten jungen Menschen Wunder was versprach, sondern dieses Wunder auch in der Form eines gesellschaftlichen Fortschritts erhoffte, der sich aus einer Synthese von mehr Demokratie, mehr Wohlstand und mehr Information ergeben sollte. Indem man nun das unscheinbare Wörtchen „Information" datentechnisch aufzuladen begann und das Mehr von Information schlankweg mit einem Mehr von Datentechnik identifizierte, die in den Bibliotheken zu implementieren sei, um von dort aus über die Universitäten eine segensreiche gesellschaftliche Streuwirkung zu erreichen,[15] hatte man in der Tat das alte Bildungsideal zu Grabe getragen und an seine Stelle ein Informationsideal auf den Thron gesetzt, das im Grunde wie der Nürnberger Trichter

Dieses Modell stellt sich expressis verbis gegen die „archetypische Idee" der gelehrten Tradition.

[12] Stoltzenburg, Joachim; Wiegand, Günther: Die Bibliothek der Universität Konstanz 1965–1974. Pullach: Verlag Dokumentation 1975, S. 105.

[13] Lohse, Gerhart: Die Universitätsbibliotheken und das Problem der akademischen Freiheit. In: Zeitschrift für Bibliothekswesen und Bibliographie 20 (1973), 1, S. 1–13.

[14] Stoltzenburg/Wiegand (wie Anm. 12), S. 105.

[15] Siehe dazu Jochum, Uwe: Endzeit. In: Libreas – library ideas 2 (2006). URL: http://www.ib.hu-berlin.de/~libreas/libreas_neu/ausgabe5/001joc.htm [Stand 23.04.2013].

funktioniert: Lernen und Lehren als eine auf Menschen bezogene und von ihnen ausgehende Form des Handelns wird ersetzt durch eine mit Hilfe systemtheoretischer „Ansätze" zu steuernde Lehr-Lern-Maschine, deren Input- und Output-Prozesse unter anderem vom auf immer mehr Datentechnik setzenden „System Bibliothek" zu steuern sind. Dabei geraten die Bibliotheken in den Sog einer technischen Beschleunigung, die eine permanente Anpassung an die sich zum globalen Datennetz aufspannenden Datensysteme notwendig macht, in denen jede Innovation, die an einer Stelle des Systems ansetzt, stets durch das gesamte System gereicht werden muss und also jedes Subsystem dazu zwingt, im Gleichschritt mit dem Gesamtsystem zu progredieren. Das Fatale daran ist, dass bei dieser permanenten systemischen Progression immer umfänglicher ein „Zug ins Futur"[16] implementiert wird, der immer wieder aufs Neue verspricht, mit der unmittelbar bevorstehenden Daten- und Systemprogression seien alle bei den bisherigen Progressionen aufgetretenen Probleme definitiv gelöst, nur um dann festzustellen, dass die definitive Lösung nun vielleicht doch erst mit der übernächsten Progressionsstufe erreicht werden könne – und so ad infinitum. Dabei bleibt der „Zug ins Futur" freilich nur so lange in Bewegung, wie seine Lokomotive mit dem, was einmal Substanz hatte und auf Dauer gestellt sein sollte, befeuert werden kann; ist der letzte Rest an Substanz aufgebraucht, muss das technische Beschleunigungssystem notwendigerweise zum Halt kommen und endlich kollabieren.

Was für die Bibliothek als technisches System gilt, gilt auch für die Begründungsmuster von Bibliothek und ihre Implementation in fashionable bibliothekarische Berufsbilder: Sie müssen immer schneller an den gerade allerneuesten Trend angepasst werden und unterliegen dabei allmählich dem, was man einmal „rasenden Stillstand" genannt hat, einer Beschleunigung nämlich, die so groß ist, dass sie mit dem Stillstand identisch wird.[17] Kein Wunder, dass die offiziellen bibliothekarischen Berufsbilder längst ihre Legitimationskraft eingebüßt haben und trotz des Bemühens, den Beruf auf die Höhe der Zeit zu bringen, schon bei ihrer Veröffentlichung antiquiert erscheinen und kaum noch jemanden interessieren.

*

[16] Ich habe den „Zug ins Futur" näher ausgeführt in Jochum, Uwe: Kritik der Neuen Medien. Ein eschatologischer Essay. München: Fink 2003.

[17] Virilio, Paul: Rasender Stillstand. Essay. München: Hanser 1992.

All das wäre vielleicht zu verschmerzen, wenn es wirklich zu der von den bibliothekarischen Jungmanagern in den 1960er Jahren erhofften stärkeren Einbindung der Wissenschaftlichen Bibliotheken in ihr unmittelbares universitäres Umfeld geführt hätte. Das aber muss man bezweifeln. Denn der „Übergang vom Handwerksbetrieb zum technischen Betrieb“[18] setzte die Bibliotheken zwar in die Lage, dank Datentechnik und verbesserter Organisation mit enorm gestiegenen Benutzerzahlen und rapide wachsenden Beständen zurechtzukommen, aber das dabei in den Bibliotheken implementierte informationswissenschaftliche Paradigma ließ die Bibliothekare annehmen, die Forschung insgesamt sei mit immer mehr datentechnischen Mitteln in den Griff zu bekommen und höchste Forschung folglich nur mit dem umfassendsten Einsatz von sogenannter Informationstechnik möglich, die von den Bibliotheken als Serviceeinrichtungen im Universitätssystem bereitzustellen sei. Das führte nicht nur dazu, dass man dazu überging, bibliographische und Katalogdaten in elektronische Form zu überführen und weltweit verfügbar zu machen, sondern auch dazu, dass man sich daranmachte, die papierenen Zeitschriften und Bücher zu digitalisieren, um sie in elektronischer Form jedermann zu jeder Zeit übers Internet zugänglich zu machen. Noch die jüngsten „Strategiepapiere“ der Deutschen Forschungsgemeinschaft bedienen dieses Ideologem der 1960er und 1970er Jahre und werden nicht müde, den rasenden Stillstand zum Programm zu erheben, immer mehr und immer ausgreifendere Digitalisierungsanstrengungen von den Bibliotheken einzufordern und das mit Forschungsoptimierung zu begründen.[19]

Nun hatte man freilich schon in den 1970er Jahren festgestellt, dass Wissenschaftler sich mehr als die Hälfte ihrer Literatur selbst besorgen; und in den 1980er Jahren hatten Bernhard Fabian und Jürgen Mittelstraß darauf aufmerksam gemacht, dass Bibliotheken keineswegs digitale Informationsmaschinen seien, sondern konkrete Stimulationsorte – nicht: Simulationsorte – für geisteswissenschaftliche Forschung, und zwar gerade deshalb, weil sie den unmittelbaren Kontakt mit den Forschungsobjekten der Geisteswissenschaften – vulgo: den Büchern – ermöglichen und als Orte der Sammlung solcher Objekte sogar selbst den Status von Forschungsobjekten gewinnen können.[20] Nimmt man diese Feststellungen

[18] Stoltzenburg, Joachim: Vor Beginn der Datenverarbeitung in (wissenschaftlichen) Bibliotheken. In: Bibliotheksdienst 17 (1983), S. 647–664, hier S. 650.

[19] Kritisch dazu Jochum, Uwe: Der Masterplan. In: Zeitschrift für Bibliothekswesen und Bibliographie 59 (2012), S. 33–41.

[20] Zu den akademischen Selbstversorgern Zedlitz, Wolfgang; Klinger, Gertrude: Zum Standort wissenschaftlicher Bibliotheken. In: Zeitschrift für Bibliothekswesen

ernst, muss man von ihnen aus schließen, dass die mit dem informationswissenschaftlichen Paradigma in die Bibliotheken gelangte Vorstellung, es gäbe auf der einen Seite ein reines Forschen und auf der anderen Seite ein beliebiges Forschungsmaterial, dessen Beschaffenheit das reine Forschen nicht wesentlich beeinflusse und bei dem es höchstens auf beschleunigte Bereitstellung in digitaler Form ankomme, völlig in die Irre geht. In dieser Irre lässt sich die Bibliothek zwar auf schönste Weise datentechnisch beschleunigen, verliert dabei aber zusammen mit den Büchern und Zeitschriften – den echten aus Papier, nicht den digitalen Surrogaten – ihren Status als Objekt der Forschung. Sie konkurriert und kooperiert dann mit Google™ und Konsorten, deren realökonomische Grundlage (Bereitstellung von Kostenlosem aller Art, darunter auch digitalen Texten, zwecks Abgreifens von Nutzerdaten, um mit diesen Daten Werbeeinnahmen zu generieren) sie völlig verkennt, um sie in einem traurigen Akt von vorauseilend-freiwilliger Unterwerfung als die größeren Brüder ihrer selbst zu verehren, anstatt sich darauf zu besinnen, dass in diesem kommerziellen Umfeld kein Platz für Forschung und auch keiner für Bibliotheken sein kann.[21] Für Bildung schon gar nicht.

*

Halten wir also fest, dass es dem erfolgreich den Bibliotheken implantierten sozial- und informationswissenschaftlichen Paradigma zu verdanken ist, dass die Bibliotheken seit den 1960er Jahren organisatorisch ausgeholzt und datentechnisch modernisiert wurden und heute so aussehen, wie sie aussehen: serviceorientiert und dabei internethörig und Google™-fasziniert, nach dem gerade neuesten Trend gemanagt (also je nachdem mit flachen oder steilen Hierarchien, einer kommunikativen Führung oder einer autoritären, mit Frauen an der Spitze oder mit Männern) und mit jedem Jahr buchvergessener. Man muss kein Astrologe sein, um den sozial- und

und Bibliographie 24 (1977), S. 19–33, hier S. 32. Zur Rolle der Bibliothek in den Geisteswissenschaften Fabian, Bernhard: Zwischen Buch und Bildschirm. Die Bibliothek als Stimulans der geisteswissenschaftlichen Forschung. In: Frankenberger, Rudolf; Habermann, Alexandra (Hrsg.): Literaturversorgung in den Geisteswissenschaften. Frankfurt am Main: Klostermann 1986, S. 297–311 und Mittelstraß, Jürgen: Bibliothek und geisteswissenschaftliche Forschung. In: Landwehrmeyer, Richard (Hrsg.): Bibliotheken im Netz. Funktionswandel wissenschaftlicher Bibliotheken durch Informationsverarbeitungsnetze. Festschrift für Joachim Stoltzenburg. München: Saur 1986, S. 27–43.

[21] Die beste Analyse dessen, was derzeit medien- und kulturpolitisch geschieht, bietet Reuß, Roland: Ende der Hypnose. Vom Netz und zum Buch. Frankfurt am Main, Basel: Stroemfeld 2012.

informationswissenschaftlich paradigmatisierten Bibliotheken noch viele weitere Fortschritte auf dem eingeschlagenen Weg zuzutrauen.

Aber in derselben Weise, in der man sich zu Tode siegen kann, kann man auch am zu schnellen Fortschritt zugrunde gehen, zumal wenn er in die völlig falsche Richtung führt. Und ebendas können wir in den Bibliotheken beobachten. Der Sieg des informationswissenschaftlichen Paradigmas im Bibliothekswesen und die mit ihm legitimierte datentechnische Beschleunigung der Bibliotheken wird à la longue keine Bibliotheken übriglassen, sondern sie immer weiter in die Arme von Google™, Facebook™ und Amazon™ führen, die mit den Daten, die sie von den Bibliotheken geschenkt bekommen haben – „Google™ Books" ist nichts weiter als die gehisste Fahne der Bibliotheken, die sich ohne ein Schüsschen Widerstand von Google™ haben übernehmen lassen[22] –, glänzende Geschäfte machen, um die Bibliotheken nach erfolgreichem Datenabzug auf dem Kehrichthaufen der Datengeschichte zu entsorgen.

Dass man das alles so widerstandslos wie freudetaumelnd tut, liegt nun aber just an dem, womit in den 1960er Jahren alles anfing. Es liegt an der Elimination der bibliothekarischen Bildung, die ja nicht einfach eine paradigmatische Umstellung von den Geistes- auf die Sozial- und Informationswissenschaften war. Vielmehr wurde bei dieser Umstellung sehr konkret die historische Tiefe der Bibliotheken und ihrer Medien zugeschüttet, um nichts weiter als eine flache Gegenwart übrigzulassen, auf der man sich nun mit aller Kraft und als Manager tummeln kann. Dieses Zuschütten der historischen Tiefe begann mit der Umbenennung der bibliothekarischen Ausbildungseinrichtungen und Laufbahnen – sie alle tragen jetzt „irgendwas mit Information und Medien" in ihren Namen –; es wurde fortgeführt in der nahezu vollständigen Beseitigung der Bibliotheks- und Buchgeschichte in den Lehrplänen der Hochschulen, an denen Bibliothekare ausgebildet werden; und es findet derzeit sein Ende mit der Aussonderung der papierenen Bibliotheksbestände,[23] um an ihrer Stelle übers Internet digitale Surrogate anzubieten, die von Papier gesäuberten

[22] Man lese die Kommentare der Bibliotheksmanager zu den Vereinbarungen mit „Google™ Books" auf http://books.google.de/googlebooks/library/partners.html [Stand 23.04.2013].

[23] Mehr zu diesem bibliothekarischen „Vernichten durch Verwalten" in Jochum, Uwe: Vernichten durch Verwalten. Der bibliothekarische Umgang mit Büchern. In: Körte, Mona (Hrsg.): Verbergen – überschreiben – zerreißen. Formen der Bücherzerstörung in Literatur, Kunst und Religion. Berlin: Schmidt 2007, S. 106–122 und Jochum, Uwe: Bibliothekskatastrophen. In: Zeitschrift für Bibliothekswesen und Bibliographie 56 (2009), S. 159–166.

Regalflächen als soziale Interaktionsräume zu deklarieren[24] und die Bibliotheken organisatorisch und akronymisch endlich zum Verschwinden zu bringen (Ulm: kiz, Cottbus: IKMZ). Ganz zum Schluss macht man dann aus den Fachreferenten „content manager".

Noch einmal: Das alles ist so, wie es ist, weil die Bibliothekare seit den 1960er Jahren glauben, sie könnten die Spannung zwischen bibliothekarischer Gelehrsamkeit und beruflicher Alltagspraxis durch einen Sprung in die Praxis beseitigen. Von heute aus zeigt sich indessen, dass dieser Sprung ein Salto mortale war. Denn die angeblich reine Praxis, deren Optimierung man seither managt, war gar niemals rein, sondern lediglich eine, auf die man mit sozial- und informationswissenschaftlich geprägten Augen sah, um prompt nur das wahrzunehmen, was solche Augen einem zu sehen erlauben: Input- und Output-Prozesse von Informationen, Kommunikation und Datenflüsse aller Art in irgendwelchen „Systemen". Jene Praxis aber, die man mit geisteswissenschaftlich gebildeten Augen sehen kann, sah man jeden Tag ein Stückchen weniger, nämlich eine Praxis, deren historische Tiefe sich nach Jahrtausenden bemisst, eine Praxis, für die Bücher mehr und anderes sind als schnöde Verpackungen von Informationen, eine Praxis, für die Menschen, wenn sie miteinander ins Gespräch kommen, mehr und anderes tun als kommunizieren und Informationen austauschen.[25]

Wir sind also genau in jener Situation, die Georg Leyh hatte vermeiden wollen. Wir sind in einer Situation, die nach dem Salto mortale in die Praxis die Bibliotheken und Bibliothekare an ein vergangenheitsloses und immerwährendes Heute gebunden hat, das sich das Morgen nur als datentechnisch optimiertes Heute vorstellen kann. Will man diese Situation ändern, hilft es nicht, das derzeit dominierende sozial- und informationswissenschaftliche Einheitsparadigma durch das Einheitsparadigma einer geisteswissenschaftlich motivierten bibliothekarischen Bildung zu ersetzen. Denn das hieße wenig mehr, als die Nötigungen der Praxis beiseite zu schieben. Statt eines solchen Paradigmentauschs wäre es vielmehr höchste Zeit, dem Bibliothekarsberuf zu einer sachgemäßen Binnendifferenzierung zu verhelfen, welche die verschiedenen Perspektiven auf das Phänomen der Bibliothek organisatorisch abbildet und ausbalanciert. Wie

[24] Dazu Jochum, Uwe: Vom Prachtbau zum Luftschloß. Die Bibliothek als Ort zwischen Schatzhaus des Wissens, Lernkaserne, Partyraum und virtueller Selbstauflösung. In: Wolfenbütteler Notizen zur Buchgeschichte 36 (2011), S. 57–70.

[25] Was Menschen in Wahrheit tun, wenn sie miteinander reden und sich austauschen, kann man nachlesen bei Janich, Peter: Was ist Information? Kritik einer Legende. Frankfurt am Main: Suhrkamp 2006.

man sich das denken soll, ist an anderer Stelle schon vor Jahren ausgeführt worden und muss hier nicht wiederholt werden.[26]

Wiederholen aber muss man, dass diese Ausbalancierung, bei der so etwas wie eine historisch-geisteswissenschaftliche Bibliothekarsbildung organisatorisch und karrieretechnisch wieder zum Zuge kommen würde, für die Bibliotheken ein doppelter Gewinn wäre. Erstens nämlich würde die geisteswissenschaftliche Bildungsperspektive die Bibliotheken wieder stärker in ihrem wissenschaftlichen Umfeld verankern. Denn anders als von den bibliothekarischen Jungmanagern der 1960er und 1970er Jahre propagiert, hat die informationswissenschaftlich gestylte Managementwende, wie sie zunächst und besonders rabiat an den einschichtigen Bibliotheken vollzogen wurde, die Bibliothekare des Höheren Dienstes keineswegs zu genuinen „Partnern der Wissenschaftler" gemacht. Ganz im Gegenteil: Die Konzentration auf den als „System" verstandenen Bibliotheksbetrieb führte zu einer zunehmenden Selbstbefassung mit ebendiesem System, während die systemischen Randbedingungen – also die Einbindung der Wissenschaftlichen Bibliotheken in das wissenschaftliche Umfeld – immer stärker ausgeblendet wurden. Will man die Einbindung der Bibliotheken in ihr Umfeld zurückgewinnen, muss man folglich die Wissenschaftlichen Bibliothekare und deren Möglichkeiten zu eigener wissenschaftlicher Arbeit stärken, um auf diese Weise eine natürliche Kontaktfläche zwischen Bibliothek und Wissenschaft zu erzeugen und die Bibliotheken nach außen hin mental zu öffnen.

Zweitens aber würden die Bibliotheken, in denen die bibliothekarische Bildung zum Zuge käme, die tägliche bibliothekarische Praxis wieder mit ihrer eigenen historischen Tiefe verbinden, ohne die die Praxis blind für ihre Möglichkeiten bleibt. Denn das, was möglich ist, bestimmt sich nicht nach dem, was als optimiertes Heute auf das Morgen projiziert oder von DFG-Strategiepapieren gerade angesagt und sowieso von allen exekutiert wird, sondern nach dem, was in der Vergangenheit als Möglichkeit versäumt und vergessen wurde und nun darauf wartet, wiederentdeckt und getan zu werden. Das aber heißt, die Bindungskraft all dessen zu entdecken, was man einst dem Untergang weihte, planvoll und aggressiv beseitigte, loswerden wollte, vergaß. Es heißt, auf so etwas wie sein historisches

[26] Jochum, Uwe: Die Situation des höheren Dienstes. In: Bibliotheksdienst 32 (1998), 2, S. 241–247 und Oehling, Helmut: Wissenschaftlicher Bibliothekar 2000 – quo vadis? 12 Thesen zur Zukunft des Fachreferenten. In: Bibliotheksdienst 32 (1998), 2, S. 247–254. Zu der von diesen beiden Beiträgen ausgelösten Debatte vgl. Bosserhoff, Björn: Wissenschaftlicher Bibliothekar – Berufsstand in der Legitimationskrise? Ein Rückblick auf die Debatte von 1998. In: Bibliotheksdienst 42 (2008), 11, S. 1161–1171.

Gewissen zu hören, das uns sagt, was kein immer bloß heutiger und ebendeshalb gewissenloser Manager hören will: dass das Untergegangene, Beseitigte und Vergessene womöglich das war, was niemals hätte untergehen, beseitigt und vergessen werden dürfen, weil es mehr wert war als das, was historisch übrigblieb und uns heute als das Vernünftig-Wirkliche und zu Optimierende angetragen wird. Es heißt, dem sich ins Leere beschleunigenden Fortschritt den Rückschritt entgegenzusetzen, der auf das Untergegangene, Beseitigte und Vergessene als ein Wunder schaut, von dem er berührt werden möchte, um, Wunders voll, das Richtige zu tun.

ANNETTE KLEIN

Selbstorganisation, Eigenverantwortung, Organisationsentwicklung. Zur Rolle der Wissenschaftlichen Bibliothekare an der UB Mannheim

Funktion und Aufgaben des Fachreferats an Wissenschaftlichen Bibliotheken können unter vielerlei Aspekten diskutiert werden – der vorliegende Band veranschaulicht dies, indem er historische, wissenschaftliche und praxisbezogene Perspektiven zusammenbringt. Mein Beitrag besteht in einer individuellen Betrachtung: Als „Betroffene", die seit nunmehr zehn Jahren selbst Fachreferatsaufgaben erfüllt, will ich versuchen, das eigene Tun und seine spezifischen Bedingungen zu reflektieren und nachvollziehbar zu machen, was die Herausforderungen und – wie ich gerne bekenne – auch den besonderen Reiz dieses Aufgabengebiets aus meiner Sicht ausmacht.

Den Veranstaltern der Tagung „Fachreferat heute. Im Spannungsfeld von Wissenschaft und Verwaltung" (Düsseldorf, 27.03.2012) verdanke ich den Schlüsselbegriff, von dem die folgenden Überlegungen ausgehen sollen: die „Selbstorganisation". Ich verwende diesen theoretisch ja nicht unbelasteten Begriff hier nur als Arbeitsbegriff; er bildet den Ausgangspunkt einer Assoziationskette, die das Thema unter einer speziellen Perspektive beleuchten soll.

Was beinhaltet Selbstorganisation?

Zunächst verbinde ich damit *Selbstständigkeit*: Fachreferenten handeln und entscheiden (in Grenzen) selbstbestimmt, ohne ständig Rechenschaft über einzelne Schritte ablegen zu müssen. Ein Grund dafür, dass ein wissenschaftliches Studium normalerweise als Qualifikation für eine Fachreferententätigkeit vorausgesetzt wird, liegt sicher darin, dass ein akademischer Abschluss als Nachweis der Befähigung zu einem solchen selbstständigen Handeln gilt und es somit von den Stelleninhabern erwartet werden darf.

Selbstständigkeit bedeutet jedoch nicht absolute Unabhängigkeit. Die eigenen Entscheidungen müssen in ihren Folgen richtig eingeschätzt, bewusst und begründet getroffen und im Nachhinein auch vertreten werden: Eigenverantwortung ist die Kehrseite der Selbstständigkeit.

Wie weit reichen nun aber selbstständiges Denken und eigenverantwortliches Handeln in einer Position, die – bei allen Unterschieden, die es in der Einbindung des Fachreferats in die Organisationsstruktur einer Bibliothek geben mag – doch jedenfalls nicht ohne Abhängigkeiten und Vorgaben auskommt? Ich denke, dass von Fachreferenten erwartet werden kann, dass sie nicht beim Abarbeiten des (relativ stark regulierten) Alltagsgeschäfts stehen bleiben, sondern darüber hinaus aktiv an der Entwicklung ihrer Organisation mitwirken, dass sie also Eigeninitiative zeigen, selbst Dinge anstoßen, verfolgen und zu Ende bringen und damit zur Weiterentwicklung ihrer Organisation beitragen. Ich werde später darauf zurückkommen, welchen spezifischen Beitrag gerade ein Fachreferent hier leisten kann.

Zunächst möchte ich jedoch kurz den Hintergrund erläutern, vor dem die folgenden Ausführungen zu verstehen sind: die Situation der Fachreferate an der Universitätsbibliothek Mannheim.

Die Organisation der Universitätsbibliothek Mannheim

Die UB Mannheim ist eine mittelgroße Universitätsbibliothek mit einem Bestand von ca. 2,2 Millionen Medieneinheiten und etwa 13.000 aktiven Nutzern. Sie ist eine einschichtige Bibliothek mit fünf räumlich getrennten Bibliotheksbereichen und derzeit 86 Planstellen. Entsprechend der fachlichen Ausrichtung der Universität Mannheim, die aus einer Wirtschaftshochschule hervorgegangen ist, liegt auch der Sammelschwerpunkt der Bibliothek in den Wirtschafts- und Sozialwissenschaften. Außerdem werden die an der Universität gelehrten Geisteswissenschaften, Mathematik und (Wirtschafts-)Informatik aktiv gesammelt und unterstützt. Sowohl im Profil der Universität als auch in dem der Bibliothek fehlen die Naturwissenschaften, die technischen Fachgebiete und die Medizin.

Die Universitätsbibliothek ist in vier Fachabteilungen organisiert: Benutzung, Medienbearbeitung, Digitale Bibliotheksdienste und Verwaltung/Haushalt/Technik. Die beiden letztgenannten sind zentrale Serviceabteilungen, denen direkt Personal zugeordnet ist, während die Abteilungsleitungen für Benutzung und Medienbearbeitung nur die jeweilige Fachzuständigkeit für die Teams innehaben, die den einzelnen Bi-

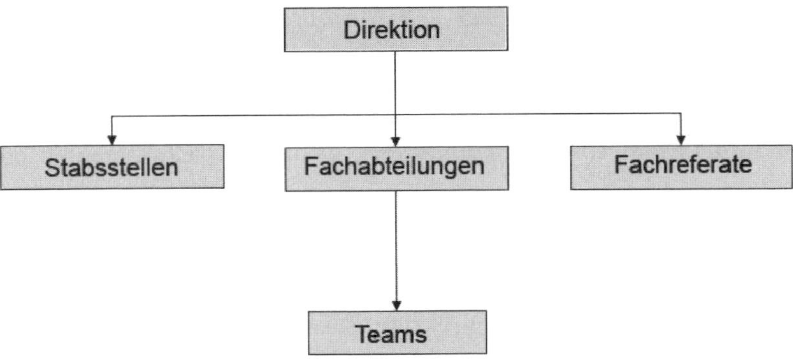

Abb. 1: Organisationsstruktur der UB Mannheim

bliotheksbereichen zugeordnet sind. Die Teams werden von Teamleitern geführt, die den Alltagsbetrieb selbstständig regeln, und sind dem Bibliotheksdirektor als Dienstvorgesetztem unterstellt. Daneben gibt es Stabsstellen für Aus- und Fortbildung, Kommunikationsmanagement, elektronische Medien und Controlling. Die Fachreferate sind formal ebenfalls als Stabsstellen der Direktion zugeordnet und zuständig für die Bestandsentwicklung und -vermittlung in ihrem Fachgebiet. In dieser Funktion sind sie aber auch weisungsbefugt gegenüber den Bibliotheksteams, die ihre Entscheidungen über Bestellungen, Aussonderungen etc. ausführen.

Zu beachten ist, dass die personellen Verflechtungen zwischen den Organisationseinheiten in der oberen Hierarchieebene an der UB Mannheim sehr eng sind: Von den derzeit elf Fachreferenten sind drei zugleich auch Abteilungsleiter, drei weitere stellvertretende Abteilungsleiter und die Stabsstellen Aus- und Fortbildung und elektronische Medien sind ebenfalls mit Fachreferenten besetzt. Dank des eingeschränkten Fächerprofils ist es an der UB Mannheim außerdem möglich, die Fachreferate in der Regel zumindest nicht völlig fachfremd zu besetzen.

Kommunikation der Fachreferate an der UB Mannheim

Wie funktioniert nun die Einbindung der Fachreferate in die Gesamtorganisation in der Praxis? Dies lässt sich gut nachvollziehen, wenn man die Kommunikationsstrukturen analysiert, in die die Fachreferenten eingebunden sind.

Zu unterscheiden ist zunächst zwischen interner und externer Kommunikation. Intern kommunizieren die Fachreferenten regelmäßig mit ihren Kollegen bzw. Stellvertretern, mit den Sachbearbeitern der Bibliotheksteams und natürlich mit der Direktion. Sie nutzen dabei eine Vielzahl von Mitteln: Von der monatlichen großen Dienstbesprechung mit der Direktion über zahlreiche, oft auch ad hoc gebildete AG- und Projekttreffen bis hin zu themenbezogenen internen Fortbildungen gibt es verschiedenste Möglichkeiten zum direkten Austausch untereinander und mit den anderen Organisationseinheiten. Unterstützend stehen technische Hilfsmittel wie ein internes Wiki und eine gemeinsame Datenablage zur Verfügung.

Die Mehrzahl der Kommunikationsforen ist nicht „von oben" fest etabliert. Nur die Dienstbesprechung wird vom Bibliotheksdirektor regelmäßig einberufen; Arbeitsgemeinschaften und Projektgruppen entstehen häufig, wenn eine Problemstellung oder ein Vorhaben bei der Dienstbesprechung nicht befriedigend gelöst werden konnte und ein Bedarf gesehen wird, der Sache intensiver nachzugehen. Es ist aber auch durchaus möglich (und gewünscht), solche Initiativen als Fachreferent selbst zu starten: Wer sich z. B. nach dem Erwerb eines Smartphones wünscht, künftig die Notationen in den Präsenzbeständen der Bibliothek als QR-Code ans Regal zu bringen, kann ein Konzept für die Umsetzung entwerfen, überlegen, wer einbezogen werden muss, und dann versuchen, Direktion und Kollegen für die Idee zu begeistern. Wenn dies gelingt und die notwendigen Ressourcen zur Verfügung gestellt werden können, leitet der Initiator normalerweise auch die entstandene Projektgruppe.

Auch die internen Fortbildungen an der UB Mannheim leben zum Teil von der Eigeninitiative der Fachreferenten: Wer eine besondere Erfahrung gemacht oder sich spezielle Kenntnisse angeeignet hat, die auch für die Kollegen relevant sind, kann einen Bericht, einen Vortrag oder eine Schulung planen und die Kollegen dazu einladen. Auf diese Art gab es z. B. im Jahr 2012 die Möglichkeit, an der UB Mannheim etwas über das Bibliothekswesen in der Deutschschweiz oder über die Präsentationssoftware Prezi zu erfahren.

Was ich mit diesen Beispielen zeigen möchte, ist, dass die interne Kommunikationskultur wesentlich davon abhängt, dass die vorhandenen Möglichkeiten auch tatsächlich genutzt und mit Leben gefüllt werden. Dies ist zweifellos eine Frage der Eigeninitiative – aber auch der Verantwortung, die der Einzelne für das Ganze zu übernehmen bereit ist. Fachreferenten spielen an der UB Mannheim hier eine zentrale Rolle und können damit zum Motor für die Entwicklung der Bibliothek werden.

Dies gilt grundsätzlich auch für die externe Kommunikation, die sich insbesondere an die Studierenden und Mitarbeiter der Universität richtet. Die Fachreferenten stehen in regelmäßigem Kontakt mit dem akademischen Personal ihres jeweiligen Fachgebiets: Von den Lehrstuhlinhabern und den Bibliotheks- oder Datenbankbeauftragten über die wissenschaftlichen Mitarbeiter bis hin zu den Sekretären und den studentischen Hilfskräften – die Fachreferenten sind Ansprechpartner für alle Wünsche und Probleme, die mit der Literaturversorgung und dem Bibliotheksbetrieb in Zusammenhang stehen.

Ein erster Kontakt wird häufig im Rahmen eines Begrüßungsgesprächs hergestellt, das von der UB initiiert wird: Alle neu berufenen Professoren werden von der Direktion hierzu eingeladen; die Fachreferenten sind ihrerseits gehalten, die wissenschaftlichen Mitarbeiter, die zur Universität Mannheim wechseln, aktiv anzusprechen und über die Dienstleistungen der Bibliothek zu informieren.

In der Folge gibt es dann eine Fülle von Möglichkeiten, den Kontakt zu intensivieren: Aus einer Liste mit Anschaffungsvorschlägen kann sich ein Gespräch über ein verändertes Forschungsprofil ergeben, aus einem informellen Mittagessen eine Idee für ein gemeinsames Projekt. Sehr wichtig ist außerdem die Kommunikation im Rahmen der Vermittlung von Informationskompetenz für Studierende, die in die Lehrangebote der Fachbereiche eingebunden sind. Hier müssen Ablauf und Inhalte notwendigerweise mit den Fachdozenten abgesprochen werden, sodass beide Seiten voneinander lernen können.

Die Informationskompetenz-Schulungen dienen aber auch dazu, die Fachreferenten bei den Studierenden möglichst frühzeitig bekannt zu machen und die Hemmschwelle zu senken, sie bei Problemen mit der Literaturrecherche und -beschaffung anzusprechen. Selbst wenn nicht alle Studierenden dieses Angebot später wahrnehmen, so bleiben doch die Fachreferenten bei vielen als ein Gesicht der Bibliothek im Gedächtnis.

Natürlich sind nicht alle Anfragen und Wünsche, die an die Fachreferenten herangetragen werden, uneingeschränkt positiv. Nicht jeder Anschaffungswunsch kann erfüllt werden, nicht jede Projektidee lässt sich umsetzen und mancher Studierende fragt lieber bei der Bibliothek statt seine Hausaufgaben selbst zu erledigen.

Gerade in solchen Situationen sind die Fachreferenten als Repräsentanten der Bibliothek gefordert. In dieser Rolle müssen sie zwischen den Bedürfnissen des Umfelds und dem tatsächlichen Leistungsangebot der Bibliothek vermitteln, d.h. entweder die Erwartungen von außen auf das Machbare zurückführen oder aber intern Anstöße geben, um die Bibliothek den Erfordernissen von außen besser anzupassen. Letzteres ist allerdings häufig nicht kurzfristig umzusetzen, daher sind in jedem Fall eine gute Urteilsfähigkeit und Fingerspitzengefühl gefragt, denn gerade die Art, in der negative Botschaften kommuniziert werden, wirkt sich oft auf die langfristige Zusammenarbeit aus.

Das Fachreferat ist also eine verantwortungsvolle Position, da die Fachreferenten eine Schlüsselrolle in der internen und externen Kommunikation der Bibliothek einnehmen. Die Anforderungen an die Fachreferenten liegen jedoch nicht allein im kommunikativen Bereich – es sind auch vielfältige andere Kompetenzen gefragt. Ich möchte dies im Folgenden an zwei Aufgabengebieten zeigen, die ich als typisch für das Fachreferat empfinde: Bestandsaufbau und Projektarbeit.

Fachreferat und Bestandsaufbau

Auch und gerade im Bestandsaufbau entscheiden die Fachreferenten an der UB Mannheim weitestgehend selbstständig – sie sind schließlich die Fachexperten und wissen durch ihren engen Kontakt mit den akademischen Fachbereichen und den Studierenden am besten über die aktuellen Bedürfnisse ihrer Nutzer Bescheid. Sie sind daher auch selbst für die Evaluierung ihres Bestandes und für dessen Anpassung zuständig.[1]

Abgesehen von dem Rahmen durch die Etatverteilung auf die Fachbudgets gibt es keine expliziten inhaltlichen Vorgaben durch die Bibliotheksleitung. Auf ein allgemein formuliertes Erwerbungsprofil oder ein Aussonderungsschema hat die Bibliothek bisher verzichtet, obwohl beides

[1] Für diesen Zweck sind an der UB Mannheim auch die technischen Möglichkeiten geschaffen worden, damit die Fachreferenten Statistiken zu Ausleihen und Vormerkungen jederzeit flexibel aus dem Bibliothekssystem abrufen können. Im Bereich der elektronischen Medien sind für die Aufbereitung der Nutzungszahlen dagegen leider derzeit noch recht umfangreiche Vorarbeiten durch die Medienbearbeitung erforderlich. Durch die Einführung eines Electronic-Resource-Management-Systems sollen die Fachreferenten mittelfristig aber auch hier in die Lage versetzt werden, jederzeit einen flexiblen Zugriff auf die aktuellen Daten zu erhalten.

schon mehrfach diskutiert worden ist. Aus den Diskussionen hat sich aus meiner Sicht jedoch ein allgemeiner Konsens über die Ziele und Aufgaben der eigenen Einrichtung ergeben, aus dem sich die einzelnen Erwerbungsentscheidungen rechtfertigen lassen sollten: So versteht sich die UB Mannheim als eine Gebrauchsbibliothek, die vor allem die Bedürfnisse ihrer primären Nutzer – Wissenschaftler und Studierende der Universität – im Blick behalten muss. Ein abstraktes Sammlungsideal mit Anspruch auf historische Bedeutung wird nicht verfolgt.

Die Fachreferenten versuchen also, mit einem möglichst wirtschaftlichen Einsatz der zur Verfügung stehenden Mittel einen Bestand aufzubauen, der den größtmöglichen Gewinn für die Bibliotheksnutzer verspricht – idealerweise auch auf längere Sicht. Neben einer Fachkompetenz, die es ermöglicht, die Bedürfnisse der Nutzer nachzuvollziehen, und der bereits ausführlich erläuterten kommunikativen Kompetenz benötigen sie dazu noch weitere Kompetenzen.

Zunächst ist hier die Recherche- und Quellenkompetenz zu nennen, die man auch unter dem Begriff Informationskompetenz zusammenfassen kann. In Mannheim ist die Vorakzession ebenfalls Aufgabe der Fachreferenten, sodass neben den üblichen Neuerscheinungsdiensten häufig verschiedene andere Quellen zu Vorauflagen, Verbreitungsgrad, Inhalt und gegebenenfalls auch Lieferbarkeit und Preis herangezogen werden müssen. Erst seit Kurzem gibt es für die Aggregation dieser Informationen an der UB eine technische Unterstützung – ein Instrument, das von einem Fachreferenten aufgrund des erkannten Bedarfs selbst entwickelt wurde. Das Tool bietet eine komfortable Möglichkeit, Inhalts-, Bestands- und Preisinformationen gesammelt abzufragen. Dennoch müssen weiterhin ergänzende Informationen wie etwa Vorauflagen oder die Zugehörigkeit zu einer bestellten Reihe manuell geprüft werden.

Die Medienbearbeiter können zwar bei besonders schwierigen oder aufwändigen Fällen hinzugezogen werden (und sie bemerken außerdem bei der Bestellung die Fehler, die trotzdem manchmal passieren), in der Regel sind jedoch die dort eingehenden Bestellungen bereits so vorgeprüft, dass sie ohne große Verzögerung weiter bearbeitet werden können. Der Geschäftsgang wird dadurch insgesamt beschleunigt.

Für die Fachreferenten bedeutet dies, dass sie auch über eine gute bibliothekarische Kompetenz verfügen müssen. Ausgeprägte Regelwerkskenntnisse sind zwar nicht erforderlich, ein allgemeines Verständnis für die Strukturen der bibliographischen Verzeichnung in den Nachweissystemen der Bibliothekswelt ist jedoch ebenso von Vorteil wie grundlegende Kenntnisse über das Erwerbungswesen in der eigenen Bibliothek.

Dies gilt in noch stärkerem Maße, seitdem die elektronischen Medien – insbesondere E-Books – zum integralen Bestandteil des Erwerbungsprofils geworden sind. Die Entscheidungsmöglichkeiten der Fachreferenten haben sich dadurch potenziert: Es ist nicht mehr allein die Entscheidung zwischen Kauf oder Nicht-Kauf zu treffen (vielleicht noch mit der Alternative, auf eine günstigere Paperback-Auflage zu warten), sondern es ist zu überlegen, ob der neu erschienene Titel vielleicht in einem E-Book-Paket enthalten sein könnte, das schon lizenziert wurde, oder ob zu erwarten ist, dass er in einigen Wochen sowieso im Patron-Driven-Acquisition-Profil des Fachs auftaucht, oder, falls das alles nicht zutrifft, ob er vielleicht trotzdem besser einzeln als E-Book gekauft werden sollte – sofern das denn möglich ist und man vielleicht auch bereit ist, dafür Verzögerungen in Kauf zu nehmen.

Im Kontext der neuen Erwerbungsformen für elektronische Medien ist diskutiert worden, ob die Autonomie der Fachreferenten beim Bestandsaufbau dadurch in Gefahr ist. Meiner Ansicht nach ist dies nicht notwendigerweise der Fall: Setzt man ganz auf Big deals und Patron-Driven-Acquisition-Modelle mit sehr großen Titelpaketen und entsprechend hohen Budgets, mag es zwar nahe liegend sein, die entsprechenden Erwerbungsentscheidungen zu zentralisieren – dies ist jedoch nicht für alle Bibliotheken ein gangbarer und wünschenswerter Weg. Aufgrund schwindender Kaufkraft muss vermutlich vielerorts in Zukunft eher noch stärker selektiv erworben werden. In Mannheim ist daher gerade bei der Einführung eines Patron-Driven-Acquisition-Programms großer Wert darauf gelegt worden, die Fachreferenten einzubinden und die volle Verantwortung für die Einrichtung und Pflege der eigenen Fachprofile bei ihnen zu belassen.[2] Auch jedes grundsätzlich relevante eingehende Paketangebot wird (in aufbereiteter Form) an die zuständigen Fachreferenten zur Entscheidung weitergeleitet.

Vermutlich löst dies nicht unbedingt in jedem Fall Begeisterung aus, denn die Auseinandersetzung mit komplizierten Lizenzmodellen und umfangreichen Titellisten gehört sicher nicht zu den spannendsten Tätigkeiten. Sie ist jedoch notwendig, um Selbstständigkeit und Eigenverantwortung bei der Erwerbungsentscheidung in einem zunehmend komplexen Umfeld zu erhalten.

[2] Zu weiteren Argumenten für diese Entscheidung vgl. Klein, Annette: Wer erwirbt an wissenschaftlichen Bibliotheken? Die Rolle der Nutzer in der Monographienerwerbung. In: Göttker, Susanne; Wein, Franziska (Hrsg.): Neue Formen der Erwerbung. Berlin [u. a.]: De Gruyter 2013 (Reihe Bibliotheks- und Informationspraxis, 47), S. 5–18.

Dies gilt vielleicht sogar in noch stärkerem Maß für die technische Kompetenz, die ebenfalls heute von Fachreferenten gefordert wird. Als ich 2004 an der UB Mannheim angefangen habe, war es noch durchaus üblich, Schlagwörter für den Neuzugang auf Laufzettel zu schreiben, um sie von der Medienbearbeitung eintragen zu lassen. Heute rufen die Fachreferenten bei Eingang einer Bestellung die Titelaufnahme in der Verbunddatenbank auf, ergänzen dort die entsprechenden Kategorien und verknüpfen die passenden Normdatensätze. Außerdem produzieren sie selbst Statistiken aus dem Lokalsystem, bearbeiten diese in einer Tabellenkalkulation nach, berechnen relevante Kennzahlen, arbeiten sich immer wieder in neue Datenbanken und Plattformen ein, pflegen ihre eigenen Fachinformationsseiten im Web, beherrschen mindestens eine Textverarbeitungs- und Präsentationssoftware und kennen sich mit Literaturverwaltungssystemen aus. Sicher habe ich noch einiges vergessen.

Warum ist dies alles überhaupt sinnvoll? Abgesehen davon, dass häufig Effizienzgründe dafür sprechen, reduzieren weitreichende eigene Fähigkeiten und Verantwortlichkeiten aus Sicht der Fachreferenten auch die Abhängigkeit von der Zuarbeit anderer. Alles, was ich selbst kann (und darf), kann (und muss) ich auch selbst organisieren. Das bedeutet nicht, dass es nicht auch legitim ist, Unterstützung einzufordern, wenn dadurch Abläufe insgesamt sinnvoller gestaltet werden können. Grundsätzlich erwächst jedoch gerade aus der besonderen Qualifikation als vielseitige Informationsspezialisten und Fachexperten für die Fachreferenten die Möglichkeit und die Verpflichtung, ihr Aufgabengebiet weitestgehend autonom zu gestalten. Wer hierzu in der Lage ist, besitzt außerdem auch wichtige Voraussetzungen für andere Aufgaben im Management einer Bibliothek und in der Projektarbeit.

Fachreferat und Projektarbeit

Projektarbeit ist heute zweifellos eine weitere Kernaufgabe von Fachreferenten. Ob es um begrenzte, interne Projekte oder um große, drittmittelfinanzierte Vorhaben geht, Fachreferenten sind als Ideengeber, Netzwerker, Antragschreiber, Projektmanager und „Macher“ daran beteiligt. Dies ist nahe liegend, da die Ideen insbesondere für größere, forschungsnahe Projekte häufig durch die Kommunikation mit Wissenschaftlern entstehen, die vor allem von den Fachreferenten geführt wird. Da viele Fachreferenten an der UB Mannheim außerdem eine Position im Bibliotheksmanagement betreuen, sind sie außerdem in diesem Bereich in der Regel gut über neue Entwicklungen und Trends informiert und können so Machbarkeit und Erfolgsaussichten einer Projektidee besser abschätzen.

Gerade bei der Planung und Durchführung eines Projekts sind dann wiederum die Kompetenzen gefordert, die bereits als wesentlich für Fachreferenten herausgestellt wurden: eine gute Kommunikation nach außen und innen sowie die Fähigkeit zur (Selbst-)Organisation. Braucht es darüber hinaus eine eigene wissenschaftliche Betätigung der Fachreferenten? Sollen sie also auch selbst in Projekten forschen? Die Debatte zu dieser Frage hat eine lange und kontroverse Geschichte, die im vorliegenden Band an anderer Stelle ausführlicher beleuchtet wird. Ich möchte jedoch nicht versäumen, meinen persönlichen Standpunkt beizutragen.

In jüngster Zeit ist eine hochschulpolitische Tendenz zu beobachten, Infrastruktureinrichtungen näher an die Wissenschaft zu rücken und das dort beschäftigte Personal als eigenständige Forscher zu betrachten. So geht z.B. der Wissenschaftsrat davon aus, dass „die Qualität der Serviceleistung in einem positiven Zusammenhang mit der eigenen wissenschaftlichen Arbeit der Service leistenden Wissenschaftlerinnen und Wissenschaftler steht.“[3]

Verbessert es jedoch wirklich in jedem Fall die Servicequalität einer Bibliothek, wenn die Bibliothekare (d.h. in erster Linie die Fachreferenten) selbst forschen? Aus eigener Erfahrung möchte ich behaupten, dass dies nicht für jede Art von Forschung an jeder Bibliothek zutrifft. Kein einziger Mannheimer Bibliotheksnutzer würde davon profitieren, wenn ich mich eines Tages doch noch dazu entschließen sollte, die Forschungen am Korpus altfranzösischer Satiren, das ich für meine Dissertation ausgewertet habe, wieder aufzugreifen. Für manche Arten grundlagenorientierter oder theoretisch ausgerichteter Forschung scheint es mir gerade charakteristisch, dass sie zunächst einmal sich selbst genügen muss.

Im Kontext anwendungsorientierter Projekte kann es andererseits durchaus sinnvoll sein, auch Forschungsarbeit an der Bibliothek durchzuführen und gegebenenfalls vorhandene wissenschaftliche Kompetenz des eigenen Personals hierfür zu nutzen. Voraussetzung dafür scheint mir zu sein, dass die Bibliothek unmittelbar von der Forschung profitiert, dass sie also erkennbar der Erfüllung des bibliothekarischen Dienstleistungsauftrags dient. In welchem Umfang eine Einbindung des Stammpersonals überhaupt möglich ist, hängt allerdings auch von der Ausstattung der Bi-

[3] Wissenschaftsrat: Empfehlungen zu Forschungsinfrastrukturen in den Geistes- und Sozialwissenschaften. URL: http://www.wissenschaftsrat.de/download/archiv/10465-11.pdf [Stand 28.02.2013], S. 67.

bliothek, dem Aufgabenspektrum und der Auslastung der Wissenschaftlichen Bibliothekare ab. In einem Modell wie dem der UB Mannheim, das in hohem Maße klassische Fachreferats- und Managementaufgaben verbindet, ist dies nur in begrenztem Umfang realisierbar.

Dennoch haben die Bibliothek und insbesondere ihre Fachreferenten selbstverständlich ihren Platz in praxisbezogenen Forschungsprojekten. Neben ihren organisatorischen Fähigkeiten bringen sie oft Kenntnisse über Prozesse und Verfahren mit, die bei der Umsetzung von Forschungsergebnissen in konkret nutzbare Produkte oder Instrumente unverzichtbar sind. Von der erfolgreichen Implementierung solcher Projekte hängt wiederum wesentlich die Innovationskraft der Einrichtung ab. Auch an dieser Stelle stehen Fachreferenten also in der Verantwortung für die Entwicklung und Zukunft ihrer Bibliothek.

Fazit

Meine Kernthesen zur Rolle der Fachreferenten lassen sich kurz zusammenfassen: Kernkompetenz von Fachreferenten ist meines Erachtens die Verbindung zwischen wissenschaftlicher und (im weitesten Sinne) bibliothekarischer Kompetenz. Ihr Kernauftrag ist die Bereitstellung und Vermittlung der Informationen im eigenen Fachgebiet.[4] Charakteristisch für ihre Aufgabe ist aber auch, dass Fachreferenten an vielen Stellen eigenverantwortlich handeln und damit selbst Akzente in ihrer Arbeit setzen können.

Dies macht aus meiner Sicht auch den besonderen Wert der Fachreferenten für die Bibliothek aus. Ich glaube also, dass sie auch in Zukunft an

[4] Die Formulierung ist bewusst allgemein gewählt, da die Informationen bzw. Inhalte, mit denen wissenschaftliche Bibliotheken operieren, derzeit stark im Wandel begriffen sind. Neben den klassischen Publikationen in gedruckter und elektronischer Form ist beispielsweise auch an Forschungsprimärdaten oder an Open-Access-Publikationen zu denken. Die wesentlichen Handlungsfelder für die Weiterentwicklung der wissenschaftlichen Infrastruktureinrichtungen, die in vielerlei Hinsicht auch die Fachreferatsarbeit betreffen, sind von der Kommission Zukunft der Informationsinfrastruktur der GWK benannt worden: Gesamtkonzept für die Informationsinfrastruktur. Empfehlungen der Kommission Zukunft der Informationsinfrastruktur im Auftrag der Gemeinsamen Wissenschaftskonferenz des Bundes und der Länder in Deutschland. URL: http://www.allianzinitiative.de/fileadmin/user_upload/KII_Gesamtkonzept.pdf [Stand 28.02.2013], S. 25.

Wissenschaftlichen Bibliotheken eine wesentliche Rolle einnehmen können, weil (und wenn)

- sie vielfältig qualifiziert sind,
- sie die Fähigkeit zur Selbstinitiative und Selbstorganisation besitzen, durch die sie ihre eigene Rolle im Sinne der Bibliothek aktiv mitgestalten, und
- sie dadurch dazu beitragen, die Bibliothek als Dienstleistungseinrichtung im wissenschaftlichen Umfeld bestmöglich zu positionieren.

INKA TAPPENBECK UND ACHIM OSSWALD

Fachliche Informationsberatung: Perspektiven für eine Neuorientierung der Fachreferatsarbeit

1. Fachreferat heute und morgen: neue Aufgaben, neue Herausforderungen

War die Fachreferatsarbeit lange Zeit vor allem durch die Aufgabenbereiche des Bestandsaufbaus, der Erschließung und der Informationsvermittlung definiert, hat sich das Feld der Aufgaben durch die „digitale Revolution", insbesondere durch die Entwicklung des Internets, stark verändert und erweitert. Seit dem Ende der 1990er Jahre wurden Subject Gateways, Virtuelle Fachbibliotheken und später Fachportale aufgebaut, wobei die Zuständigkeiten hierfür in erster Linie bei den Fachreferenten der entsprechenden Sondersammelgebiete lagen. Mit dem unter anderem durch die SteFi-Studie[1] initiierten und durch den Bologna-Prozess verstärkten Ausbau von Bibliotheksschulungen zu umfassenden und zum Teil in die Hochschullehre integrierten Modellen einer Teaching Library[2] wurden Fachreferenten unter anderem zu Dozenten für Informationskompetenz. Der Einzug des E-Learnings in die Lehre machte dabei auch vor den bibliothekarischen Schulungsaktivitäten nicht halt; bald galt es, neben den Präsenzschulungen auch fachliche Online-Tutorials zu entwickeln – möglichst multimedial und interaktiv. Die durch die Zeitschriftenkrise und durch die mit dem Internet eröffneten technischen Möglichkeiten entstandenen Entwicklungen im Bereich des elektronischen Publizierens forderten ferner den Aufbau verlegerischer Kompetenzen: Fachreferenten wuchs

[1] Klatt, Rüdiger u.a.: Nutzung elektronischer wissenschaftlicher Information in der Hochschulausbildung. Barrieren und Potenziale der innovativen Mediennutzung im Lernalltag der Hochschulen. Dortmund: Leske + Budrich 2001. URL: http://opus.bsz-bw.de/hdms/volltexte/2004/334/pdf/NutzungwissInfo.pdf [Stand 15.03.2013].

[2] Lux, Claudia; Sühl-Strohmenger, Wilfried: Teaching Library in Deutschland. Vermittlung von Informations- und Medienkompetenz als Kernaufgabe öffentlicher und wissenschaftlicher Bibliotheken. Wiesbaden: Dinges & Frick 2004 (b.i.t.-online Innovativ, 9).

die Aufgabe zu, die neuen Möglichkeiten des elektronischen Publizierens – unter anderem in den verschiedenen Varianten des Open Access – in die Fachbereiche ihrer Hochschulen hineinzutragen. Fachreferenten beteiligten sich vielerorts am Aufbau fachlicher Repositorien und entwickelten Expertise in den vielfältigen technischen, rechtlichen und organisatorischen Fragen des wissenschaftlichen Publizierens. Auch beim Aufbau virtueller Forschungsumgebungen sind Fachreferenten gefragt. Auf der Grundlage ihrer fachlichen und informationswissenschaftlichen Kreuzqualifikation sind sie wichtige Ansprechpartner der Fachwissenschaftler in Fragen des Aufbaus und der Nutzung dieser neuen Instrumente der E-Science. Gleiches gilt für die Etablierung von Infrastrukturen für das professionelle Management von Forschungsdaten. Auch hier ist der Fachreferent in der Pflicht, da er aufgrund seiner fachlichen Qualifikation die spezifischen Bedarfe der Wissenschaftler seines Faches kennt, ihre Wünsche und Anforderungen angemessen interpretieren und in die Entwicklung der technischen Instrumentarien für das Verwalten und Archivieren der Forschungsdaten einbeziehen kann. Dabei bleibt der klassische Aufgabenbereich des Aufbaus und der Pflege bibliothekarischer Bestände bestehen, angereichert um die Einbeziehung einer Vielfalt elektronischer Ressourcen, die in einem extrem heterogenen Marktgefüge beschafft oder lizenziert werden.

Das Fachreferat hat sich damit zu einem komplexen und in vielen Teilaspekten hochspezialisierte Kenntnisse erfordernden Aufgabenkonglomerat entwickelt.[3] Es unterscheidet sich konzeptionell vom klassischen, vor allem durch den Aspekt der Bestandspflege definierten Aufgabenprofil durch die Ausweitung auf Dienstleistungen, die unter dem Begriff der fachlichen Informationsberatung[4] zusammengefasst werden können: Hierzu zählen die Unterstützung der Wissenschaftler beim elektronischen

[3] Vgl. u. a. Enderle, Wilfried: Selbstverantwortliche Pflege bibliothekarischer Bestände und Sammlungen. Zu Genese und Funktion wissenschaftlicher Fachreferate in Deutschland 1909–2011. In: Bibliothek Forschung und Praxis 36 (2012), 1, S. 24–31. Wiederabdruck im vorliegenden Band, S. 47–64; Schröter, Marcus: Fachreferat 2011 – Innenansichten eines komplexen Arbeitsfeldes. In: Bibliothek Forschung und Praxis 36 (2012), 1, S. 32–50; Schibel, Wolfgang: „Fachreferat 2000“. 13 Thesen zur Differenzierung des wissenschaftlichen Bibliotheksdienstes. In: Bibliotheksdienst 32 (1998), 6, S. 1040–1046; Bosserhoff, Björn: Fachreferent – quo vadis? Standortbestimmung eines Berufsbilds. Köln 2008. URL: http://opus.bibl.fh-koeln.de/volltexte/2012/345/pdf/Bosserhoff_Bjoern.korr.pdf [Stand 15.03.2013].

[4] Damit wird das Konzept des Bibliothekars als „information consultant“ (vgl. Murphy, Sarah Anne: The librarian as information consultant. Transforming reference for the information age. Chicago: American Library Association 2011) aufgegriffen und auf den Bereich der Fachreferatsarbeit bezogen.

Publizieren, bei der Verwaltung und Archivierung ihrer Forschungsdaten, beim Aufbau und der Nutzung virtueller Forschungsumgebungen und bei der Vermittlung von Informationskompetenz an die Studierenden, um nur einige der sich deutlich abzeichnenden neuen Aufgabenfelder zu nennen. In all diesen Bereichen sind Fachreferenten aufgrund ihrer wissenschaftlichen Qualifikation unverzichtbar. Sie sollten als Scharnier zwischen Bibliothek und Hochschule agieren, denn sie sprechen die Sprache der Wissenschaftler ihres Faches, kennen dessen Struktur, Terminologie und kulturelle Besonderheiten und werden im Idealfall aufgrund ihrer ausgewiesenen fachlichen Qualifikation von den Wissenschaftlern ihrer Hochschulen als Fachkollegen identifiziert, ernst genommen und einbezogen.[5] Mit dem aus dem angloamerikanischen Raum stammenden – begrifflich allerdings noch sehr unscharfen – Konzept des „embedded librarian"[6] bzw. „liaison librarian"[7] hat diese Idee der Integration des fachlich und informationswissenschaftlich kreuzqualifizierten Bibliothekars in den Wissenschafts- und Forschungsprozess deutlichen Ausdruck gefunden.

Aber wie schlägt sich diese Veränderung der erweiterten Aufgabenstellung von Fachreferenten in der bibliothekarischen Praxis konkret nieder? Wie stark sind Fachreferenten heute bereits aktiv in diese neuen Aufgabengebiete involviert; wie hoch ist der Anteil der klassischen und der neuen Aufgaben innerhalb ihres Tätigkeitsprofils? Und wie ist das Zusammenspiel von Fachreferats- und Managementaufgaben bei denjenigen, die neben dem Fachreferat in ihrer Bibliothek auch Leitungsfunktionen ausüben?

[5] Vgl. auch Schröter, Marcus; Steinhauer, Eric W.: Philologie und Bibliothek – Philologie oder Bibliothek? Das Verhältnis von Fachstudium und Bibliothek als Herausforderung in beruflicher Praxis und bibliothekarischer Ausbildung. In: Lorenz, Bernd (Hrsg.): Bibliothek und Philologie. Festschrift für Hans-Jürgen Schubert zum 65. Geburtstag. Wiesbaden: Harrassowitz 2005, S. 151–178.

[6] Vgl. u.a. Bartnik, Linda u.a.: We will be assimilated: Five experiences in embedded librarianship. In: Public Services Quarterly 6 (2010), 2–3, S. 150–164; Kvenild, Kassandra; Calkins, Kaijsa (Hrsg.): Embedded Librarians. Moving beyond one-shot instruction. Chicago: American Library Association 2011, S. 3–16; Carlson, Jake; Kneale, Ruth: Embedded librarianship in the research context. Navigation new waters. In: College & Research Libraries News 72 (2011), 3, S. 167–170; Drewes, Kathy; Hoffman, Nadine: Academic embedded librarianship. An introduction. In: Public Services Quarterly 6 (2010), 2–3, S. 75–82; Kho, Nancy Davis: Embedded librarianship. Building relational roles. In: Information Today 28 (2011), 3, S. 1–36; Shumaker, David; Talley, Mary: Models of embedded librarianship. A research summary. In: Information Outlook 14 (2010), 1, S. 27–35; Shumaker, David: The Embedded Librarian: Innovative Strategies for Taking Knowledge Where It's Needed. Medford, N. J.: Information Today 2012.

[7] Vgl. u.a. Rodwell, John; Fairbairn, Linden: Dangerous liaisons?: Defining the faculty liaison librarian service model, its effectiveness and sustainability. In: Library management 29 (2008), 1, S. 116–124.

2. Ein Blick in die Praxis

Auf der Suche nach Antworten auf diese Fragen wurde im Frühjahr 2012 an einer nordrhein-westfälischen Universitätsbibliothek eine Befragung der Mitarbeiter des Wissenschaftlichen Dienstes durchgeführt.[8] Von den zwanzig an der Bibliothek tätigen Mitarbeitern des Höheren Dienstes haben sechzehn den Fragebogen vollständig ausgefüllt. Die Befragung erfolgte anonym, sodass keine Rückschlüsse auf einzelne Personen möglich sind.

Erkenntnisziel der Befragung war es, ein genaueres Bild der Verteilung der verschiedenen Aufgabenbereiche des Wissenschaftlichen Dienstes in der bibliothekarischen Praxis zu erhalten. Daher wurden die Mitarbeiter gebeten anzugeben, wie viel Zeit sie auf einzelne Aufgabengebiete verwenden. Die Benennung dieser Aufgabengebiete wurde mit dem Leiter der Bibliothek erarbeitet, sodass gewährleistet war, dass die Mitarbeiter sich mit diesen Tätigkeitsbezeichnungen identifizieren konnten. Die Aufgabengebiete wurden in vier Cluster unterteilt: „Fachreferat", „Management", „Forschung und Entwicklung (Projekte)" sowie „Informationstechnik". Im Cluster „Fachreferat" konnten die Befragten ihre Zeitanteile auf folgende Tätigkeitsbereiche verteilen: Erwerbung/Bestandsaufbau und -pflege, Sacherschließung, Erstellung von fachlichen Informationsmitteln (Websites, Linklisten, Virtuelle Fachbibliotheken, Portale etc.), Vermittlung von Informationskompetenz, fachbezogene Öffentlichkeitsarbeit (Kontakte zu den Fakultäten etc.), Nutzungsevaluationen und Auskunftsdienst an der Theke. Leitungsaufgaben, insbesondere die Leitung von Abteilungen bzw. Dezernaten der Bibliothek, wurden im Cluster „Management" zusammengefasst. Das Cluster „Forschung und Entwicklung" bezog die Mitarbeit in bibliothekarischen Projekten, Planungsaufgaben (z.B. themenbezogene Arbeitsgruppen), wissenschaftliche Publikations- und Vortragstätigkeit sowie die Forschung in Kooperation mit den Fachbereichen ein.[9] Im „IT-Cluster" wurden Tätigkeitsbereiche wie das elektronische Publizieren, Langzeitarchivierung und Forschungsdatenmanagement genannt. Darüber hinaus gab es für die Befragten die Möglichkeit, weite-

[8] Klar ist, dass diese Befragung nur ein Schlaglicht auf die Situation in einer Bibliothek wirft und damit keinerlei Repräsentativität der Ergebnisse für andere Bibliotheken gegeben ist.

[9] Die Forschung in Kooperation mit den Fachbereichen wurde in der Befragung bewusst dem Cluster „Forschung und Entwicklung" zugeordnet, weil sie in dieser Einrichtung nach Auskunft der Bibliotheksleitung nicht als klassische Fachreferatsaufgabe aufgefasst wurde und mit dem Fragebogen keine diesbezüglichen Irritationen erzeugt werden sollten.

re Aufgabengebiete selbst zu benennen. Im zweiten Teil des Fragebogens wurden sie unter anderem gebeten anzugeben, welchem Funktionsbereich der Bibliothek ihre Stelle primär zugeordnet ist (Fachreferat, Abteilungsleitung, Anderes) und ihre wöchentliche Arbeitszeit zu beziffern.[10]

Die Auswertung der Daten ergab folgende Verteilung der wöchentlichen Gesamtarbeitszeit des Wissenschaftlichen Dienstes auf die benannten Aufgabenbereiche:

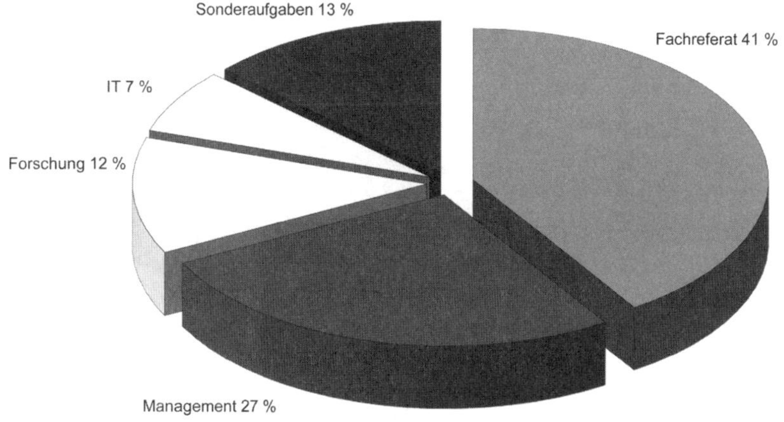

Abb. 1: Verteilung der Aufgabenbereiche des Wissenschaftlichen Dienstes

Die Auswertung zeigt, dass 27 Prozent der wöchentlichen Gesamtarbeitszeit der Mitarbeiter des Wissenschaftlichen Dienstes der befragten Bibliothek (insgesamt 615 Stunden) auf Managementaufgaben entfallen, wobei die Anteile der einzelnen Befragten mit Angaben zwischen „30 Stunden pro Woche" und „1 Stunde pro Woche" stark variieren. Die restlichen 73 Prozent verteilen sich auf die unter den Rubriken „Fachreferat" (41 Prozent), „Forschung und Entwicklung" (12 Prozent), „Informationstechnik" (7 Prozent) und Sonderaufgaben (13 Prozent) zusammengefassten Tätigkeiten.[11]

[10] Auf die mit Befragungen dieser Art stets verbundenen methodischen Probleme wie beispielsweise das Geben sozial erwünschter Antworten etc. wird hier aus Platzgründen nicht näher eingegangen.

[11] Innerhalb des Clusters „Forschung und Entwicklung" gab nur ein einziger Befragter an, in Forschungsaktivitäten der Fachbereiche involviert zu sein, und dies lediglich mit einer Wochenstunde. Insofern stört diese im Sinne des hier vertretenen Verständnisses

Um einen genaueren Eindruck von der Verteilung der Tätigkeiten innerhalb des Aufgabengebietes „Fachreferat“ zu erhalten, lohnt es sich, die Angaben der Befragten in diesem Segment gesondert zu betrachten.

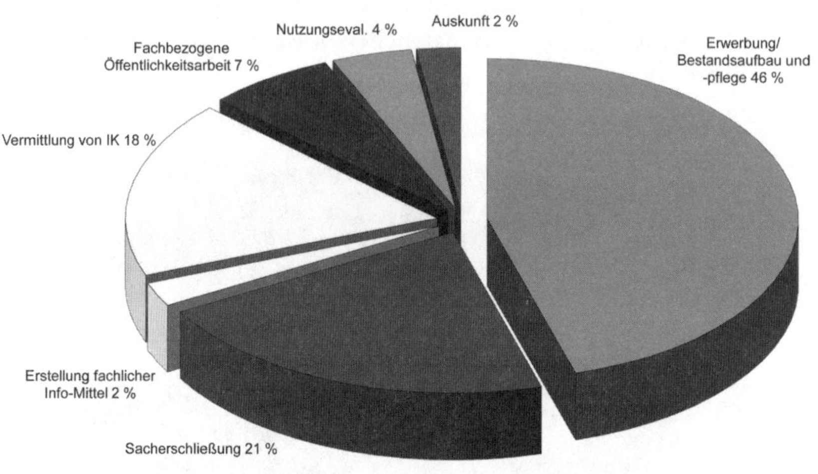

Abb. 2: Verteilung der Aufgaben innerhalb des Clusters „Fachreferat“

Die Grafik zeigt, dass die klassischen Fachreferatsaufgaben wie Bestandsaufbau und Erschließung deutlich dominieren, aber auch das Aufgabenfeld der Vermittlung von Informationskompetenz bereits einen erheblichen Anteil einnimmt.[12] Die fachbezogene Öffentlichkeitsarbeit – das Pflegen der Kontakte zu den Fakultäten – wird in der befragten Bibliothek ebenfalls als Aufgabe im Fachreferat wahrgenommen.

Auch wenn die Befragung nur eine Momentaufnahme der Aufgabenverteilung des Wissenschaftlichen Dienstes in einer einzelnen Bibliothek darstellt, belegt dieses Ergebnis doch, dass Fachreferenten heute bereits einzelne Teilbereiche des Aufgabenkomplexes, der oben unter dem Begriff der fachlichen Informationsberatung beschrieben wurde, wahrneh-

von Fachreferatsarbeit sachlich inkorrekte Zuordnung die Aussagekraft der Gesamtauswertung nicht.

[12] Dies ist insofern besonders hervorzuheben, als die Vermittlung von Informationskompetenz derzeit nach wie vor in der Hauptsache von Mitarbeitern des Gehobenen Dienstes ausgeübt wird. Vgl. Schulungsstatistik NRW 2011. URL: http://www.informationskompetenz.de/regionen/nordrhein-westfalen/schulungsstatistik-2011/ [Stand 15.03.2013].

men. Andere Bereiche sind dagegen in der befragten Bibliothek (noch) nicht etabliert. Keiner der Befragten gab beispielsweise an, im Bereich des Forschungsdatenmanagements aktiv zu sein; nur einer benannte die Forschung in Kooperation mit den Fachbereichen als – wenn auch äußerst geringfügigen – Teil seines Aufgabengebietes.

Korreliert man die Angaben der Befragten zu ihren Tätigkeitsbereichen mit denen zu der primären organisatorischen Zuordnung ihrer Stelle in der Bibliothek (Fachreferat, Abteilungsleitung, Anderes), so ergibt sich ein interessantes Bild: Diejenigen, deren Stelle explizit als Fachreferentenstelle ausgewiesen ist, verwenden signifikant mehr Zeit auf diesen Aufgabenbereich als diejenigen, die zusätzlich zu ihren Fachreferatsaufgaben auch Managementfunktionen innehaben. Diese an sich triviale Erkenntnis, wonach bei gleichbleibendem Zeitkontingent hinzukommende Aufgaben bereits bestehende verdrängen, lässt sich jedoch auch anders interpretieren: als Identifikation von zwei sehr unterschiedlichen Aufgabenprofilen innerhalb des Wissenschaftlichen Dienstes an Bibliotheken – eines mit einem klaren Fokus auf Fachreferatsaufgaben, eines mit einem ebenso klaren Fokus auf Managementaufgaben.

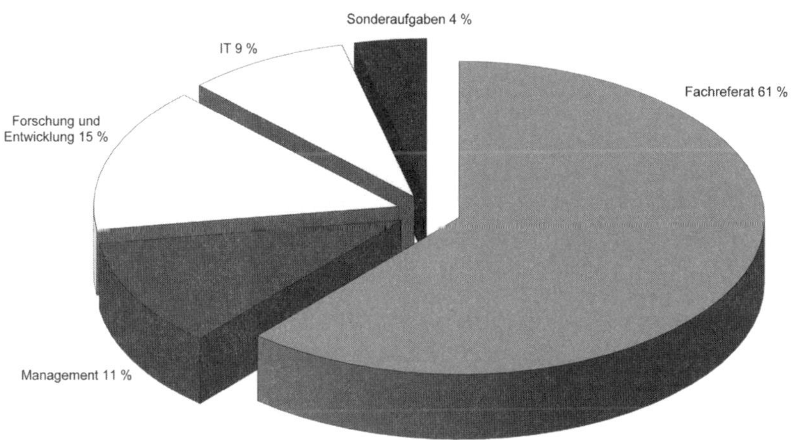

Abb. 3: Aufgabenprofil 1: Fachreferat

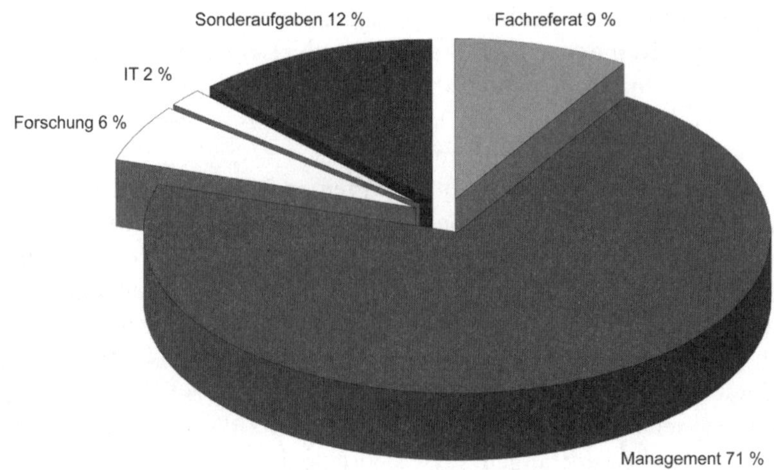

Abb. 4: Aufgabenprofil 2: Management

Da der berufliche Einstieg in den Wissenschaftlichen Dienst an Bibliotheken in der Regel in der Funktion eines Fachreferenten erfolgt und später erst, mit dem Aufstieg in höherbewertete Positionen, Managementaufgaben hinzukommen, ist es unvermeidlich, dass diese neuen Aufgaben die Fachreferatsarbeit in den Hintergrund drängen. Ein Abteilungsleiter muss, will er seinem neuen Aufgabengebiet gerecht werden, seine Aktivitäten in der Fachreferatsarbeit zwangsläufig reduzieren. Einige seiner Fächer werden von Kollegen gegebenenfalls fachfremd mit übernommen werden müssen oder es werden beispielsweise wissenschaftliche Hilfskräfte zur Verstärkung herangezogen. In beiden Fällen geht die Übernahme von Managementaufgaben zulasten der Qualität der Fachreferatsarbeit. Da sowohl die Leitung größerer betrieblicher Einheiten als auch die Fachreferatsarbeit im oben dargelegten Sinn jeweils für sich sehr komplexe Aufgabenfelder sind und spezialisierte Kenntnisse erfordern, die kontinuierlich erweitert werden müssen, stellt sich angesichts dieses Verdrängungszusammenhangs die Frage, ob der „managende Fachreferent" unter den Bedingungen einer zunehmend komplexer werdenden Informationswelt noch eine realistische und zeitgemäße Konzeption darstellt.

3. *Qualifizierungsoptionen*

Für das Institut für Informationswissenschaft der Fachhochschule Köln war die Überlegung nahe liegend, aus dieser – zunächst punktuellen – Bestandsaufnahme curriculare Konsequenzen abzuleiten, da das Institut mit dem berufsbegleitenden Master-Studienangebot MALIS (Master in Library and Information Science)[13] explizit und programmatisch für Aufgaben im Wissenschaftlichen Bibliotheksdienst qualifiziert. Als eine Option, die in der Befragung erkennbar gewordenen Profile des Höheren Dienstes konzeptionell aufzugreifen, entstand die Überlegung, im MALIS-Studium zwei Schwerpunktbereiche „Fachreferat" und „Management" anzubieten. Durch sie sollten sich die Teilnehmer entsprechend ihren Interessen, ihrem Persönlichkeitsprofil und unabhängig von ihrer Vorqualifikation spezialisieren können. So würden auch zwei Affinitätsprofile aufgegriffen werden können, die sich im MALIS-Studium insbesondere im Bereich der Projekte und Abschlussarbeiten[14] gezeigt hatten: Die durch ein Studium der gängigen Wissenschaftsdisziplinen vorqualifizierten Teilnehmer zeigten eine Tendenz zum Profil „Fachreferat", die bibliothekarisch vorqualifizierten Teilnehmer (Bibliothekare mit Diplom- oder Bachelorabschluss) eine zum Profil „Management". Diese informelle und unbeabsichtigte, fachlich jedoch leicht erklärbare[15] Schwerpunktbildung durch die Studie-

[13] MALIS (Master in Library and Information Science) ist ein viersemestriger, seit 2009 berufsbegleitend angebotener Weiterbildungsstudiengang, mit dem sich – entsprechend den Bologna-Reformen – sowohl Absolventen beliebiger Fachstudien (z. B. Diplom, Magister, BA) als auch erfahrene und qualifikationsorientierte Bibliothekare (Diplom, BA) für Tätigkeiten im Wissenschaftlichen Bibliotheksdienst qualifizieren können. Weitere Informationen zum Studiengang, insbesondere zu den Lehrinhalten und den organisatorischen Rahmenbedingungen, werden unter URL: http://malis.fh-koeln.de [Stand 15.03.2013] angeboten.

[14] In den Jahrgängen MALIS 2009 und MALIS 2010 entschieden sich knapp 80 Prozent der bibliothekarisch vorqualifizierten Teilnehmer für Projekte und Abschlussarbeiten aus dem Management-Bereich, während dies nur weniger als 40 Prozent der fachwissenschaftlich vorqualifizierten Teilnehmer taten. Von letzteren wählten dafür knapp die Hälfte fachreferatsbezogene Themen für ihre Projekte und Abschlussarbeiten aus. Für Details zu diesen Affinitätsbildungen im Rahmen von Projekten und Abschlussarbeiten sei auf die Präsentation der Autoren im Rahmen des ULB-Kolloquiums am 27.03.2012 verwiesen, die unter URL: http://docserv.uni-duesseldorf.de/servlets/DocumentServlet?id=21017 [Stand 15.03.2013] (speziell Folie 17) eingesehen werden kann.

[15] Die aufgezeigten Affinitäten der beiden MALIS-Teilnehmergruppen korrespondieren zumindest zum Teil mit ihren dem Masterstudium vorausgehenden Qualifikationen und Erfahrungen: Fachwissenschaftler befassen sich eher mit einem bibliothekarischen Thema, das Bezug zu ihren fachlichen Kenntnissen hat, während die in der Regel perspektivisch um die Übernahme von Leitungsaufgaben bemühten bibliothekarisch vorqualifizierten Teilnehmer sich für den Managementbereich interessieren.

renden selbst sollte durch ein strukturelles Angebot gezielt aufgegriffen werden. So sollte den Teilnehmern die Aneignung von spezieller Expertise entweder für die wissenschaftlich qualifizierte Fachberatung im Sinne des oben ausgeführten umfassenden Verständnisses moderner Fachreferatsarbeit oder für Leitungs- und Führungsaufgaben in Bibliotheken ermöglicht werden.[16]

Die Diskussion dieser Überlegungen mit der bibliothekarischen Praxis[17] zeigte jedoch, dass solche Überlegungen zur Schwerpunktbildung aus unterschiedlichen Gründen auf Ablehnung stoßen. Zentrales Argument war dabei, dass eine „vorratsorientierte" Managementqualifikation von Quereinsteigern mit Fachstudium (analog zu den bisherigen Bibliotheksreferendaren) als nicht sinnvoll erachtet wird. Diese Qualifikation soll aus Sicht der bibliothekarischen Berufspraxis im Bedarfsfall und bei persönlicher Eignung, etwa bei Übernahme von Leitungsaufgaben, durch gezielte, kohärente Weiterbildungsmaßnahmen erfolgen.

Seitens der Berufspraxis wurden in verschiedenen Diskussionen, die gezielt zur gemeinsamen Sondierung eines weiterhin praxisgemäßen MALIS-Curriculums initiiert wurden, zum Teil sehr widersprüchliche Anforderungen an das gewünschte Kompetenzspektrum der Absolventen formuliert. Dies macht deutlich, dass – abhängig von Situation und Aufgaben der jeweiligen Bibliothek – sowohl Bedarf an bibliothekarischen Generalisten als auch an Absolventen für sehr spezialisierte, moderne und in den Bibliotheken bislang nicht hinreichend vertretene Qualifikationen (z. B. in den Bereichen Forschungsdatenmanagement oder Metadaten) besteht.

Für die weiteren MALIS-Planungen wurde daher bis auf Weiteres die Überlegung zur angedachten Schwerpunktbildung in den beiden benannten Bereichen verworfen. Stattdessen wird das Aufgabenspektrum eines modern verstandenen Fachreferats zukünftig noch stärker als bisher in das Curriculum eingebunden. Geklärt werden muss dabei unter anderem, welche anderen Lehrinhalte entsprechend reduziert angeboten werden können.

[16] Seitens insbesondere der bibliothekarisch vorqualifizierten Teilnehmer wurde und wird regelmäßig eine Ausweitung und Vertiefung der Lehrangebote im Bereich Management, insbesondere Personalmanagement und Führungsverhalten, gefordert. Vermutlich fließen hier die beruflichen Vorerfahrungen der Teilnehmer mit problematischen Praxiserfahrungen mit ein.

4. Zwischen Fach und Karriere: das Dilemma der Fachreferenten

Aus Sicht der den Studiengang MALIS anbietenden Hochschule, die ein modernes, den aktuellen Stand der internationalen Fachdiskussion einbeziehendes Curriculum realisieren möchte, provozieren die Wünsche der Berufspraxis ein Dilemma:

Eine vertiefende Schwerpunktsetzung zur Qualifizierung für ein modernes, im Sinne fachlicher Informationsberatung verstandenes Fachreferat, wie es eingangs dieses Beitrags skizziert wurde, entspräche dem von den maßgeblichen Forschungseinrichtungen und Hochschulgremien Geforderten und würde Dienstleistungen sowie Strukturen in den Bibliotheken ermöglichen, die am internationalen Stand orientiert sind. Gleichzeitig aber würden Mitarbeiter, die diesen Weg gehen und ihre Karriereabsichten auf das Ziel „Fachreferat" fokussieren, damit aktuell eine berufliche Sackgasse – zumindest hinsichtlich der Besoldung – ansteuern. Als Voraussetzung für laufbahn- bzw. entgeltgruppenbezogen höherwertige Tätigkeiten (A 14–16 bzw. E 14–15) sind erweiterte Anteile von (Personal-)Managementaufgaben vorgesehen, die unvermeidlich zulasten der intensiven, umfassenden und spezialisierten Fachreferatsarbeit gehen. Tätigkeiten im Bereich des Controllings oder auch eine moderne Personalführung erfordern zeitgemäße Qualifikationen und insbesondere entsprechende Zeitanteile in der täglichen Arbeit. Somit besteht die Gefahr, dass alle diejenigen, die an einer beruflichen Entwicklung entsprechend der angebotenen Karrieremöglichkeiten interessiert sind, Fachreferatsaufgaben nur als Zwischenstufe für höherbewertete Managementaufgaben sehen. Dies aber steht einer professionellen Weiterentwicklung der Fachreferatsarbeit im oben skizzierten Sinne entgegen. Dieses Dilemma verhindert zudem die von Hochschulen und Forschungseinrichtungen in immer stärkerem Maße geforderte umfassende Unterstützung von Wissenschaft und Forschung durch die Bibliotheken in den oben skizzierten Bereichen.[18]

[17] An dieser Stelle möchten die Autoren den Teilnehmern der Diskussionen danken, die sich im Anschluss an den Vortrag beim Kolloquium in der ULB Düsseldorf am 27.03.2012 (URL: http://cms3.rz.uni-duesseldorf.de:10580/home/myulb/news/1332496391 [Stand 15.03.2013]) sowie bei weiteren Gelegenheiten (Treffen der Ausbildungsleitungen an Bibliotheken in NRW; AG der Universitätsbibliotheken des vbnw sowie in persönlichen Gesprächen) zu diesem Vorschlag kritisch und konstruktiv geäußert haben.

[18] „Darüber hinaus müssen die Dienstleistungen für die Forschenden weiter verbessert werden. Forscherinnen und Forscher sollten in jeder Phase ihres Arbeitsprozesses die Unterstützung ihrer Hochschule finden (z.B. bei der adäquaten Präsentation ihrer Forschungsergebnisse)." Aus: Hochschule im digitalen Zeitalter: Informationskompetenz

5. Perspektiven

Die zunehmende Komplexität der Tätigkeiten in Bibliotheken macht – analog zu anderen gesellschaftlichen Bereichen – eine funktionale Differenzierung und arbeitsteilige Spezialisierung gerade der hochqualifizierten Tätigkeitsbereiche notwendig. Die geforderte Professionalisierung der verschiedenen Aufgabenbereiche in der fachlichen Informationsvermittlung, die nötig ist, um in der Konkurrenz der Informationsdienstleister in und außerhalb der Trägerorganisationen bestehen zu können, ist nur durch eine wachsende Arbeitsteilung und Spezialisierung realisierbar. Der Spagat zwischen Fachreferat und Management, der aufgrund der Vorgaben aus Besoldungs- bzw. Entgeltordnung und der daraus entwickelten bisherigen Arbeitsorganisation[19] von Mitarbeitern des Wissenschaftlichen Dienstes gefordert wird, wirkt sich zwangsläufig qualitätsmindernd auf beide Bereiche aus. Verharrt man in diesem Rahmen, wird aus Sicht der Autoren derzeit keine zukunftsorientierte, den professionellen Herausforderungen adäquate Lösung erkennbar.

Insofern wäre zu prüfen, inwieweit die von den Autoren vorgeschlagene und im Kontext der Bologna-Reformen möglich gewordene Alternative einen Ausweg aus dem genannten Dilemma aufzeigt, der einer zukunftsgerichteten Auslegung der besoldungs- und tarifrechtlichen Tätigkeitsmerkmale den Weg ebnet: Fachreferenten sollte die Möglichkeit geboten werden, sich ohne Einbußen an Einkommen und Status kontinuierlich und zielgerichtet für das wachsende Spektrum fachbezogener Aufgaben zu qualifizieren und zu engagieren. Es ist nicht hinnehmbar, dass die Übernahme von inhaltlich anspruchsvollen und komplexen Aufgaben, die zudem eine umfassende wissenschaftliche Qualifikation voraussetzen, geringer bewertet wird als Verwaltungs- und Managementaufgaben. Gleichzeitig sollten sich die Fachreferenten, die ihren Schwerpunkt eher im Bereich des Managements sehen, auch hierfür bedarfsgerecht qualifizieren können, etwa mittels Weiterbildungsangeboten. Andererseits könnte ein Teil der Verwaltungs- und Managementaufgaben wie die Leitung von Abteilungen oder Dezernaten auf diplomierte, bibliothekarische Fachkräfte mit zusätzlichem LIS-Masterabschluss übertragen und damit deren jahrelang

neu begreifen – Prozesse anders steuern. Empfehlung der Hochschulrektorenkonferenz vom 20.11.2012. URL: http://www.hrk.de/themen/hochschulsystem/arbeitsfelder/informationskompetenz/ [Stand 07.11.2013].

[19] Zu prüfen wäre, inwieweit hier nicht auch Alternativen zur bisherigen Praxis in den Bibliotheken realisierbar wären, ohne den besoldungs- und entgeltordnungsbezogenen Rahmen zu verlassen.

gewachsene operative Erfahrungen und Kompetenzen für die Bibliotheken im Rahmen einer angemessenen beruflichen Entwicklung produktiv gemacht werden. So könnte eine schon zu Beginn der Bologna-Reformen im Jahr 2000 ergangene Prognose und Empfehlung der Kultusministerkonferenz aufgegriffen werden, die schon damals auf die Widersprüche zwischen herkömmlichem Laufbahn- und Tarifsystem einerseits und dem neuen, Bologna-basierten Graduierungssystem hinwies.[20]

Wünschenswert wäre im Interesse der Bibliotheken, ihrer Mitarbeiter und nicht zuletzt ihrer Klientel, dass ein Weg gefunden wird, der beides ermöglicht: eine attraktive berufliche Perspektive und Karriere sowohl für diejenigen, die sich im Bereich einer Fachreferatsarbeit engagieren, die dem Anspruch einer umfassenden fachlichen Informationsberatung der Wissenschaftler und Forscher gerecht wird, als auch für diejenigen, die Managementaufgaben übernehmen.

[20] „Die Kultusministerkonferenz weist darauf hin, dass sich das herkömmliche Laufbahn- und Tarifsystem bei der Realisierung der bildungspolitischen Ziele, die mit der Einführung des neuen Graduierungssystems verbunden sind, als hinderlich erweist. Sie [die KMK; die Verf.] geht daher davon aus, dass mittelfristig die Differenzierung in die Laufbahnen des gehobenen und des höheren Dienstes entfällt und dass allen Hochschulabsolventen mit einer mindestens dreijährigen Ausbildung die gleichen Chancen beim Zugang zum öffentlichen Dienst eingeräumt werden. Es ist Aufgabe der einstellenden Behörden, je nach den Anforderungen der zu besetzenden Stelle über die Einstellung der Hochschulabsolventen ausschließlich nach deren Eignung, Leistung und fachlicher Befähigung zu entscheiden." Aus: „Laufbahnrechtliche Zuordnung von Bachelor-/Bakkalaureus- und Master-/Magisterabschlüssen gem. § 19 HRG – Beschluss der Kultusministerkonferenz vom 14.04.2000. URL: http://www.kmk.org/fileadmin/veroeffentlichungen_beschluesse/2000/2000_04_14-Laufbahn-Zuordnung-Bachelor-Master.pdf [Stand 15.03.2013].

MICHAEL GOLSCH

Ökonomisierung der Bibliothek? Eine Standortbestimmung der SLUB Dresden

Die Berufsbilddebatte als Selbstvergewisserung

Wohl keine Berufsgruppe hat sich so erschöpfend mit ihrem Berufsbild beschäftigt wie die der Wissenschaftlichen Bibliothekare. Allein die Beiträge der jüngeren Vergangenheit hierzu sind Legion.[1]

Wenn wir Bibliothekare uns zur Zukunft unseres Berufsstandes äußern, dann tun wir dies nicht selten aus einer defensiven Haltung heraus. Wir konzidieren dabei selbstverständlich die grundlegenden Veränderungen der Bibliotheken durch Internet und digitale Revolution einschließlich der damit für uns verbundenen berufspraktischen Herausforderungen – um im selben Atemzug zu beteuern, dass Bibliothekare natürlich auch in Zukunft gebraucht würden. Das geschieht nicht selten geradezu beschwörend; manche Beiträge erinnern sogar an das berühmte „Pfeifen im Walde".[2] Bewusst provokativ gefragt: Sind wir uns unserer Sache wirklich so sicher? Fürchten wir nicht mitunter, dass man im Zeitalter des Social Web, der Patron Driven Acquisition, des Data Minings und neuer, verlagsgetriebener Ausleihmodelle für E-Books (um nur einige Beispiele zu nennen) möglicherweise ganz gut ohne uns auskommen könnte?

Das Berufsbild drückt die innere Identifikation der betreffenden Berufsgruppe ebenso aus wie deren Reflektion von außen. Für die Zukunft des jeweiligen Berufs sind beide Aspekte gleichermaßen wichtig. Eine Berufsgruppe, deren Insider sich über die Essentials ihres gesellschaftlichen Auftrags erkennbar nicht einig sind, schädigt sich selbst. Sie provoziert

[1] Pars pro toto sei hier auf die sogenannte Wieder-Buzás-Kontroverse verwiesen (vgl. den zusammenfassenden Beitrag von Sven Kuttner in diesem Band, S. 65–80) ebenso auf die 1998 in der Zeitschrift „Bibliotheksdienst" zwischen Helmut Oehling, Peter te Boekhorst, Harald Buch, Klaus Ceynowa und Uwe Jochum geführte Debatte. Einen umfassenden Überblick zur Berufsbilddiskussion der letzten 200 Jahre bietet Björn Bosserhoffs 2008 an der FH Köln vorgelegte Masterarbeit „Fachreferent – quo vadis? Standortbestimmung eines Berufsbilds. Köln 2008. URL: http://opus.bibl.fh-koeln.de/volltexte/2012/345/pdf/Bosserhoff_Bjoern.korr.pdf [Stand 02.04.2013].

bei den Outsidern ein Negativ-Image, das sich in Form von mangelnder öffentlicher Anerkennung in Beschäftigungsverhältnissen und Vergütungsstrukturen niederschlägt. Daraus resultierende Nachteile bei der Nachwuchsrekrutierung können im schlimmsten Fall irreversibel in eine Abwärtsspirale münden.

Dabei sehen sich Bibliothekare offenbar mehr als andere Berufsgruppen mit schädlichen Klischees konfrontiert, die von ihrem Selbstkonzept erheblich abweichen.[3] Eine vor diesem Hintergrund beharrlich geführte Berufsbilddebatte mag zwar der Selbstvergewisserung dienen, ist aber insgesamt kritisch zu sehen, zumal bahnbrechende neue Erkenntnisse nicht zu erwarten sind. Der ihr innewohnende, bereits 1952 von Georg Leyh[4] formulierte Zielkonflikt des Höheren Bibliotheksdienstes ist längst hinreichend beleuchtet. Er verläuft in unterschiedlich starker Ausprägung zwischen wissenschaftlich motiviertem Fachreferat einerseits und auf effiziente Betriebssteuerung ausgerichtetem Bibliotheksmanagement andererseits. Ein ausgleichendes Patentrezept gibt es offenkundig nicht.

Institutionenspezifische Lösungen zur Personalentwicklung des Wissenschaftlichen Bibliotheksdienstes finden sich jedoch im Kontext mit den strategischen Zielen und deren Umsetzung in den einzelnen Häusern. Deren Aufgabenportfolio, Marktposition und Entwicklungsziele beeinflussen ganz konkret Tätigkeitsfelder, Einstiegs- und Aufstiegschancen für den akademischen Dienst und für alle Beschäftigten. Es lohnt daher, sich dem Thema auf dieser Ebene zu nähern. Im Folgenden soll dieser Ansatz auf der Basis von fünf Thesen und am Beispiel der Sächsischen Landesbibliothek – Staats- und Universitätsbibliothek Dresden näher erläutert werden. Der Verfasser greift dabei auf einen Vortrag zurück, den er am 27. März 2012 beim Kolloquium „Fachreferat heute – im Spannungsfeld zwischen Wissenschaft und Verwaltung“ an der ULB Düsseldorf gehalten hat.[5]

[2] Siehe dazu beispielsweise einige Repliken in der 2011 von der Kommission Fachreferatsarbeit des VDB initiierten Umfrage „Fachreferat gestern – heute – morgen“, die Marcus Schröter beim Berliner Bibliothekartag in der Session „Mensch gegen Maschine? Zur Zukunft des wissenschaftlichen Bibliotheksdienstes“ vorgestellt hat: Schröter, Marcus: Fachreferat 2011 – Innenansichten eines komplexen Arbeitsfeldes. In: Bibliothek Forschung und Praxis 36 (2012), 1, S. 32–50.

[3] Vgl. dazu Lochner, Elisabeth von: Farblos, verstaubt, verschroben? Die Fremdcharakterisierung des Bibliothekars im Kontrast zum Selbstverständnis. Berlin: Institut für Bibliotheks- und Informationswissenschaft der Humboldt-Universität zu Berlin 2010 (Berliner Handreichungen zur Bibliothekswissenschaft, 236).

[4] Leyh, Georg: Die Bildung des Bibliothekars. Kopenhagen: Ejnar Munksgaard 1952 (Library Research Monographs, 3).

[5] Die Vortragspräsentation ist unter URL: http://de.slideshare.net/Golsch/oekonomisierung-der-bibliothek abrufbar [Stand 01.03.2013].

1. These: Bibliotheken sind Betriebe. Wir müssen sie betriebswirtschaftlich führen.

Ökonomisierung versus betriebswirtschaftliche Vernunft

„Ökonomisierung“ ist negativ belegt. Zu Recht, wenn wir darunter nicht nur die Ausdehnung marktwirtschaftlicher Perspektiven auf eher marktferne Bereiche verstehen, sondern damit auch die Verabsolutierung der Marktgesetze von Angebot und Nachfrage verbinden. Eine solche „Unterwerfung sozialer, politischer und natürlicher Verhältnisse unter das ökonomische Prinzip“ (Elmar Altvater)[6] führt in direkter Linie zum abstrakten homo oeconomicus und generiert zumindest suboptimale Ergebnisse. Im Extremfall versagen die vom ökonomischen Primat derart dominierten Systeme, weil sie ihren eigentlichen Aufgaben nicht mehr nachzukommen vermögen. Systemtheoretiker begründen dies mit Verschiebungen der Selbst- und Fremdreferenz als Folge unzulässig aufgehobener Systemgrenzen.[7] Würde man beispielsweise Bibliotheken Gewinnmaximierung als ein Gesetz des Marktes oktroyieren, dann zerbrächen sie an dieser Fremdbestimmung, weil ihre Eigenreferenz keinen Raum mehr fände. Ökonomie als Selbstzweck führt zum Kollaps.

Schlichte Wirtschaftlichkeit im Umgang mit knappen Ressourcen aller Art hat jedoch mit Ökonomisierung nichts zu tun. Sie ist vielmehr aus Effizienzgründen geboten. Schließlich leben wir nicht im Schlaraffenland, sondern unterliegen stets dem Gesetz der Knappheit aller Güter. Zur Selbstreferenz der öffentlichen Hand zählt daher auch die notwendige Klarheit darüber, ob und in welchem Umfang die jeweiligen Leistungen am dafür bestehenden Markt nachgefragt werden. Der Schweizer Sozialwissenschaftler Allessandro Pelizzari spricht in diesem Zusammenhang von der „Übernahme marktpreissimulierter Kosten-Ertrags-Kalküle“ mit dem Ziel, „die Qualität öffentlicher Dienstleistungen zu verbessern und gleichzeitig deren Produktionskosten zu senken.“[8] Betriebswirtschaftliche

[6] Altvater, Elmar: Die Welt als Markt? In: Müller, Florian; Müller, Michael (Hrsg.): Markt und Sinn. Dominiert der Markt unsere Werte? Frankfurt am Main: Campus 1996, S. 19–43.

[7] Siehe z.B. die Systemtheorie von Niklas Luhmann und darauf aufbauend König, Franz Kaspar: Die Ökonomisierung der Gesellschaft. Systemtheoretische Perspektiven. Bielefeld: transcript 2007.

[8] Pelizzari, Allessandro: Die Ökonomisierung des Politischen. New Public Management und der neoliberale Angriff auf die öffentlichen Dienste. Konstanz: Universitätsverlag

Vernunft ist demnach auch für die öffentliche Hand eine steuerungsrelevante Erfolgsgröße. Diese Erkenntnis aus dem New Public Management[9] gilt für Bibliotheken gleichermaßen. In Deutschland vorwiegend durch das Neue Steuerungsmodell[10] rezipiert, fokussiert sie auf den Dienstleistungs-Output in Relation zum dafür erforderlichen Ressourceneinsatz.

Nicht nur Bibliothekare[11] schließen zuweilen vorschnell und durchaus reflexartig von betriebswirtschaftlicher Vernunft auf „Neoliberalismus", der im Mainstream der öffentlichen Meinung leider weithin diskreditiert ist. Die damit verbundenen begrifflichen Fehlinterpretationen – in Abgrenzung zum liberalen Prinzip des Laissez faire stehen der Neoliberalismus bzw. der in Deutschland durch Wilhelm Röpcke und Walter Eucken repräsentierte Ordoliberalismus ursprünglich gerade für marktwirtschaftliche Rahmenbedingungen als Basis einer freiheitlichen, auf umfassenden Wohlstand ausgerichteten Grundordnung – können hier nicht diskutiert werden.

Festzuhalten bleibt jedoch an dieser Stelle: Bibliotheken sind zur Benutzung bestimmt. Das ist ihr ureigener Zweck als dienstleistende Institutionen. Ihr Output ist in Form konkreter Serviceleistungen ebenso messbar wie der dafür erforderliche Einsatz von Arbeitszeit, Geld und anderen Ressourcen. Aus betriebswirtschaftlicher Sicht sprechen wir dabei von Produktionsfaktoren, die in unterschiedlicher Weise kombiniert werden,

Konstanz 2001, S. 58. Ebenso ‚Ökonomisierung' im Wörterbuch der Sozialpolitik. URL: http://www.socialinfo.ch/cgi-bin/dicopossode/show.cfm?id=442 [Stand 01.03.2013].

[9] Das New Public Management hat sich in den achtziger Jahren des 20. Jahrhunderts zunächst in Großbritannien und den USA unter den wirtschaftsliberalen Regierungen Margret Thatchers und Ronald Reagans als Reaktion auf die seinerzeitige Wirtschaftskrise herausgebildet. Es bezeichnet die Einführung privatwirtschaftlicher Managementtechniken in der öffentlichen Verwaltung mit dem Ziel, deren Effizienz zu steigern. Aus der Fülle der einschlägigen Literatur bieten einen guten Einstieg: Schedler, Kuno; Proeller, Isabella: New Public Management. 4. Aufl. Bern [u. a.]: Haupt 2009.

[10] Das Neue Steuerungsmodell (NSM) bezeichnet die konsequent outputbezogene betriebswirtschaftliche Steuerung von Institutionen über konkrete Produkte, für die notwendige Ressourcen definiert und im Contracting mit den Finanziers verhandelt werden. Zunächst als „Tilburger Modell" durch die Kommunale Gemeinschaftsstelle für Verwaltungsmanagement (KGST) in den kommunalen Gebietskörperschaften eingeführt, hat sich das Neue Steuerungsmodell inzwischen auch in den deutschen Landesverwaltungen weitgehend etabliert. Zum praktischen Bibliotheksbezug siehe Flemming, Arend: Öffentliche Bibliotheken in der Kommunalen Verwaltungsreform. In: Das Bibliothekswissen. Erfolgreiches Management von Bibliotheken und Informationseinrichtungen. URL: http://www.dasbibliothekswissen.de/Ver%C3%A4nderungsmanagement%3A-%C3%96ffentliche-Bibliotheken-in-der-kommunalen-Verwaltungsreform.html [Stand 17.03.2013].

[11] Z. B. jüngst Uwe Jochum mit seiner Polemik am Rande des 5. Kongresses Bibliothek & Information Deutschland „Wissenswelten neu gestalten" (11.–14. März 2013): Datengeschenke. In: b.i.t online Kongress-News vom 12. März 2013, S. 4. URL: http://www.b-i-t-online.de/daten/leipzig2013/KN_2_Leipzig_2013.pdf [Stand 12.05.2013].

und zu denen auch der notwendige Overhead (Leitung, Führung, Planung, Controlling) als sogenannter dispositiver Faktor zählt.[12] Die klassische Definition eines Betriebes als „planvoll organisierte Wirtschaftseinheit, in der Produktionsfaktoren kombiniert werden, um Güter und Dienstleistungen herzustellen und abzusetzen“[13], lässt sich damit auch auf Bibliotheken anwenden – allerdings ergänzt um den wichtigen Zusatz „non profit“.

Aufgabenportfolio und Leistungsstand der SLUB Dresden

Die Sächsische Landesbibliothek – Staats- und Universitätsbibliothek Dresden (SLUB) hat diese Prämisse zu einer Grundlage ihres Handelns erhoben. In den Prozessroutinen wie bei der Entwicklung neuer Serviceleistungen setzt die Bibliothek seit Langem erfolgreich auf betriebswirtschaftliche Effizienz. Sie rangiert bei allen wichtigen Kennziffern kontinuierlich unter den Top Five der deutschen Wissenschaftlichen Bibliotheken[14] und hat sich damit in den letzten Jahren vermehrt nationale Sichtbarkeit wie auch internationale Strahlkraft erarbeitet.

Der Leistungsauftrag der SLUB weist eine in der Bundesrepublik Deutschland einzigartige Breite auf. Die SLUB ist:

- Universitätsbibliothek der Technischen Universität Dresden (rd. 37.000 Studierende und 6.000 Beschäftigte),
- klassische Landesbibliothek mit den Aufgaben des Sammelns und Verzeichnens von Medien aus und über Sachsen sowie
- Staatsbibliothek mit Service- und Koordinierungsfunktionen für die Bibliotheken im Freistaat Sachsen.

Für die zur Volluniversität ausgebaute TU Dresden (seit 2012 Exzellenzuniversität) ist die SLUB ein essentieller Standortfaktor der Informationsinfrastruktur. Das spiegelt sich in der umfassenden Versorgung mit

[12] Vgl. beispielsweise Freidank, Carl-Christian; Velte, Patrick: Kostenrechnung. Einführung in die begrifflichen theoretischen, verrechnungstechnischen sowie planungs- und kontrollorientierten Grundlagen des innerbetrieblichen Rechnungswesens. 8. Aufl. München: Oldenbourg 2008.

[13] Wöhe, Günter; Döring, Ulrich: Einführung in die allgemeine Betriebswirtschaftslehre. 24. Aufl. München: Vahlen 2010, S. 27.

[14] Deutsche Bibliotheksstatistik (DBS). URL: http://www.hbz-nrw.de/angebote/dbs/ [Stand 20.03. 2013].

Medien ebenso wider wie im zugehörigen Informationsmarketing und im breiten Spektrum zusätzlicher Dienstleistungen innerhalb der Forschungsinfrastruktur der Universität. Dazu zählen beispielsweise die Unterstützung der universitären Open-Access-Strategie, die Entwicklung und das Hosting von Publikationswerkzeugen, bibliometrische Services und die nicht nur für ausländische Studierende wichtige semantische Suche im SLUB-Katalog (SLUBsemantics). Beim Aufbau der elektronischen Langzeitverfügbarkeit digitaler Objekte kooperieren die Bibliothek und das Zentrum für Informationsdienste und Hochleistungsrechnen (ZIH) der Technischen Universität Dresden ebenfalls eng.

Die Bestandsentwicklung im Bereich der landeskundlichen Dokumente und der Pflichtmedien gehört zu den profilbildenden Basisaufgaben der SLUB. Bei den sächsischen Verlagspublikationen erreicht die Bibliothek kontinuierlich 100 Prozent Marktdurchdringung. Bei der weit schwerer zu beschaffenden „grauen Literatur" außerhalb des Buchhandels liegt die Quote ebenfalls seit Langem bei achtbaren 70 Prozent. Eine Herausforderung der kommenden Jahre wird es sein, den auch in diesem Segment bereits spürbaren Medienwandel als Landesbibliothek proaktiv zu gestalten.

Mit den sächsischen Hochschulbibliotheken wirkt die SLUB in einem kooperativen Leistungsverbund[15] eng zusammen, der sich beispielsweise im von der SLUB geführten Erwerbungskonsortium und in zentralen Dienstleistungen für die Hochschulbibliotheken in Sachsen[16] manifestiert. Mit ihrem staatsbibliothekarischen Portfolio, zu dem auch Consulting-Leistungen gehören, strahlt die SLUB inzwischen auf den mitteldeutschen Raum und zunehmend auch bundesweit aus.[17]

Ihre bisherigen Erfolge hat die SLUB mit einer konsequenten Fokussierung auf unternehmerische Wachstumsziele erreicht. Dieser Stand ist umso bemerkenswerter, als er unter anerkannt schwierigen Rahmenbedingungen[18] erarbeitet wurde. Durch den bis Ende 2010 ungebremst an-

[15] Sächsisches Hochschulfreiheitsgesetz (SächsHSFG), § 93.

[16] Pars pro toto: Databases on Demand®. URL: http://www.dbod.de/ [Stand 02. 04.2013]. Quality Content of Saxony (Qucosa®). URL: http://www.qucosa.de/startseite/ [Stand 02.04.2013].

[17] Beispiele sind das gemeinsame Beuth-Konsortium mit den Thüringer Hochschulbibliotheken, DBoD®-Anwendungen in Thüringen und Brandenburg, die Implementierung von SLUBsemantics in der UB Mannheim sowie bibliotheksstrategische und produktbezogene Consultings im gesamten Bundesgebiet.

[18] Dazu liegen einschlägige Gutachten von Elmar Mittler (Göttingen, 2008), der WIBERA Wirtschaftsberatung AG (Dresden, 2008) und der Syncwork AG (Berlin/ Dresden, 2011) vor.

	2012	2011	2010	2009
Bestand (Bände)	5.187.780	5.081.805	4.989.600	4.900.139
Bilddokumente der Deutschen Fotothek	3.612.007	3.405.300	3.364.000	3.224.000
Benutzerarbeitsplätze	2.203	2.203	2.175	2.150
Entleihungen	2.168.785	2.244.338	2.383.407	2.385.158
Downloads (elektronische Volltexte)	3.003.476	2.722.064		
Aktive Benutzer	45.175	48.403	50.028	49.818
Angemeldete Benutzer p.a.	76.839	74.718	73.665	72.707
Benutzerneuaufnahmen	15.220	14.378	13.931	14.921
Bibliotheksbesuche	2.358.324	2.244.537	2.042.869	1.843.945
Neuzugang (Bände)	105.975	107.491	103.461	109.239
Laufende Zeitschriften insgesamt	18.899	17.577	16.953	15.659
Kaufzeitschriften (Print)	5.734	6.022	6.010	6.031
Digitalisierungsleistung (Images)	2.723.082	3.068.254	2.332.757	981.169
Dokumente in der Bilddatenbank der Deutschen Fotothek	1.385.638	1.321.000	1.085.000	1.016.000
Gesamtausgaben (€)	27.711.893	26.581.000	26.693.000	26.806.000
Erwerbungsetat (€)	7.911.125	8.004.000	7.856.500	8.046.000
Personaletat (€)	14.410.356	14.485.000	14.776.000	14.327.000
Drittmittel (€)	4.297.341	3.135.000	2.843.000	3.103.000
Verhältnis Erwerbungsetat zu Gesamtetat (in %)	28,5	30,1	29,9	30,0
Verhältnis Erwerbungsetat zu Personaletat (in %)	54,9	54,6	51,3	56,1
Erwerbungsmittel pro aktivem Benutzer (€)	175	165	157	161
Neuzugang pro aktivem Benutzer (Bände)	2,3	2,2	2,1	2,2
Ausgaben für die Lehrbuchsammlung pro Studierendem der TU Dresden (€)	8,11	9,10	9,51	9,23
Personalstellen zum 31.12.	269	271	274	290
Drittmittelstellen zum 31.12.	48	40	38	41
Laufende Drittmittelprojekte	17	15	15	16

Mitarbeiter inklusive Projektmitarbeiter	418	405	407	410
Neuzugang pro Personalstelle im Monografiengeschäftsgang (Bände)	3.243	3.389	3.324	2.965
Entleihungen pro Personalstelle Abt. Benutzung	38.728	40.077	44.169	40.876

Leistungskennzahlen der SLUB Dresden, 2009–2012

haltenden Personalabbau verlor das Haus in zehn Jahren 129 Stellen bzw. 32 Prozent seiner Kapazität. Ein parallel dazu verhängter grundsätzlicher Einstellungsstopp führte zu einem Durchschnittsalter der Beschäftigten von zeitweise 49 Jahren. Hinzu kamen kamerale Restriktionen, aus denen gravierende Wettbewerbsnachteile gegenüber anderen deutschen Großbibliotheken resultierten. Vor diesem Hintergrund setzte jede bibliothekarische Innovation zunächst das Erwirtschaften geeigneter Effizienzrenditen voraus. Beharrliche Prozessoptimierung einschließlich des zugehörigen Outsourcings und das umfassende Denken in Kosten- und Ertragsdimensionen waren hierfür unabdingbar.

Mit der Einführung des Neuen Steuerungsmodells im Januar 2012 hat die SLUB ihr Bibliothekscontrolling weitergeführt und zu einer Outputsteuerung für die gesamte Bibliothek ausgebaut. Gegenüber den bisherigen weitgehend unverbundenen Einzellösungen erweist sich das Neue Steuerungsmodell dank vielfältiger systemimmanenter Synergien und einer signifikant höheren Genauigkeit als überlegen. Letztere resultiert insbesondere aus der kontinuierlichen produktbezogenen Zeiterfassung aller Beschäftigten.

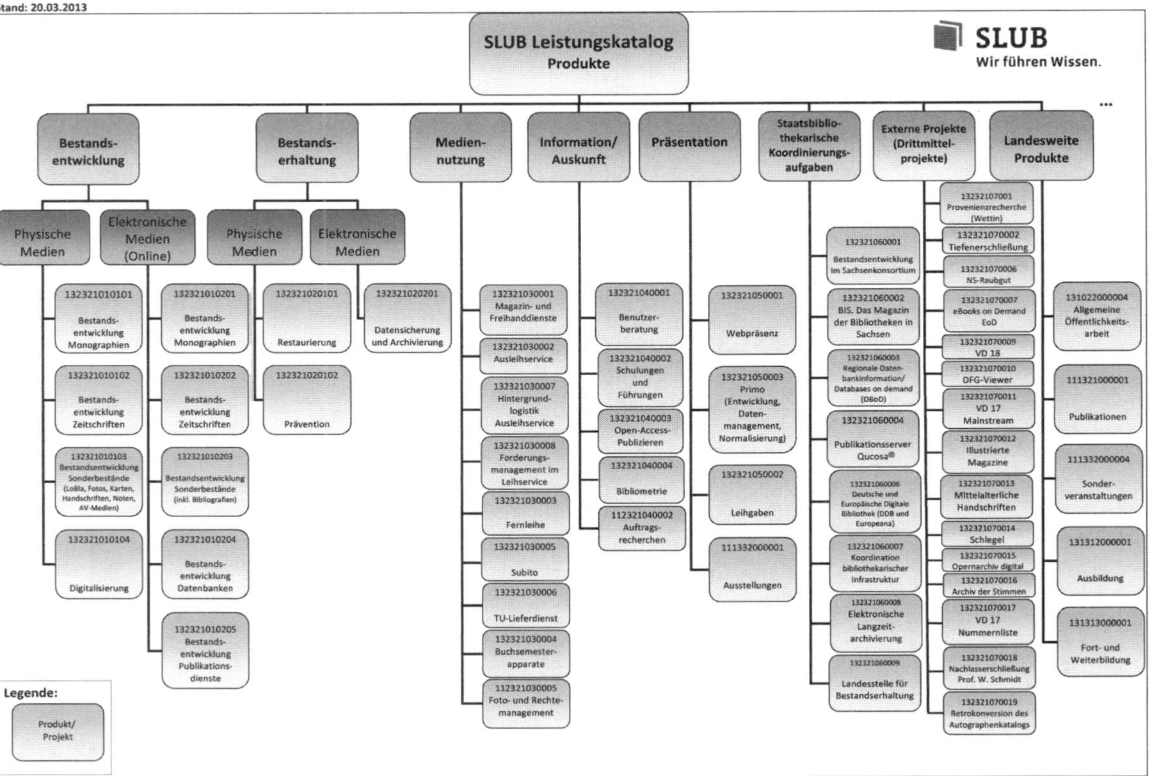

Bibliotheksspezifische Produkte der SLUB Dresden, Neues Steuerungsmodell (Stand März 2013) ©SLUB Dresden

Produkt	Menge	Produktkosten	Stückkosten
Magazin- und Freihanddienste (ohne Freihandrevision)	1.107 Tsd. Vorgänge	1.595 Tsd.€	1,44 € je Vorgang
Ausleihservice (Entleihungen, Rückgaben, Verlängerungen, Rückgaben, Hintergrund-logistik)	3.842 Tsd. Vorgänge	2.902 Tsd. €	0,75 € je Vorgang
Lieferservice (inkl. Fernleihe)	105 Tsd. Bestellungen	1.274 Tsd. €	12,13 € je Bestellung
Bereitstellung von Buchsemester- und Handapparaten	3,9 Tsd. Exemplare	81 Tsd. €	20,77 € je Exemplar
Foto- und Rechtemanagement	22,7 Tsd. Vorgänge	633 Tsd. €	27,88 € je Vorgang
Benutzerberatung (Auskünfte aller Art)	89 Tsd. Auskünfte	2.495 Tsd. €	28,04 € je Auskunft

Stückkosten (Vollkosten) für ausgewählte Produkte der SLUB Dresden 2012, Neues Steuerungsmodell

Im Berichtswesen ist ein monatliches Reporting implementiert, das allen Mitarbeitern im Intranet der Bibliothek zugänglich ist und zu regelmäßigen Quartalsberichten kumuliert wird. Erläutert und bewertet werden die Zahlen zudem in den Monatsberichten der Abteilungen.

Unterstützt von den Staatsministerien für Wissenschaft und Kunst sowie für Finanzen hat die Bibliothek auf diesem Wege bereits 2012 erste Haushaltsflexibilisierungen erfolgreich realisiert. Mit der Budgetierung als Staatsbetrieb ab 2014[19] steht zu erwarten, dass die SLUB über die weitere signifikante Verbesserung ihrer Rahmenbedingungen dauerhaft die dringend benötigten unternehmerischen Spielräume gewinnt.

[19] Zum Neuen Steuerungsmodell und zur Budgetierung der SLUB siehe zur Unifinanz-Tagung 2012 Golsch, Michael: Kostentransparenz für unternehmerische Freiräume. Zur betrieblichen Steuerung einer wissenschaftlichen Großbibliothek. In: Schöck, Thomas A.H. u.a. (Hrsg.): Vollkosten- und Trennungsrechnung – Chancen und Risiken für die Hochschulen. Weimar: vdg 2012, S. 97–111. Ebenso die in: BIS. Das Magazin der Bibliotheken in Sachsen, Ausgaben 2011/1, 2011/2, 2011/4 und 2013/1 erschienenen Beiträge.

2. These: Bibliotheken sind Unternehmen. Wir müssen unternehmerisch handeln.

Bibliotheken auf dynamischen Märkten[20]

Die Betriebswirtschaft definiert Unternehmen als „Betriebe im marktwirtschaftlichen Wirtschaftssystem."[21] Nach ihrem Verständnis verfolgen Non-Profit-Betriebe „soziale, kulturelle oder ökologische Ziele. Dabei sind sie marktwirtschaftlichem Verdrängungswettbewerb nicht ausgesetzt."[22]

Bibliotheken, die ihre Wettbewerbssituation reflektieren, erleben dies freilich ganz anders: Internet und digitale Revolution haben wohl nur wenige Branchen so grundlegend verändert wie die der Bibliotheken. Während auf vielen anderen Märkten in unterschiedlichem Maße lediglich die Wertschöpfungstechnologien tangiert sind, geht der Umbruch bei den Bibliotheken an die Substanz.[23]

Jahrhundertelang definierten sich Bibliotheken vorrangig über ihre Bestände und ihre Sammlungen.[24] Lange Zeit mit Erfolg: Als privilegierte Institutionen sui generis bewahrten sie das Wissen, und ihre Bibliothekare entschieden über den Zugang zum Wissen. Letztere haben freilich zu allen Zeiten danach getrachtet, die Wünsche ihrer Klientel zu erfüllen und sich dabei je nach eigener Veranlagung als „Schatzkämmerer oder Futterknecht" (Gottfried Rost)[25] verstanden.

In der digitalen Welt tragen jedoch die bisherigen, an Marktschranken geknüpften Privilegien nicht länger. Wissen ist virtuell, unmittelbar und ortsunabhängig verfügbar. Die unter dem Begriff „Social Media" zusammengefassten vielfältigen Plattformen zur Interaktion, Kollaboration und Partizipation eröffnen der Wissensvermittlung völlig neue Dimensionen.[26]

[20] Dieser Abschnitt folgt Golsch (wie Anm. 19).

[21] Wöhe; Döring (wie Anm. 13), S. 27.

[22] Ebenda.

[23] Siehe dazu auch Bonte, Achim; Ceynowa, Klaus: Bibliothek und Internet. Die Identitätskrise einer Institution im digitalen Informationszeitalter. In: Lettre International 100 (2013), S. 115–117.

[24] Vgl. Battles, Matthew: Library. An unquiet history. New York [u.a.]: Norton 2003.

[25] Rost, Gottfried: Der Bibliothekar – Schatzkämmerer oder Futterknecht? Leipzig: Edition Leipzig 1990.

[26] Auf Einzelheiten kann an dieser Stelle leider nicht näher eingegangen werden. Einen guten Einstieg bieten: Bermann, Julia; Danowski, Patrick (Hrsg.): Handbuch Bibliothek 2.0. Berlin: De Gruyter Saur 2010 und die Thesen von Lambert Heller unter URL: http://de.slideshare.net/lambo [Stand 23.03.2013].

Die digitale Revolution in der Wissensproduktion und -vermittlung wird sich auch künftig mit ungebrochen hoher Dynamik fortsetzen. Sie betrifft alle Bereiche des menschlichen Zusammenlebens und kann daher in ihren soziokulturellen Auswirkungen gar nicht überschätzt werden. Der oft gebrauchte Vergleich mit der Erfindung des Buchdrucks[27] vermag das Phänomen zwar zu illustrieren, wird ihm aber nicht vollends gerecht, da er die Geschwindigkeit der aktuellen Entwicklung ausblendet.

Für die Bibliotheken sind die Folgen dieser Entwicklung bereits offenkundig:

- Der sich weiterhin vollziehende Medienwandel führt zu einer fortschreitenden Virtualisierung der Bibliotheksdienste. Bibliotheksbenutzer (= Kunden) decken ihren Informationsbedarf zunehmend ortsungebunden und stimmen per Mausklick über das jeweils beste Angebot am Markt ab.
- Zugleich konkurrieren Bibliotheken in wachsendem Maß mit privatwirtschaftlich organisierten Wissensanbietern, von denen Google™ nur der prominenteste ist.
- Um sich im Wettbewerb behaupten zu können, müssen Bibliotheken mehr denn je servicestarke und innovative Wissensangebote generieren, die erhebliche Investitionen in kurzen Zyklen voraussetzen. Zwangsläufig wird dies zu einer Konzentration der Ressourcen (Humankapital und finanzielle Mittel) in einigen wenigen großen, leistungsstarken Häusern führen.

Bibliotheken agieren demnach also auf komplexen und durch zunehmenden Verdrängungswettbewerb geprägten Wissensmärkten. Erfolg setzt unternehmerisches Handeln voraus. Die dafür notwendigen Freiräume erfordern entsprechende institutionelle Rahmenbedingungen ebenso wie eine konsequent betriebswirtschaftlichen Grundsätzen folgende Prozesssteuerung.

Um dauerhaft erfolgreich zu sein, müssen sich Bibliotheken ganz bewusst als Non-Profit-Unternehmen und (wie oben gezeigt) als Betriebe verstehen. Dieser Anspruch mag zum immer noch gängigen Klischee der Bibliothek nicht recht passen. Für ihre Zukunft als Institution ist er jedoch essentiell.

[27] Z.B. Naugthon, John: A brief history of the future. The origins of the Internet. 9. Aufl. London: Phoenix 2003; Ders.: From Gutenberg to Zuckerberg. What you Really Need to Know About the Internet. London: Quercus Books 2012.

Sachsens Staatsbibliothek: Leistungsführerschaft als Unternehmensvision

Durch den zielstrebigen Ausbau ihrer elektronischen Dienste und die Entwicklung standortübergreifender Werkzeuge wie den Datenbankserver Databases on Demand (DBoD® – www.dbod.de) oder den Sächsischen Dokumenten- und Publikationsserver Quality Content of Saxony (Qucosa® – www.qucosa.de) ist die SLUB auf die oben beschriebene Situation prinzipiell gut vorbereitet und gestaltet diese mit.

Auf klar definierten Wachstumsfeldern strebt das Haus konsequent dauerhafte Leistungsführerschaft an. Dazu gehören:

- der forcierte Ausbau der Digitalen Bibliothek: umfassende Digitalisierung eigener und sächsischer Sammlungen, Implementierung von Digitalisierungsworkflows in anderen Bibliotheken, verbessertes Retrieval durch Einsatz von OCR[28], Entwicklung interaktiver Präsentationsoberflächen zur wissenschaftlichen Nutzung auch für mobile Endgeräte.
- der Aufbau einer elektronischen Langzeitarchivierung digitaler Objekte für den Freistaat Sachsen seit 2012. Dazu hat die SLUB bereits strategische Partnerschaften begründet. Die Anschubfinanzierung leistete der Europäische Strukturfonds für regionale Entwicklung (EFRE).
- die Anreicherung traditioneller Recherchemöglichkeiten im SLUB-Katalog durch Tiefenerschließung von Datenbank-Volltexten und semantische Suchfunktionen. Mit SLUBsemantics bietet die SLUB eine der ersten Bibliotheksanwendungen im Semantic Web, basierend auf Prinzipien von Open Linked Data.
- die Referenzierung von Forschungsdaten, der Aufbau bibliometrischer Services und die Erweiterung des landesweiten Dokumenten- und Publikationsservers Qucosa® im Sinne von Open Access.

Die Gestaltung von Prioritäten ist ohne entsprechende Posterioritäten nicht möglich. Die SLUB hat sich dazu bereits Ende 2010 in einem für das Sächsische Staatsministerium für Wissenschaft und Kunst (SMWK) formulierten Strategiepapier ausdrücklich bekannt, wie die nachstehende Grafik verdeutlicht.

[28] OCR steht für Optical Charakter Recognition und bezeichnet die automatische Texterkennung in Digitalisaten.

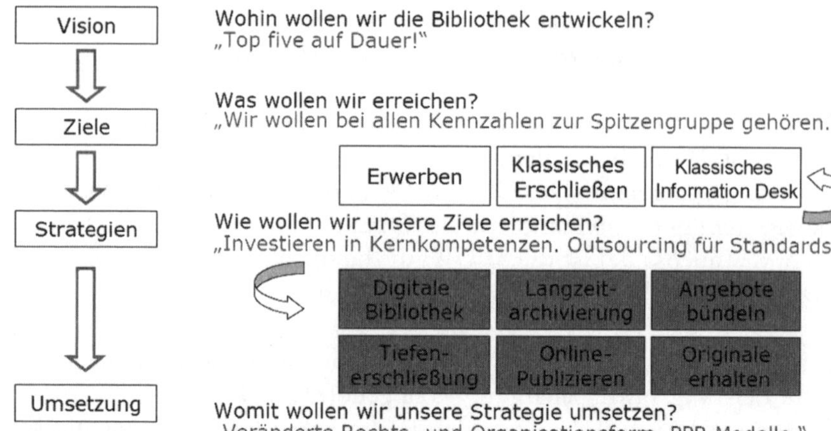

Unternehmensvision der SLUB Dresden, 2010 ©SLUB Dresden

Sachsens Staatsbibliothek will sich dauerhaft unter den besten deutschen Wissenschaftlichen Bibliotheken etablieren und so ihre Kooperations- und Drittmittelfähigkeit weiter ausbauen. Sie setzt dabei erfolgreich auf Know-how-Transfer durch Entwicklungspartnerschaften mit privatwirtschaftlichen Leistungsführern, darunter auch Start-ups vorzugsweise aus dem Umfeld der Technischen Universität Dresden. Bundesweite Beachtung fand das von der SLUB im Rahmen einer Public Private Partnership (PPP) mit Schweitzer Fachinformationen entwickelte Dresdner Erwerbungsmodell, das den umfassenden Einsatz von Approval-Plänen im Kontext mit automatisiertem Einspiel der Erwerbungs- und Rechnungsdaten beinhaltet. Für Standards und Routinen verfolgt die SLUB auch künftig eine Strategie des konsequenten Outsourcings. Das gilt für Erwerbungs- und Erschließungsaufgaben wie auch für einfache Benutzerservices (z.B. Medienrückstellung, Kopier- und Scandienste).

3. These: Bibliotheken benötigen Entwicklung. Wir müssen die Perspektiven erschließen.

„Stillstand ist Rückschritt.“

Diese dem Industriellen Rudolf von Bennigsen-Foerder[29] zugeschriebene Feststellung spiegelt unsere Lebenserfahrung. Unsere Ansprüche an Produkte und Dienstleistungen ändern sich de facto täglich; in der Regel wachsen sie qualitativ und/oder quantitativ. Unternehmen, die ausschließlich bzw. zu lange auf reife Produkte setzen und darüber die Investitionen in profilbildende Weiterentwicklungen ihrer Geschäftsfelder vernachlässigen, fallen im Wettbewerb zurück und gehen im Extremfall vom Markt.

Dank seines „Blackberrys“ galt der kanadische Hersteller Research in Motion (RIM) lange Zeit zu Recht als das Synonym schlechthin für technische Innovationen in der Mobilfunkbranche. Nachdem jedoch mit dem Touchscreen, der Funktion des Handys als Internet-Browser und der Integration von Apps wichtige Trends in der Smartphone-Entwicklung verpasst wurden, begann ab 2008 der bis heute anhaltende Niedergang des Unternehmens, das den Entwicklungen von Apple (iOS) und Google™ (Android) nichts entgegenzusetzen hatte.

Die Insolvenz des Fachinformationszentrums (FIZ) Technik im Juni 2010 war vordergründig dem Wegfall von Fördergeldern des Bundesministeriums für Wirtschaft und Technologie (BMWi) geschuldet. Sie wäre möglicherweise zu verhindern gewesen, wenn das Unternehmen auf die seit Längerem rückläufige Nutzung seiner Faktendatenbanken mit rechtzeitigen Investitionen in Volltextangebote reagiert hätte. Diese notwendige Weiterentwicklung der Produktpalette ist bislang auch mit der Neuaufstellung als WTI e.G. ausgeblieben. Zwar fehlen derzeit noch Substitutionsmöglichkeiten für die hier in Rede stehenden Faktendatenbanken. Sollte sich daran aber etwas ändern, dürfte es noch schwerer werden, das Angebot dauerhaft am Markt zu halten. Der bislang nicht erreichte Turn-around der Nutzungszahlen spricht nach Ansicht des Verfassers bereits eine deutliche Sprache.[30]

[29] Rudolf von Bennigsen-Foerder (* 2. Juli 1926 in Berlin, † 28. Oktober 1989 in Düsseldorf) war u.a. seit 1971 Vorstandsvorsitzender der Vereinigten Elektrizitäts- und Bergwerks AG (VEBA) und als Präsidiumsmitglied des Bundesverbandes der Deutschen Industrie (BDI) und der Bundesvereinigung der Deutschen Arbeitgeberverbände (BDA) einer der einflussreichsten Manager der damaligen Bundesrepublik.

[30] Der Verfasser stützt sich hier auf seine seit 2009 als Konsortialführer des Sachsenkonsortiums gesammelten Erfahrungen.

Die Beispiele belegen vor allem eins: Für jedes Unternehmen ist es generell überlebenswichtig, Trends und Tendenzen der Nachfragepräferenz wie auch der Wettbewerber zu antizipieren und sie in Relation zu den eigenen Potenzialen richtig zu bewerten. Geeignete Grundlagen sind umfassende, regelmäßige Analysen des Umfelds, des Wettbewerbs und des eigenen Unternehmens (Stärken, Schwächen).

Was für die klassischen Konsumgütermärkte gilt, trifft für die hochdynamischen Wissens- und Informationsmärkte in besonderem Maße zu. Die hier zu beobachtende Vernetzung verändert nicht nur das gesamte soziale Leben, sondern prägt zunehmend die Rezeption und die Produktion von Wissen und Informationen. Lambert Heller hat dies in seinem Beitrag zur „Wisskom 2012" (Forschungszentrum Jülich, 5.–7. November 2012) überzeugend zusammengefasst.[31] In einem solchen Marktumfeld auf gewonnenen Positionen zu verharren und auf die Alternativlosigkeit der eigenen Angebote zu vertrauen, führt ins Abseits. Das gilt nicht nur, aber auch für Bibliotheken. Zukunftsweisend sind vielmehr jene Strategien, die das institutionenspezifische Potenzial der Häuser profilbildend weiterentwickeln und kontinuierlich am Markt spiegeln.

Dresdner Strategiebausteine

Zur Untersetzung ihrer Unternehmensvision hat die SLUB Dresden Strategiebausteine als Leitlinien entwickelt. Die Bibliothek konzentriert sich in nächster Zukunft auf folgende Handlungsfelder[32]:

- Digitale Dokumente haben Vorfahrt. Die SLUB richtet ihre Bestandsentwicklung universal aus, folgt dabei zielgruppenbezogenen Erwerbungsprofilen und gestaltet so den Medienwandel mit.
- Konsequente Distribution von Diensten und Inhalten auch auf mobile Geräte. Mit der ersten deutschen Katalog-App für iOS und Android bie-

[31] Heller, Lambert: Das Netzwerk und die Institution. In: Mittermaier, Bernd (Hrsg.): Vernetztes Wissen – Daten, Menschen, System. 6. Konferenz der Zentralbibliothek, Forschungszentrum Jülich. Jülich 2012, S. 295–305. URL: http://juwel.fz-juelich.de:8080/dspace/handle/2128/4699 [Stand 23.03.2013].

[32] Die folgenden Punkte fassen zwei Vorträge der SLUB-Generaldirektion zusammen: Bonte, Achim: Digitalisierung an der SLUB. Strategie und Ergebnisse. URL: http://de.slideshare.net/Achim_Bonte/digitalisierung-an-der-slub-strategie-und-ergebnisse [Stand: 23.03. 2013]; Golsch, Michael: Strategien und Handlungsfelder der SLUB Dresden. Fortbildung für den VDB-Regionalverband Sachsen, Thüringen und Sachsen-Anhalt, 1. Februar 2013. URL: http://de.slideshare.net/Golsch/fortbildungsveranstaltung-des-vdb-regionalverbandes [Stand 23.03.2013].

tet die SLUB seit 2012 mobilen Zugriff auf rund 70 Millionen Medien.[33] Die Apps sind bereits auf rund 10.000 Geräten installiert worden.
- Weiterentwicklung des SLUB-Katalogs als zentrales Recherche- und Zugangssystem in inhaltlicher Unterscheidung zu Google™. Dazu werden konsequent die Merkmale ausgeprägt, über die Google™ nicht verfügt:
  - Kombination von analogen und digitalen Medien sowie von gemeinfreien und lizenzpflichtigen Medien
  - besondere Erschließungstiefe
  - konzeptionelle und semantische Suche über die volle Erschließungstiefe

- Zielgerichtete Stärkung der Innovationskraft und der Bündnisfähigkeit durch
  - Ausbau der Bibliotheks-IT
  - Steigerung des Drittmittelaufkommens
  - themen- und aufgabenbezogene Kooperation mit Start-ups

- Nachfrageorientierte Entwicklung und Vermarktung von Leistungen für Externe. Geschäftsfelder sind die Infrastruktur- und Softwareentwicklung (DBoD®, Qucosa®, SLUBsemantics) wie auch das Hosting und Consulting (Dresdner Erwerbungsmodell, Releasemanagement für den Goobi e.V.).
- Entwicklung neuer Instrumente zur Informationsvermittlung im Kontext von Bibliometrie und Open Access
- Zügige Umsetzung der Budgetierung als Staatsbetrieb zum 1. Januar 2014

Die Jahresberichte der SLUB[34] weisen eine eindrucksvolle Bilanz auf und zeigen, dass die Strategie des Hauses bisher in hohem Maße trägt. Für die Bibliothek ist dies ein besonderer Ansporn, ihren Weg fortzusetzen.

[33] Siehe dazu Jung, Thomas: „Katalog to go“. Die neue SLUB-App macht mobil. In: BIS. Das Magazin der Bibliotheken in Sachsen 2 (2012), S. 99–101. URL: http://nbn-resolving.de/urn:nbn:de:bsz:14-qucosa-89630 [Stand 02.04.2013].

[34] URL: http://www.slub-dresden.de/ueber-uns/kennzahlen/ [Stand 02.04.2013].

4. These: Bibliotheken leben von ihrem Humankapital. Wir müssen es entwickeln.

Kooperationsmanagement und Personalentwicklung als Schlüsselkompetenzen

Die bisherigen Ausführungen sollten verdeutlicht haben, dass Bibliotheken als Non-Profit-Betriebe auf hochdynamischen, durch zunehmenden Verdrängungswettbewerb geprägten Märkten operieren. Erfolg setzt geeignete Strategien und unternehmerisches Handeln voraus, um neue, nachfrageorientierte Leistungsangebote zu generieren. Für das Potenzialwachstum der Häuser hat dies erhebliche Folgen. Noch stärker als bisher müssen Bibliotheken künftig ihre Personalentwicklung und ihre Investitionen auf das Kerngeschäft der Informationsvermittlung in der digitalen Welt konzentrieren – beispielsweise, indem sie neben dem Aufbau eigener Angebote die Services anderer Akteure bündeln, durch Anreicherung Mehrwerte schaffen und diese erfolgreich vermarkten. Angesichts unverändert knapper Ressourcen bedarf es dazu der Erwirtschaftung entsprechender Effizienzrenditen innerhalb der eigenen Institution. Kooperationsmanagement und Personalentwicklung sind hier die Schlüssel zum Erfolg.

Bibliotheken sind personalintensive Dienstleister. Für die erfolgreiche Weiterentwicklung ihrer Services benötigen sie daher in erster Linie adäquate Personalressourcen. Die Standardisierung von Prozessen als Voraussetzung für Automatisierung und Outsourcing ist dabei nicht nur ein geeigneter, sondern für die meisten Bibliotheken auch der einzige Weg, sich diese Kapazitäten zunächst einmal quantitativ zu erschließen. Dabei kommt dem Kooperationsmanagement eine Schlüsselrolle zu. Kooperationen können über Synergien Effizienzpotenziale heben und so die Voraussetzungen für (personelle) Investitionen in bibliothekarische Zukunftsfelder schaffen. Im Fokus einer solchen Strategie stehen dabei vor allem die Erwerbungsgeschäftsgänge.

Mit der Erschließung von Personalressourcen durch Rationalisierung, Outsourcing und/oder veränderte Aufgabenpriorisierung ist jedoch nur der erste Teil des Weges zurückgelegt. Für neue Aufgaben benötigen die Beschäftigten Qualifikation durch neue Kompetenzen. Hier setzt Personalentwicklung an.

Personalentwicklung ist mehr als betriebliche Fortbildung. Sie fokussiert darauf, Mitarbeiter aller Hierarchiestufen mit der für gegenwärtige und zukünftige Aufgaben notwendigen Qualität auszustatten. Sie ist damit weder Gunstbeweis noch karitativer Akt, sondern ein Geschäft auf Gegenseitigkeit, indem sie den Interessensausgleich zwischen den Unternehmenszielen und den persönlichen (Karriere-)Vorstellungen der Beschäftigten sucht. Gute Personalentwicklung denkt vom Humankapital her, nicht von den Kostengrößen. Der optimale, ihren individuellen fachlichen und persönlichen Fähigkeiten folgende Einsatz der Beschäftigten erschließt Leistungsreserven. Verstärkte Eigenverantwortung vermag das Potenzial der Mitarbeiter positiv auszuschöpfen. Die Entwicklung adäquater beruflicher Perspektiven und die Integration persönlicher Perspektiven in die betrieblichen Ziele stärken die Identifikation der Beschäftigten mit dem Unternehmen.[35]

Die konkrete Umsetzung wird umso erfolgreicher sein, je mehr sie auf den Mix dazu verfügbarer Instrumente setzt. Auf Einzelheiten kann an dieser Stelle nicht näher eingegangen werden. Einige Stichworte müssen genügen: Berufsausbildung, Trainee-Programme („into the job"), Assistentenaufgaben, Stellvertretungsregelungen („along the job"), job rotation, job enrichment oder job enlargement[36] vermögen, sofern sie individuell richtig zugeschnitten sind, die Personal- und damit die Unternehmensentwicklung signifikant positiv zu gestalten. Basis eines jeden erfolgreichen Personalmanagements ist jedoch die Leistungsgerechtigkeit, die sich als Teil gelebter Unternehmenskultur nicht nur als „Schutz für Schwache" versteht, sondern sich ausdrücklich auch auf die Leistungsträger erstreckt.

Man mag an dieser Stelle einwenden, dass das Laufbahn- und Tarifrecht des öffentlichen Dienstes für ein effektives und effizientes Personalmanagement nicht selten hohe Hürden bereithält. Das ist sicher richtig. Unüberwindbar sind die Hindernisse indessen nicht, sofern das Management seine Aufgaben ernst nimmt.

Besondere Bedeutung kommt dabei der Entwicklung des Wissenschaftlichen Bibliotheksdienstes zu, dessen akademische Ausbildung für die Gestaltung vieler Entwicklungsprozesse unabdingbar ist.[37] Dazu zählen beispielsweise

[35] Zu den inhaltlichen Dimensionen siehe u.a. Huber, Andreas: Personalmanagement. München: Vahlen 2010 und Becker, Manfred: Systematische Personalentwicklung. Planung, Steuerung und Kontrolle im Funktionszyklus. 2. Aufl. Stuttgart: Schäffer-Poeschel 2011.

[36] Näheres siehe beispielsweise Huber (wie Anm. 35), S. 159ff.

[37] Siehe dazu auch Bonte, Achim: Theoretisches Berufsbild und bibliothekarische Praxis. Der höhere Dienst in der Digitalen Bibliothek. Vortrag beim 100. Deutschen Biblio-

- die Weiterentwicklung der Informationsvermittlung im Rahmen von elektronischen Lehr- und Lernplattformen, virtuellen Forschungsumgebungen und Open Science,
- die Entwicklung, Gestaltung und Vermarktung neuer Suchwerkzeuge,
- die Konzeption und das Management komplexer (Drittmittel-)Projekte,
- das Management elektronischer Ressourcen oder
- die bibliotheksspezifische Implementierung der Kosten- und Leistungsrechnung.

Bibliotheken, die diese strategischen Wachstumsfelder in der Hand behalten und eigenverantwortlich gestalten möchten, werden daher zunehmend klassische Fachreferatsarbeit durch neue Aufgaben für den Höheren Dienst substituieren (müssen). Damit verändern sich allerdings auch die beruflichen Anforderungen: Umfassende IT- und Managementkenntnisse rücken in den Fokus, während der Stellenwert der bibliothekarischen Bildungspatente eher abnimmt.

Approval-Pläne und Patron Driven Acquisition als strategische Instrumente

Mit ihrer Unternehmensstrategie verfolgt die SLUB Dresden klare Prioritäten und bekennt sich zu den damit verbundenen Posterioritäten. Um ihre ambitionierten Entwicklungsziele trotz einschneidender Stellenkürzungen zu realisieren, sah sich die Bibliothek bereits frühzeitig gezwungen, Personalkapazität im Höheren Dienst für neue Aufgaben frei zu lenken und die knappen Stellenkapazitäten (jede Wiederbesetzung bedurfte einer Ausnahmegenehmigung der Landesverwaltung) vorzugsweise für die IT zu widmen.

Nicht durch Neueinstellungen wieder zu besetzende Fächer mussten innerhalb des verbliebenen Kollegiums verteilt werden. In der Tabelle sind zudem zusätzliche von Fachreferenten zu übernehmende Aufgaben nicht abgebildet, wie beispielsweise die Erarbeitung von Drittmittelanträgen für Digitalisierungsprojekte, die Organisation der Digitalen Bibliothek der SLUB, die Vertretung der Technischen Universität Dresden im

thekartag, Berlin 8. Juni 2011. URL: http://de.slideshare.net/Achim_Bonte/theoretisches-berufsbild-und-berufliche-praxis-der-hhere-dienst-in-der-digitalen-bibliothek [Stand 23.03.2013].

Ausgeschieden (Fachreferent(inn)en	Eingestellt (Fachreferent(inn)en bzw. Funktionen)
Architektur	-
Umwelt und Wasserwesen	-
Germanistik	-
Theologie und Vergl. Sprachwissenschaften	-
Allgemeine Geisteswissenschaften, Philosophie und Soziologie	Referatsleitung Informationsdienste und Fachreferat Theologie
Verkehrswesen	Referatsleitung Mediathek
Mediathek I	Mediathek
Mediathek II	
Wirtschaftswissenschaft	Wirtschafts-, Rechts- und Politikwissenschaft
Rechtswissenschaft	
Politikwissenschaft	
Psychologie und Soziologie	IT: Referatsleitung Digitale Bibliothek
Maschinenbau	IT: Referatsleitung Netzwerk- und Datensicherheit
Kunstgeschichte II	IT: Shibboleth, Java ...

Quelle: Bonte, Achim: Theoretisches Berufsbild und bibliothekarische Praxis. Der höhere Dienst in der Digitalen Bibliothek. Vortrag beim Berliner Bibliothekartag, 8. Juni 2011. URL:http://de.slideshare.net/Achim_Bonte/theoretisches-berufsbild-und-berufliche-praxis-der-hhere-dienst-in-der-digitalen-bibliothek [Stand 23.03.2013].

Nachbesetzungen im Höheren Dienst der SLUB Dresden, 2003–2012

SCOAP3-Konsortium[38] oder Entwicklungsprojekte im Management von E-Ressourcen und beim Aufbau des PDA-Angebots der SLUB. Diese partielle Aufzählung verdeutlicht bereits die Anforderungen an die Personalentwicklung wie auch an die innerbetriebliche Prozessoptimierung, mit denen sich die SLUB konfrontiert sah und weiterhin sieht.

Über ihr 2009 gemeinsam mit Schweitzer Fachinformationen entwickeltes Dresdner Erwerbungsmodell hat die SLUB in ihren Erwerbungsgeschäftsgängen umfangreiches Rationalisierungspotenzial realisiert. Das Konzept beinhaltet:

[38] Sponsoring Consortium for Open Access Publishing in Particle Physics. URL: http://www.scoap3.de/ [Stand 24.03.2013].

– den umfassenden Einsatz von Approval-Plänen[39] als Erwerbungsinstrumente,
– die Nutzung von Verlags- bzw. Buchhandelsdaten auf Verbundebene und im Lokalsystem der SLUB,
– das automatisierte Direkteinspiel von Bewegungsdaten (Bestellungen, Rechnungen, Lieferverzugsmeldungen) in das Lokalsystem der SLUB und
– Shelf-Ready-Lieferungen.

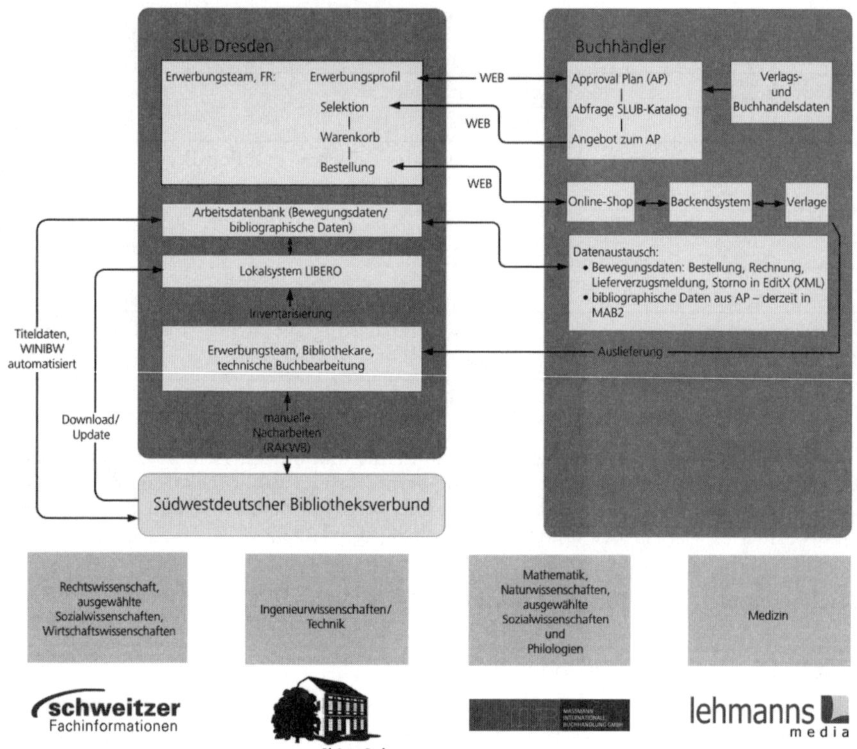

SLUB Dresden: Dresdner Erwerbungsmodell, Fachcluster, Workflow und Buchhändler 2011, ©SLUB Dresden

[39] Zum Begriff Approval-Plan: Während die in vielen deutschen Hochschulbibliotheken praktizierten Ansichtssendungen von Novitäten – die Buchhändler liefern für zuvor festgelegte Verlage alle Neuerscheinungen frei Haus – ausschließlich formalen Kriterien folgen, bezieht der Approval-Plan die inhaltliche Selektion durch die Buchhändler mit ein. Grundlage ist ein von den jeweiligen Fachreferenten vorgegebenes Erwerbungsprofil,

In der abschließenden Ausbaustufe ist mit der sofortigen verbindlichen Lieferung nach vereinbartem Approval-Plan eine weitere Automatisierung der Auswahlentscheidung vorgesehen. Zur konzeptionellen, technischen und betriebsorganisatorischen Umsetzung kann an dieser Stelle auf die einschlägige Literatur verwiesen werden.[40]

2012 wickelte die Bibliothek 80 Prozent aller Monographienkäufe (Print) über das Dresdner Erwerbungsmodell ab. Zunehmenden Anklang findet auch die seit 2011 angebotene Hostinglösung, bei der die SLUB das Datenmanagement für weitere Bibliotheksmandanten übernimmt.

Arithmetisch sind die Rationalisierungseffekte in der nachstehenden Nutzenanalyse zusammengefasst.[41]

Investitionen der SLUB 2009–2011	
Programmierarbeiten	
extern	22.515 €
intern + bibliothekarische Entwicklung	64.375 €
Hard- und Software	-
Summe	86.890 €

das den Buchhändlern die (Vor-)Auswahlentscheidung ermöglicht. Zusätzlich zum Bestellaufwand – die Lieferungen erfolgen weiter frei Haus zur Ansicht – spart die Bibliothek jetzt auch den intellektuellen Rechercheaufwand, der der eigentlichen Bestellung vorausgeht. Die Erwerbungsstückkosten je Titel sinken überproportional. Konsequent fortführen lässt sich das System mit einem Verzicht auf die letzte Auswahlentscheidung per Ansicht. Einen ausgereiften Approval-Plan vorausgesetzt, können die Buchhändler direkt und shelf ready an die Bibliothek liefern, ohne dass es zusätzlicher Selektions- und Kontrollinstanzen bedarf.

[40] Siehe hierzu die beiden Aufsätze: Golsch, Michael: Approval Plan und automatisiertes Dateneinspielen. Das Dresdner Erwerbungsmodell. In: b.i.t. online 13 (2010) 2, S. 129–134; Golsch, Michael: Synergien durch Kooperationen. Das Dresdner Erwerbungsmodell als Hostingangebot. In: b.i.t. online 1 (2011), S. 23–28.

[41] Zur Herleitung der Ergebnisse siehe den Vortrag: Golsch, Michael: Ökonomisierung der Bibliothek? Approval-Pläne und Patron Driven Acquisition aus betriebswirtschaftlicher Sicht. Kolloquium „Fachreferat heute“ am 27. März 2012 in der Universitäts- und Landesbibliothek Düsseldorf. URL: http://de.slideshare.net/Golsch/oekonomisierung-der-bibliothek [Stand 23.03.2013].

Ersparnisse der SLUB	2011	2012
Monografienzugang (Kauf)	53.000 Bde.	50.000
Anteil Dresdner Erwerbungsmodell	60 %: 31.000 Bde.	80%: 40.000 Bde.
Zeitersparnis pro Band	9 Minuten	9 Minuten
Zeitersparnis p.a.	279.000 Minuten	360.000 Minuten
	4.600 Stunden	6.000 Stunden
Umwandlung in Vollzeitäquivalente (HIS-Normativ)*	2,8 Stellen	3,75 Stellen
Kostenersparnis pro Band (Personalstückkosten)	3,67 €	3,67 €
Kostenersparnis p.a. (Personalstückkosten)	113.000 €	146.000 €

*HIS-Normativ: Unter Berücksichtigung durchschnittlicher Abwesenheiten durch Urlaub und Krankheit wird ein Vollzeitäquivalent mit 1.600 Stunden p.a. angesetzt. Siehe dazu Vogel, Bernd; Cordes, Silke: Bibliotheken an Universitäten und Fachhochschulen. Organisation und Ressourcenplanung. Hannover: HIS GmbH 2005, S. 81.

Dresdner Erwerbungsmodell, Nutzenanalyse für die SLUB Dresden, 2009–2012

Bei der Bewertung gilt es zu berücksichtigen, dass die Stellenersparnisse rein rechnerisch als Summe von Stellenanteilen unterschiedlicher Vergütungsgruppen abgebildet sind und überwiegend aus den bibliothekarischen Tätigkeiten (Gehobener Dienst) resultieren.

Rationalisierungseffekte erschließt sich die SLUB auch mit Patron Driven Acquisition, ihrem zweiten zentralen Erwerbungsinstrument, indem sie auf eigene intellektuelle Einzelentscheidungen bei der Kaufauswahl zugunsten einer konsequent nutzerbestimmten Bestandsentwicklung im E-Book-Segment verzichtet. Im Fokus steht jedoch die Interaktion der Bibliothek mit ihren Benutzern, die über den in der Bestandsentwicklung bereits seit Langem üblichen Erwerbungsvorschlag weit hinausgeht.

Das besonders seit dem Berliner Bibliothekartag 2011 in Deutschland

[42] Siehe z.B. Klein, Annette: Bestandsaufbau praktisch elektronisch I: Patron Drive Acquisition. Vortrag beim 100. Deutschen Bibliothekartag, 7. Juni 2011. URL: http://www.opus-bayern.de/bib-info/volltexte/2011/1017/ [Stand 23.03.2013].

vermehrt diskutierte PDA-Modell[42] (Synonym Demand Driven Acquisition – DDA) ist als Pick and Choose für Einzeltitel konzipiert und folgt einfachen Regeln. Der Anbieter stellt der Bibliothek die Titel- und Metadaten seiner E-Books kostenfrei zum Einspielen in den Bibliothekskatalog zur Verfügung. Ebenfalls kostenfrei ist der Volltextzugriff zum Anlesen eines Titels, der je nach Anbieter im Regelfall zwischen fünf und zehn Minuten beträgt. Möchte ein Nutzer länger mit dem Buch arbeiten, löst er automatisch eine Kurzausleihe (Short Term Loan – STL) aus und hat für deren Dauer unbegrenzten Zugriff auf den jeweiligen Titel. Für die Bibliothek ist jede dieser Kurzausleihen kostenpflichtig. Mehrere Short Term Loans desselben Titels führen dann zu dessen Kauf durch die Bibliothek, die damit dauerhaftes Eigentum erwirbt.

Entgegen oft geäußerten Befürchtungen verfügt die Bibliothek auch im PDA-Modell sehr wohl über vielfältige Möglichkeiten, ihre Bestandsentwicklung eigenverantwortlich zu gestalten. Neben der Angebotsauswahl nach inhaltlichen und formalen Kriterien kann sie die einzelnen Parameter weitgehend frei einstellen und beispielsweise die Dauer einer Kurzausleihe und damit deren Relation zum Buchpreis festlegen. Üblicherweise werden pro Short Term Loan 10 bis 15 Prozent des Kaufpreises berechnet. Variabel ist auch die Zahl der Short Term Loans, die zum Kauf eines E-Books führen. Den Effizienzpunkt erreicht man, wenn STL-Kosten und Kaufpreis des Buches einander die Waage halten. Frei ist die Bibliothek schließlich auch in ihrer Entscheidung, ob sie PDA als sogenanntes moderiertes Modell anbietet und sich die intellektuelle Kaufentscheidung vorbehält. Das alternative nicht moderierte Modell verzichtet auf diese Möglichkeit der Einflussnahme und gibt der Nachfragekomponente weiteren Raum, indem es einen automatischen Kauf (Auto Purchase) gestattet. Steuerungsmöglichkeiten über das Budget bleiben dabei unbenommen.

Deutsche Anwenderbibliotheken favorisieren bislang eindeutig das moderierte Modell für ausgewählte Bestandssegmente. Erfahrungen liegen aus Mannheim, Bremen, Bielefeld, Hagen und Frankfurt am Main vor. Demgegenüber verfolgt die SLUB einen umfassend liberalen Ansatz, um die Vorteile des Modells vollständig auszuschöpfen.[43] Über die Suchmaschine der Bibliothek stehen derzeit rund 280.000 Titel für eine konsequent nachfragegetriebene Erwerbung bereit. Nach einem festgelegten

[43] Zu Einzelheiten siehe Golsch, Michael: Give Patrons What They Want. Nutzerbestimmte Bestandsentwicklung in der SLUB Dresden. In: BIS. Das Magazin der Bibliotheken in Sachsen 1 (2012), S. 34–37. URL: http://nbn-resolving.de/urn:nbn:de:bsz:14-qucosa-85141 [Stand 02.04.2013].

Algorithmus entscheidet der Nutzer im Regelfall auch in letzter Instanz über den Kauf eines E-Books. Moderiert wird lediglich in Ausnahmefällen bei besonders preisintensiven Titeln. Die Quote lag im Jahr 2012 bei 3,3 Prozent.

Das gemeinsam mit Schweitzer Fachinformationen seit Herbst 2011 realisierte PDA-Angebot der SLUB hat seither eine starke, ausnahmslos positive Resonanz erfahren. Die Ergebnisse des Geschäftsjahres 2012 sind für den Routinebetrieb ab Februar 2012 in nachstehender Grafik[44] zusammengefasst.

Monat	Februar 12	März 12	April 12	Mai 12	Juni 12	Juli 12	August 12	September 12	Oktober 12	November 12	Dezember 12
STLs	1.044	886	789	962	922	779	1.146	1.206	1.437	1.430	1.011
Downloads	770	605	653	686	671	607	721	773	1.124	1.057	819
Purchases	3	32	22	44	44	49	59	61	99	106	72
Kosten STLs in €	12.332	6.864	6.414	7.338	7.121	5.700	8.556	8.660	10.208	9.757	7.207
Kosten Käufe in €	284	2.194	1.563	2.441	2.713	3.190	2.892	3.708	4.942	6.466	2.793

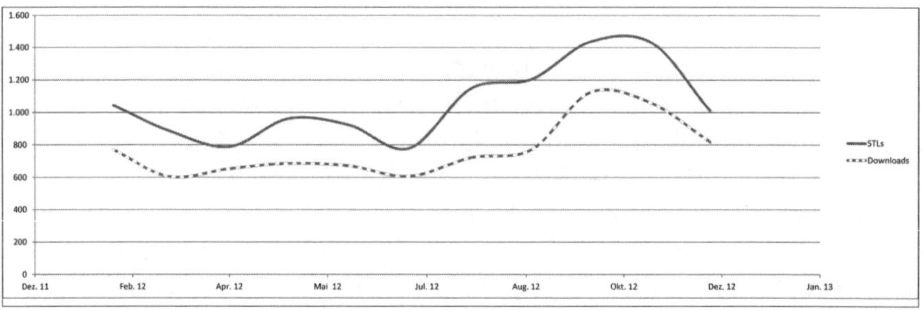

Patron Driven Acquisition der SLUB Dresden, 2012, ©SLUB Dresden/Schweitzer Fachinformationen

Mit dem Dresdner Erwerbungsmodell wie auch mit Patron Driven Acquisition gestaltet die SLUB ihre Bestandsentwicklung aktiv und selbstbestimmt, indem sie die notwendigen Rahmenbedingungen und Eckwerte definiert. Die dafür unabdingbaren erforderlichen Grundentscheidungen treffen fachbezogen die Mitarbeiter des Wissenschaftlichen Dienstes.

Approval-Pläne und PDA sind für die SLUB kein Selbstzweck – das wäre Ökonomisierung –, sondern eröffnen ihr über Effizienzrenditen und Nutzerinteraktionen Möglichkeiten, verstärkt in die Informationsvermittlung als ihr eigentliches Kerngeschäft zu investieren.

[44] Der Verfasser dankt Matthias Harre, SLUB Dresden, und Kathleen Wackwitz, Schweitzer Fachinformationen Dresden, für die Gestaltung der Grafik zum PDA-Modell der SLUB.

5. These: Bibliotheken sind zur Benutzung bestimmt. Wir können sie gestalten.

Informationskompetenz – Kerngeschäft im Wandel

Die Welt des Wissens ist nicht nur groß, vielfältig und bunt, sondern auch in ständiger Veränderung begriffen. Und weil Wissen stets neue Fragen aufwirft, können auch die Tore zum Wissen nicht vielfältig, groß und offen genug sein. Denn erst Bildung und Wissen eröffnen die Chance auf Teilhabe an der gesellschaftlichen Entwicklung und damit auch an deren Wohlstand[45].

Wissen bedarf intelligenter Vermittlung. In der digitalen Welt sich ständig verändernder Informationen sind Bibliotheksbenutzer nicht länger passive Wissenskonsumenten, sondern als Wissenskommunikatoren selbst Mitproduzenten und damit Akteure der Recherche- und Informationssysteme, die ihrerseits aus der Interaktion mit den Nutzern lernen. Die unter dem Lemma „Social Media" zusammengefassten vielfältigen Plattformen zur Interaktion, Kollaboration und Partizipation eröffnen der Wissensvermittlung völlig neue Dimensionen. In der digitalen Welt greifen wir in Echtzeit auf die unterschiedlichsten Bestände und Medienarten zu, vernetzen sie miteinander und stellen neue, gemeinschaftlich wie individuell nutzbare Kollektionen zusammen. Collaborative Tagging erlaubt eine gleichermaßen genaue wie lebensnahe Sacherschließung, indem die Nutzer die Verschlagwortung aus ihrer Sicht vornehmen. Dabei werden zugleich die Vorteile einer großen Community ausgespielt, die das Wissen des Einzelnen bei Bedarf effizient ergänzt und etwaige Fehler nach dem Wikipedia-Prinzip korrigiert. Thomas Hapke hat für diesen Paradigmenwechsel bereits 2007 im Zusammenhang mit der Informationskompetenz 2.0 das Wort vom „Verschwinden des ‚Nutzers'"[46] geprägt.

Social Media werden freilich weder die Bibliothekare noch die Bibliotheken überflüssig machen, sofern sich diese der neuen Welt nicht verweigern. Die Vermittler des Wissens werden mit veränderten Anforderungen

[45] Die berufsethischen Aspekte der Informationskompetenz können hier nicht näher beleuchtet werden. Siehe dazu beispielsweise Sühl-Strohmenger, Wilfried: Förderung von Informationskompetenz durch Bibliotheken – aus berufsethischer Sicht. In: Lülfing, Daniela u.a. (Hrsg.): Bibliotheken für die Zukunft – Zukunft für die Bibliotheken. Deutscher Bibliothekartag in Berlin. Hildesheim [u.a.]: Olms 2012, S. 294–308.

[46] Hapke, Thomas: Informationskompetenz 2.0 und das Verschwinden des „Nutzers". In: Bibliothek Forschung und Praxis 2 (2007), S. 137–149.

weiterhin gebraucht. In Zukunft wird es zunehmend darum gehen, Benutzerbeteiligung und -feedback in die Weiterentwicklung der Informationsangebote zu integrieren und so die Bibliothek ganz konsequent auf die Vorstellungen, Erwartungen und Wünsche ihrer Nutzer auszurichten. Eine solche Beteiligung der Nutzer an „ihrer“ Bibliothek ist nicht zuletzt unter dem Aspekt der Kundenbindung sinnvoll und als hohes Gut wünschenswert. Gleichzeitig müssen sich Bibliothekare mit den allseits sprießenden wissenschaftlichen Netzwerken und Forschungsumgebungen (wie z.B. ResearchGate, Twitter, Mendeley usw.) beschäftigen, um auch hierzu fundiert beraten zu können. Die Angebote im Bereich Open Science sind so gewinnbringend wie vielfältig, dass Wissenschaftler auf dem Campus Beratungsleistungen ihres Informationsdienstleisters, der Bibliothek, zunehmend einfordern werden.

Bibliotheken werden daher ihre Medien- und Informationskompetenz neu definieren müssen. Anstelle der Wissensvermittlung im klassischen Lehrer-Schüler-Verhältnis – hier der Informationsexperte, dort der unsichere Nutzer – wird es zunehmend darauf ankommen, Werkzeuge zur Entwicklung der individuellen Informationskompetenz und zur Interaktion bereitzustellen, die eine Beratung auf Augenhöhe ermöglichen und Angebote außerhalb der Bibliothek einschließen. Die solcherart vernetzte Bibliothek wird damit Teil ihrer Nutzercommunity, von der sie Motivationen empfängt und die sie selbst über ihr Wissensmanagement stimuliert. Wie überlebenswichtig diese Verankerung für die Zukunft der Institution sein wird, hat der US-amerikanische Informationswissenschaftler R. David Lankes prononciert zusammengefasst: „Bad Libraries build collections. Good Libraries build services (of which a collection is only one). Great Libraries build Communities.“[47]

„Wir führen Wissen.“

Dieser Claim[48] zur Marke „SLUB“ beschreibt den ambitionierten Anspruch der Bibliothek in ihrem Kerngeschäft. Er steht für eine breite Vielfalt an verfügbarem Angebot ebenso wie für die Zusage besonderer Infor-

[47] URL: http://quartz.syr.edu/blog/?p=1411 [Stand 02.04.2013]. R. David Lankes lehrt Bibliothekswissenschaft an der Syracuse University (NY).

[48] Im Marketing bezeichnet der Begriff „Claim“ ein fest mit dem Unternehmens- oder Markennamen verbundenes Leistungsversprechen, das auf diese Weise im Sinne einer Mission kontinuierlich kommuniziert wird.

mationskompetenz. Beide Leistungsversprechen müssen in praxi von allen Beschäftigten des Hauses täglich neu eingelöst werden.

Um das in Jahrhunderten gesammelte Wissen[49] in die Zukunft zu führen, bedarf es geeigneter technischer Instrumente und einer aktiven Informationsvermittlung, die den fachspezifischen Dialog mit den Nutzern gestaltet.

Die SLUB hat dazu bereits eine Reihe von speziellen Werkzeugen zur Wissensrecherche entwickelt, von denen zumindest drei inzwischen bundesweite Beachtung gefunden haben:

- SLUBsemantics und die damit verknüpfte konzeptionelle Suche basieren auf der automatischen Anreicherung von Katalogdaten mit Wikipedia-Artikeln und -entitäten. Das Tool leistet damit einen Beitrag zur thematischen Suche, die von den Nutzern erfahrungsgemäß eigentlich bevorzugt, in Bibliotheken im Regelfall gegenüber titelgenauen Abfragen jedoch schlechter bedient wird. Für ihren Printbestand hat die SLUB diese kontextuelle Recherche zunächst in den Sprachen Deutsch, Englisch und Polnisch realisiert. Eine Visualisierung der Rechercheergebnisse durch einen intuitiven „Entscheidungsbaum" unterstützt die Orientierung und die Trefferauswahl.[50] SLUBsemantics ist das Ergebnis einer Entwicklungspartnerschaft der SLUB mit Avantgarde Labs[51], einem Dresdner Start-up.
- Das gemeinsam mit dem Cottbusser Start-up mapongo[52] entwickelte 3-D-Rauminformationssystem verknüpft dreh-, kipp- und zoombare Gebäudemodelle der SLUB-Zentralbibliothek und der Bereichsbibliothek Dre•Punct unmittelbar mit dem SLUB-Katalog und weist den Weg zu Medien, Informationen und Services.[53]
- Die volltextbasierte maschinelle Tiefenerschließung von Datenbanken stellt bislang im sogenannten Deep Web verborgene Datenbankinformationen für die Recherche im SLUB-Katalog zur Verfügung. Dabei werden die geltenden urheberrechtlichen Grenzen strikt beachtet. Bis-

[49] Die heutige SLUB Dresden wurde 1556 von Kurfürst August von Sachsen gegründet.

[50] Bonte, Achim; Glass, Robert; Mittelbach, Jens: Brillante Erweiterung des Horizonts. Eine multilinguale semantische Suche für den SLUB-Katalog. In: BIS. Das Magazin der Bibliotheken in Sachsen 4 (2011), S. 210–213. URL: http://nbn-resolving.de/urn:nbn:de:bsz:14-qucosa-80076 [Stand 02.04.2013].

[51] URL: http://www.avantgarde-labs.de/ [Stand 03.04.2013].

[52] URL: http://www.mapongo.de/ [Stand 02.04.2013].

[53] Für weitere Informationen siehe: Mittelbach, Jens: Die SLUB in 3D. Virtuelle Räume und reale Dienstleistungen. In: BIS. Das Magazin der Bibliotheken in Sachsen 4 (2011), S. 224–227. URL: http://nbn-resolving.de/urn:nbn:de:bsz:14-qucosa-79989 [Stand 02.04.2013].

lang ist die Volltext-Tiefenerschließung für die über 1.000 in DBoD® integrierten Datenbanken realisiert, darunter für die stark nachgefragten DIN-Normen. Neben den sächsischen partizipieren auch Thüringer Hochschulbibliotheken an dieser Lösung.[54] Die Anschubfinanzierung des Projekts stellte der Europäische Fond für Regionale Entwicklung (EFRE) bereit.

Die SLUB bietet ihre Services mit niedrigen Einstiegshürden und sinnfällig strukturiert an. Gleichwohl vermögen rein technische Werkzeuge den Dialog mit den Nutzern der Bibliothek nicht zu ersetzen.

Das ist auch nicht beabsichtigt, im Gegenteil: Mit dem Aufbau einer Wissensbar investiert die SLUB in besonderem Maße in die fachspezifische Beratung vorzugsweise durch die Angehörigen ihres Wissenschaftlichen Dienstes. Das Konzept adaptiert die aus dem Apple™ Store bekannte Genius Bar als Anlaufstelle für umfassende Beratung, verbunden mit der Möglichkeit, entsprechende Termine vorab online zu buchen. Dabei beruht der Erfolg ganz entscheidend auf der Individualität des Services. Sich für jeden einzelnen Kunden Zeit zu nehmen, auf ihn einzugehen, ihm das Gefühl zu geben, seine Frage sei im Augenblick die wichtigste – mit diesem Ziel und Maßstab beabsichtigt die SLUB, ihre bereits erfolgreich etablierten Informationspunkte sukzessive zur Wissensbar weiterzuentwickeln. Im ersten Schritt bietet die Bibliothek über ihren Webauftritt zu folgenden grundsätzlichen Themen individuelle Beratung an:

- Elektronisches Publizieren: Open Access, Bibliometrie,
- Wissenschaftliches Arbeiten: an der TU Dresden verwendete Literaturverwaltungsprogramme,
- Literaturrecherche: thematische Recherche und spezielle Datenbanken nach einzelnen Fächern und
- Technik: z.B. WLAN und Shibboleth.

[54] Bonte, Achim; Niederlein, Falk; Szepanski, Sven: Wirtschaftlich, zuverlässig, weitreichend. Moderne Datenbankinformation mit DBoD und Deep Linking. In: BIS. Das Magazin der Bibliotheken in Sachsen 1 (2012), S. 38f. URL: http://nbn-resolving.de/urn:nbn:de:bsz:14-qucosa-85154 [Stand 02.04.2013].

SLUB Dresden › Service › Schulungen / Führungen › Wissensbar

Wissensbar

Literaturverwaltung

Sie schreiben eine Examensarbeit oder bereiten eine wissenschaftliche Publikation vor und suchen nach einer Möglichkeit, die benutzte Literatur zu sammeln, zu verwalten und sie nach den Ihnen vorgegebenen Zitierregeln in Ihre Fußnoten bzw. Bibliographie einzufügen? Lassen Sie sich von uns informieren über die für solche Aufgaben zur Verfügung stehenden Literaturverwaltungsprogramme. Wenn Sie bereits ein Literaturverwaltungsprogramm benutzen, zeigen wir Ihnen gerne, wie Sie noch mehr aus der Software herausholen können.

Lassen Sie sich von uns informieren.

	Mo 4	Di 5	Mi 6	Do 7	Fr 8	Sa 9
09:00						Freier Termin Freier Termin
10:00					Freier Termin Freier Termin	Freier Termin
11:00					Freier Termin	Freier Termin
12:00						
13:00						
14:00					Freier Termin Freier Termin	Freier Termin Freier Termin
15:00				Freier Termin	Freier Termin	Freier Termin
16:00				Freier Termin	Freier Termin	Freier Termin
17:00				Freier Termin Freier Termin	Freier Termin Freier Termin	
18:00						

Wissensbar der SLUB Dresden, Prototyp März 2013 (Screenshot, Ausschnitt)

Entsprechende Beratungstermine mit den jeweiligen Fachreferenten können sofort online gebucht werden.

Nachdem die SLUB beim Leipziger Bibliothekskongress im März 2013 ihre Wissensbar als Prototyp vorgestellt hat[55], steht das Konzept derzeit am Beginn seiner Erprobung. Ein späterer zweiter Ausbauschritt wird auf entsprechende räumliche Lösungen fokussieren. Die Wissensbar der SLUB ist kein Rückfall in die „Fachreferentensprechstunde“, sondern ergänzt die Informationsvermittlung des Wissenschaftlichen Dienstes der Bibliothek in adäquater Form und wird daher maßgeblich vom Fachreferenten-Kollegium der Bibliothek mitgestaltet. Damit einhergehend fördert die SLUB in ihrer Personalentwicklung des Höheren Dienstes verstärkt pädagogische Kernkompetenzen.

Fazit

Kehren wir noch einmal zu unserer Ausgangsfrage zurück. Eine Ökonomisierung der Bibliothek ist nicht nur nicht zielführend, sondern bedroht die Institution in ihrer Existenz und bildet deshalb keine Option. Unternehmerisches wie betriebswirtschaftliches Denken und Handeln stehen allerdings nicht nur in keinem Widerspruch zum bibliothekarischen Auftrag, sondern sind vielmehr geboten.

Zu verneinen ist auch die zweite der eingangs aufgeworfenen Fragen. Eine Perspektivlosigkeit des Wissenschaftlichen Bibliotheksdienstes müssen wir nicht befürchten. Allerdings wird dessen Tätigkeitsschwerpunkt zumindest in universalen Bibliotheken künftig noch stärker auf die Informationsvermittlung gerichtet sein. Intellektuelle bibliothekarische Bestandsentwicklung bleibt zwar wichtig, benötigt aber immer geringere Zeitanteile.

Die Entwicklungschancen der bibliothekarischen Berufe werden in Zukunft mehr denn je vom Standing der jeweiligen Institutionen in der Community abhängen. Beides haben wir Bibliothekare selbst in der Hand.

[55] Gude, Simon; Mittelbach, Jens: Eine Wissensbar für die SLUB. Zugang zu Wissen als Service. Vortrag beim 5. BID-Kongress am 13. März 2013 in Leipzig. URL: http://de.slideshare.net/JensMittelbach/eine-wissensbar-fr-die-slub-dresden-18474816 [Stand 08.04.2013].

HEIDRUN WIESENMÜLLER UND DAGMAR KÄHLER

Sacherschließung und Fachstudium – eine untrennbare Verbindung?

Im wissenschaftlichen Bibliothekswesen des deutschsprachigen Raumes werden Formal- und Sacherschließung als zwei klar getrennte Bereiche betrachtet, die meist auch durch unterschiedliche Personen ausgeführt werden: Für die Formalerschließung sind Diplom- bzw. Bachelor-Bibliothekare zuständig, die inhaltliche Erschließung ist hingegen die Domäne der Fachreferenten. Eine typische Begründung dafür ist die weit verbreitete Ansicht, dass für eine qualitätvolle Sacherschließung ein einschlägiges Fachstudium (möglichst auf dem Niveau eines Masterabschlusses oder einer Promotion) unverzichtbar sei. Dies ist umso bemerkenswerter, als gleichzeitig eine große Offenheit gegenüber automatischen Indexierungsmethoden zu beobachten ist. Während sich viele Entscheidungsträger einerseits durchaus vorstellen können, Sacherschließung dem Computer zu überlassen, besteht andererseits erhebliche Skepsis, dieselbe Aufgabe an menschliche Erschließer ohne ein entsprechendes Fachstudium zu übertragen. Im folgenden Beitrag soll deshalb die These, dass Sacherschließung und Fachstudium untrennbar zusammengehören, einer kritischen Betrachtung unterzogen werden.

Vergleich mit der angloamerikanischen Welt

Interessant ist zunächst ein Blick in die angloamerikanische Welt. Dort wird Erschließung als ein ganzheitlicher, zusammenhängender Prozess mit zwei Phasen aufgefasst, der Formalerschließung (descriptive cataloging) und der Sacherschließung (subject cataloging): „This process usually begins with descriptive cataloging and continues with subject analysis, and throughout both phases is intertwined the process of authority control."[1]

[1] Taylor, Arlene G.: Introduction to cataloging and classification. 10. ed. Westport, Conn. [u. a.]: Libraries Unlimited 2006, S. 18.

Auf die Formalerschließung folgt also die inhaltliche Erschließung (in der Regel sowohl verbal als auch klassifikatorisch), beides durchdrungen von der Normdatenarbeit (authority control). Trotz der unterschiedlichen Vorgehensweisen, die in Formal- und Sacherschließung nötig sind, werden beide Bereiche an US-amerikanischen Bibliotheken üblicherweise von ein und derselben Person ausgeführt: „While most catalogers do both, there are separate mental processes to be followed in conducting the two phases."[2] Eine interessante Ausnahme bildete lange Zeit die Library of Congress mit zwei getrennten Abteilungen, einer *Descriptive Cataloging Division* und einer *Subject Cataloging Division*. Doch seit die beiden Abteilungen in den frühen 1990er Jahren zusammengeführt wurden, ist es auch an der Library of Congress normal, dass Formal- und Sacherschließung aus einer Hand kommen.

Welche Voraussetzungen bringen unsere Kollegen in den USA für ihre Erschließungstätigkeit mit? Der Ausbildungsweg unterscheidet sich merklich von dem, was in Deutschland üblich ist. Ein bibliothekarisches Studium auf Bachelorebene gibt es nicht – folglich auch kein Pendant zu unseren Diplom- bzw. Bachelor-Bibliothekaren. In den USA verfügen Wissenschaftliche Bibliothekare über einen Masterabschluss in Library Science (MLS), der auf einen beliebigen fachlichen Bachelorabschluss folgt. Zum Teil besitzen sie zusätzlich zum Bibliotheksmaster noch einen höherwertigen fachlichen Abschluss (Master oder Ph.D.). In manchen Positionen wird ein solcher sogar gefordert oder ist zumindest gerne gesehen.[3] Dies hat aber kaum etwas mit den fachlichen Anforderungen bei der Sacherschließung zu tun, sondern eher mit Fragen von Status und Reputation: „Currently at some, not all, universities there is a paradigm that an advanced degree in a subject specialty other than librarianship imbues the academic librarian who holds it with greater scholarly credibility than one who does not. Also, it is seen as enhancing the status of librarians who work in academia."[4]

Das in der angloamerikanischen Welt herrschende integrative Verständnis von Erschließung zeigt sich beispielsweise darin, dass die zentrale Fachzeitschrift *Cataloging & classification quarterly* Themen aus der For-

[2] Ebenda, S. 491.

[3] In einer Umfrage von 2005 antworteten 52,27 % der Befragten, dass für ihre Position kein höherwertiger fachlicher Abschluss nötig sei, bei 25,64 % wurde ein solcher begrüßt, bei 20,61 % war er zwingend erforderlich. Vgl. Wyss, Paul Alan: A question of degree for academic librarians. In: College student journal 42 (2008), 3, Abschnitt „Literature review" (Online-Ausgabe zugänglich via EBSCO-Host).

[4] Ebenda, Einleitung.

mal- wie der Sacherschließung abdeckt.[5] In der Lehre sind übergreifende Lehrveranstaltungen üblich; entsprechend gibt es Lehrbücher, die beide Bereiche umfassen[6]. Im Bereich der Normdaten zeigen sich ebenfalls Auswirkungen: Zwar bestehen die *Library of Congress Authorities* aus zwei Dateien, dem *Name Authority File* (NAF) und dem *Subject Authority File* (SAF), doch werden die im NAF geführten Namen für Personen, Körperschaften und Geographika auch in der Sacherschließung verwendet. Einen vergleichbaren Stand hat die deutschsprachige Welt erst mit der Einführung der Gemeinsamen Normdatei (GND) im Frühjahr 2012 erreicht. Bis dahin kam es häufig vor, dass z.B. ein und dieselbe Körperschaft sowohl mit einem Datensatz in der Gemeinsamen Körperschaftsdatei (GKD) als auch mit einem Datensatz in der Schlagwortnormdatei (SWD) vertreten war. Der eine wurde in der Formalerschließung verwendet, der andere in der Sacherschließung – und die Ansetzungsformen waren durchaus nicht immer identisch.

Zwar gilt es in der deutschsprachigen Welt nahezu als ein Dogma, dass Sacherschließung – sobald sie über ganz einfache Anwendungen wie z.B. die Vergabe grober Sachgruppen hinausgeht – an Personen mit einem entsprechenden Fachstudium zu übertragen sei. In der Praxis zeigt sich an deutschen Wissenschaftlichen Bibliotheken freilich ein weitaus bunteres Bild. Zwar wird fraglos ein sehr großer Teil der Sacherschließung von Fachreferenten mit einem einschlägigen Fachstudium geleistet, doch gibt es auch Gegenbeispiele. Im Folgenden werden exemplarisch die persönlichen Erfahrungen der beiden Autorinnen angeführt.

Fallbeispiel 1

Die erste Verfasserin hat den praktischen Teil ihres Referendariats an der Landesbibliothek Oldenburg verbracht. Dort gab es nur wenige Kollegen im Höheren Dienst, weshalb vom üblichen Fachreferentensystem abgewichen und die Arbeit nach anderen Prinzipien aufgeteilt wurde. Die komplette verbale Sacherschließung – damals noch nach Erlanger Regeln, spä-

[5] Vgl. die Angaben zum Themenspektrum auf der Homepage der Zeitschrift: „This includes the principles, functions, and techniques of descriptive cataloging; the wide range of methods of subject analysis and classification […].“ CCQ Home. URL: http://catalogingandclassificationquarterly.com/ [Stand 28.01.2013].

[6] Zu den „Klassikern“ unter den Lehrbüchern gehören: Taylor, Arlene G.: Introduction to cataloging and classification. 10. ed. Westport, Conn. [u.a.]: Libraries Unlimited 2006, und Chan, Lois Mai: Cataloging and classification. An introduction. 3. ed. Lanham, Md. [u.a.]: Scarecrow Press 2007.

ter nach den *Regeln für den Schlagwortkatalog* (RSWK) – wurde und wird dabei von einer Diplom-Bibliothekarin geleistet.

Bei ihrer nachfolgenden Tätigkeit als Fachreferentin an der Württembergischen Landesbibliothek Stuttgart (WLB) sah sich die Verfasserin, die selbst Mittlere Geschichte, Englische Philologie und Mittellatein studiert hat, im Fachreferat plötzlich mit ganz anderen Fächern konfrontiert (Geographie, Geowissenschaften und Völkerkunde) – einfach deshalb, weil sie die Zuständigkeiten ihres Vorgängers zu übernehmen hatte. Im Rahmen ihrer Hauptaufgabe, der Betreuung der *Landesbibliographie von Baden-Württemberg*, hat sie inhaltliche Erschließung (verbal und klassifikatorisch nach einem eigenen System) in den unterschiedlichsten Fachgebieten praktiziert. Denn moderne Regionalbibliographien sind universal angelegt und weisen selbstständig und unselbstständig erschienene Literatur aus allen Themen- und Lebensbereichen nach. Ein gewisser Teil der Sacherschließung für die Landesbibliographie, die kooperativ an der Badischen Landesbibliothek Karlsruhe (BLB) und der WLB erstellt wird, wurde übrigens stets von Diplom-Bibliothekarinnen übernommen.

Als Leiterin der Kartenabteilung der WLB hat die Verfasserin gemeinsam mit Mitarbeitern des Gehobenen Dienstes eine neue Online-Systematik für kartographische Materialien (OSKAR) entwickelt.[7] Im laufenden Betrieb lag nicht nur die Vergabe der Notationen, sondern auch die kontinuierliche Weiterentwicklung dieser Systematik in der Hand eines Diplom-Bibliothekars. Eine klare Domäne des Gehobenen Dienstes im Bereich Sacherschließung ist überdies die Redaktion von RSWK-Schlagwörtern: Der Hauptteil der Arbeit in den Lokal- und Fachredaktionen des Südwestdeutschen Bibliotheksverbunds (SWB) wird von Diplom- und Bachelor-Bibliothekaren erledigt. Und der Ansprechpartner für die Sacherschließung in der Verbundzentrale, der den SWB auch in der überregionalen Expertengruppe Sacherschließung vertritt, ist ein Kollege mit Diplomabschluss und informationswissenschaftlichem Aufbaustudium – jedoch ohne Fachstudium.

Mittlerweile ist die Verfasserin als Hochschullehrerin im Bachelorstudiengang Bibliotheks- und Informationsmanagement an der Hochschule der Medien Stuttgart (HdM) tätig, wo sie neben Formal- auch Sacherschließung unterrichtet. Dabei erlebt sie öfter, dass Bachelorabsolventen

[7] Vgl. Wiesenmüller, Heidrun: OSKAR kommt! Landkartenkatalogisierung auf neuen Wegen. In: WLB-Forum 3 (2001), 3, S. 2–5, und Wiesenmüller, Heidrun: „Gestatten, OSKAR!“: die Online-Systematik für kartographische Materialien. In: WLB-Forum 5 (2003), 1, S. 2–7.

an ihren neuen Wirkungsstätten auch im Bereich der Sacherschließung eingesetzt werden.[8]

Fallbeispiel 2

Die zweite Verfasserin war bereits als ausgebildete Assistentin an Bibliotheken in einer naturwissenschaftlichen Fachbibliothek im Bereich Sacherschließung tätig. Neben der Katalogisierung der Fachbücher konnte sie Erfahrungen in der formalen und inhaltlichen Erschließung umfangreicher Zeitschriften- und Sonderdruckliteratur sammeln. Diese praktischen Kenntnisse vertiefte sie in einem Bibliotheksstudium an der Fachhochschule Hamburg, in dem die Sacherschließung eine große Rolle spielte: Unterrichtet wurden verschiedene Klassifikationen, Normdaten und sehr ausführlich auch RSWK. Die erworbenen Kenntnisse waren der Verfasserin bei der Diplomarbeit und im späteren Berufsleben sehr nützlich.

Als Fortführung des Diplomarbeitsthemas[9] entwickelte die Verfasserin, teilweise in Zusammenarbeit mit Fachwissenschaftlern des Zoologischen Instituts und des Zoologischen Museums der Universität Hamburg, eine Bibliographie zum Thema Pflanzenläuse, die *Bibliography of Hemiptera: Auchenorrhyncha & Sternorrhyncha*[10]. Über die eigens gegründete Firma[11] wird die Bibliographie gepflegt, herausgegeben und vertrieben. Die Quellennachweise werden bis heute von der Verfasserin selbstständig mit Keywords versehen. Da die in großen Bibliotheken gebräuchlichen Klassifikationen wie z. B. die DDC das Fachgebiet nicht tief genug erschließen, wurde der Thesaurus der Fachbibliographie *Zoological record* mit herangezogen.[12] Durch einige Ergänzungen und die Unterstützung ei-

[8] Beispielsweise berichtete vor Kurzem ein Absolvent über seine Stelle am Institut für Zeitgeschichte in München: „Meine Hauptaufgabengebiete sind Formalerschließung, Verbalerschließung (auch Ansetzen von neuen Schlagwörtern in der GND) und klassifikatorische Erschließung bei Geschenken und Schriftentausch (machen einen Großteil unserer Bestände aus)." (E-Mail von Matthias Krebs an die Verfasserin vom 10.09.2012).

[9] Kähler, Dagmar: Die Behandlung von Sonderdrucken in zoologischen Fachbibliotheken. Hamburg: Fachhochschule Hamburg 1999. Unveröffentlichte Diplomarbeit.

[10] Kähler, Dagmar: Bibliography of Hemiptera: Auchenorrhyncha & Sternorrhyncha. URL: http://www.hemiptera.de/ [Stand 15.02.2013].

[11] Bibliotheks-Dienstleistungen. URL: http://www.hemiptera.de/?page=introduction [Stand 15.02.2013].

[12] Zoological record. URL: http://thomsonreuters.com/products_services/science/science_products/a-z/zoological_record/ [Stand 15.02.2013]. Diese Bibliographie ist seit 1864 bei Wissenschaftlern weltweit eingeführt und deckt die gewünschte Erschließungstiefe voll ab.

nes Fachwissenschaftlers konnte sie die Erschließung nach einer gewissen Einarbeitungszeit problemlos selbstständig durchführen. Und wenn doch einmal ein Problem auftaucht oder es fachliche Veränderungen, z.B. in der Taxonomie, gibt, so zeigt sich, dass Fachwissenschaftler auf konkrete Nachfrage hin gerne Hilfestellung leisten.

Als Diplom-Bibliothekarin an der Deutschen Nationalbibliothek ist die Verfasserin heute hauptsächlich in der Formalerschließung tätig. Sie beendet gerade den berufsbegleitenden Studiengang Master of Library and Information Science an der Fachhochschule Köln.

Sacherschließung durch Nicht-Fachwissenschaftler

Bisher gibt es keine empirische Studie, in der die Verteilung der Sacherschließungsleistung auf Personen mit und ohne einschlägiges Fachstudium untersucht wird. Eine genauere Quantifizierung ist deshalb nicht möglich. Zumindest kann aber festgehalten werden, dass in der Praxis an deutschen Wissenschaftlichen Bibliotheken durchaus Sacherschließung von Personen ohne entsprechendes Fachstudium geleistet wird – und dass dies offenbar funktioniert.

Ein typischer Fall sind Kollegen des Höheren Dienstes mit Fachstudium, wenn sie im Fachreferat mit Fächern betraut werden, die zum Teil recht weit von ihren Studienfächern entfernt liegen. Aber es kommen auch Kollegen in der Sacherschließung zum Einsatz, die ‚nur' ein bibliothekarisches Studium vorweisen können. Neben Bibliothekaren mit Diplom- bzw. Bachelorabschluss können dies seit einigen Jahren auch Personen sein, die zusätzlich noch einen Bibliotheksmaster erworben haben.

Wie es scheint, ist Sacherschließung durch Nicht-Fachwissenschaftler besonders häufig bei kleineren Bibliotheken (auch Spezialbibliotheken) sowie im Zusammenhang mit der Erstellung von Bibliographien anzutreffen. Vielleicht führen in solchen Fällen die begrenzten Ressourcen zu einer notwendigerweise größeren Flexibilität beim Einsatz des Personals. In manchen Fällen ist es auch geradezu zwangsläufig, dass Sacherschließung nicht von Kollegen des Höheren Dienstes geleistet werden kann: Beispielsweise werden nicht wenige Fachhochschulbibliotheken von Bibliothekaren mit Diplom- bzw. Bachelorabschluss geleitet, die dann oft auch für die (dort meist primär klassifikatorische) Sacherschließung zuständig sind.

Nicht unterschätzt werden sollte außerdem die Unterstützungsleistung, die Kollegen ohne Fachstudium für die Sacherschließung leisten. An manchen großen Wissenschaftlichen Bibliotheken ist es beispielsweise üblich, dass die Fachreferenten nur die Ansetzungsform notieren, wenn ein neues Schlagwort anzusetzen ist: Alle weiteren Kategorien inklusive der Thesaurusrelationen und GND-Systematik – mithin also die Einordnung in den wissenschaftlichen Kontext – werden von Diplom- oder Bachelor-Bibliothekaren erarbeitet.

Bedeutung fachwissenschaftlicher Kenntnisse im Erschließungsprozess

Welche Bedeutung haben nun fachwissenschaftliche Kenntnisse – oder ihr Fehlen – für den Erschließungsprozess? Pauschale Antworten lassen sich kaum geben, da die Anforderungen recht unterschiedlich sein können: Sie sind sowohl von der angewendeten Indexierungssprache als auch vom Fach und nicht zuletzt von der ‚Schwierigkeit' des jeweils zu erschließenden Dokuments abhängig. Wichtig ist, dass die an Wissenschaftlichen Bibliotheken im deutschsprachigen Raum verbreiteten Erschließungssysteme in der Regel indikativ (anzeigend) und nicht informativ sind, d.h., es wird nur angegeben, welche Themen in einem Dokument behandelt werden, aber nicht, was darüber im Einzelnen ausgesagt wird (anders als z.B. in bestimmten Arten von Abstracts). Eine Bewertung des Inhalts ist nicht vorgesehen; auch wird – wie es die RSWK formulieren – der „Standpunkt oder eine Weltanschauung des Verfassers im Allgemeinen […] nicht berücksichtigt"[13]. Sacherschließer müssen folglich das zu erschließende Dokument nicht auf einer fachwissenschaftlichen Ebene würdigen können. Ihre Aufgabe ist vielmehr die Inhaltsanalyse, d.h. das Feststellen der behandelten Themen und das Identifizieren wichtiger Konzepte, sowie die regelgerechte Umsetzung in die jeweilige Indexierungssprache.

Auch wenn man sich dies oft nicht bewusst macht, handelt es sich bei der Inhaltsanalyse um einen durchaus formalisierbaren, regelgestützten Prozess – für den es übrigens auch eine eigene ISO-Norm (ISO 5963)[14] gibt: Bestimmte Stellen des Dokuments, bei denen direkte Hinweise auf den Inhalt zu erwarten sind (z.B. das Inhaltsverzeichnis), werden gezielt abgesucht, wobei nach Schlüsselbegriffen und zentralen Konzepten ‚gefahndet' wird. Meist finden sich rasch Ansatzpunkte, mit denen man in das eigene Erschließungssystem einsteigen und geeignete Notationen oder Indexter-

[13] Regeln für den Schlagwortkatalog. 3. Aufl. auf dem Stand der 7. Ergänzungslieferung. Leipzig [u.a.]: Deutsche Nationalbibliothek 2010, § 4,2.

[14] ISO 5963:1985 Documentation – Methods for examining documents, determining their subjects, and selecting indexing terms.

me finden kann. Für das Funktionieren dieses Prozesses ist – zumindest nach Ansicht der Verfasserinnen – die Erfahrung der Erschließenden weitaus wichtiger als fachspezifische Kenntnisse. Routinierte Erschließer wissen sich auch bei auftretenden Schwierigkeiten zu helfen: Zumeist kommt man mit einer Suche nach ähnlichen, bereits sachlich erschlossenen Dokumenten im eigenen Katalog oder in größeren Datenpools weiter (auch wenn diese mit anderen Indexierungssprachen erschlossen sind).

Es ist auch keine Frage, dass Indexierer – auch ohne Fachstudium – beim Erkennen von Konzepten, bei der Gewichtung von Aspekten und beim Vergleich eines Dokuments mit anderen Dokumenten in einem Korpus den automatischen Indexierungssystemen überlegen sind, die solche Aufgaben mithilfe von textlinguistischen und statistischen Methoden zu bewältigen versuchen. Dass Fachliteratur für Fachfremde umso schwerer zu erschließen sei, je spezieller und ‚technischer' sie ist, erweist sich als weit verbreiteter Irrtum: Hochspezialisierte Dokumente, z.B. aus den Naturwissenschaften, bringen in der Regel sehr präzise Termini mit, die als Ausgangspunkt für den Erschließungsprozess gut geeignet sind. Bei allgemeineren Werken, gerade aus den Geisteswissenschaften, ist die Einordnung in eine Klassifikation oder die Zuordnung von Schlagwörtern unter Umständen viel schwieriger.

Natürlich erleichtert ein gewisses Grundverständnis für die Materie den Vorgang der Inhaltsanalyse, doch müssen die Kenntnisse sicher nicht auf dem Niveau eines abgeschlossenen Fachstudiums sein. Gemäß ISO 5963 sollten Erschließende „adequate knowledge of the field covered by the documents"[15] haben. Das Konsultieren von „subject specialists" wird hingegen nur im Zusammenhang mit dem Anlegen neuer Indexterme angesprochen – und auch da nur als eine Möglichkeit.[16] Nach den Erfahrungen der Verfasserinnen arbeitet man sich bei der Sacherschließung fast automatisch auch in bisher fremde Fachdisziplinen ein: Aufgrund des direkten Kontakts mit der Literatur einerseits und deren Einordnung und Charakterisierung anhand einer strukturierten Indexierungssprache andererseits wächst der Überblick über das Fach fast von selbst – mit jedem erschlossenen Medium.

Der im Rahmen der Inhaltsanalyse festgestellte ‚Gehalt' eines Dokuments muss natürlich korrekt in die jeweilige Indexierungssprache umgesetzt werden. Bei der verbalen Erschließung nach RSWK gehört dazu

[15] Ebenda, Abschnitt 8.3.

[16] Ebenda, Abschnitt 7.1: „Subject specialists, especially those with some knowledge of indexing or documentation, may also be consulted."

beispielsweise die Beachtung der Regeln für die Bildung von Schlagwortfolgen. Tiefere fachliche Kenntnisse werden für diesen Prozess nicht benötigt; entscheidend sind vielmehr gute Regelwerkskenntnisse und die Bereitschaft, die Regeln präzise und konsistent anzuwenden. Das Verständnis für solche eher formale Regeln ist erfahrungsgemäß bei Kollegen mit einem bibliothekarischen Diplom- oder Bachelorabschluss sehr gut ausgeprägt, da sie aufgrund ihrer umfassenden Ausbildung in der Formalerschließung auf Genauigkeit und Korrektheit geschult sind. Bei Kollegen des Höheren Dienstes erlebt man hingegen mitunter eine gewisse Tendenz, eine exakte Anwendung der Regeln für ‚nicht so wichtig' zu halten.

Wie gezeigt wurde, kann die Erschließung von Dokumenten mit einer bereits vorgegebenen Klassifikation oder mit bereits vorhandenen Schlagwörtern auch ohne vertiefte fachliche Kenntnisse geleistet werden. Anders liegt der Fall, wenn eine Indexierungssprache erst entwickelt oder zumindest erweitert werden soll. Für das erstmalige Ausarbeiten einer Fachklassifikation ist ein umfassender Überblick über das jeweilige Fachgebiet fraglos zwingend nötig, sodass dafür nur Personen mit einschlägigem Fachstudium infrage kommen. Auch bei grundlegenden Änderungen oder umfangreichen Erweiterungen einer Klassifikation erscheinen tiefergehende Fachkenntnisse nötig, wohingegen kleinere Ergänzungen sicher auch von Personen ohne Fachstudium vorgenommen werden können.

In der verbalen Sacherschließung ist die Situation etwas anders: Während beim Erarbeiten einer Klassifikation sozusagen im Vorfeld eine ‚Landkarte' des jeweiligen Fachgebiets gezeichnet werden muss, werden Schlagwörter grundsätzlich nicht auf Vorrat angelegt. Die Entscheidung, ob ein neues Schlagwort anzusetzen ist, wird vielmehr nach dem sogenannten „literary warrant", d.h. dem ganz konkreten Bedarf, getroffen: „headings are created in response to the books that are to be catalogued. There is no underlying theoretical framework to the headings, and they are just invented as needed."[17] Es ist also für die Erschließer nicht nötig, aktuelle Entwicklungen in einem Fachgebiet z.B. durch die regelmäßige Lektüre einschlägiger Fachzeitschriften zu verfolgen und daraus Konsequenzen für die Erschließung abzuleiten. Vielmehr geben die zu erschließenden Medien selbst das Signal dafür, wenn ein neues Schlagwort benötigt wird. Ist dies der Fall, so ist auch dieser Prozess stark formalisiert und regelgeleitet: Die Wahl des Deskriptors wird gemäß RSWK vom Grundgedanken der „Gebräuchlichkeit" geleitet, „d.h. von mehreren Bezeich-

[17] Broughton, Vanda: Essential Library of Congress Subject Headings. London: Facet Publishing 2012, S. 41.

nungen wird die gebräuchlichste gewählt".[18] Welche dies ist, wird nun aber bewusst nicht nach der individuellen Einschätzung von im jeweiligen Fach versierten Erschließenden entschieden, sondern anhand einer definierten Liste allgemeiner und fachlicher Nachschlagewerke, die in einer festgelegten Reihenfolge abgeprüft werden.[19]

Wie die Betrachtung des Erschließungsprozesses mit seinen unterschiedlichen Facetten gezeigt hat, kann dieser in der Regel auch ohne Fachstudium erfolgreich durchgeführt werden. Intensive Fachkenntnisse können einer qualitätvollen Sacherschließung sogar im Wege stehen: Kennt man sich in einem Fachgebiet sehr gut aus, so erkennt man im zu erschließenden Dokument unter Umständen so viele Nebenaspekte und feine inhaltliche Schattierungen, dass es schwerfällt, sich auf die wirklich signifikanten Themen zu beschränken.

Aufschlussreich ist auch eine nähere Betrachtung von Sacherschließung, die durch die Autoren von Dokumenten selbst geleistet wird. Man findet eine derartige Erschließung beispielsweise bei Hochschulschriften auf OPUS-Servern: Die Autoren können dabei einerseits RSWK-Schlagwörter aus einer Online-Version der Schlagwortnormdatei (SWD) bzw. Gemeinsamen Normdatei (GND) auswählen, andererseits zusätzlich auch freie Schlagwörter vergeben. Dabei wird deutlich, dass die Autoren zwar zweifellos die besten Kenner ihrer Werke sind, jedoch keineswegs auch die besten Erschließer. Eine Untersuchung aus dem Jahr 2007 zeigte neben vielen eher ‚technischen' Schwierigkeiten auch ganz grundsätzliche Probleme auf, die sich aus fehlenden Erschließungskenntnissen ergeben.[20] Ein typischer Fehler ist die Wahl der falschen Spezifitätsebene, z. B. die Vergabe von zu allgemeinen oder zu speziellen Schlagwörtern. Häufig bleiben auch ganze Dimensionen des Inhalts ausgeblendet: So zeigte sich in der Stichprobe, dass „sowohl bei den freien als auch bei den SWD-Schlagwörtern die Sachschlagwörter dominieren", während etwa der „Anteil an Personen- und geographischen Schlagwörtern [...] sehr gering" ist.[21] Häufig verzichteten die Autoren auf die Angabe einer geographischen Eingrenzung ihres Themas, und selbst Personen, die im Zentrum des Dokuments stehen, wurden mitunter in der Verschlagwortung nicht abgebildet. Auch

[18] Regeln für den Schlagwortkatalog [wie Anm. 13], § 9,3.

[19] Vgl. ebenda.

[20] Vgl. Gratz, Claudia: Verschlagwortung und Tagging durch Autoren und Nutzer – Charakteristika und Einsatzmöglichkeiten im bibliothekarischen Bereich. Stuttgart: Hochschule der Medien 2007. Bachelorarbeit. URL: http://hdl.handle.net/10760/18570 [Stand 15.02.2013], S. 12–40.

[21] Ebenda, S. 21.

der Zeitaspekt wurde von den erschließenden Autoren kaum bedient. An solchen Beispielen wird deutlich, dass das Verständnis für die Prinzipien der Sacherschließung und die korrekte Anwendung der jeweiligen Erschließungsregeln für die Qualität eines Indexats wichtiger sind als die fachwissenschaftliche Durchdringung des Inhalts.

Konsequenzen

Es gibt – wie aus den vorangegangenen Überlegungen deutlich geworden ist – keinen sachlichen Grund dafür, Sacherschließung und Fachstudium als eine untrennbare Verbindung anzusehen. Löst man sich einmal von dieser Vorstellung, so ergeben sich daraus viele positive Konsequenzen.

Die vielleicht wichtigste Folge ist, dass das vorhandene Personal weitaus flexibler eingesetzt werden kann als bisher. So gibt es Fachreferenten, die sehr gerne Sacherschließung betreiben – sie können jederzeit auch Fächer betreuen, die sie nicht studiert haben. Umgekehrt können Fachreferenten, die sich lieber in anderen Bereichen engagieren wollen, von Aufgaben in der Sacherschließung entlastet werden. Eine solche Umverteilung kann zu erhöhter Zufriedenheit bei allen Beteiligten führen. Auch spricht nichts dagegen (sondern sogar vieles dafür), Diplom- und Bachelor-Bibliothekaren, die an Sacherschließung Interesse haben, in verstärktem Maße entsprechende Aufgaben zu übertragen.

Aus ihrer Ausbildung bringen Diplom- und Bachelorabsolventen oft recht gute Sacherschließungskenntnisse mit: An der Hochschule der Medien in Stuttgart beispielsweise gibt es nicht weniger als drei einschlägige Pflicht-Lehrveranstaltungen im Umfang von insgesamt sechs Semesterwochenstunden. Die Studierenden lernen dabei unter anderem verschiedene Klassifikationen sowie die wichtigsten Regeln der RSWK kennen.[22] Manche Studierende wählen auch das Thema ihrer Bachelorarbeit aus diesem Gebiet. Sie würden es gewiss als ‚job enrichment' betrachten, wenn sie diese Kenntnisse dann auch praktisch an ihren Bibliotheken einbringen könnten. Ein verstärkter Einsatz von Diplom- und Bachelor-Bibliothekaren in der Sacherschließung wäre aber auch deshalb zu begrüßen, weil gerade diese Kollegen oft einen großen Anteil im Informationsdienst und bei

[22] Vgl. Wiesenmüller, Heidrun: Sacherschließung im Bachelorstudiengang Bibliotheks- und Informationsmanagement an der Hochschule der Medien Stuttgart. Ein Erfahrungsbericht. In: New perspectives on subject indexing and classification. Essays in honour of Magda Heiner-Freiling. Leipzig [u. a.]: Deutsche Nationalbibliothek 2008, S. 303–312.

der Vermittlung von Informationskompetenz leisten. Je größer die eigenen Erfahrungen mit Sacherschließung sind, umso besser kann man Nutzer bei sachlichen Rechercheanfragen beraten.

Ein flexiblerer Personaleinsatz könnte auch dabei helfen, die im deutschsprachigen Raum immer noch bestehende Grenze zwischen Formal- und Sacherschließung zu beseitigen: An die Stelle eines Nebeneinanders muss ein Miteinander treten. In der Vergangenheit hat die scharfe Trennung der beiden Erschließungsformen zu vielen Nachteilen geführt, die nun mühsam korrigiert werden müssen. Ein wichtiger Schritt war die Zusammenführung der früher getrennten Normdateien aus Formal- und Sacherschließung in der GND. Noch nicht beseitigt ist aber beispielsweise die Doppelerfassung bestimmter formaler Aspekte: So wird etwa die Information „CD-ROM" typischerweise sowohl in codierter Form durch die Formalerschließung als auch in Gestalt eines Formschlagworts aus der Sacherschließung erfasst.

Wahrscheinlich ergeben sich auch Effizienzgewinne, wenn ein und dieselbe Person für Formal- wie Sacherschließung zuständig ist: Das Medium muss nur einmal in die Hand genommen werden, und ein Teil der Inhaltsanalyse erfolgt automatisch bereits während der Formalerschließung. Solche Effekte sind nicht zu unterschätzen: Angesichts einer erschreckend niedrigen Sacherschließungsrate in vielen Katalogen sind Rationalisierungen dringend nötig. In Verbundkatalogen ist beispielsweise oft nicht einmal die Hälfte aller Titel mit Sacherschließungsinformationen versehen. Eine Erhöhung der Sacherschließungsrate ist nicht nur im Sinne unserer Nutzer erforderlich, sondern auch mit Blick auf die Einführung des neuen Katalogisierungsregelwerks *Resource Description and Access* (RDA): Sacherschließung wird darin als ein sogenanntes Kernelement (core element) verpflichtend eingefordert.[23]

Einen Königsweg zur Verbesserung der Nachweissituation scheint es nicht zu geben; am ehesten wird ein Methodenmix zum Erfolg führen. Dazu gehören einerseits automatische oder halbautomatische Methoden. Andererseits werden auch verstärkte Anstrengungen in der intellektuellen Sacherschließung nötig sein, die entsprechend auf mehr Schultern als bis-

[23] Vgl. Resource Description and Access. URL: http://access.rdatoolkit.org/ [Stand 28.01.2013], 0.6.7. Die Erfassung von zumindest einer Themenbeziehung wird als Kernelement betrachtet: „When recording relationships between a work and an entity that is the subject of that work, include as a minimum at least one subject relationship element." Das zugehörige Kapitel 23 (General guidelines on recording the subject of a work) ist allerdings noch nicht ausgearbeitet, sodass die Konsequenzen dieser Anforderung noch nicht im Detail abzuschätzen sind.

her verteilt werden müssen. Die beiden Zweige sind dabei eigentlich gar keine Gegensätze, sondern können und müssen sich ergänzen: So funktioniert automatische oder halbautomatische Erschließung vor allem dann gut, wenn sie auf einem ausreichenden Korpus von intellektueller und qualitativ hochwertiger Sacherschließung aufsetzen kann. Ein hervorragendes Beispiel dafür ist das von Magnus Pfeffer entwickelte Poolen von Sacherschließungsinformationen zwischen allen Ausgaben eines Werkes. Das Ziel dabei ist es, die vorhandene intellektuelle Sacherschließung möglichst optimal in den Katalogen zu nutzen – für alle Ausgaben desselben Werkes und auch über Verbundgrenzen hinweg.[24]

Ändert sich die Haltung zur Bedeutung eines Fachstudiums, so bieten sich schließlich auch neue Optionen für die Beschäftigung von Masterabsolventen. Hier gibt es Kollegen, die einen ersten bibliothekarischen Abschluss (Diplom oder Bachelor) mit einem in Vollzeit oder berufsbegleitend absolvierten Masterstudium ergänzt haben. Obwohl der Masterabschluss sie zum Eintritt in den Höheren Dienst berechtigt, werden sie in der Praxis bei Einstellungen oder beim Aufstieg innerhalb ihrer Bibliothek bisher oft benachteiligt. So gibt es an manchen Bibliotheken Kollegen, die über einen bibliothekarischen Diplomabschluss und einen darauf aufsetzenden Bibliotheksmaster verfügen, aber nicht im Höheren Dienst eingestuft sind. Ein typischer Kritikpunkt an Bibliothekaren mit einer solchen Qualifikation ist insbesondere das fehlende Fachstudium, was einen Einsatz im Fachreferat unmöglich mache. Wie gezeigt wurde, ist ein einschlägiges Fachstudium jedoch zumindest aus Sicht der Sacherschließung keine zwingende Voraussetzung. Auch hier könnte sich eine neue Offenheit sehr positiv auswirken, denn gerade solche Absolventen dürften für viele Bibliotheken besonders interessant sein: Einerseits bringen sie oft bereits Berufserfahrung mit, andererseits haben sie im Masterstudium intensive Kenntnisse, z. B. in Personalführung und Management, erworben. Fällt die Fixierung auf das Fachstudium, so kann dieses Personalreservoir in besserer Weise ausgeschöpft werden als bisher.

[24] Vgl. Pfeffer, Magnus: Using clustering across union catalogues to enrich entries with indexing information. In: Proceedings of the 36th Annual Conference of the Gesellschaft für Klassifikation e.V., Hildesheim, August 1–3, 2012 (im Druck). Bereits verfügbar sind die zugehörigen Vortragsfolien. URL: http://digbib.ubka.uni-karlsruhe.de/volltexte/1000029147 [Stand 15.02.2013].

Fazit

Sacherschließung und Fachstudium gehören nicht zwingend zusammen – diese Erkenntnis mag unbequem sein. Womöglich werden manche sie sogar als Bedrohung empfinden, da damit althergebrachte Hierarchien und Trennlinien infrage gestellt werden: Eine Tätigkeit in der Sacherschließung taugt weder als Alleinstellungsmerkmal des Höheren Dienstes zur Abgrenzung von Diplom- und Bachelor-Bibliothekaren noch lässt sich damit eine Schlechterstellung von Masterabsolventen ohne Fachstudium rechtfertigen.

Die Verfasserinnen plädieren hingegen dafür, die Erkenntnis als Chance zu begreifen. In einer Zeit chronisch knapper Ressourcen stehen die Bibliotheken vor gewaltigen Herausforderungen: Während die Bedeutung der physischen Bibliotheksbestände zurückgeht, müssen bibliothekarische Dienstleistungen – zu denen auch die Sacherschließung gehört – eine neue Qualität und Breite erreichen. Effiziente und innovative Lösungen sind gefragt. Mit dem Festhalten an starren Hierarchien und ‚klassischen' Aufgabenzuordnungen werden sich die hohen Anforderungen nicht bewältigen lassen. Nötig ist vielmehr eine neue Offenheit, die auch einen flexibleren Personaleinsatz sowie Aufgeschlossenheit gegenüber den bibliothekarischen Masterabschlüssen einschließt.

THOMAS STÄCKER

Das Fachreferat im Kontext einer Forschungsbibliothek

Der Titel bedarf vorab einer Erläuterung. Denn was eine Forschungsbibliothek sei, ist angesichts der Inflation des Begriffs zunehmend unklar geworden und heißt heute meistenteils nicht mehr, als dass eine Bibliothek von Forschern benutzt wird. Nach dieser Auffassung kann sich jede wissenschaftliche Bibliothek als Forschungsbibliothek bezeichnen. Das aber ist vom Stifter des Begriffs, dem Wolfenbütteler Bibliothekar Paul Raabe, mit gutem Grund nie so intendiert gewesen. Forschungsbibliothek war für ihn immer innig mit den organisatorischen und strukturellen Voraussetzungen verknüpft, die eine Bibliothek zur Ermöglichung von Forschung mitbrachte, darunter die Etatisierung von Programmen zur Durchführung wissenschaftlicher Veranstaltungen, des Stipendienprogramms, eines wissenschaftlichen Verlags und eigener Forschungsstellen, die rund um eine herausragende Sammlung organisiert sind.[1] Der Sammlung gesellt sich eine wissenschaftliche Fach- und Spezialbibliothek zu, deren hauptsächliches Ziel es ist, diese Sammlung zu erschließen und mit einschlägiger Forschungsliteratur zu flankieren. Vor diesem Hintergrund ist auch die Funktion des Fachreferats an einer Forschungsbibliothek ganz wesentlich von den Faktoren Stipendienprogramm, wissenschaftliche Veranstaltungen, eigene Forschungsstellen, wissenschaftlicher Verlag und bestandsbezogene Forschungsliteratur geprägt. Das heißt nicht, dass ein bibliothekarisches Fachreferat unter diesen Bedingungen sich in seinen elementaren Grundzügen gänzlich von anderen Fachreferaten unterscheiden würde, es heißt aber, dass entweder bestimmte Züge fehlen, die es typischerweise an Universitätsbibliotheken, Landesbibliotheken oder disziplinär ausgerichteten Spezialbibliotheken gibt, oder eben andere hinzutreten.

Um das bibliothekarische Fachreferat flackern seit seiner Einführung immer wieder Kämpfe auf. Der letzte größere Streit, 1998 zwischen Jo-

[1] Vgl. hierzu den jüngst erschienenen Beitrag von Matthias Wehry: Die zwei Körper der Forschungsbibliothek. In: Zeitschrift für Bibliothekswesen und Bibliographie 60 (2013), 2, S. 70–77.

chum und Oehling auf der einen und te Boekhorst, Buch und Ceynowa auf der anderen Seite ausgefochten, drehte sich um die Frage, ob das Fachreferat sich eher fachlich disziplinär oder ökonomisch-verwaltend verstehen solle.[2] Der Streit führte, wie oft bei solchen Debatten, zu keinem klaren Ergebnis (vor welchem Schiedsgericht auch?), vermochte aber zumindest zwei grundsätzlich widerständige Positionen zu schärfen: zum einen den Fachreferenten als Wissenschaftler, zum anderen den Fachreferenten als Verwalter und Funktionär. Dass diese holzschnittartig formulierten und oft polemisch vorgetragenen Positionen sich nicht mit der Realität eines breiten berufsständigen Selbstverständnisses decken, zeigen die von Schröter zusammengetragenen Auswertungen zu einer Umfrage des Verbands Deutscher Bibliothekare (VDB).[3] Die hier sichtbar werdende Vielfalt der beruflichen Biotope, die unter dem Begriff Bibliothekar firmieren, stellen aber auch eine theoretische Herausforderung dar, und die weichen Stellungnahmen der beruflichen Fachverbände wie im Berufsbild 2000[4] konnten nicht dazu beitragen, das eigene Selbstverständnis argumentativ zu konsolidieren. Dies scheint darauf hinzudeuten, dass es in den bibliothekarischen Fachkreisen letztlich keinen Konsens darüber gibt, was den Beruf im Allgemeinen und das Fachreferat im Besonderen ausmache[5], selbst wenn nach wie vor die diffuse Vorstellung vorherrscht, dass das Fachreferat identitätsstiftend für den Beruf sei. Die rechte Herangehensweise scheint damit eher in der Frage zu liegen, in welchen Spezialisierungen sich ein Fachreferat ausprägt und wie die üblicherweise genannten Funktionen des Fachreferats von Erwerbung, Erschließung und Informationsvermittlung im jeweiligen Bibliothekskontext Gestalt annehmen. Auch aus diesen Gründen scheint die Reduktion der Fragestellung auf das Fachreferat an einer Forschungsbibliothek sinnvoll.

[2] Zusammenfassung der Debatte bei Bosserhoff, Björn: Wissenschaftlicher Bibliothekar – Berufsstand in der Legitimationskrise? Ein Rückblick auf die Debatte von 1998. In: Bibliotheksdienst 42 (2008), 11, S. 1161–1171.

[3] Schröter, Marcus: Fachreferat 2011 – Innenansichten eines komplexen Arbeitsfeldes. In: Bibliothek Forschung und Praxis 36 (2012), 1, S. 32–50.

[4] Berufsbild 2000. Bibliotheken und Bibliothekare im Wandel. URL: http://www.bideutschland.de/download/file/berufsbild2000.pdf [Stand 26.05.2013].

[5] Schibel, Wolfgang: „Fachreferat 2000". 13 Thesen zur Differenzierung des wissenschaftlichen Bibliotheksdienstes. In: Bibliotheksdienst 32 (1998), 6, S. 1040–1046, hier S. 1040: „Der sogenannte wissenschaftliche Bibliotheksdienst läßt sich nicht als ein Beruf begreifen."

Das Fachreferat und die (bibliothekarische) Wissenschaft

Traditionell definiert sich das Fachreferat über die wissenschaftliche Erwerbung und Erschließung. Durch Sichtung von Bibliographien und Listen trifft der Fachreferent Erwerbungsentscheidungen, die auf dem in einem Fachstudium erworbenen Wissen aufbauen sollen. In manchen Fällen wird hingenommen, dass auch Fachreferate anderer Disziplinen mitbetreut werden, wenn Fächer inhaltlich und methodisch eng beieinander stehen.[6] Dies funktioniert in einigen Fächern mit interdisziplinären Berührungspunkten wie z.B. Geschichte und Germanistik oder Philosophie und Theologie recht gut, in anderen Fächern, gerade solchen, die Kenntnisse spezieller Sprachen erfordern, ist ein solcher Übertrag schwieriger, z.B. Lateinische oder Griechische Philologie oder Orientalische Sprachen.

Auch historisch gesehen ist die nach Fachdisziplinen differenzierte Erwerbung das zentrale Element des Fachreferats gewesen. Die Einführung des Referatsystems um die Jahrhundertwende (1884 UB Wien, Hofbibliothek Wien 1904, Kgl. Bibliothek Berlin 1910) sollte Erwerbungsentscheidungen auf eine breitere, fachlich profunde Grundlage stellen. Dabei verlief die Einführung nicht ohne Reibungspunkte und der „Vollzug der Literaturauswahl durch fachlich vorgebildete oder hierzu bestimmte Referenten wurde zunächst mehr als eine erzwungene oder freiwillige Delegierung von Kompetenzen des Oberbibliothekars auf die wissenschaftliche Beamtenschaft und nicht als fachliche Arbeitsteilung empfunden“.[7] Dieser Prozess hing eng mit der Professionalisierung des Berufsstandes zusammen und konnte erst in Gang gesetzt werden, als entsprechende Personalressourcen und eine hinreichende Anzahl von in verschiedenen Fächern ausgebildeten Bibliothekaren vorhanden waren. Mit der fachlichen Diversifizierung des Bibliothekars verschwand auch der universal gebildete „Ober- oder Professorenbibliothekar“, dessen stupende sprachliche und „litterärhistorische“, meint: an Leitgedanken der *historia litteraria* orientierte Bildung in allen Bereichen noch Friedrich Adolf Ebert beschworen hatte.[8] Es ist nicht ohne Kuriosität, dass der Verwaltungsakt, der gemeinhin als die Ge-

[6] Vgl. Bosserhoff (wie Anm. 2), S. 1167.

[7] Buzás, Ladislaus: Deutsche Bibliotheksgeschichte der neuesten Zeit (1800–1945). Wiesbaden 1978 (Elemente des Buch- und Bibliothekswesens, 3), S. 124.

[8] Ebert, Friedrich Adolf: Die Bildung des Bibliothekars. Zweite umgearbeitete Ausgabe. Leipzig: Steinacker und Wagner 1820. Online-Ausgabe: Paderborn: Universitätsbibliothek 2013. URN: http://nbn-resolving.de/urn:nbn:de:hbz:466:1-11378.

burtsstunde des Wissenschaftlichen Bibliothekars angesehen wird[9], den Untergang eines Bibliothekartyps herbeiführte, der in der Debatte von 1998 von Jochum in der abgewandelten Form eines wissenschaftlich arbeitenden, wenngleich auf seine Fachdisziplin beschränkten Bibliothekars wieder die Bühne betreten sollte. Folgerichtig betonte Jochum seinerzeit auch, dass der Professorenbibliothekar nicht das schlechte Image verdient, das ihm die bibliothekarische Zunft später hat angedeihen lassen.[10] Die innere Ironie liegt darin, dass die verwaltungsbedingte Professionalisierung des Berufsstandes dieses professorale Nebenamt zu tilgen suchte, zugleich aber nicht in der Lage war, die Widersprüchlichkeit, die in der Wissenschaftlichkeit des Bibliothekars lag, aufzulösen. Vielmehr wurde versucht, auf der Grundlage der verwaltungsbedingt erfolgten Professionalisierung gegen die Verwaltungs-, Steuerungs- und Lenkungsaufgaben zu opponieren, um die wissenschaftliche Dignität des Bibliothekars wiederherzustellen. Umgekehrt zeigte sich, dass die Befürworter des Verwaltungsbibliothekars dem Beruf die innere Grundlage entzogen, ihn gegen Fach- und vor allem Bestandskenntnisse neutralisierten und damit den Wissenschaftlichen Bibliothekar in ein Zwielicht setzten. Denn so war es letztlich gleichgültig, wer die Geschäfte der Bibliothek führte bzw. man konnte sich zu Recht die Frage stellen, ob nicht ausgebildete Ökonomen oder Verwaltungsfachleute eine Bibliothek viel besser zu organisieren imstande seien, als sich in Inhalten verlierende Bibliothekare.

Das Fachreferat war vor diesem Hintergrund immer auch Spiegel der Zerrissenheit des Wissenschaftlichen Bibliothekars. Die Entwicklung hin zum Berufsbibliothekar und implizit auch zum Fachreferenten war keineswegs so eindeutig, wie es spätere Kontroversen glauben machen wollen. Die Professionalisierung etwa bedeutete anfangs zunächst einmal nur, dass der Professorenbibliothekar im Nebenamt durch einen Berufsbibliothekar ersetzt wurde. Es implizierte nicht, dass der Stelleninhaber künftig keine Wissenschaft mehr betreiben sollte, wie Jochum richtig feststellt.[11] Übergangen wird hier freilich, dass, auch wenn das Studium die entscheidende Grundlage zur Befähigung für den Beruf bildete, der neue Berufsbibliothekar durchaus nicht unbedingt fachlich wissenschaftlich tätig sein sollte. Er sollte sich wissenschaftlichen Tätigkeiten widmen, doch war damit eher die „Bibliothekswissenschaft mit Einschluss der Bibliographie" gemeint,

[9] Auf Betreiben Friedrich Althoffs erging am 15.12.1893 der preußische Erlass betreffend die Befähigung zum Wissenschaftlichen Bibliotheksdienst.

[10] Jochum, Uwe: Die Situation des höheren Dienstes. In: Bibliotheksdienst 32 (1998), 2, S. 241–247, hier S. 245.

[11] Ebenda.

die „ein reiches Feld für schriftstellerische Tätigkeit“ bot[12]. Im Übrigen galt: „Pflegt jedoch ein Bibliothekar in seinen Messestunden noch diejenige Wissenschaft, die er auf der Universität erlernt hat, wer möchte dies an ihm tadeln, wenn es unbeschadet dem eigentlichen Berufe, den er sich erkoren hat, geschieht?“[13] Überträgt man diesen Gedanken auf das Fachreferat – und in den Anfangsjahren war das durchaus so intendiert –, dann ging es bei dessen Einrichtung nie um eine Fortsetzung wissenschaftlicher „fachlicher“ oder „disziplinärer“ Arbeit, sondern die innerberufliche wissenschaftliche Eigentätigkeit des Bibliothekars lag immer schon darüber hinaus in einem Bereich, den man in der „Bibliothekswissenschaft und Bibliographie“ identifizierte. Dass sich beides universitär nicht durchsetzen konnte – der erstmals von Dziatzko bekleidete Göttinger Lehrstuhl wurde abgeschafft, das Berliner Institut blieb universitär eine Singularität –, hat dazu beigetragen, die innere Sinnkrise zu vertiefen, auch wenn das in diesem Kontext entstandene *Handbuch der Bibliothekswissenschaft* als Monument und gleichsam Gründungsdokument des Faches eine beachtliche wissenschaftliche Leistung darstellt. Bilanziert man diese Prozesse – das kann hier nur verkürzt und behauptungsweise passieren –, muss man aber auch selbstkritisch sagen, dass das bibliothekarische Establishment über Jahre hinweg diese universitäre Seite durch Abschottung systematisch ausgetrocknet und den Beruf von seinen universitären Wurzeln, die in der Frühen Neuzeit in der *historia litteraria*, in der Neuzeit in der Bibliothekswissenschaft lagen, abgeschnitten und der Universität entfremdet hat. Grund für diese Abschottung war nicht zum Mindesten der Wunsch, die Zugangsbedingungen zum Beruf, z.B. durch die Beschränkung auf die zweijährige verwaltungsinterne Ausbildung, zu kontrollieren und den Nachwuchs streng nach praktischen Kriterien auszuwählen. So erfolgreich das Modell der verwaltungsinternen Ausbildung nach innen war, indem es gut ausgebildete Bibliothekspraktiker hervorbrachte, so problematisch war es nach außen, da es die „bibliothekarische Wissenschaft“, die in anderen Ländern selbstverständlich z. B. unter den Begriffen Library Science oder Bibliography reüssierte, in Misskredit brachte und ihr mit dem Verdikt der Praxisferne oder Unwissenschaftlichkeit Relevanz für den Beruf absprach. Dies übrigens trotz des Umstandes, dass man der „bibliothekarischen Wissenschaft“ immer wieder hohe Wichtigkeit bescheinigte.[14]

[12] Graesel, Arnim: Handbuch der Bibliothekslehre. Leipzig: Weber 1902, S. 464f.

[13] Ebenda, S. 466.

[14] S. insbesondere den Sammelband Hauke, Petra (Hrsg.): Bibliothekswissenschaft – quo vadis? Eine Disziplin zwischen Tradition und Visionen: Programme – Modelle – Forschungsaufgaben. München: Saur 2005.

Ohne eigene Wissenschaft blieb aber als Zentrum der eigenen Tätigkeit entweder nur die Fachwissenschaft oder aber die Leitungs- und Verwaltungstätigkeit übrig, um sie als wissenschaftlich oder aber durch ein wissenschaftliches Studium bedingt zu legitimieren. Die bibliothekarische Theorie zerfiel in die beiden bekannten Lager.

Die Realität des Fachreferats

Wie schon erwähnt, hat Schröter in seinem kommentierenden Übersichtsartikel zur VDB-Studie zum Fachreferat gezeigt, dass es jenseits der theoretischen Debatte ein durchaus vielschichtiges Stimmungsbild zum Fachreferat gibt, das sich einfachen Gegenüberstellungen wie „reine Verwaltungsarbeit" oder „reine Forschungstätigkeit" widersetzt. Besonders überraschend ist die Bandbreite der Äußerungen zum Fachreferat, die, grob gesprochen, von „überflüssig" bis „unverzichtbar" reicht. Bemerkenswert ist auch, dass nach der Darstellung von Schröter weitgehend einhellig in der Informationsvermittlung das wesentliche Element des modernen Fachreferats gesehen wird, was, wie schon dargelegt, historisch gesehen ursprünglich nicht das Fachreferat legitimierte. Man kann darin bereits eine Fortentwicklung oder zumindest massive Verschiebung des Fokus sehen, dass die wissenschaftlich fundierte Erwerbung und Erschließung von Literatur als Tätigkeit des Wissenschaftlichen bzw. Höheren Dienstes zumindest relativiert wird. Denn viele der befragten Fachreferenten haben kein Problem damit, Erwerbungstätigkeiten durch Approval Plans oder Patron Driven Acquisition wo nicht zu ersetzen, so doch zumindest zu supplementieren oder anderweitig auszulagern. Bei der Erschließung ist es noch deutlicher. Die einst „heilige Kuh" des Höheren Dienstes, die Sacherschließung, wird mit leichter Hand geschlachtet und eingeräumt, dass diese Tätigkeit entweder Dritten oder auch dem Gehobenen Dienst überlassen werden könne.[15]

[15] Vgl. dazu schon Wefers, Sabine: Thesen zur Zukunft des Fachreferenten. In: Bibliotheksdienst 32 (1998), 5, S. 865–870, hier S. 867. Schröter (wie Anm. 3), S. 37.

Erschließung

Dass gerade der Erschließung dies Schicksal widerfahren würde, deutete sich schon früh in der Einführung der computergestützten Sacherschließung an. Denn Datenübernahme und Klassifikationsvergleiche wurden ungleich leichter. Heute werden zur allseitigen Zufriedenheit für die in Deutschland erscheinende Literatur meistenteils Daten der Deutschen Nationalbibliothek (DNB) verwendet, sodass kaum noch eigene Ressourcen dafür benötigt werden. Auch bei der fremdsprachigen Literatur in gängigen europäischen Sprachen ist nicht zu vermitteln, warum für die Vergabe von Schlagworten nach RSWK- und Basisklassifikationen (BK) (im Gemeinsamen Bibliotheksverbund) ein wissenschaftliches Fachstudium erforderlich sein sollte. An der Herzog August Bibliothek in Wolfenbüttel hat man schon seit den 70er Jahren des 20. Jahrhunderts die Verschlagwortung, später auch die Vergabe der Notationen für alle geisteswissenschaftlichen Fächer dem Gehobenen Dienst anvertraut, ohne dass in der Folge Einbußen bei der Qualität feststellbar gewesen wären. Die Delegation an den Gehobenen Dienst darf nicht als Geringschätzung der Sacherschließung missverstanden werden und man sollte auch vorsichtig sein, die Sacherschließung als obsolet abzutun, weil die Akzeptanz seitens der Nutzer nur gering zu sein scheint. Es ist zwar der Fall, dass Nutzer gerade die verbale Sacherschließung oder die Basisklassifikation wenig benutzen, doch liegt dies weniger an der Sacherschließung selbst als an deren Präsentation in den gängigen Suchsystemen. Heute immer noch übliche OPACs bieten dazu bisher wenig Attraktives oder liefern kaum brauchbare Hilfestellung. Mit den neuen Discovery-Systemen und nach Sachbegriffen oder Notationen gegliederten Facettierungen könnte sich das schnell ändern. Andererseits verbesserte die Sacherschließung immer schon ohne Wissen der Nutzer die Ergebnisse, da Schlagworte in den Basic Index mit einflossen. Insofern ist und bleibt die Sacherschließung ein wichtiges Element der bibliothekarischen Erschließung und könnte vor dem Hintergrund einer immer stärker verschwimmenden und von Marketinginteressen gesteuerten Suchalgorithmik à la Google wieder zu höheren Ehren gelangen.

Im Kontext einer Spezialbibliothek, Altbestandsbibliothek oder Forschungsbibliothek kommen jedoch noch andere Aspekte zum Tragen und Anforderungen an die Erschließung gehen über das Übliche hinaus. Hierzu zählt unter anderem die Nutzung von Fachthesauri, die sachliche Erschließung von Spezialbeständen wie Künstlerbüchern, von Inkunabeln und Handschriften oder von Provenienzen. In jüngerer Zeit zeigt sich aber, dass traditionelle Formen der Sacherschließung angesichts der sich wandelnden Medienlandschaft zunehmend als ungenügend empfunden werden. Dabei geht es nicht nur darum, dass Permutationen nach RSWK nicht mehr zeitgemäß sind.[16] Bibliothekarische Sacherschließung hat ein völlig neues Gesicht bekommen, das in der Breite des Berufsstandes noch nicht wahrgenommen wird. Joachim Eberhardt weist mit seiner funktionalen Definition in die richtige Richtung, wenn er schreibt: „Als Sacherschließung (oder Inhaltserschließung) von Medien in einem Katalog fungieren Elemente des Katalogeintrages, wenn und insofern sie Katalognutzern mit thematischem Interesse Zugang zum Medium oder Orientierung über den Medieninhalt oder beides gewähren".[17] Denn in der Offenheit dieser Definition kommen die Elemente zum Tragen, die für die zunehmend digitale Bereitstellung von Literatur ausschlaggebend sind: ihre computergestützte Findbarkeit. Das heißt nicht, dass eine intellektuelle Erschließung obsolet wäre oder dass automatisierte Erschließungsverfahren an die Stelle von bibliothekarischer manueller Erschließung treten – auch wenn es an Bemühungen dazu nicht gemangelt hat[18] –, es verlagert sich nur das Gewicht der Erschließungsbemühungen von der intellektuellen Erschließung eines Einzeldokuments auf die methodische Heuristik und Repräsentation eines wesentlich digitalen Wissensraums mit erheblichen Konsequenzen für die Funktion des Fachreferenten als Zuständigem für die sachliche oder thematische Erschließung. Es geht mit anderen Worten um maschinenlesbare Volltexte und das Semantic Web oder, was nahezu gleichbedeutend ist, um den Umgang mit Linked Open Data. Sacherschließung steht hier für die Verknüpfung, Aggregation und Qualifizierung relevanter digitaler Informationen und Ressourcen. Der Umstand, dass ein heutiger, in der Regel mit Google sozialisierter Nutzer nicht mehr nur erwartet, Informationen über Dokumente bzw. Bücher zu finden, sondern diese selbst oder auch Begriffe daraus, bringt es mit sich, über Findbarkeit und Präsentation von Texten, die Volltextsuche, ihre (semantische) Vernetzung und mögliche Aggregation intensiver nachdenken zu müssen. Fachreferat nach der

[16] Bereits in der 3. Auflage der RSWK wurden sie daher als fakultativ gekennzeichnet.

[17] Eberhardt, Joachim: Was ist (bibliothekarische) Sacherschließung?. In: Hellfaier, Detlev; Treude, Elke (Hrsg.): Museum, Region, Forschung: Festschrift für Rainer Springhorn. [Lemgo]: Landesverband Lippe 2011. (Schriften des Lippischen Landesmuseums, 7), S. 19–28. URL: http://www.llb-detmold.de/fileadmin/user_upload/redaktion/dokumente/texte/2011-3_Eberhardt_Sacherschliessung.pdf [Stand 25.05.2013].

[18] Gödert, Winfried; Lepsky, Klaus; Nagelschmidt, Matthias: Informationserschließung und automatisches Indexieren: ein Lehr- und Arbeitsbuch. Berlin [u.a.]: Springer 2012; Oberhauser, Otto: Automatisches Klassifizieren: Entwicklungsstand – Methodik – Anwendungsbereiche. Frankfurt am Main [u.a.]: Lang 2005.

digitalen Wende kann hier heißen, Wissensrepräsentationen zu modellieren, Suchalgorithmen zu bewerten bzw. kooperativ zu entwickeln oder elektronische Publikationen bzw. Editionen auf der Basis von XML zu betreuen. Der „end user“, der nach einem Bonmot von MacCarty zum „end maker“ geworden ist[19], verlangt einen Spezialisten, der ihn nicht nur zu den fachlich relevanten Quellen führt, sondern ihm diese Quellen digital aufbereitet und eine Arbeitsumgebung bietet (virtueller Forschungsraum), die die Gestaltungsmöglichkeiten des Netzes und digitaler Objekte voll ausnutzt. Das umfasst in einer Forschungsbibliothek möglicherweise auch die Organisation der Imagedigitalisierung von Quellen, gegebenenfalls deren OCR-Bearbeitung oder Transkription, die Kodierung von Editionen gemäß der Text-Encoding-Initiative[20], aber auch die Entwicklung und Konzeption von Datenbanken und die elektronische Publikation von Forschungsergebnissen, die wiederum in den Bestand zurückweisen, bis hin zur Textdaten- bzw. Forschungsdatenanalyse und deren Visualisierung[21]. Angebote dieser Art werden heute meist als Projektarbeiten deklariert, die, wie man oft hört, die meisten Fachreferenten im Nebenamt erledigen. Damit ist auch gesagt, dass das traditionelle reine Fachreferat zunehmend Seltenheitswert hat.[22] In Projekten verbergen sich aber oft Entwicklungen, die auf neue Aufgabenfelder hindeuten, sodass – um das Votum des Wissenschaftsrats aufzugreifen[23] –, Projektarbeit in reguläre Arbeit überführt und verstetigt werden muss, mit dem Ziel, die Erschließungsarbeiten des Fachreferats den modernen Gegebenheiten auch organisatorisch anzupassen. Es könnte also dahin kommen, dass das Fachreferat sich seiner traditionellen Aufgaben entledigen muss, um die bisherigen Projektarbeiten zu seinen festen Arbeiten zu machen.

[19] MacCarty, Willard: Humanities Computing. Basingstoke, Hampshire [u. a.]: Palgrave Macmillan 2005, S. 15.

[20] URL: http://www.tei-c.org [Stand 26.05.2013].

[21] Vgl. z.B. den soeben erschienenen Artikel von Oliver Koepler und Irina Sens: VisInfo – Visueller Zugang zu Forschungsdaten. In: Zeitschrift für Bibliothekswesen und Bibliographie 60 (2013), 2, S. 62–69.

[22] „Den klassischen ‚Nur‘-Fachreferenten gibt es in unserem Hause schon länger nicht mehr“, Stellungnahme bei Schröter (wie Anm. 3), S. 49.

[23] URL: http://www.wissenschaftsrat.de/download/archiv/10466-11.pdf [Stand 26.05. 2013], hier vor allem S. 30.

Erwerbung

Änderungen gibt es aber nicht nur im Bereich der Erschließung. Besonders dramatisch, aber vielleicht noch zu wenig beachtet, ändern sich die Rahmenbedingungen für die Erwerbung. In den Stellungnahmen bei Schröter ist die Frustration über Mittelkürzungen im Erwerbungshaushalt bei den Kollegen allenthalben spürbar. Knappe Budgets der Bibliotheken, gekoppelt mit dem wissenschafts- und gesellschaftspolitisch unsinnigen Wegfall der Studiengebühren, schränken Erwerbungsspielräume ein und werden trotz politischer Lippenbekenntnisse perspektivisch noch stärker eingeschränkt werden. Sie stellen darin Bedeutung und Wert des Fachreferats infrage, deuten aber andererseits auch auf systemische bzw. strukturelle Probleme, die mit dem Begriff der „Zeitschriftenkrise"[24] verbunden sind.

Auch wenn richtig ist, dass ein knapper Etat oder mangelnde Erwerbungsmöglichkeiten durch steigende Preise mehr Aufwand bei der Auswahl erfordern, zeigt die Realität einen schleichenden Abbau bei den Personalressourcen in diesem Bereich. Schon Techniken wie Approval Plan und Patron Driven Acquisition und die Verlagerung bzw. Ansiedelung von Erwerbungsentscheidungen zu Universitätsprofessoren oder Forschern verringern die Bedeutung, die die individuelle Entscheidung des Fachreferenten bei der Literaturerwerbung in der Vergangenheit hatte. Doch gerade diese Verlagerung in Richtung Forschung wird in Forschungsbibliotheken eher positiv gesehen. Dort gilt eine andere Logik. Die Entscheidung über anzuschaffende Literatur ist bei ihnen stark durch Wünsche derer bestimmt, die selbst forschen und die wichtige Literatur kennen. Das bedeutet, dass entweder der Fachreferent selbst forscht („Nur der Bibliothekar, der selbst forscht, weiß auch, was fehlt."[25]) oder dass das Amt des Fachreferenten – zumindest in dieser Funktion – bis auf „erwerbungsorganisierende" Aufgaben an den Rand gedrängt ist. Wenn der Fachreferent einer Forschungsbibliothek forscht, ist er jedoch Forscher in dem Sinne, dass er bestandsnah forscht. Er nutzt zwar seine fachliche Spezialisierung, setzt diese jedoch nicht wie der „freie" Forscher bestandsfrei bzw. ohne Bezug auf die jeweilige Sammlung ein und orientiert sich darüber hinaus nicht selten an bibliothekswissenschaftlich motivierten Fragestellungen. Wir betreten hier die Grauzone, die den Nukleus der oben erwähnten in-

[24] Woll, Christian: Wissenschaftliches Publizieren im digitalen Zeitalter und die Rolle der Bibliotheken. Köln: Fachhochschule 2005 (Kölner Arbeitspapiere zur Bibliotheks- und Informationswissenschaft, 46). URL: http://www.fbi.fh-koeln.de/institut/papers/kabi/volltexte/Band046.pdf [Stand 26.05.2013].

[25] Stellungnahme bei Schröter (wie Anm. 3), S. 39.

nerberuflichen Auseinandersetzung bildete, nämlich die Frage nach der Forschung des Bibliothekars und der damit verbundenen Qualifikation für die Erwerbung von Fachliteratur. Vermutlich ist es richtig zu argumentieren, dass diese Kompetenz immer mit einem Fachstudium erworben wird, doch ist es ebenso richtig, dass das Fachstudium, gerade das geistes- und kulturwissenschaftliche, auch dazu qualifiziert, indizierende Entscheidungen über die Qualität von Literatur zu treffen, die ohne intime Kenntnis eines bestimmten Fachgebiets auskommen kann. Literaturauswahl in einer Forschungsbibliothek ist forschungsgetrieben, aber zugleich rekurriert man wie andernorts auch auf externe Filterfunktionen, um den im Sinne Wegmanns entweder als Problem oder Chance wahrnehmbaren „Abfall" oder „Müll" zu selektieren.[26] Neben herausgehobenen Autoren und Herausgebern sowie Literaturberichten von Fachgesellschaften spielten Verlage bei der Qualitätssicherung eine wichtige Rolle, nicht selten ihrerseits wieder im Rückgriff auf wissenschaftliche Experten, die als Peer Reviewer oder Rezensenten fungieren. Noch heute ist es so, dass bestimmte Verlage für Qualität stehen, dass man bestimmte Verlage „blind" kaufen kann, bei anderen aber auf der Hut sein muss, weil sie unbesehen alles abdrucken. Die Wirksamkeit dieser durch einen Dienstleister erbrachten Filter- oder Gatekeeper-Funktionen ist gerade in den Geistes- und Kulturwissenschaften in der letzten Zeit aus zwei Gründen ins Zwielicht geraten. Zum einen kann man feststellen, dass sogar einst reputierliche Wissenschaftsverlage unter Kostendruck nur noch ökonomisch handeln und wichtige (teure) Funktionen der Qualitätskontrolle preisgeben, zum anderen zeigt sich, dass das Medienangebot nicht mehr ausschließlich über Verlage vermittelt wird, sondern sich auch frei im Internet findet, was auch dazu führt, dass Bibliotheken über klassische Informationskanäle des Buchhandels und der Nationalbibliographien nicht mehr zuverlässig über Neuerscheinungen informiert werden und unter Umständen wichtige elektronische Ressourcen aus dem Erwerbungsraster fallen. Der Fachreferent sieht sich angesichts dessen seiner externen Filterfunktionen beraubt und wird umso mehr auf fachwissenschaftliche Kompetenz angewiesen sein, die er im Sinne der qualitativen Literaturauswahl neu organisieren muss.

Allerdings stehen gerade dem Erwerben elektronischer Medien andere Entwicklungen entgegen. Der E-Journal- und E-Book-Markt zeigt, wie sehr inzwischen sogar das Erwerben selbst als traditionelle Aufgabe der

[26] Wegmann, Nikolaus: Bücherlabyrinthe. Suchen und Finden im alexandrinischen Zeitalter. Köln [u.a.]: Böhlau 2000, S. 91ff.

Bibliothek infrage gestellt ist, ja die darin liegenden Konsequenzen gefährden die Bibliothek als sammelnde Kultureinrichtung selbst. Denn der Zugang zu diesen Medien wird nicht mehr durch die Bibliothek gewährleistet, sondern durch private bzw. kommerzielle Dienstleister. Zusammen mit der auch im geisteswissenschaftlichen Bereich zu beobachtenden Monopolisierung von Verlagsstrukturen und dem fast vollständigen Versagen der Politik im Bereich der Anpassung des Urheberrechts (nach wie vor fehlt es an einer Wissenschaftsschranke)[27] wird das Erwerbungsgeschäft zu einem wissenschafts- und kulturpolitischen Husarenritt mit hohen Risiken für die freie wissenschaftliche Informationsversorgung der Zukunft.[28] Dem Fachreferenten einer Forschungsbibliothek (und nicht nur diesem) wächst vor diesem Hintergrund die Aufgabe zu, elektronische Literatur tatsächlich auch als File zu erwerben und in der Bibliothek (langzeit) zu archivieren.[29] Das schließt im Netz verfügbare freie Literatur ein – auch wenn es für die systematische Sichtung derzeit noch kein brauchbares Verfahren gibt.[30] Erwerbung elektronischer Medien bedeutet hier, dass Texte und Dokumente nicht nur auf dem Wege des Access in die Bibliothek gelangen. Um für den oben beschriebenen „end maker“ tatsächlich nutzbar zu sein, genügt der bloße Zugriff auf externe Ressourcen nicht, abgesehen davon, dass die Dauerhaftigkeit und Zuverlässigkeit (Persistenz) des Angebots nur im Rahmen einer staatlichen oder einer nicht kommerziell agierenden, auf Dauer angelegten Einrichtung wirklich gewährleistet ist. Diese Integration schließt auch ein – und das mag unter der Rubrik „Erwerbung“ etwas ungewöhnlich wirken –, dass Fachreferenten selbst für die Publikation von Fachartikeln und -büchern vor allem ihrer Forschungseinrichtungen in einer mediengerechten Form sorgen, denn recht betrachtet ist die Publikation einer elektronischen Ressource an der eigenen Bibliothek bzw. Forschungseinrichtung ein Erwerbungsfall.

Konkret macht der Erwerb von Access only den Fachreferenten zu einem reinen Lizenzbrooker und entkleidet ihn zunehmend seiner Gatekeeper-Funktion. Titel kommen nicht mehr über einen bewussten Selektionsprozess in die Bibliothek, sondern werden in Paketen „gepoolt“, die

[27] Vgl. Simon-Ritz, Frank: Urheberrecht für die Wissensgesellschaft: Herausforderungen in der digitalen Welt. In: Bibliothek Forschung und Praxis 37 (2013), S. 7–8.

[28] Stäcker, Thomas: Wie schreibt man Digital Humanities richtig? – Überlegungen zum wissenschaftlichen Publizieren im digitalen Zeitalter. In: Bibliotheksdienst 47 (2013), 1, S. 24–50. URL: http://diglib.hab.de/ebooks/ed000149/start.htm [Stand 26.05.2013].

[29] Oehlmann, Doina: Lizenzen oder Texte, Nutzung oder Hosting? In: Zeitschrift für Bibliothekswesen und Bibliographie 59 (2012), 5, S. 231–235.

[30] Ein Dienstleister, der das Netz systematisch auf solche Webressourcen absucht und die Rechte für die Bibliotheken verhandelt, wäre sicher sehr willkommen.

zahlreiche Titel enthalten, die man unter normalen Umständen nicht erworben hätte.[31] Das führt nicht nur zu „Müll" oder vermehrtem Informationsrauschen, die dafür aufgebrachten Mittel fehlen auch für eine qualitativ hochwertige Erwerbung. Die Magie der großen Zahl, eines scheinbar unendlichen Angebots an Titeln, wo jeder das finden kann, was er benötigt, und wo man allein (beliebige) Nutzer entscheiden lässt, was sie davon brauchen, mutiert bei Lichte besehen zu einem Alptraum einer Bibliothek, in der das Wichtige untergeht in einem Meer von Irrelevantem und Zufälligem. Schon heute zeigen Nutzer zunehmend Verdruss, wenn sie in scheinbar modernen Discovery-Systemen alles Mögliche, nur nicht das finden, was sie erwarten und brauchen, und sich zu Recht die Frage stellen, ob es denn überhaupt einen Unterschied macht, hier zu suchen oder gleich zu Google zu wechseln, wo die Datengrundlage doch immer schon ungleich breiter ist. Einige Bibliotheken haben sich hier in ein gefährliches Hase-und-Igel-Spiel begeben, dem man nur entrinnen kann, wenn man sich wieder auf alte Tugenden der selektiven Erwerbung besinnt, wobei die Selektion durchaus auch technisch geleistet und unterstützt werden kann, vielleicht sogar muss. Ein Weg dazu wäre, darauf Einfluss zu nehmen, dass die Dokumente selbst entsprechend zu strukturieren sind, damit eine Selektion auch auf textlicher Ebene in geeigneten Repositories möglich wird.[32]

Informationsvermittlung

In allen Stellungnahmen zum Fachreferat wird dem Bereich der Informationsvermittlung höchste Bedeutung zugemessen bzw. höchste Zukunftsrelevanz bescheinigt.[33] Die auf Augenhöhe operierende Informationsvermittlung gegenüber der Wissenschaft gehört so mittlerweile zu den wichtigsten Elementen des Fachreferats. Informationsvermittlung bedeutet traditionell vor allem Beratung in Bestandsfragen und dem Finden von Literatur. Das ist auch in einer Forschungsbibliothek nicht an-

[31] Vgl. auch die Stellungnahmen bei Schröter (wie Anm. 3), S. 48.

[32] Zu denken ist hier an eigens entwickelte Impact-Faktoren bzw. automatisiert ermittelte Zitationsabhängigkeiten, die auf Relevanz deuten. Dabei ist es wichtig, den Impact-Faktor auf den jeweiligen Artikel oder das jeweilige Buch zu beziehen und nicht in die verbreitete Falle zu tappen, zu glauben, ein Journal oder eine Serie habe selbst einen Impact-Faktor. Letztlich ist das ein Trick kommerziell arbeitender Verlage zur Autorenbindung.

[33] So auch schon Oehling in seiner 5. These: „Der klassische Fachreferent, der „nur" erwirbt und erschließt, hat keine Zukunft." Zitiert nach Bosserhoff (wie Anm. 2), S. 1164. Hervorhebung im Original.

ders. Doch weitet sich dieser Begriff angesichts der Anforderungen des Internets und der digitalen Medien. Gerade für Forschungsbibliotheken bietet der Boom rund um die sogenannten Digital Humanities oder eHumanities (Enhanced Humanities) beträchtliche Chancen und schlägt sich auch in einem erhöhten Beratungsbedarf in diesem Bereich nieder. Dabei geht es nicht nur um das Eingehen „auf verändertes Benutzerverhalten (Google-Suche, E-Books, e-only, Volltextindexierung, etc.)".[34] Beratung im Sinne der Digital Humanities kann sich auch darauf erstrecken, wie man mit den in einer Bibliothek vorhandenen elektronischen Ressourcen Verteilungskurven über die Häufigkeiten des Auftretens von Begrifflichkeiten in der jüngeren Literatur über den Dreißigjährigen Krieg erstellen kann oder eine elektronische Edition gemäß der TEI kodiert. Es kann sich ebenfalls um computergestützte Methoden der Textanalyse handeln wie Stylometrie, Sentiment Analysis, Topic Identifikation, Data Mining und semantische Annotation. Ebenso fallen darunter Fragen von Standards wie die Nutzung der GND, des TGN oder z.B. fachbezogen die Nutzung von ICONCLASS im semantic web mittels SKOS. Das heißt nicht, dass man die klassischen Felder der Informationsvermittlung in einer Forschungsbibliothek aus den Augen verliert, die, wie es bei Schröter heißt, „Kompetenz in der Betreuung von Historischen Sammlungen, Spezialbeständen, Nachlässen, Sondersammelgebieten oder wissenschaftsorientierter Spezialaufgaben"[35] erfordern. Es bedeutet, dass man auch das Digitale als methodischen Begleiter mit Blick auf die historischen Sammlungen zu vermitteln imstande ist.

Informationsvermittlung ist zugleich ein Schlüsselbegriff für die Funktion der Bibliothek als Begegnungsort. Das gelehrte Gespräch ist in Forschungsbibliotheken für Forschende und Bibliothekare gleichermaßen wichtiger Impulsgeber, wobei es verschiedene Ausdrucksformen findet. Es kann sich um spontane Gespräche in der Caféteria handeln oder um Vorträge und Diskussionen auf Workshops, Werkstattberichte aus der Bibliothek oder Präsentationen von Stipendiaten. Die Bibliothek und der Fachreferent schaffen die Bedingungen dieser Begegnungen und sorgen für die Vermittlung von bestandsbezogenen Kenntnissen und Forschungsergebnissen. In diesem Milieu gedeihen neue Forschungs- und Erschließungsprojekte sowie vielfältige Kooperationsbeziehungen, die zu gemeinsamen Projekten führen, analog der in den USA oft geübten Praxis, bibliothekarische Spezialisten in Forschungsteams zu holen. Im direkten

[34] Stellungnahme bei Schröter (wie Anm. 3), S. 41.
[35] Ebenda, S. 35.

Gespräch und Austausch in der Bibliothek erfahren Bibliothekare mehr über ihre Bibliothek, denn in vielen Bereichen sind es die Forscher, die spezialisiertes Wissen haben, das Bibliothekare nutzen und weitergeben können, wie auch Bibliothekare ihr Wissen aus der Beschäftigung mit dem Bestand mit den Forschern teilen.

Begrenzt treten zu diesen Kommunikationsszenarien auch neuere Medien unterstützend dazu (E-Mail, Facebook, Twitter etc.), doch bleiben sie gegenüber der persönlichen Begegnung nachrangig. Der nicht abreißende, ja wachsende Strom von Bibliotheksnutzern belegt, dass trotz moderner Kommunikationstechnik die Bibliothek als Ort eine wichtige Rolle spielt, vielleicht sogar mehr noch als früher.

Die Zukunft des Fachreferats

Das Fachreferat ist ein Spiegel des Zustandes der Bibliothek. Die angesichts der dramatischen Änderung der Medienlandschaft herrschende Unsicherheit über die weitere Entwicklung und Perspektive der Bibliothek hat auch das Fachreferat erfasst und verleiht ihm in der bibliothekarischen Öffentlichkeit eine eigentümliche Unschärfe. Die zahlreichen defätistischen Äußerungen zum Fortbestand des Fachreferats in der VDB-Studie können daher auch als Ausdruck der Perspektivlosigkeit über Wesen und Sinn der Bibliothek im 21. Jahrhundert gelesen werden. Denn dass sich die Bibliothek ändert, steht außer Frage – und warum sollte sich dann nicht auch das Fachreferat ändern? Es liegt in der Dialektik dieses Prozesses, dass bestimmte Bereiche, die den Charakter des Fachreferats über lange Jahre prägten, absterben werden. Dass der Fachreferent des 21. Jahrhunderts noch in Vollzeit Nationalbibliographien durchsehen, Sacherschließung nach RSWK betreiben und versuchen wird, sich ein wenig mit den Mitgliedern seiner Fakultät über aktuelle Informationsbedürfnisse zu unterhalten, scheint wenig wahrscheinlich und ist ein, wie das bereits von vielen gesehen wird, dem Untergang geweihtes Modell, dem man nicht nachtrauern muss.

Umgekehrt stellen sich neue dringende Aufgaben von hoher gesellschafts- und wissenschaftspolitischer Relevanz. Erwerben, Erschließen und Vermittlung wissenschaftlicher elektronischer Literatur sowie die digitale Konversion unseres gedruckten Erbes sind Herausforderungen, die angesichts von Google Books und anderen scheinbar Bibliotheksaufgaben übernehmenden privaten Anbietern eine konsequente Antwort verlangen. Der verfassungsmäßig garantierte Zugang zur Literatur muss wieder in die Hände der Bibliotheken gelegt und auf fachlicher, ökonomischer und rechtlicher Ebene ein Gegengewicht zu der um sich greifenden Kommerzialisierung des Zugangs zu unserem Kulturerbe und zur wissenschaftlichen Literatur geschaffen werden. Es ist fast eine Ironie der Geschichte, dass in der westlichen Welt heute eher staatliche Einrichtungen für einen freien und demokratischen Zugang zu Literatur sorgen müssen, also die Einrichtungen, die man traditionell verdächtigt, regierungstreu und konformistisch zu handeln. Bibliotheken müssen Google Books und anderen Anbietern ein gleichartiges, aber in den Methoden und im Zugang offenes und transparentes Angebot zur Seite stellen und sollten sich digital nicht enteignen lassen[36]. Nur so ist zu verhindern, dass die Öffentlichkeit und die Wissenschaft die Methodenhoheit verlieren, dass sie z.B. wie im Falle Googles von Suchalgorithmen abhängig sind, die sie nicht kennen und die sie nicht beeinflussen können. Vielleicht sollte man daher Orwells „ministry of truth" nicht länger bei staatlichen Einrichtungen suchen, sondern in großen kommerziellen Informationskonglomeraten, die durch die totale Kontrolle über digitale Informationen in der Lage sind, nach Gutdünken Geschichte zu ändern und Dokumente so zu präsentieren, wie es den jeweiligen kommerziellen (vielleicht in Zukunft auch: politischen) Interessen nutzt. Bibliotheken wächst hier eine Aufgabe zu, die sie jenseits allen Pathos zum Garanten unserer Demokratie werden lassen, indem sie einen von kommerziellen und politischen Interessen unabhängigen Zugang zur Literatur schaffen, einen Zugang, der in Zukunft wesentlich digital bestimmt sein wird.[37]

Die Zukunft des Fachreferenten liegt aus forschungsbibliothekarischer Sicht ganz in der Linie Jochums, nämlich in seiner wissenschaftlichen Tätigkeit. Doch ist die Begrenzung auf das Fach zu wenig und trifft nicht das Spezifische des hier geforderten Bibliothekartyps. Die Qualifikation des Fachreferenten der Zukunft könnte anknüpfen an den Gedanken ei-

[36] Vgl. Darnton, Robert: The National Digital Public Library Is Launched!. In: The New York Review of Books (25.04.2013). URL: http://www.nybooks.com/articles/archives/2013/apr/25/national-digital-public-library-launched/?pagination=true [Stand 26.05.2013].

[37] Der in jüngeren Publikationen von Jochum (vgl. z.B.: Das Ende der Bibliothek?: vom Wert des Analogen. Frankfurt am Main: Klostermann 2011) geäußerte digitale Kulturpessimismus oder auch die zusammen mit Reuß vorgetragenen Behauptungen, Forscher würden durch das Internet bzw. Open Access enteignet, verkennen diese Realität vollständig.

[38] Vgl. die von Patrick Sahle u.a. herausgegebene Broschüre „Digitale Geisteswissenschaften". URL: http://www.cceh.uni-koeln.de/Dokumente/BroschuereWeb.pdf [Stand 26.05.2013].

ner Bibliothekswissenschaft, die unter anderem als Teilbereich der Digital Humanities neue Arbeits- und Forschungsfelder eröffnet. Die in den oben genannten Bereichen sichtbar werdende transdisziplinäre Methodik bildet den Kern zu einer modernen digitalen Bibliothekswissenschaft, die zwar Anleihen bei der Informatik und Computerlinguistik macht, aber doch ein eigenes Feld konstituiert. Es besteht darin, dass sie bei der Herstellung, Suche und Verarbeitung wissenschaftlicher Texte und Dokumente immer auch deren offene Nutzung und Verortung in einem institutionellen Rahmen und deren Einbettung in technische und organisatorische Infrastrukturen vulgo Archiv- und Bibliothekseinrichtungen mitdenkt. Wie vormals die Bibliothekswissenschaft verliert sie darin nicht den Bezug zu disziplinären Fragen, bildet jedoch eine eigene, quer dazu liegende und Disziplinen übergreifende Methodik aus. Wie die von Dziatzko vertretende Bibliothekswissenschaft mag sie damit Misstrauen bei den etablierten Wissenschaften erregen – und der von manchen präferierte Gebrauch des Begriffs eHumanities statt Digital Humanities lässt den Gedanken aufkommen, sie werde von der disziplinären Seite aus wie seinerzeit die Bibliothekswissenschaft als „Hilfswissenschaft" marginalisiert. Doch schaut man auf die allerorten neu entstehenden Studiengänge der Digital Humanities, so ist leicht erkennbar, dass diese spezifische Doppelqualifikation eine breite universitäre Akzeptanz erreicht hat[38], die sich nicht auf einen jeweils disziplinenspezifischen digitalen Annex reduzieren lässt. Die Digital Humanities stehen damit im Begriff, das zu erreichen, was die Ausbildung zum Fachreferenten nie vollständig erreicht hat, nämlich eine Integration von informationswissenschaftlichen Aspekten und disziplinenspezifischem geistes- oder kulturwissenschaftlichen Fachstudium in einem verbundenen wissenschaftlichen Studium. Das Fachreferat könnte so, vielleicht auch unter einem neuen Namen, eine Renaissance erleben, denn Wissenschaft und Gesellschaft brauchen es heute mehr denn je.

KLAUS-RAINER BRINTZINGER

Wissenschaft, Berufsbild und Fachreferat – das Ende einer jahrzehntelangen Debatte[1]

„Es gibt kaum einen Beruf, der inhaltlich so umstritten ist, wie der des Bibliothekars."[2]

Mit dieser Feststellung eröffnete Georg Leyh den zweiten Band des von ihm in zweiter Auflage herausgegebenen *Handbuchs der Bibliothekswissenschaft*. Die selbstreflektierende und selbstzweifelnde Diskussion um die eigene Professionalität scheint eine Konstante zu sein, die für das bibliothekarische Berufsbild konstituierend ist.[3] Seit der Professionalisierung des bibliothekarischen Berufes vor gut hundert Jahren hat die Frage nach dessen Wesen und seiner Stellung zwischen Wissenschaft und Verwaltung die bibliothekarische Diskussion in stets neuen Wellen bestimmt.[4] Die Frage, warum gerade Bibliothekare zu dieser selbstzweifelnden Selbstreflexion neigen, wäre eine eigene berufssoziologische Fragestellung, der in den siebziger Jahren des 20. Jahrhunderts schon einmal nachgegangen wurde. Die

[1] Für Hinweise zu diesem Beitrag danke ich Herrn Dr. Sven Kuttner, München, und dem Vorsitzenden der VDB-Fachreferatskommission, Herrn Dr. Renke Siems, Tübingen.

[2] Leyh, Georg: Der Bibliothekar und sein Beruf. In: Ders. (Hrsg.): Handbuch der Bibliothekswissenschaft. Zweite, vermehrte und verbesserte Auflage. Bd. 2: Bibliotheksverwaltung. Wiesbaden: Harrassowitz 1961, S. 1–112, hier S. 1.

[3] Vgl. dazu Bosserhoff, Björn: Wissenschaftlicher Bibliothekar – Berufsstand in der Legitimationskrise? Ein Rückblick auf die Debatte von 1998. In: Bibliotheksdienst 42 (2008), 11, S. 1161–1171; Kuttner, Sven: Die Wieder-Buzás-Kontroverse 1959 bis 1962. Ein Blick hinter die Kulissen einer Berufsbilddiskussion der späten Nachkriegszeit. In: Bibliotheksdienst 43 (2009), 4, S. 384–398. Wiederabdruck im vorliegenden Band, S. 65–80; Jochum, Uwe: Die Aufgabe des Höheren Dienstes. In: Ders. (Hrsg.): Der Ort der Bücher. Festschrift für Joachim Stoltzenburg. Konstanz: Universitätsverlag Konstanz 1996, S. 69–79; Ders.: Das Berufsbild des Höheren Dienstes. In: Bibliotheksdienst 27 (1993), 3, S. 328–334; Barth, Dirk: Über Berufssorgen und -perspektiven des wissenschaftlichen Bibliothekars. Marburger Erfahrungen. In: Rützel-Banz, Margit (Hrsg.): Grenzenlos in die Zukunft. 89. Deutscher Bibliothekartag in Freiburg im Breisgau 1999. Frankfurt am Main: Klostermann 2000 (Zeitschrift für Bibliothekswesen und Bibliographie, Sonderheft 77), S. 265–275.

[4] Schmitz, Wolfgang: Das deutsche Bibliothekswesen an der Wende vom 19. zum 20. Jahrhundert und die Gründung des VDB. In: Plassmann, Engelbert; Syré, Ludger (Hrsg.): Verein Deutscher Bibliothekare 1900–2000. Festschrift. Wiesbaden: Harrassowitz 2000, S. 17–40.

These der unvollständigen Professionalisierung[5] ist eine mögliche Antwort, die heute jedoch bestenfalls vor dem Hintergrund ‚klassischer Berufe' mit klarem und wenig vielschichtigem Berufsbild tragfähig erscheint.

Die Diskussion um das bibliothekarische Berufsbild reicht weit in die Bibliotheksgeschichte zurück. Nach dem Zweiten Weltkrieg kam der mit großem Pathos geführten Kontroverse zwischen den damals jungen Münchner Bibliothekaren Joachim Wieder und Ladislaus Buzás exemplarischer Charakter zu, die auch noch der in den neunziger Jahren des letzten Jahrhunderts erneut ausgetragenen Berufsbilddiskussion Argumente lieferte. Verlauf und Geschichte dieser Diskussion sind schon in vielfacher Weise nachgezeichnet und beschrieben worden.[6] Wenn nun im zweiten Jahrzehnt des 21. Jahrhunderts in einem Sammelband zum Themenkomplex Bibliothekare zwischen Verwaltung und Wissenschaft – 200 Jahre Berufsbilddebatte diese Berufsbildfrage wieder aufgenommen wird, dann kann es nicht darum gehen, die längst ausgetauschten Argumente zu wiederholen. Im Zentrum dieses Beitrages soll die Frage der Neubewertung der alten Berufsbilddiskussion im Zeichen der epochalen Medientransformation und des damit verbundenen Aufgaben- und Bedeutungswandels von Bibliotheken stehen. Während im Allgemeinen Berufsbilddiskussionen Reaktionen auf einen von außen kommenden Veränderungsdruck sind, fällt bei der innerbibliothekarischen Debatte auf, dass diese über lange Zeit vor dem Hintergrund von sich nur sehr langsam verändernden Rahmenbedingungen geführt wurde und weitgehend verstummt ist, seitdem der epochale Medienwandel absehbar ist.

Schon die Gründung des Vereins Deutscher Bibliothekare (VDB) im Jahre 1900 geht auf eine Berufsbilddiskussion zurück. Mit der Gründung des VDB als eigenständige bibliothekarische Berufsvertretung ging die Trennung der Bibliothekare vom Philologen-Verband einher, in dem bis dahin die bibliothekarischen Berufsinteressen vertreten waren.[7] Als fortdauernde Nachwirkung dieser Trennung stellte sich die bibliothekarische Berufsbilddiskussion über lange Zeit hinweg als eine Diskussion zwischen Bibliothek und Philologie[8] – oder allgemeiner: zwischen Bibliothek

[5] Wiegand, Dietmar: Professioneller Status und Kontrolle über ein (symbolisches) soziales Objekt am Beispiel des wissenschaftlichen Bibliothekars. Ein Beitrag zur professionssoziologischen Theorie und Kasuistik. Frankfurt am Main [u.a.]: Lang 1976, S. 90ff.

[6] U.a. Bosserhoff (wie Anm. 3); Kuttner (wie Anm. 3).

[7] Vgl. dazu die Darstellung bei Schmitz (wie Anm. 4).

[8] Vgl. dazu auch den Titel der Festschrift für Hans-Jürgen Schubert: Lorenz, Bernd (Hrsg.): Philologie und Bibliothek. Festschrift für Hans-Jürgen Schubert zum 65. Geburtstag. Wiesbaden: Harrassowitz 2005.

und Geisteswissenschaften – dar. Mit diesem Beitrag versucht mehr als 110 Jahre nach der Institutionalisierung des ersten bibliothekarischen Berufsverbandes der derzeitige VDB-Vorsitzende die Berufsbilddiskussion zunächst aus seiner ganz persönlichen Sicht zu beleuchten, um dann in einem zweiten Teil auf die Rolle des Fachreferats für den Berufsverband heute einzugehen.

Ein Ende der Berufsbilddebatte?

„Auch ich glaube, dass wir Bibliothekare Berufssorgen haben, aber ich glaube nicht, daß diese Sorgen größer und andersartiger wären als die Sorgen anderer geistiger Berufsgruppen, etwa die der Lehrer, Hochschullehrer, Richter, Ingenieure oder anderer, und keineswegs anders als die der Bibliothekare vor 30 oder 100 Jahren waren.“[9] Mit dieser provokativen Feststellung reagierte Ladislaus Buzás 1960 auf die larmoyant und mit deutlich antimodernistischem Impetus vorgetragenen Berufssorgen seines Münchner Kollegen Joachim Wieder. Lässt man heute die Buzás-Wieder-Kontroverse Revue passieren,[10] liest dazu die in der Folgezeit publizierten Artikel zur bibliothekarischen Berufsbilddiskussion und wirft einen Blick in die ältere Literatur, so bleibt der Eindruck, dass neben der immer wieder aufgenommenen Moderne-Kritik Larmoyanz und selbstzweifelnde Unzufriedenheit ein Markenzeichen des bibliothekarischen Berufes zu sein scheinen, jedenfalls des Berufes des wissenschaftlich vorgebildeten Bibliothekars. Da werden die Routine und der hohe Anteil an Verwaltungsaufgaben des Bibliothekarberufs beklagt[11] und über die Kluft sinniert, die bestehe „zwischen dem, was wir Bibliothekare sollen und wollen, und dem, was wir tun.“[12] Da wird über die fehlende Möglichkeit der wissenschaftlichen Betätigung lamentiert, ohne klar sagen zu können, worin diese Betätigung im organisatorischen Rahmen einer Bibliothek bestehen soll. Es wird die Verdrängung der Bibliothekare beklagt „in Fachreferate, wo sie ohne Karriereaussichten ein prekäres Dasein führen“ müssten,[13] oder es

[9] Buzás, Ladislaus: Berufssorgen des wissenschaftlichen Bibliothekars. Ein Diskussionsbeitrag. In: Libri 10 (1960), 2, S. 81–104, hier S. 81.

[10] Vgl. dazu Kuttner (wie Anm. 3).

[11] Beispielhaft dazu: Jochum, Uwe: Die Situation des höheren Dienstes. In: Bibliotheksdienst 32 (1998), 2, S. 241–247, hier S. 243, S. 245.

[12] Wieder, Joachim: Berufssorgen des wissenschaftlichen Bibliothekars. In: Libri 9 (1959), 2, S. 132–168, hier S. 148.

[13] Jochum (wie Anm. 3), S. 77.

wird mit Wieder die Gefahr beschworen, die „Würde und den geistigen Rang unseres Berufsbildes“ nicht wahren zu können.[14]

Was ist das Charakteristikum dieses Berufes, dessen Vertreter sich ständig der Gefahr des Scheiterns, dem Nicht-Wahrgenommen-Werden, dem Verlust der Würde und des angemessenen Status ausgesetzt sehen? Auffallend ist zunächst, dass Bibliothekare über sich reden und dabei ganz weitgehend auf einen Vergleichsmaßstab mit anderen Berufen verzichten, sieht man von dem des Hochschullehrers oder dem – freilich nicht mit einem festen Berufsbild verbundenen – Dasein eines Gelehrten ab.

Schon der Begriff der ‚prekären Verhältnisse‘ erscheint äußert mutig angesichts der Berufswirklichkeit der angestellten und beamteten Bibliothekare, die – weit entfernt von einem Prekariat – sich in der Regel nicht nur in pekuniärer Hinsicht angenehm von den Bedingungen alternativer Beschäftigungsmöglichkeiten, z.B. im Verlags- und Publikationsbereich, aber vielfach auch im Bereich der Wissenschaft abhebt – jenseits der wenigen Leitungspositionen und Lehrstuhlstellen. Noch befremdlicher erscheint heute die Klage Joachim Wieders aus der Wirtschaftswunderzeit über die Belastung von Psyche und Physis durch die Verdichtung der bibliothekarischen Arbeit, die in einen „Dauerzustand der Überforderung und Überlastung“ münde,[15] sodass man sich beim Lesen fragen mag, wie der gemeine Arbeiter oder Angestellte dieses Lamento aufgenommen hätte, in dessen Rücken das Wirtschaftswunder und die damals in der Tat langen Wochenarbeitszeiten sehr viel tiefere Furchen gegraben haben dürften, als bei den mit der Sicherheit des Beamtenstatus ausgestatteten Bibliothekaren an Wissenschaftlichen Bibliotheken.

Doch genau dieser Vergleich mit den Bedingungen der gemeinen Arbeit ist es, der Wieder erregt und ihm als zutiefst ungehörig erscheint. Hierin zeige sich, wie Wieder schreibt, die „Minderbewertung der geistigen Tätigkeit“, die von dem Bibliothekar eine Anwesenheit und ein Stundendeputat wie von einem Maurer oder anderem Handwerker fordere. Stattdessen brauche der Bibliothekar „dringender als früher Freizeit zur Weiterbildung und individuellem geistigem Schaffen.“[16] Bibliotheksarbeit – so lautete das Argument – ist keine gewöhnliche Arbeit, die sich in Verwaltungen organisieren und mit der Stechuhr messen lasse, denn – so lässt es sich interpretieren –: Die verwaltungsmäßige Organisation der Bibliothek verstößt den Wissenschaftlichen Bibliothekar aus dem Ge-

[14] Wieder (wie Anm. 12), S. 165.
[15] Ebenda, S. 136.
[16] Ebenda, S. 161.

lehrten-Olymp und stellt ihn dem Bauhandwerker oder Fabrikarbeiter gleich. Der Bibliothekar verliert in dieser Verwaltungsorganisation seine intellektuelle Dignität. Bei manchen der Wieder'schen Klagen – und dies gilt auch für seine Epigonen – klingt durchaus die Diktion Georg Leyhs durch, der in seinem programmatischen Aufsatz zur Bildung des Bibliothekars 1952 in der mechanischen Büroarbeit eine Gefahr für die bibliothekarische Bildung erblickte.[17] Für Leyh war Bildung jedoch viel weniger eine Frage des Status oder des Ranges, sondern eine der Haltung und der Moral. Diese sicherlich 1952 schon etwas aus der Zeit gekommene moralische Dimension – die Selbstverpflichtung des Bibliothekars zu einem gebildeten Leben – ging in der Folgezeit weitgehend verloren.[18] Es blieb die Anklage der Arbeitsverhältnisse, die keine Freiräume für ein gelehrtes Dasein ließen. Dass dieses Kämpfen um Freiräume schnell als Verteidigung von Privilegien verstanden werden konnte, liegt nahe, wenngleich der 1998 auf dem Höhepunkt der späteren Berufsbilddiskussion erhobene polemische Einwurf, es handele sich dabei nur um die „verzweifelte Verteidigung der Laufbahnpfründe" einiger „höherer Herren",[19] nicht den Kern der Debatte traf.

Denn die Verteidigung von Pfründen ist nicht das Charakteristische der bibliothekarischen Berufsbilddebatte, sondern eher die manifeste Unzufriedenheit der Bibliothekare mit ihrem Dasein als Bibliothekar. Der Bibliothekar, der inmitten einer unwahrscheinlichen Menge von Büchern seine Arbeit versieht, diese aber nicht lesen darf – das Diktum „a librarian who reads is lost" bekommt somit den Rang eines bibliothekarischen Berufseides oder Gelübdes –, hat sich der Sache wegen zu opfern. Die Sache ist die Erschließung und Verwaltung der Büchermassen, das Opfer die geistige Auseinandersetzung mit den Inhalten der Bücher und der Verzicht auf das Selbst-Schreiben-Dürfen. Die Schreibfreudigkeit, die die bibliothekarische Zunft bei der Behandlung ihrer eigenen Probleme zeigt, mag Ausdruck für die Größe dieses Opfers sein. Doch die eigentliche Tragik dieses Opfers liegt womöglich gar nicht im Opfer selbst, sondern in dem völligen Verlust des Heroischen, das Leyh in diesem Opfer durchaus noch gesehen hatte. Ein notwendiges, aber dennoch sinnloses Opfer, dessen

[17] Leyh, Georg: Die Bildung des Bibliothekars. Kopenhagen: Ejnar Munksgaard 1952 (Library Research Monographs, 3), S. 28.

[18] Vgl. hierzu Babendreier, Jürgen: Diskurs als Lebensform. Georg Leyh und seine Schrift „Die Bildung des Bibliothekars". In: Wolfenbütteler Notizen zur Buchgeschichte 35 (2010), 1, S. 81–97.

[19] Graf, Angela: Verzweifelte Verteidigung der Laufbahnpfründe. Heinz Oehling und die Zukunft des wissenschaftlichen Bibliothekars – eine Polemik. In: BuB – Forum Bibliothek und Information 50 (1998), 5, S. 316–317.

Leiden niemand so recht erkennen und würdigen mag, außer den Bibliothekaren selbst.[20]

Dass gerade Bibliothekare so unter ihrem beruflichen Dasein zu leiden scheinen und sich zwischen dem eigenen Ideal und der Berufswirklichkeit zerrissen sehen, mag seine Ursache auch darin haben, dass von jeher ein eng gefasstes und konkretes bibliothekarisches Berufsbild fehlte. So ist Schibels Feststellung, dass sich die Tätigkeit eines Wissenschaftlichen Bibliothekars „nicht als Beruf begreifen" ließe,[21] weil die ausgeübten Tätigkeiten in keiner Weise homogen seien, nicht von der Hand zu weisen. Zumindest im Vergleich zu klassischen akademischen Berufen fehlt es den Bibliothekaren an einem Berufsidentität verschaffenden Charakteristikum: Der künftige Arzt studiert Medizin, um zu heilen, der Rechtsanwalt Jura, um vor Gericht auftreten zu können, der Pfarrer Theologie, um einer Gemeinde das Wort Gottes vermitteln zu können. Der Bibliothekar hat jedoch – zumindest in Deutschland – nicht Geschichte, Germanistik, Jura, Wirtschaftswissenschaften oder Biologie studiert, um Bibliothekar zu werden. Er hat studiert und ist dann Bibliothekar geworden. Die Berufswahl des Bibliothekars ist nicht selten eine Second-Best-Entscheidung, verbunden mit unausweichlichen Opfern. Nur so, durch dieses Opfer, dieses Auseinanderfallen von Wollen und Sollen in der Person des Bibliothekars, lässt sich diese nicht enden wollende, larmoyante Selbstreflexion der bibliothekarischen Berufswirklichkeit erklären. Heute – mit zunehmender Akademisierung der Arbeitswelt und einem geringer werdenden Anteil ‚klassischer' Berufe – ist dieses Auseinanderfallen von Wollen und Sollen, von Studieninhalt und beruflicher Anforderung nichts singulär Bibliothekarisches mehr, und Schibels Feststellung gilt heute – jenseits der ‚klassischen Berufe' – für die meisten Tätigkeiten, die von akademisch vorgebildeten Fachkräften wahrgenommen werden.

Eine ganz besondere Rolle in der bibliothekarischen Selbstreflexion kommt der vorgeblichen Dichotomie zwischen Wissenschaft und Verwaltung zu. Hier zieht sich von Leyh über Wieder zu Oehling und Jochum

[20] Vgl. Wieder (wie Anm. 12), S. 139; Jochum, Uwe: Bibliotheken und Bibliothekare 1800–1900. Würzburg: Königshausen & Neumann 1991, S. 43; Ders.: Die vergebliche Suche nach dem Allgemeinen. 100 Jahre Höherer Dienst. In: Lohse, Hartwig (Hrsg.): Arbeitsfeld Bibliothek. 6. Deutscher Bibliothekskongress, 84. Deutscher Bibliothekartag in Dortmund 1994. Frankfurt am Main: Klostermann 1994 (Zeitschrift für Bibliothekswesen und Bibliographie, Sonderheft 59), S. 39–50, hier S. 47.

[21] Schibel, Wolfgang: „Fachreferat 2000". 13 Thesen zur Differenzierung des wissenschaftlichen Bibliotheksdienstes. In: Bibliotheksdienst 32 (1998), 6, S. 1040–1046, hier S. 1040.

ein roter Faden.[22] Dabei fällt auf, wie sehr der Terminus der Verwaltung in Deutschland – auch über den bibliothekarischen Bereich hinaus – negativ konnotiert ist. Mit dem Begriff der Verwaltung wird eine Tätigkeit verbunden, die subalterne Persönlichkeiten ausführen, deren intellektuelle Fähigkeiten sich auf das unkritische Wiedergeben von Vorschriften und Anweisungen beschränken. Blickt man dagegen über die Grenzen zu unserem für seine Intellektualität beneideten westlichen Nachbarland Frankreich, so scheint es dort völlig selbstverständlich zu sein, dass eine Elitehochschule, deren Besuch für eine verantwortliche Stellung in Politik und Wirtschaft fast obligatorisch ist, den Begriff „Administration", also Verwaltung, im Namen führt.

In der bibliothekarischen Diskussion der neunziger Jahre des 20. Jahrhunderts war dann zu lesen: „In seinen laufenden Routine-Verwaltungsfunktionen ist der wissenschaftliche Bibliothekar weitgehend substituierbar durch befähigte Diplombibliothekare",[23] weswegen vorgeschlagen wurde, die Leitungs- und Verwaltungsfunktionen entweder Diplom-Bibliothekaren zu übertragen oder durch „gelernte Manager" wahrnehmen zu lassen.[24] Sieht man einmal davon ab, dass das Abgrenzungsbedürfnis von der Berufsgruppe der Diplom-Bibliothekare eine weitere Konstituente der bibliothekarischen Berufsbilddiskussion zu sein scheint, so bleibt das Argument, dass Studium und Ausbildung des Wissenschaftlichen Bibliothekars in keiner Weise zu administrativen Leitungstätigkeiten qualifiziere und daher im Zweifelsfall „gelernte Manager", also vermutlich Betriebswirte, für Leitungsaufgaben in Bibliotheken vorzuziehen seien.

Nun ist die Leitung von Betrieben und Organisationen kein bibliothekarisches Phänomen, weswegen sich ein Blick auf die außerbibliothekarische Wirklichkeit lohnen kann. Dabei zeigt sich, dass große Wirtschaftsunternehmen zunehmend branchenferne Akademiker, z. B. Physiker, einstellen, nicht weil sie naturwissenschaftliche Grundlagenforschung betreiben wollten, sondern weil die im Studium erworbene Problemlösefähigkeit für viele Aufgaben wichtiger geworden ist als reines Faktenwissen und weil eine solide wissenschaftliche Ausbildung mit hohem analytischem Anteil – völlig gleich in welchem Fach – eine gute Grundlage für das Wahrnehmen von Managementaufgaben bildet. Schaut man sich einmal sehr große Organisationen wie z. B. DAX-Konzerne an, dann findet man in den

[22] So z. B. Jochum (wie Anm. 11), S. 243; Oehling, Helmut: Wissenschaftlicher Bibliothekar 2000 – quo vadis? 12 Thesen zur Zukunft des Fachreferenten. In: Bibliotheksdienst 32 (1998), 2, S. 247–254, hier S. 249f.

[23] Oehling (wie Anm. 22), S. 249.

[24] Jochum (wie Anm. 11), S. 243.

Vorständen natürlich viele Betriebswirte, daneben aber ebenso Juristen und Ingenieure, Naturwissenschaftler und Absolventen anderer Studiengänge. Vorstandsmitglieder großer Wirtschaftsunternehmen sind nicht selten promovierte Akademiker, bei denen eine wissenschaftliche Tätigkeit am Anfang ihres Karrierewegs stand. Dass ein ehemaliger Germanistik-Dozent in den Vorständen dreier großer Autobauer saß, mag eine Episode gewesen sein. Doch ganz generell gilt: Die Vorbereitung auf eine Vorstandstätigkeit in einem großen Unternehmen war nie Gegenstand des wissenschaftlichen Studiums, dennoch ist fast immer eine akademische Bildung Grundlage einer späteren Managementtätigkeit. Um zu begreifen, wie wenig die wissenschaftliche Vorbildung ein Alleinstellungsmerkmal des bibliothekarischen Berufsstandes darstellt, hilft es, exemplarisch den Lebensweg eines DAX-Vorstandsvorsitzenden, z.B. den der Deutschen Post, zu betrachten. Nimmt man zur Kenntnis, dass dem weltweit größten Logistikunternehmen weder ein Betriebswirt noch jemand vorsteht, der das operative Geschäft dieses Unternehmens von der Pike auf gelernt hätte, sondern ein promovierter Neurobiologe mit wissenschaftlichen Erfahrungen in einem Forschungslabor, so erkennt man sehr schnell, dass der Ruf nach „gelernten Managern" auf einer Chimäre beruht. Gelernte Manager gibt es nicht, bestenfalls gibt es Studienabsolventen, die sich dafür halten.

Wenn Bibliothekare noch an der Wende vom 20. zum 21. Jahrhundert über das Auseinanderfallen von Wollen und Sollen in ihrem Beruf klagen, dann stellt sich die Frage, warum gerade sie die Chance nicht sehen und wahrnehmen, die im Studium erworbenen intellektuellen Fähigkeiten in die bibliothekarische Berufswirklichkeit einzubringen. Nida-Rümelin hat vor Kurzem aus einer dezidiert geisteswissenschaftlichen Sichtweise dargelegt, wie gerade der Wandel der traditionellen Berufsbilder und die damit verbundene Entkoppelung von Studienfach und Beruf dem Humboldt'schen Bildungsideal eine neue Chance verschaffe:[25] Weil akademische Berufe heute vielfach nicht Sach- und Methodenkenntnis einer bestimmten Disziplin voraussetzen, sondern intellektuelle Urteilskraft und die Fähigkeit zu argumentieren und zu präsentieren, haben die Absolventen auch geisteswissenschaftlicher Studiengänge durchaus Chancen auf dem Arbeitsmarkt, auch jenseits der ausgetretenen Pfade. Zunächst nach Neigung, aber engagiert studieren und sich dann erst um den Broterwerb zu kümmern, kann also durchaus rational sein. Für Bibliothekare würde dies bedeuten: Statt dem Verdikt der unvollständigen Professiona-

[25] Nida-Rümelin, Julian: Ein Ort der Entfaltung. In: duz Magazin v. 27.03.2013, S. 17.

lisierung zu erliegen, könnte sich ein offenes Berufsbild geradezu als Zukunftschance erweisen.

Legt man diesen Bildungsbegriff im 21. Jahrhundert zugrunde, so gilt es, Georg Leyh vom Kopf auf die Füße zu stellen, seinen idealistischen Ansatz ganz praktisch-materialistisch zu beleuchten, das heißt die Frage zu stellen: Welche Bildung oder – noch konkreter – welche Fähigkeiten sollte ein Bibliothekar aus seinem akademischen Studium mitbringen, um den vielfältigen und häufig nicht vorausplanbaren Anforderungen seines Berufes bestmöglich gerecht zu werden? Aber auch: Wie viel Freiheit hat ein künftiger Bibliothekar, der möglicherweise die Entscheidung für seinen späteren Beruf noch gar nicht getroffen hat, bei der Gestaltung seines Studiums? Das Bleibende ist: Bildung als etwas nicht unmittelbar der Anwendung Unterliegendes, ein Mehr als Faktenwissen, oder wie Babendreier in seiner Auseinandersetzung mit Leyh – Günther Jauch zitierend – schreibt: „Bildung kann man nicht downloaden".[26] Auf die Füße gestellt werden muss auch der Leyh, der noch 1952 schrieb: „Ein Mediziner, ein Chemiker, ein Techniker werden von Haus aus wenig Neigung zur Einkapselung in das Bücherwesen und Bücherwissen haben und wären jedenfalls an Universitätsbibliotheken als Fachreferenten gänzlich überflüssig".[27] Er redete damit einer „Einkapselung" das Wort und reduzierte zugleich Bildung auf Philologie. Seit Leyh ist die Welt größer und vielfältiger geworden, und weder Bibliothekare noch irgendeine andere Profession können über einen einzigen verbindlichen Bildungskanon verfügen. Der idealistische Ansatz Leyhs, nach dem Bildung weit mehr eine moralische als eine intellektuelle Seite habe,[28] auf die Basis der ganz praktischen Anforderungen des 21. Jahrhunderts gestellt, würde bedeuten, dass Bildung heute – in Bibliotheken ebenso wie in Wirtschaftsunternehmen, in Hochschulverwaltungen oder der öffentlichen Verwaltung – nichts anderes bedeuten kann als die Fähigkeit, sich in neue Probleme rasch eindenken zu können und dabei systematische Lösungen zu finden. Von Leyh bleibt dabei: „Das Entscheidende ist unter allen Umständen nicht die Art und die Fülle des stofflichen Wissens, sondern die persönliche Verarbeitung, die Umsetzung des blossen Wissens in lebendige Erfahrung."[29]

Akademische Bildung, so verstanden, gibt keinen Anlass, von einer Krise des bibliothekarischen Berufes zu reden. Im Gegenteil: Die Offenheit des bibliothekarischen Berufsbildes bietet die Chance für einen weiten

[26] Babendreier (wie Anm. 18), S. 97.
[27] Leyh (wie Anm. 17), S. 93.
[28] Ebenda.
[29] Ebenda, S. 105.

Bildungsbegriff, für nicht-utilitaristische Bildung und für eine Weiterentwicklung des Humboldt'schen Bildungsideals. Die Krise ergibt sich nur für den Bibliothekar, der Wissenschaftler, Schriftsteller, Gelehrter hätte sein mögen, aber den Bibliothekarsberuf eingeschlagen hat. Doch darin unterscheidet sich der Bibliothekar nicht von vielen anderen, die ihren Beruf verfehlt haben: Der Geschichtslehrer, der als Historiker forschen wollte, der Verlagslektor, der selbst Schriftsteller hätte werden wollen, oder die Veterinärin, die davon träumte, Pferde zu heilen, und sich im Schlachthof wiederfindet. Buzás' polemischer Mahnung, wer sich angesichts der beruflichen Wirklichkeit beklage, weil er „sich da als Manager eines großen Warenhauses fühlt, der soll lieber diesen Beruf aufgeben und sich als Fachwissenschaftler betätigen",[30] kann daher nur zugestimmt werden, wenn vielleicht auch in der etwas freundlicheren und autobiographischen Formulierung Totoks: „Hätte ich [...] einen ausgesprochenen Drang zum Forschen, zum reinen Gelehrtendasein gespürt, so hätte ich versucht, die Universitätslaufbahn einzuschlagen".[31]

Eines hilft dem bibliothekarischen Berufsbild gewiss und über alle Selbstzweifel hinweg: Die Aufgabe der Bibliothek und des Bibliothekars ist immer ein Dienst, ein Service am Nutzer, am Kunden. Bibliotheken können nie um ihrer selbst willen da sein. Damit nähern sich im Übrigen Bibliothekare den ‚klassischen' Berufen an und bekommen ihre Professionalität zurück: Kann ein Arzt, ein Anwalt, ein Lehrer, ein Pfarrer ernsthaft ohne Patienten, Mandanten, Schüler, Gläubige gedacht werden? Auch Bibliothekare müssen sich an dem messen lassen, was ihre Nutzer von ihnen erwarten. In Hochschulbibliotheken, in denen die Mehrzahl der wissenschaftlichen Bibliothekare arbeitet, heißt dies: die Erwartungen der Wissenschaftler und Studierenden zu erfüllen und einen für die Hochschulen unverzichtbaren Service aufzubauen.

Kein Nutzer und erst recht keine Hochschulleitung wird Verständnis für eine innerbibliothekarische Selbstfindung haben. Juristen und andere im Bereich der Wissenschaftsverwaltung tätige Akademiker kennen diese von uns Bibliothekaren geführte Berufsbilddiskussion nicht. Dabei ist ihnen mit den fachwissenschaftlich vorgebildeten Bibliothekaren durchaus gemein, dass sie in aller Regel nicht Tätigkeiten ausüben, für die sie ihr Fachstudium zwingend qualifiziert hätte. Wenn Jochum 1996 bedauert, dass mit der Transformation der Bibliothek zur Serviceeinrichtung der

[30] Buzás (wie Anm. 9), S. 96.

[31] Totok, Wilhelm: Der Bibliothekar zwischen Praxis und Wissenschaft. In: Bibliothek und Wissenschaft 21 (1987), S. 189–206, hier S. 200. Mit Wilhelm Totok äußert sich hier ein ehemaliger VDB-Vorsitzender, wenn auch lange nach dem Ende seiner Amtszeit.

Charakter als Institut der Bibliothekare[32] verloren gehe, und sich dabei auf Lohse beruft, der 1973 die akademische Freiheit für Bibliothekare und bibliothekarische Entscheidungen forderte,[33] so entspricht dies dem Selbstverständnis vieler zweischichtiger Bibliothekssysteme des letzten Jahrhunderts, bei denen sich die Universitätsbibliothek nicht als die Bibliothek der Universität, sondern als eine Bibliothek an der Universität sah, in der die Bibliothekare weitgehend getrennt von den konkreten Anforderungen der aktuellen Forschung und Lehre ihre eigenen Bahnen drehen durften. Diese Freiheit, die Lohse vor dem Hintergrund der hochschulpolitischen Auseinandersetzungen der siebziger Jahre des 20. Jahrhunderts für die Bibliothekare forderte – und sich dabei konsequenterweise auf den Direktor und den sogenannten Höheren Dienst beschränkte –, führt nicht nur den Begriff der akademischen Freiheit ad absurdum, sondern lässt die Universitätsbibliothek auch zu einer selbstreferenziellen Einrichtung der Bibliothekare für Bibliothekare und damit letztendlich obsolet werden.

Es ist genau diese Freiheit wie Leere, aus der heraus dann Oehling das inhaltliche Vakuum und die Abgetrenntheit des Fachreferenten von der Welt der Wissenschaft beklagte.[34] Wer eine Bibliothek ohne Nutzer auch nur denkt, der beraubt sich seiner Identität – die Krise des Berufes ist damit vorbestimmt. Auch hier hilft ein Blick zurück zu dem, was Buzás bereits vor mehr als fünfzig Jahren in nicht zu übertreffender Deutlichkeit formuliert hatte: „Die einzige Aufgabe der wissenschaftlichen Bibliothek ist es, den Benützern die gewünschten Bücher zur Verfügung zu stellen".[35] Der provozierenden Deutlichkeit von Buzás ist kaum etwas hinzuzufügen, jedoch besteht die große Chance des 21. Jahrhunderts darin, dass Bibliotheken sich nicht mehr auf die Aufgabe beschränken müssen, Bücher bereitzustellen, sondern Services fur Forschung und Lehre, die durchaus wissenschaftliche Vorkenntnisse der Bibliothekare voraussetzen, wenn Bibliotheken und Bibliothekare diese Chance wahrnehmen, sich neue Aufgaben zu erschließen.

Das Spektrum der Tätigkeiten, die diesem Kriterium genügen, ist in der Tat sehr breit und wird, je nach Bibliothek, sehr unterschiedlich ausfallen. Schröter und Steinhauer[36] haben vor einigen Jahren einen Versuch gemacht,

[32] Jochum (wie Anm. 3), S. 74.

[33] Lohse, Gerhart: Die Universitätsbibliotheken und das Problem der akademischen Freiheit. In: Zeitschrift für Bibliothekswesen und Bibliographie 20 (1973), 1, S. 1–13.

[34] Oehling (wie Anm. 22), vgl. insbesondere These 5, S. 251.

[35] Buzás (wie Anm. 9), S. 83, S. 90.

[36] Schröter, Marcus; Steinhauer, Eric W.: Philologie und Bibliothek – Philologie oder Bibliothek? Das Verhältnis von Fachstudium und Bibliothek als Herausforderung in beruflicher Praxis und bibliothekarischer Ausbildung. In: Lorenz (wie Anm. 8), S. 151–178.

paradigmatisch einige Beispiele der Vereinbarkeit von Wissenschaft und serviceorientierter Bibliotheksarbeit aufzuzeigen. Es wird niemals eine einzige Tätigkeit geben, die den Beruf des Wissenschaftlichen Bibliothekars charakterisiert, und auch nicht eine einzige, die die wissenschaftliche Vorbildung legitimiert. Erwerbung, Erschließung, Informationskompetenz, Betreuung von Sondersammlungen, Leitungstätigkeiten in Abteilungen und Teilbibliotheken[37] – dies sind alles Facetten bibliothekarischer Tätigkeit. So wenig hilfreich es war, den Wissenschaftlichen Bibliothekar als Fachreferent auf Erwerbung und Erschließung oder gar auf Erwerbung oder Erschließung zu beschränken – auf diesen Aspekt soll im Folgenden noch eingegangen werden –, so wenig zukunftsfähig ist es, ein anderes Aufgabengebiet, wie z. B. die Vermittlung von Informationskompetenz, zum allein Seligmachenden zu deklarieren. Natürlich werden auch hier Bibliothekare in Konkurrenz treten mit Fachwissenschaftlern, die ebenfalls Einführungsveranstaltungen anbieten, die ebenfalls den Anspruch erheben, informationskompetent zu sein, und die die Lehre als ihre Berufsaufgabe sehen. Bibliotheken und Bibliothekare an großen Hochschulen werden erklären müssen, wie sie flächendeckend einige zehntausend Studierende beschulen können – von curricularen Kursen, die z.T. im Rahmen der B.A./M.A.-Studienpläne von Bibliothekaren entworfen wurden, ganz zu schweigen. Doch Bibliothekare können hier mit ihren Nutzern unmittelbar in Interaktion treten, sie können initiieren, anregen, neue Bedarfe aufzeigen und insbesondere mit Wissenschaftlern kooperieren und in Austausch treten.

Wenn Buzás noch die Legitimation des Bibliothekars auf das Bereitstellen von Büchern reduzierte und Jochum und Oehling den inhaltlichen Verlust im Berufsbild des Fachreferenten bzw. des Bibliothekars im Höheren Dienst beklagten, so bietet gerade die nicht selten für den Bedeutungsverlust der bibliothekarischen Arbeit verantwortlich gemach-

Im Übrigen geht Jochums ursprüngliche Argumentation, die sich in seinen Artikeln von 1993 (siehe Anm. 3) und von 1996 (siehe ebd.) findet, noch in ähnliche Richtung. Mit seiner Forderung nach einer Betätigung der Bibliothekare im Rahmen wissenschaftlicher Propädeutik hatte er der Vermittlung von Informationskompetenz das Wort geredet, bevor dieser Begriff überhaupt geprägt war.

[37] Zur Bedeutung wissenschaftlich vorgebildeter Bibliothekare aus der besonderen Sicht Marburgs vgl. Barth (wie Anm. 3), und Barth, Dirk; Brugbauer, Ralf: Zwischen Fachreferat, Management und Informationstechnologie. Zur Berufswirklichkeit des wissenschaftlichen Dienstes in universitären Bibliothekssystemen. Wiederabdruck im vorliegenden Band, S. 81–97. In: ABI-Technik 18 (1998), 2, S. 122–130. Aus der Sicht der LMU München vgl. Xalter, Simon: Nichts ist so konstant wie die Veränderung – Bibliotheksmanagement von Teilbibliotheken aus praktischer Sicht. In: Vogel, Ivo; Futterlieb, Kristin (Hrsg.): Neue Führungskräfte in Bibliotheken. Erfahrungsberichte in der Praxis. Wiesbaden: Harrassowitz 2013, S. 103–116.

te digitale Transformation[38] neue Chancen: Mit der Digitalisierung sind besonders in den textorientierten Geisteswissenschaften Daten in einer Größenordnung entstanden, die noch vor kurzer Zeit völlig undenkbar waren. Auch wenn es für eine umfassende Bewertung noch zu früh ist, so zeigen die bisher entstandenen Projekte im Bereich der Digital Humanities einen Bedarf an wissenschaftlich vorgebildeten und bibliothekarisch ausgebildeten Fachkräften.[39] Es erscheint durchaus überzeugend, dass sich auf diesem Gebiet eine ganz neue Arbeitsteilung zwischen Wissenschaftlern und Bibliothekaren ergibt, bei der die Wissenschaft von der bibliothekarischen Datenkompetenz, insbesondere im Bereich der Metadaten, aber auch von den Erfahrungen im Bereich digitaler Publikationen und Langzeit-Archivierung profitieren könnte. Folgert man mit Mikuteit, dass das Tätigwerden von Bibliothekaren auf dem Gebiet der Digital Humanities für das Berufsbild „eine stärkere Verlagerung des Gewichts auf die Seite der Wissenschaft begünstigt", so erscheint die Wiederbelebung der mehr wissenschaftlichen Seite im Berufsbild des Wissenschaftlichen Bibliothekars und gerade auch des Fachreferenten durchaus wahrscheinlich. Der Wissenschaftsrat hat in seinem jüngsten Gutachten zur wissenschaftlichen Informationsinfrastruktur ebenfalls die Notwendigkeit einer Verzahnung von wissenschaftlicher und methodischer Kompetenz nachdrücklich unterstrichen.[40]

In Deutschland noch weitgehend unbekannt ist das Tätigkeitsfeld des ‚embedded librarianship', das die bibliothekarischen Aufgaben unmittelbar in einem Forschungsteam ansiedelt und Fachwissenschaftler wie Bibliothekare kollegial an einem gemeinsamen Projekt arbeiten lässt.[41] Aber

[38] Siehe dazu Jochum in diesem Band, S. 135–145.

[39] Vgl. Mikuteit, Johannes; Fritze, Christiane: Fragen finden, forschen. Mit der Digitalen Forschungsinfrastruktur für die Geisteswissenschaften. In: Brintzinger, Klaus-Rainer; Hohoff, Ulrich (Hrsg.): Bibliotheken: Tore zur Welt des Wissens. 101. Deutscher Bibliothekartag in Hamburg 2012. Hildesheim [u.a.]: Olms 2013, S. 231–240. Vgl. weiterhin im gleichen Band Neuroth, Heike: Bibliothek und Wissenschaft. Alte und neue Kooperationsszenarien für die nächste Generation von Forschung, S. 241–253. Vgl. überdies Lossau, Norbert: Virtuelle Forschungsumgebungen und die Rolle von Bibliotheken. In: Zeitschrift für Bibliothekswesen und Bibliographie 58 (2011), 3–4, S. 156–165.

[40] Wissenschaftsrat: Empfehlungen zur Weiterentwicklung der wissenschaftlichen Informationsinfrastrukturen in Deutschland bis 2020. Drs. 2359-12. URL: http://www.wissenschaftsrat.de/download/archiv/2359-12.pdf [Stand 08.05.2013], S. 68.

[41] Carlson, Jake; Kneale, Ruth: Embedded librarianship in the research context. Navigating new waters. In: College & Research Libraries News 72 (2011), 3, S. 167–170. Die VDB-Fachreferatskommission hatte bereits 2009 auf dem Erfurter Bibliothekartag eine Veranstaltung zum Thema „Field Librarian" durchgeführt und dieses Thema in die deutsche Fachdiskussion eingeführt. Vgl. dazu URL: http://www.opus-bayern.de/bib-info/volltexte/2009/684/pdf/bibtag2009_im_feld_v3.pdf [Stand 16.05.2013].

auch über den engeren Bereich der Digital Humanities hinaus fordern neue bibliothekarische Arbeitsgebiete wie beispielsweise der Aufbau von Fachrepositorien, Fachportalen, fachlichen Publikations- und Rezensionsplattformen eine Kombination von wissenschaftlicher Bildung, bibliothekarischer Kenntnis und möglichst enger Bindung in und an die wissenschaftliche Community.

Für den bibliothekarischen Beruf bieten sich somit neue Chancen, die rasch ergriffen werden sollten. Die Tatsache, dass auch geisteswissenschaftliche Projektstellen an großen Bibliotheken zunehmend mit Mitarbeitern ohne bibliothekarische Ausbildung besetzt werden, widerspricht nicht dem eben Gesagten, sondern zeigt eher die fehlende Anpassungsfähigkeit des bibliothekarischen Berufsbildes und fehlende Elastizität bei der bibliothekarischen Rekrutierung. Diese neuen Chancen werden Bibliothekaren durchaus die Möglichkeit eröffnen, sich als ein gleichberechtigtes Mitglied eines wissenschaftlichen Teams zu verstehen und damit die von Jochum beklagte „permanente Selbstverleugnung“[42] zu überwinden. Diese Chance setzt jedoch Offenheit für Neues und die Bereitschaft voraus, altvertraute Pfade zu verlassen. Dabei ist Uwe Jochum vollkommen darin zuzustimmen, dass es gilt, eine „Kontaktfläche zwischen Bibliothek und Wissenschaft“ zu erzeugen und „Bibliotheken wieder stärker in ihrem wissenschaftlichen Umfeld“ zu verankern.[43] Jochums Schlussfolgerung, es gelte dem „Fortschritt den Rückschritt entgegenzusetzen, der auf das Untergegangene, Beseitigte und Vergessene als ein Wunder schaut, von dem er berührt werden möchte“,[44] wird jedoch die bibliothekarische Profession nicht näher an die Wissenschaft rücken, sondern im Sonderdasein eines Kuriositätenkabinetts verbleiben lassen.

Die Bedeutung der Fachreferenten für den Verein Deutscher Bibliothekare

Die Diskussion um die Frage der Wissenschaftlichkeit bibliothekarischer Arbeit fokussierte sich in starkem Maße auf die Position des Fachreferenten in der Bibliothek. So hatte zum Höhepunkt der Debatte der neunziger Jahre des 20. Jahrhunderts Helmut Oehling einen neuen Fachreferenten-

[42] Jochum, Uwe: Die Idole der Bibliothekare. Würzburg: Königshausen & Neumann 1995, S. 26.

[43] Jochum in diesem Band, S. 144.

[44] Ebenda, S. 145.

Typus, den „Fachreferenten 2000“, gefordert, und Wolfgang Schibel wie auch Uwe Jochum regten eine stärkere Differenzierung des Wissenschaftlichen Bibliotheksdienstes und zugleich eine Stärkung der Position des Fachreferenten an.[45]

Aus Sicht des VDB ging diese Phase der Berufsbilddiskussion eng einher mit der vermehrten Fokussierung der Verbandsaktivitäten auf die Fachreferententätigkeit. Hatte Joachim Wieder 1959 noch ganz allgemein an den Verein Deutscher Bibliothekare appelliert,[46] seine Rolle als Berufsinteressenvertretung wahrzunehmen, so waren es nun insbesondere die Fachreferenten, die sich nach einer langen Ausbildung um ihre beruflichen Chancen gebracht und marginalisiert sahen, wie Wolfgang Schibel schrieb, „kaum geboren, aufs Altenteil expediert.“[47] Der VDB hatte die Frage der Fachreferatsarbeit seit den sechziger Jahren immer wieder auf seine Agenda gesetzt. Felicitas Hundhausen hat die Vorgeschichte der dann 1991 gegründeten Fachreferatskommission in der Bibliographie zum 100-jährigen Jubiläum des VDB in knapper Form nachgezeichnet:[48] So hatte bereits 1966 Rolf Kluth auf dem Hannoveraner Bibliothekartag gefordert: „Ich meine der Verein Deutscher Bibliothekare sollte eine Kommission für Fachreferatsarbeit [...] einsetzen“.[49] Zunächst erhielt jedoch nur eine daraufhin gegründete Arbeitsgruppe für Fachreferentenfragen unter Leitung von Hermann Havekost den Auftrag, ein Berufsbild zu erarbeiten. Später wurde, zunächst mit Winfried Gödert und anschließend mit Peter Michael Ehrle, ein Vertreter des Vereinsausschusses für Fachreferentenfragen berufen, bevor der Vereinsausschuss des VDB am 21. Mai 1991 nach einer Grundsatzdebatte über die Ziele und Aufgaben des Verbandes feststellte, dass fachbezogene Arbeit des Wissenschaftlichen Bibliothekars bisher in der Vereinsarbeit zu kurz gekommen war. Der Vereinsausschuss kam daher überein, die Fachreferententätigkeit, die einen erheblichen Teil der Mitglieder „mehr oder weniger“ beschäftige, künftig durch die Bildung einer Kommission für die Fachreferentenarbeit stärker zu berücksichtigen und den „Fachreferenten ein Forum für die Diskussion ihrer Probleme zu bieten.“[50]

45 Jochum, Uwe (wie Anm. 3), S. 333; Oehling (wie Anm. 22); Schibel (wie Anm. 21).

46 Wieder (wie Anm. 12), S. 164.

47 Schibel (wie Anm. 21), S. 1041.

48 Hundhausen, Felicitas (Hrsg.): Verein Deutscher Bibliothekare 1900–2000. Bibliographie und Dokumentation. Wiesbaden: Harrassowitz 2004, S. 118ff.

49 Zit. nach ebd., S. 118.

50 Poll, Roswitha: Kommission für Fachreferatsfragen gegründet. In: Rundschreiben (1991), 3, S. 4f.

Von Anfang an organisierte die Fachreferentenkommission Fortbildungsveranstaltungen für Fachreferenten einzelner Wissenschaftsfächer. Ziel war dabei stets die fachliche Fortbildung von Fachreferenten und die Förderung des Dialogs zwischen Wissenschaftsfach und Fachreferat. Mindestens das gleiche Gewicht kam der Diskussion um das Berufsbild zu. Kurz nach ihrer Konstituierung hatte sich die Kommission unter aktiver Leitung von Klaus Hilgemann an die Beschreibung des Berufsbildes des Fachreferates gemacht und war dabei zu dem vorläufigen Ergebnis gekommen, dass „ein ‚reiner' Fachreferent kaum existiere."[51] Richtungsweisend war der bereits erwähnte, 1998 im Bibliotheksdienst publizierte programmatische Aufsatz von Helmut Oehling „Wissenschaftlicher Bibliothekar 2000 – quo vadis?",[52] der auf Diskussionen innerhalb der Kommission beruhte und zusammen mit Aufsätzen von Jochum und Schibel in der gleichen Ausgabe des Bibliotheksdienstes die Diskussion des Jahres 1998 eröffnete, ausgetragen später im Jahr auf der Rottenburger Tagung des damaligen VDB-Landesverbandes Baden-Württemberg. Während Oehling und Jochum die These vertraten, dass der Wissenschaftliche Bibliothekar sich durch sein Fachstudium besonders für fachwissenschaftliche Tätigkeiten qualifiziert habe, zu denen auch ein neu definiertes Fachreferat gehöre, hielt Sabine Wefers, damals noch in Frankfurt, dem entgegen, dass sich „der Bibliothekar des Höheren Dienstes" auf keinen Fall rückwärts orientieren dürfe und auch seine Verwaltungsaufgaben mit gleichem Engagement zu verrichten habe. Der damalige Tübinger Direktor und vormalige VDB-Vorsitzende Berndt von Egidy hielt schließlich die richtige Verbindung von Fachreferats- und Verwaltungstätigkeit für das Patentrezept. Besonders kontrovers diskutiert wurde der Beitrag Wolfgang Schibels, der sich ganz auf sein Modell eines sogenannten Regionalreferenten fokussierte.[53] Dabei schlug er vor, anstelle eines mehrere Fächer betreuenden Fachreferenten an einer Universität künftig einen sogenannten Regionalreferenten über die Grenzen einer Bibliothek hinaus an mehreren regional benachbarten Universitäten bzw. Bibliotheken für die Betreuung nur eines Faches einzusetzen.[54] Obwohl Schibel den wunden Punkt im Berufsbild des Fachreferenten traf – die Tatsache, dass Fachreferenten in der Regel nur

[51] Hilgemann, Klaus: Kommission für Fachreferatsarbeit. In Rundschreiben (1992), 4, S. 2f.

[52] Oehling (wie Anm. 22).

[53] Schibel (wie Anm. 21), S. 1043ff.

[54] Syré, Ludger: Landesverbandsmitglieder trafen sich in Rottenburg. In: Rundschreiben (1998), 3, S. 14f. Siehe dazu auch Wefers, Sabine: Thesen zur Zukunft des Fachreferenten. In: Bibliotheksdienst 32 (1998), 5, S. 865–870; Schibel (wie Anm. 21).

für wenige der vertretenen Fächer wirklich Spezialisten sein können und dass nicht selten ein nie studiertes Fach betreut wird –, wurde sein Ansatz in der folgenden Diskussion nicht weiterverfolgt. Dies mag zum einen an seinem völlig quer zur Realität der Hochschul- und Wissenschaftsorganisation verlaufenden und praktisch schwer vorstellbaren Modell des hochschulübergreifenden Fachreferats gelegen haben, aber auch an der Verkennung, dass ein wesentlicher Aspekt des Fachreferats in der Vermittlung und Kommunikation zwischen dem institutionellen Fach, also den Fakultäten und Instituten wie den Studierenden, und der Bibliothek besteht und daher ein ferner, überregionaler Erschließungs- und Erwerbungsspezialist keinerlei Legitimation hätte und sich bestens durch Outsourcing ersetzen ließe. Aber auch die nahe liegende, insbesondere in der Schweiz praktizierte Modifikation dieses Modells in Form des Teilzeit-Fachreferenten wurde aus Unkenntnis oder aus berufsständischer Fürsorge und aufgrund der Unvereinbarkeit mit dem deutschen Beamtenrecht nicht diskutiert.[55]

Überhaupt traten in der Folgezeit die grundsätzlich-theoretischen Diskussionen über das Berufsbild etwas in den Hintergrund. Bereits ein Jahr nach der Veröffentlichung der Oehling'schen Thesen sah es die Fachreferatskommission an der Zeit, die „Zielvorstellungen des Berufsbildes im Berufsalltag [...] umzusetzen."[56] Einen probaten Weg dazu sah sie in den fachbezogenen Fortbildungsveranstaltungen, die auch dem Austausch der Fachreferenten untereinander dienten und ihnen Impulse für die gerade von Oehling geforderte aktive Rolle bei der Fachinformation geben konnten. Der Kommission kommt dabei das Verdienst zu, nicht bei den tradierten Aufgabenfeldern des Fachreferats stehen geblieben zu sein, sondern die Berufswelt mit den neuen Herausforderungen wie Bibliometrie (Bibliothekskongress 2004), der noch weitgehend unbekannten Aufgabe des „Field Librarian" (Bibliothekartag 2009) oder den mit eScience verbundenen neuen bibliothekarischen Aufgaben (Bibliothekartag 2012) konfrontiert zu haben.

Die Vermittlung von Informationskompetenz, die ganz wesentlich aus den Reihen der Fachreferatskommission, aber auch anderer Gremien des VDB initiiert wurde, hat sich als ein weiteres wichtiges Feld für Fachreferenten erwiesen. Man muss sich dabei vor Augen führen, dass der Begriff

[55] Diedrichs, Rainer; Hug, Hannes: Fachreferentinnen und Fachreferenten in der deutschsprachigen Schweiz. Ausbildung und Arbeitsbereiche. In: Rützel-Banz, Margit (Hrsg.): Bibliotheken – Portale zum globalen Wissen. 91. Deutscher Bibliothekartag in Bielefeld 2001. Frankfurt am Main: Klostermann 2001, S. 149–157, hier S. 153.

[56] Miegel, Heidrun: Kommission für Fachreferatsarbeit. Jahresbericht 1998/1999. In: Rundschreiben (1999), 2, S. 26.

der Informationskompetenz erst Ende der neunziger Jahre, als die netzbasierten oder elektronischen Bibliotheks-Dienstleistungen an ein breites Publikum vermittelt werden mussten, in das aktive bibliothekarische Vokabular eingegangen war und dass gerade dem Berufsverband und seiner Kommission eine wichtige Rolle bei der Integration der Aktivitäten zur Vermittlung der Informationskompetenz in das Berufsbild des Fachreferenten zukam.[57]

Mit ihren Wortmeldungen und Beiträgen zu den Bibliothekartagen nahm die Fachreferatskommission die Funktion des Fachreferats als Gelenkstelle zwischen Wissenschaft und Bibliothek in den Blick. Auf dem Mannheimer Bibliothekartag 2008 stellte die Kommission einen Beitrag zum Thema „Fachreferat und Projekte – Fachreferat als Projekt? – Konturen eines sich wandelnden Berufsfeldes" vor.[58] Grundlage dieses Beitrages war eine von der Kommission vorgenommene Umfrage, die im Ergebnis zeigte, dass Bibliothek und Wissenschaft eben keine getrennten Welten sind und dass es gerade die wissenschaftliche Sozialisation ist, die Fachreferenten die Kompetenzen und das methodische Wissen für die alltägliche Arbeit in der Bibliothek vermittelt sowie einen passgenauen Service für die Wissenschaft ermöglicht. Um diesen Befund abzusichern und zu verbreitern, nahm die Kommission mit einer weiteren Umfrage zum Berufsalltag im Fachreferat die Berufsbilddebatte, nun jedoch von der empirischen Seite, wieder auf. Unter dem Titel „Leben und Arbeiten im Potemkinschen Dorf?" stellte das Kommissionsmitglied Markus Schröter diese Umfrage auf dem Bibliothekartag in Berlin vor.[59] Die Umfrage zeigte, dass gut zehn Jahre nach der mit großer Verve geführten Berufsbild- und Fachreferatsdiskussion eine weitgehend pragmatische und unaufgeregte Sichtweise eingekehrt war. Entgegen dem provokativen Titel hatte sich weder

[57] Vgl. dazu Sühl-Strohmenger, Wilfried (Hrsg.): Handbuch Informationskompetenz. Berlin [u.a.]: De Gruyter/Saur 2012.

[58] Veranstaltung der VDB-Fachreferatskommission am 3. Juni 2008 in Mannheim; siehe URL: http://www.bibliothekartag2008.de/de/Fortbildungsveranstaltungen1.htm [Stand 21.05.2013].

[59] Schröter, Marcus: Leben und arbeiten im Potemkinschen Dorf? Ergebnisse einer Umfrage der VDB-Kommission für Fachreferatsarbeit zum Projektalltag in Wissenschaftlichen Bibliotheken. URL: http://www.opus-bayern.de/bib-info/volltexte/2008/543/pdf/Schroeter-BS4.pdf [Stand 08.05.2013]. Veröffentlicht unter: Schröter, Marcus: Der wissenschaftliche Bibliothekar – eine aussterbende Spezies? Umfrage der VDB-Kommission für Fachreferatsarbeit zum Thema „Fachreferat: gestern – heute – morgen". In: Hohoff, Ulrich; Lülfing, Daniela (Hrsg.): 100. Deutscher Bibliothekartag in Berlin 2011. Bibliotheken für die Zukunft – Zukunft für die Bibliotheken. Hildesheim [u.a.]: Olms 2012, S. 188–208. Weiterhin in Schröter, Marcus: Fachreferat 2011 – Innenansichten eines komplexen Arbeitsfeldes. In: Bibliothek Forschung und Praxis 36 (2012), 1, S. 32–50.

das Fachreferat als ein Potemkin'sches Dorf noch die Notwendigkeit erwiesen, Fachreferenten als aussterbende Spezies unter Artenschutz zu stellen. Als ein zentrales Ergebnis stellte sich heraus, dass nicht die Fokussierung auf sehr spezifisches Fachwissen, sondern vielmehr die ungeheure Breite des Tätigkeitsfeldes das Charakteristikum des Fachreferats bildet. „Die ‚Wissenschaftlichkeit' der wissenschaftlichen Bibliothekare bezieht damit [sic] nicht nur auf das einmal erworbene Fachwissen einer bestimmten Disziplin. In der Praxis sind die durch die wissenschaftliche Sozialisation insgesamt erworbenen und laufend fortentwickelten Fähigkeiten ganz entscheidend. [...] Fachreferentinnen und -referenten moderieren den Dialog zwischen Wissenschaft und Verwaltung."[60] Zu einem ähnlichen Ergebnis waren Marcus Schröter und Eric W. Steinhauer – allerdings noch ohne diese empirische Basis – bereits 2005 gekommen. Schröter und Steinhauer betonen die Notwendigkeit des Fachstudiums, sehen jedoch in der „ausschließliche(n) Festlegung auf das Fachreferat eine reale Gefahr für die Marginalisierung und berufliche Selbstaufgabe."[61] Anders als von Oehling ein knappes Jahrzehnt zuvor postuliert, aber in ähnlicher Weise, wie dies Barth und Brugbauer bereits 1998 unter den besonderen Gegebenheiten der UB Marburg konstatiert hatten,[62] sehen sie die spezifische Kompetenz des wissenschaftlichen Bibliothekars nicht in erster Linie im Fachreferat, sondern in seiner bibliothekarischen Innovationskompetenz, die sich durchaus in Leitungs- und Gestaltungsaufgaben niederschlagen kann. Durch die produktive und kreative Verbindung seines Fachstudiums mit seiner bibliothekarischen Ausbildung und Erfahrung unterscheidet er sich von nicht-bibliothekarischen Leitungskräften wie auch von bibliothekarischen Fachkräften ohne Fachstudium. Unterstützt durch die Umfrage zeigte sich zwischen dem Ende der neunziger Jahre proklamierten „Fachreferat 2000" und dem nun vorgestellten „Fachreferat 2011" ein Paradigmenwechsel: Nicht mehr in der Beschränkung auf das Fachreferat und auf eine Tätigkeit als Fachwissenschaftler an einer Bibliothek liegt die Zukunft, sondern in der Vielfalt der Aufgaben, für die gerade ein offenes und breit angelegtes Studium die notwendige Problemlösungskompetenz vermitteln kann.

Den nunmehr eingeschlagenen Weg ging die Fachreferatskommission weiter und stellte beim Bibliothekskongress 2013 in Leipzig ein neues Berufsbild, das „Fachreferat 2020", in Form eines konzisen Posters vor. Für

[60] Schröter (wie Anm. 59), S. 208.
[61] Schröter; Steinhauer (wie Anm. 36), S. 173.
[62] Barth; Brugbauer (wie Anm. 37).

die VDB-Fachreferatskommission hat die Entwicklung der letzten beiden Jahrzehnte alte Denkweisen grundlegend gewandelt: „Ausbildungswege, Berufspraxis und gewünschte Stellenanforderungen haben sich massiv verändert. Gibt es noch ein klares Profil von der Arbeit im Fachreferat?" Auf der Basis vieler Fortbildungsveranstaltungen, Diskussionen und Umfragen skizziert die VDB-Fachreferatskommission die Kernpunkte des aktuellen Berufsbildes und hebt dabei schlaglichtartig die drei Aspekte Tätigkeitsspektrum, E-Science, Ausbildung sowie zwei Fragen: „STM-Fächer: Geld weg und nun?" und „Lohnt sich das Fachreferat?" hervor.[63]

Ganz in Übereinstimmung mit der Umfrage 2011 und dem bereits von Schröter und Steinhauer Proklamierten sieht die Kommission in der wachsenden Breite des Tätigkeitsspektrums, in der Moderation zwischen Forschung und Verwaltung, aber auch in der direkten Unterstützung von Forschung und Lehre ein Charakteristikum des neuen Berufsbildes. Gerade projektbasiertem Arbeiten kommt dabei eine zunehmend an Bedeutung gewinnende Rolle zu.

Besonders deutlich zeigt sich die Veränderung im Bereich der E-Science: Hier bieten sich für die Fachreferenten völlig neue Möglichkeiten. Wissenschaftliche Kompetenz im Fachreferat ist nach der Auffassung der Kommission eine Voraussetzung dafür, von Wissenschaftlern ernst genommen zu werden und falsche Schlüsse zu vermeiden. Besonders wichtig ist die aktive Kenntnis der Fachkultur: Geisteswissenschaftler haben, auch wenn sie sich im Bereich der E-Humanities engagieren, eine völlig andere Wissenschaftskultur als Naturwissenschaftler oder Mediziner.

In den STM-Fächern hat sich schon seit geraumer Zeit das Tätigkeitsfeld im Fachreferat stark verändert. Geldmangel durch hohe Preissteigerungen, aber auch die abnehmende Bedeutung monographischer Literatur auf der einen Seite und die Hinwendung zu big deals und Konsortialabschlüssen auf der anderen Seite lassen nur noch wenig Spielraum für individuelle Erwerbungsentscheidungen. Dafür kommen neue Aufgaben wie die Hilfe zum Access, also zum Zugang zu lokal oder überregional lizensierten oder frei zugänglichen Informationen, die Verwaltung von Forschungs- und Publikationsdaten und bibliometrische Analysen und Beratungen hinzu.

Was die Ausbildung betrifft, so kommt die VDB-Fachreferatskommission zu dem Ergebnis, dass eine „hochrangige wissenschaftliche Ausbildung unerlässlich" sei: „Weder der alltägliche Kontakt mit der Forschung, noch

[63] Posterpräsentation der VDB-Fachreferatskommission, präsentiert beim Leipziger Kongress 2013 (bis dato unveröffentlicht).

alle Zukunftsthemen sind sonst zu bewältigen."[64] Nur wer wissenschaftlich ausgebildet ist und nach Möglichkeit selbst Wissenschaft betrieben hat, wird von der Wissenschaft als Gesprächspartner ernst genommen.

Schließlich stellt die Kommission die Frage: Lohnt sich das Fachreferat? Den extrinsischen wie intrinsischen Nutzen sieht die Kommission sowohl in der Möglichkeit des beruflichen Aufstiegs wie der institutionellen Anerkennung. Die Kommission schließt damit an das an, was Dirk Barth bereits 2000 einprägsam formulierte: „Der Weg in Spitzenpositionen der Bibliotheken beginnt auch heute noch zumeist mit dem Fachreferat".[65] Diese traditionelle Aufstiegsoption als extrinsische Motivation wird nach Meinung der Kommission durch eine intrinsische Motivation ergänzt, da eine Orientierung als Dienstleister der Wissenschaft gleichermaßen zu einer höheren institutionellen Anerkennung wie größerer beruflicher Zufriedenheit führen wird.

Das Fachreferat 2020, so lässt sich das Ergebnis der Kommission zusammenfassen, besteht aus einem wesentlich vielfältigeren und auch heterogeneren Tätigkeitsspektrum. Universal- und insbesondere Universitätsbibliotheken benötigen nicht trotz, sondern gerade wegen des großen wissenschaftlichen Wandels gut ausgebildete und mit der Forschungs- und Publikationskultur ihres Faches vertraute Fachreferenten, die Scharniere und Mittler zwischen Forschung und Lehre und einer sich als Teil der Forschungsinfrastruktur und Wissenschaftsverwaltung verstehenden Bibliothek fungieren können.

Sich rasch wandelnde Anforderungen setzen aber auch sich ständig erneuernde Kenntnisse und Fähigkeiten und einen Austausch der Fachreferenten untereinander voraus. Über die Bedeutung der Fortbildung für den bibliothekarischen Beruf im Allgemeinen hinaus kommt der Fortbildung der Fachreferenten ein ganz besonderer Stellenwert zu.[66] Dass Bibliothekaren, besonders wenn sie Tätigkeiten im Fachreferat wahrnehmen, die Möglichkeit – aber auch die Verpflichtung – zur ständigen Fortbildung und Vernetzung gegeben werden muss, dies ist einer der wenigen Punkte, bei denen auch nach über fünfzig Jahren an Joachim Wieder angeknüpft werden kann. Der Berufsverband nimmt in diesem Bereich eine zentrale Rolle ein – dies zeigen die von der VDB-Fachre-

[64] Wie Anm. 63 (bis dato unveröffentlicht).

[65] Barth (wie Anm. 3), S. 268.

[66] Vgl. dazu Hohoff, Ulrich: Der Deutsche Bibliothekartag als maßgebliche Fortbildungstagung im Bibliothekswesen. In: Hundhausen, Felicitas; Lülfing, Daniela; Sühl-Strohmenger, Wilfried (Hrsg.): 100. Deutscher Bibliothekartag Berlin – Festschrift. Hildesheim [u.a.]: Olms 2011, S. 11–37, hier S. 15ff.

feratskommission angebotenen fachspezifischen Fortbildungsveranstaltungen seit Langem. Diese sehr stark frequentierten Veranstaltungen bilden das Forum für die Vernetzung zwischen den Fachreferenten gleicher bzw. ähnlicher Fächer, bieten aber auch die Möglichkeit, sich mit Vertretern der Wissenschaft und mit neuen Methoden und Ansätzen ihres Faches auseinanderzusetzen. Sie haben im deutschsprachigen Raum den Charakter eines Alleinstellungsmerkmals. Zu den Besonderheiten des Berufes des Fachreferenten gehört, dass er in aller Regel der einzige Vertreter seines Faches an einer Bibliothek ist. Dies unterscheidet das Fachreferat sehr deutlich von anderen akademischen Tätigkeiten. Lehrer, Richter, Archivare, Ingenieure arbeiten oft mit unmittelbaren Kollegen des gleichen Fachstudiums zusammen, Fachreferenten müssen sich dagegen überregional vernetzen und austauschen. Und gerade dabei kommt dem Berufsverband und seiner Kommission für Fachreferatsarbeit eine tragende Rolle zu.

Fazit

Aus heutiger Sicht wirken die Berufsbilddiskussionen der vergangenen Jahre und Jahrzehnte akademisch und manche der Positionen künstlich überhöht. Heute sollte unstreitig sein, dass bibliothekarische Tätigkeit – von ganz wenigen Ausnahmen abgesehen – keine genuin wissenschaftliche Tätigkeit darstellt. Auf der anderen Seite ist das Bewusstsein für die besondere Wechselwirkung von wissenschaftlicher und bibliothekarischer Tätigkeit gewachsen. Gerade daher sind gut ausgebildete und in ihrer Community vernetzte Fachreferenten für Bibliotheken unabdingbar. Sie erst sorgen für den Dialog, dafür, dass die Bedürfnisse der jeweiligen Fachcommunity im Dienstleistungsportfolio der Bibliothek Eingang finden, sie beraten und unterstützen fachbezogen Wissenschaftler und Studierende und stellen damit für Forschung wie Lehre unverzichtbare Infrastrukturleistungen zur Verfügung. Die wissenschaftliche Vorbildung wie der ständige Austausch mit der Wissenschaft sind damit eine wichtige Voraussetzung, um diese Dienstleistungsaufgabe erfolgreich erbringen zu können. Dass neue Aufgabenfelder im Bereich der E-Science die bibliothekarischen Aufgaben wieder stärker an die Wissenschaft heranführen und wissenschaftliche Erfahrung für künftige bibliothekarische Aufgaben noch wichtiger werden kann, ist durchaus wahrscheinlich – vorausgesetzt, Bibliothekare nehmen diese Herausforderung an.

In diesem Zusammenhang sollten die jüngsten Empfehlungen des Wissenschaftsrates zur Weiterentwicklung der Informationsinfrastrukturen gründlich gelesen werden.[67] Der Wissenschaftsrat fordert darin, dass in der Leitung von Informationsinfrastruktureinrichtungen, also auch von Bibliotheken, fachwissenschaftliche und methodische Kompetenz vorhanden sein muss. Von bibliothekarischer Seite – und gerade von Seiten des Berufsverbandes – wird diese Forderung auf Widerspruch stoßen, wenn damit eine bibliotheksexterne oder gar nebenamtliche Leitung intendiert sein sollte. Es ist jedoch eher unwahrscheinlich, dass der Wissenschaftsrat das Modell des Professorenbibliothekars wiederbeleben wollte. Vielmehr spricht vieles dafür, dass er mit angemessener Weitsicht die Herausforderungen des medialen, aber auch des methodischen Wandels in vielen Feldern der Wissenschaft aufnehmen wollte. Diese Herausforderung lautet: Bibliotheken benötigen fachwissenschaftliche Kompetenz. Das Modell des Fachreferenten hat nicht nur Zukunft, sondern macht – richtig verstanden – die Bibliothek erst zukunftsfähig. Nur einen Punkt gibt es dabei zu beachten: Im Elfenbeinturm ist kein Platz für Bibliothekare und schon gar nicht für Fachreferenten.

[67] Wissenschaftsrat (wie Anm. 40).

Die Autorinnen und Autoren

Dr. Dirk BARTH. Direktor der Universitätsbibliothek Marburg von 1982 bis 2005.
Studium der Anglistik und Germanistik an der Philipps-Universität Marburg und an der Universität Hamburg. Promotion 1974.

Dr. Klaus-Rainer BRINTZINGER. Direktor der Universitätsbibliothek München seit 2008.
Studium der Volkswirtschaftslehre an der Universität Augsburg, der Albert-Ludwigs-Universität Freiburg i. Br. und der Universität Hohenheim. Promotion 1995.

Ralf BRUGBAUER. Direktor der Universitätsbibliothek Bayreuth seit 2007.
Studium der Biologie an der Universität Osnabrück.

Dr. Wilfried ENDERLE. Fachreferent an der Niedersächsischen Staats- und Universitätsbibliothek Göttingen seit 1994.
Studium der Geschichte und Philosophie an der Eberhard Karls Universität Tübingen. Promotion 1988.

Michael GOLSCH. Stellvertreter des Generaldirektors der Sächsischen Landesbibliothek – Staats- und Universitätsbibliothek Dresden seit 2009.
Studium der Bibliotheks- und Informationswissenschaft an der Hochschule für Technik, Wirtschaft und Kultur Leipzig. Studium der Volkswirtschaftslehre an der FernUniversität Hagen.

Dr. Dietmar HAUBFLEISCH. Direktor der Universitätsbibliothek Paderborn seit 2003.
Studium der Geschichte, Germanistik und Erziehungswissenschaft an der Philipps-Universität Marburg. Promotion 1998.

Dr. Uwe JOCHUM. Fachreferent an der Universitätsbibliothek Konstanz seit 1989.
Studium der Germanistik und Politischen Wissenschaft an der Ruprecht-Karls-Universität Heidelberg. Promotion 1987.

Dagmar Kähler. Bibliothekarin an der Deutschen Nationalbibliothek Frankfurt am Main, Abteilung Erwerbung, Katalogisierung und Standardisierung seit 2002.
Studium der Bibliothekswissenschaften an der Fachhochschule Hamburg. Fernstudium Master of Library and Information Sciences an der Fachhochschule Köln.

Dr. Annette Klein. Fachreferentin für Romanistik und Philosophie an der Universitätsbibliothek Mannheim seit 2004 und Abteilungsleiterin für Medienbearbeitung seit 2009.
Studium der Romanischen Literaturwissenschaft, Romanischen Sprachwissenschaft und Philosophie an der Rheinisch-Westfälischen Technischen Hochschule Aachen. Promotion 2003.

Dr. Sven Kuttner. Leiter der Abteilung Altes Buch der Universitätsbibliothek München seit 2001.
Studium der Geschichte und Klassischen Philologie an der Universität Mannheim. Promotion 1997.

Dr. Achim Osswald. Professor an der Fachhochschule Köln seit 1994.
Studium der Geschichte und Germanistik an der Universität Stuttgart und der Albert-Ludwigs-Universität Freiburg i.Br. sowie Studium der Informationswissenschaft an der FU Berlin und der Universität Konstanz. Promotion 1992.

Dr. mult. h.c. Paul Raabe (†). Leiter der Herzog August Bibliothek Wolfenbüttel von 1968 bis 1992.
Studium der Germanistik und Geschichte an der Universität Hamburg.

Dr. Irmgard Siebert. Direktorin der Universitäts- und Landesbibliothek Düsseldorf seit 2000.
Studium der Germanistik und Geschichte an der Philipps-Universität Marburg. Promotion 1988.

Dr. Thomas Stäcker. Stellvertretender Direktor an der Herzog August Bibliothek Wolfenbüttel seit 2009.
Studium der Philosophie, Latinistik und Literaturwissenschaft an der Technischen Universität Braunschweig, der Universität Osnabrück und der University of Essex. Promotion 1994.

Dr. Inka TAPPENBECK. Professorin an der Fachhochschule Köln seit 2004.
Studium der Soziologie, Philosophie und Publizistik an der Georg-August-Universität Göttingen. Promotion 1998.

Heidrun WIESENMÜLLER. Professorin an der Hochschule der Medien Stuttgart seit 2006.
Studium der Mittleren Geschichte, Englischen Philologie, Buch- und Bibliothekskunde sowie Mittellatein an der Friedrich-Alexander-Universität Erlangen-Nürnberg und der University of Newcastle upon Tyne.

Literatur zur Berufsbilddebatte in Auswahl

Barth, Dirk: Vom zweischichtigen Bibliothekssystem zur kooperativen Einschichtigkeit. In: Zeitschrift für Bibliothekswesen und Bibliographie 44 (1997), 5, S. 495–522.

Barth, Dirk: Über Berufssorgen und -perspektiven des wissenschaftlichen Bibliothekars. Marburger Erfahrungen. In: Rützel-Banz, Margit (Hrsg.): Grenzenlos in die Zukunft. 89. Deutscher Bibliothekartag in Freiburg im Breisgau 1999. Frankfurt am Main: Klostermann 2000 (Zeitschrift für Bibliothekswesen und Bibliographie, Sonderheft 77), S. 265–275.

Barth, Dirk; Brugbauer, Ralf: Zwischen Fachreferat, Management und Informationstechnologie. Zur Berufswirklichkeit des wissenschaftlichen Dienstes in universitären Bibliothekssystemen. In: ABI-Technik 18 (1998), 2, S. 122–130. Wiederabdruck in: Siebert, Irmgard; Lemanski, Thorsten (Hrsg.): Bibliothekare zwischen Verwaltung und Wissenschaft – 200 Jahre Berufsbilddebatte. Frankfurt am Main: Klostermann 2014, S. 81–97.

Barton, Walter: Freiheit, die ich meine ... Die Gesamthochschulbibliotheken und das Problem des bibliothekarischen Selbstverständnisses. In: Zeitschrift für Bibliothekswesen und Bibliographie 20 (1973), 4, S. 279–284.

Barton, Walter; Krieg, Werner: Duales gegen einschichtiges Bibliothekssystem? Thesen zum Berufsbild des bibliothekarischen Höheren Dienstes. In: Barton, Walter (Hrsg.): Vom Neuen Standort der Gesamthochschulbibliothek. Festschrift der Gesamthochschulbibliothek Siegen anläßlich des Bezugs ihres Neubaus. Siegen 1977, S. 148–151. Elektronische Veröffentlichung hrsg. von Dietmar Haubfleisch. Paderborn: Universitätsbibliothek 2013. URN: http://nbn-resolving.de/ urn:nbn:de:hbz:466:2-11126.

Barton, Walter: Fachreferent in der Gesamthochschulbibliothek. Ein Beitrag zum Berufsbild des Höheren Bibliotheksdienstes. In: Verband der Bibliotheken des Landes Nordrhein-Westfalen. Mitteilungsblatt N.F. 32 (1982), 3, S. 221–231.

Boekhorst, Peter te; Buch, Harald; Ceynowa, Klaus: „Wissenschaftlicher“ Bibliothekar 2000 – Hic Rhodus, hic salta! Bemerkungen zu Helmut Oehlings Thesen zur Zukunft des Fachreferenten. In: Bibliotheksdienst 32 (1998), 4, S. 686–693.

Bollert, Martin: Der Bibliothekar und sein Beruf. In: Zentralblatt des Bibliothekswesens 2 (1910), S. 162–164.

Bosserhoff, Björn: Fachreferent – quo vadis? Standortbestimmung eines Berufsbilds. Köln 2008. URL: http://opus.bibl.fh-koeln.de/volltexte/2012/345/pfd/Bosserhoff-Bjoern.korr.pdf [Stand 12.05.2013].

Bosserhoff, Björn: Wissenschaftlicher Bibliothekar – Berufsstand in der Legitimationskrise? Ein Rückblick auf die Debatte von 1998. In: Bibliotheksdienst 42 (2008), 11, S. 1161–1171.

Brintzinger, Klaus-Rainer: Wissenschaft, Berufsbild und Fachreferat – das Ende einer jahrzehntelangen Debatte. In: Siebert, Irmgard; Lemanski, Thorsten (Hrsg.): Bibliothekare zwischen Verwaltung und Wissenschaft – 200 Jahre Berufsbilddebatte. Frankfurt am Main: Klostermann 2014, S. 237–259.

Bulling, Klaus; Hom, Wolfgang: Fachreferenten der Universitätsbibliothek und Wissenschaftliche Betreuer der Bibliothekszweigstellen an der Friedrich-Schiller-Universität Jena. In: Bohmüller, Lothar (Hrsg.): Beiträge zur bibliothekarischen Praxis aus der Universitätsbibliothek Jena. Jena: Druckhaus Weimar 1975, S. 39–74.

Bundesvereinigung Deutscher Bibliotheksverbände e.V. (Hrsg.): Berufsbild 2000. Bibliotheken und Bibliothekare im Wandel. Berlin 1998. URL: http://www.bideutschland.de/download/file/berufsbild2000.pdf [Stand 26.05.2013].

Buzás, Ladislaus: Berufssorgen des wissenschaftlichen Bibliothekars. Ein Diskussionsbeitrag. In: Libri 10 (1960), 2, S. 81–104.

Depping, Ralf: Kölner Thesen zum Höheren Bibliotheksdienst. In: ProLibris 3 (1998), 1, S. 22–23.

Didszun, Peter: Weder Wissenschaftler noch Verwaltungsbeamter: der wissenschaftliche Bibliothekar im Berufsfeld Bibliothek. Anmerkungen zur jüngsten Debatte um das Berufsbild. In: Bibliotheksdienst 32 (1988), 8, S. 1352–1361.

Diedrichs, Rainer; Hug, Hannes: Fachreferentinnen und Fachreferenten in der deutschsprachigen Schweiz. Ausbildung und Arbeitsbereiche. In: Rützel-Banz, Margit (Hrsg.): Bibliotheken – Portale zum globalen Wissen. 91. Deutscher Bibliothekartag in Bielefeld 2001. Frankfurt am Main: Klostermann 2001, S. 149–157.

Dopheide, Renate; Funk, Robert: Tätigkeitsspektrum des wissenschaftlichen Bibliothekars. In: Zeitschrift für Bibliothekswesen und Bibliographie 24 (1977), 5, S. 442–450.

Dugall, Berndt: Die Ausbildung für den höheren Dienst an wissenschaftlichen Bibliotheken: einige provokante Thesen. In: Zeitschrift für Bibliothekswesen und Bibliographie 48 (2001), 2, S. 132–133.

Ebert, Friedrich Adolf: Die Bildung des Bibliothekars. Zweite umgearbeitete Ausgabe. Leipzig: Steinacker und Wagner 1820. Online-Ausgabe: Paderborn: Universitätsbibliothek 2013. URN: http://nbn-resolving.de/urn:nbn:de:hbz:466:1-11378.

Enderle, Wilfried: Selbstverantwortliche Pflege bibliothekarischer Bestände und Sammlungen. Zu Genese und Funktion wissenschaftlicher Fachreferate in Deutschland 1909–2011. In: Bibliothek Forschung und Praxis 36 (2012), 1, S. 24–31. Wiederabdruck in: Siebert, Irmgard; Lemanski, Thorsten (Hrsg.): Bibliothekare zwischen Verwaltung und Wissenschaft – 200 Jahre Berufsbilddebatte. Frankfurt am Main: Klostermann 2014, S. 47–64.

Fabian, Bernhard: Buch, Bibliothek und geisteswissenschaftliche Forschung. Zu Problemen der Literaturversorgung und der Literaturproduktion in der Bundesrepublik Deutschland. Göttingen: Vandenhoeck und Ruprecht 1983 (Schriftenreihe der Stiftung Volkswagenwerk, 24). Online-Ausgabe: Düsseldorf: Universitäts- und Landesbibliothek 2013. URN: http://nbn-resolving.de/nbn:de:hbz:061:1-243494.

Fitz, Werner: Der Bildungsauftrag wissenschaftlicher Bibliotheken und das moderne Berufsbild des Bibliothekars. In: Libri 12 (1963), 4, S. 341–351.

Füchsel, [Johannes]: Geschäftsgang und Arbeitsteilung an den wissenschaftlichen Bibliotheken. In: Zentralblatt für Bibliothekswesen 26 (1909), 2, S. 49–59.

Gebhardt, Walther: Georg Leyh 1877–1977. Betrachtungen an seinem hundertsten Geburtstag. In: Zeitschrift für Bibliothekswesen und Bibliographie 24 (1977), 3, S. 209–223.

Geh, Hans-Peter: Berufsbild und Ausbildung des Bibliothekars. In: Kehr, Wolfgang; Neubauer, Karl Wilhelm; Stoltzenburg, Joachim (Hrsg.): Zur Theorie und Praxis des modernen Bibliothekswesens. Bd. 1: Gesellschaftliche Aspekte. München: Verlag Dokumentation 1976, S. 230–262.

Gödert, Winfried: Zum Berufsbild des Fachreferenten an wissenschaftlichen Bibliotheken. In: Hering, Jürgen; Zwink, Eberhard (Hrsg.): Etatkürzungen und Öffentlichkeitsarbeit. Bibliotheken im Umbruch? 72. Deutscher Bibliothekartag in Darmstadt vom 1. bis 5. Juni 1982. Frankfurt am Main: Klostermann 1982 (Zeitschrift für Bibliothekswesen und Bibliographie, Sonderheft 38), S. 175–188.

Gödert, Winfried: Bibliotheken zwischen Sinn und Technik. Anmerkungen zu J. Stoltzenburg aus der Sicht eines Fachreferenten. In: Verband der Bibliotheken des Landes Nordrhein-Westfalen. Mitteilungsblatt N. F. 35 (1985) 2, S. 169–177.

Gödert, Winfried: Bibliotheksassessoren oder wissenschaftliche Bibliothekare? Anmerkungen zu den Vorschlägen von J. Klockow und J. Tehnzen. In: Bibliotheksdienst 26 (1992), 11, S. 1804–1813.

Golsch, Michael: Approval Plan und automatisiertes Dateneinspielen – Das Dresdner Erwerbungsmodell. In: b.i.t. online 13 (2010), 2, S. 129–134.

Golsch: Michael: Ökonomisierung der Bibliothek? Eine Standortbestimmung der SLUB Dresden. In: Siebert, Irmgard; Lemanski, Thorsten (Hrsg.): Bibliothekare zwischen Verwaltung und Wissenschaft – 200 Jahre Berufsbilddebatte. Frankfurt am Main: Klostermann 2014, S. 173–204.

Graf, Angela: Verzweifelte Verteidigung der Laufbahnpfründe. Heinz Oehling und die Zukunft des wissenschaftlichen Bibliothekars – eine Polemik. In: BuB – Forum für Bibliothek und Information 50 (1998), 5, S. 316–317.

Grunwald, Wilhelm: Der Bibliothekar und seine Ausbildung. In: Zeitschrift für Bibliothekswesen und Bibliographie 16 (1969), 2, S. 154–169.

Habermann, Alexandra: Der wissenschaftliche Bibliothekar – Zur Professionalisierung eines Berufes. In: Plassmann, Engelbert; Syré, Ludger (Hrsg.): Verein Deutscher Bibliothekare 1900–2000. Festschrift. Wiesbaden: Harrassowitz 2000, S. 41–58.

Hapke, Thomas: Auch die „Lean Library" braucht das Fachreferat! Gedanken zur Zukunft des wissenschaftlichen Bibliotheksdienstes im Zeitalter digitaler Medien und modernen Managements. In: Auskunft 18 (1998), 3, S. 253–268.

Hartwieg, Gisela: Der „kompetente" Bibliothekar, die „neue" Bibliothek – humanisierte Arbeitsbedingungen in der wissenschaftlichen Bibliothek? Zu Joachim Stoltzenburg: Bibliothek zwischen Tradition und Fortschritt, in: Mitteilungsblatt. N.F. 34, 1984, S. 433–456. In: Verband der Bibliotheken des Landes Nordrhein-Westfalen. Mitteilungsblatt N.F. 35 (1985), 1, S. 10–16.

Haubfleisch, Dietmar: Die Bibliothek ist für ihre Nutzer da. Der Einfluss der nordrhein-westfälischen Gesamthochschulbibliotheken auf die Entwicklung des Fachreferats. In: Siebert, Irmgard; Lemanski, Thorsten (Hrsg.): Bibliothekare zwischen Verwaltung und Wissenschaft – 200 Jahre Berufsbilddebatte. Frankfurt am Main: Klostermann 2014, S. 99–133.

Ibrahim, Martha: Zur Berufskultur und zu beruflichen Werten des wissenschaftlichen Bibliothekars. Eine berufssoziologische Untersuchung zum wissenschaftlichen Bibliothekswesen unter besonderer Berücksichtigung der Verhältnisse in der Bundesrepublik Deutschland. In: Bibliothek Forschung und Praxis 4 (1980), 3, S. 187–214.

Jochum, Uwe: Das Berufsbild des höheren Dienstes. In: Bibliotheksdienst 27 (1993), 3, S. 328–334.

Jochum, Uwe: Die vergebliche Suche nach dem Allgemeinen. 100 Jahre Höherer Dienst. In: Lohse, Hartwig (Hrsg.): Arbeitsfeld Bibliothek. 6. Deutscher Bibliothekskongress, 84. Deutscher Bibliothekartag in Dortmund 1994. Frankfurt am Main: Klostermann 1994 (Zeitschrift für Bibliothekswesen und Bibliographie, Sonderheft 59), S. 39–50.

Jochum, Uwe: Die Aufgabe des Höheren Dienstes. In: Ders. (Hrsg.): Der Ort der Bücher. Festschrift für Joachim Stoltzenburg zum 75. Geburtstag. Konstanz: Universitätsverlag Konstanz 1996, S. 69–79.

Jochum, Uwe: Das Opfer der Schrift. Zur beruflichen Identität der Bibliothekare im 19. Jahrhundert. In: Wolfenbütteler Notizen zur Bibliotheksgeschichte 21 (1996), S. 166–184.

Jochum, Uwe: Die Situation des höheren Dienstes. In: Bibliotheksdienst 32 (1998), 2, S. 241–247.

Jochum, Uwe: Wissenschaftliche Bibliothekare. Ein Rettungsversuch. In: Siebert, Irmgard; Lemanski, Thorsten (Hrsg.): Bibliothekare zwischen Verwaltung und Wissenschaft – 200 Jahre Berufsbilddebatte. Frankfurt am Main: Klostermann 2014, S. 135–145.

Jochum, Uwe; Oehling, Helmut: Die das falsche Steckenpferd reiten. Eine Replik auf den Beitrag von te Boekhorst, Buch und Ceynowa im Bibliotheksdienst 32 (1998), H. 4. In: Bibliotheksdienst 32 (1998), 5, S. 857–865.

Juchhoff, Rudolf: Der Bibliothekar in seiner Zeit. Vortrag, gehalten auf dem Bibliothekartag 1957 in Lübeck. In: Zeitschrift für Bibliothekswesen und Bibliographie 4 (1957), 3, S. 151–169.

Keller, Alice: „Subject Librarians" in Großbritannien: Von der Bestands- zur Benutzerorientierung. In: Bibliothek Forschung und Praxis 36 (2012), 3, S. 11–23.

Klaiber, Ludwig: Das Referatsystem. In: Zentralblatt für Bibliothekswesen 53 (1936), 1–2, S. 69–73.

Klein, Annette: Selbstorganisation, Eigenverantwortung, Organisationsentwicklung. Zur Rolle der Wissenschaftlichen Bibliothekare an der UB Mannheim. In: Siebert, Irmgard; Lemanski, Thorsten (Hrsg.): Bibliothekare zwischen Verwaltung und Wissenschaft – 200 Jahre Berufsbilddebatte. Frankfurt am Main: Klostermann 2014, S. 147–158.

Klose, Albrecht: Zur Stellung des Fachreferenten in einer Universitätsbibliothek. In: Bibliotheksforum Bayern 8 (1980), 1, S. 54–60.

Krieg, Werner: Zum Berufsbild des Bibliothekars des Höheren Dienstes an wissenschaftlichen Bibliotheken. In: Neue Tendenzen der Ausbildung im Informationsbereich? FIABIB-Workshop, veranstaltet vom Institut für Dokumentationswesen, Frankfurt am Main, in Verbindung mit Forschungsprojekt integrierte Ausbildungskonzeption Bibliothek, Information, Dokumentation (FIABID) an der Freien Universität Berlin. Vorträge und Zusammenfassungen. Redaktion Thomas Seeger und Urs Schoepflin. Berlin 1977, S. 12–24.

Kuttner, Sven: Die Wieder-Buzás-Kontroverse 1959 bis 1962. Ein Blick hinter die Kulissen einer Berufsbilddiskussion der späten Nachkriegszeit. In: Bibliotheksdienst 43 (2009), 4, S. 384–398. Wiederabdruck in: Siebert, Irmgard; Lemanski, Thorsten (Hrsg.): Bibliothekare zwischen Verwaltung und Wissenschaft – 200 Jahre Berufsbilddebatte. Frankfurt am Main: Klostermann 2014, S. 65–80.

Leyh, Georg: Zur Vorgeschichte des bibliothekarischen Berufes. Sonderabdruck aus: Bok- och Biblioteksshistoriska Studier tillägnade Isak Collijn. Uppsala 1925, S. 475–498.

Leyh, Georg: Stellung und Aufgabe der wissenschaftlichen Bibliothek in der Zeit. In: Zentralblatt für Bibliothekswesen 53 (1936), 9–10, S. 473–482.

Leyh, Georg: Die Bildung des Bibliohekars. Kopenhagen: Ejnar Munksgaard 1952 (Library Research Monographs, 3).

Leyh, Georg: Der Bibliothekar und sein Beruf. In: Ders. (Hrsg.): Handbuch der Bibliothekswissenschaft. Zweite, vermehrte und verbesserte Auflage. Bd. 2: Bibliotheksverwaltung. Wiesbaden: Harrassowitz 1961, S. 1–112.

Lochner, Elisabeth von: Farblos, verstaubt, verschroben? Die Fremdcharakterisierung des Bibliothekars im Kontrast zum Selbstverständnis. Berlin: Institut für Bibliotheks- und Informationswissenschaft der Humboldt-Universität zu Berlin 2010 (Berliner Handreichungen zur Bibliothekswissenschaft, 236).

Lohse, Gerhart: Die Universitätsbibliotheken und das Problem der akademischen Freiheit. In: Zeitschrift für Bibliothekswesen und Bibliographie 20 (1973), 1, S. 1–13.

Lohse, Gerhart: Bibliothekar – Bibliokrat – Bibliokratie. Änderungen in einer sich wandelnden Berufswelt. In: Weber, Otfried (Hrsg.): Bibliothek und Buch in Geschichte und Gegenwart. Festgabe für Friedrich-Adolf Schmidt-Künsemüller zum 65. Geburtstag am 30. Dezember 1975. München: Verlag Dokumentation 1976, S. 134–150.

Lohse, Hartwig: Universitätsbibliotheken – Institutsbibliotheken. Anmerkungen zu aktuellen Fragen der Bibliotheksstruktur. Bonn: Bouvier Verlag Herbert Grundmann 1972 (Forschungsstelle für Buchwissenschaft an der Universitätsbibliothek Bonn, 9).

Lohse, Hartwig: Der Bibliothekar und seine Fachwissenschaft. Ein Beitrag zum Berufsbild des höheren Bibliotheksdienstes. In: Zeitschrift für Bibliothekswesen und Bibliographie 26 (1979), 4, S. 253–265.

Lohse, Hartwig: Zwischen Verwaltung und Wissenschaft. Das Berufsbild des wissenschaftlichen Bibliothekars in der Diskussion der Gegenwart. In: Verband der Bibliotheken des Landes Nordrhein-Westfalen. Mitteilungsblatt N.F. 31 (1981), 4, S. 375–386.

Lohse, Hartwig: Friedrich Ritschl und die Bonner Universitätsbibliothek. Ein Beitrag zum Berufsbild des Professoren-Bibliothekars im 19. Jahrhundert. In: Liebers, Gerhard; Vodosek, Peter (Hrsg.): Bibliotheken im gesellschaftlichen und kulturellen Wandel des 19. Jahrhunderts. Hamburg: Hauswedell 1982 (Wolfenbütteler Schriften zur Geschichte des Buchwesens, 8), S. 35–52.

Lohse, Hartwig: Die Bibliothek in der Gegenwart. Eine Antwort an J. Stoltzenburg. In: Verband der Bibliotheken des Landes Nordrhein-Westfalen. Mitteilungsblatt N.F. 35 (1985), 2, S. 177–181.

Lohse, Hartwig: Bibliothekarische Ausbildung zwischen Theorie und Praxis. Vortrag zur Feier der Umwandlung des Bibliothekar-Lehrinstitutes des Borromäusvereins in eine Fachhochschule. In: Verband der Bibliotheken des Landes Nordrhein-Westfalen. Mitteilungsblatt N.F. 35 (1985), 1, S. 3–10.

Lohse, Hartwig: Der „Chefbibliothekar". Anmerkungen zum Kommentar von Dieter Leuze zum „Gesetz über die wissenschaftlichen Hochschulen des Landes Nordrhein-Westfalen", Paragraph 33, Hochschulbibliothek und zum Gesetzestext selbst. In: Verband der Bibliotheken des Landes Nordrhein-Westfalen. Mitteilungsblatt N.F. 35 (1985), 3, S. 264–268.

Lohse, Hartwig: Das Berufsbild des wissenschaftlichen Bibliothekars. In: Ders.: Tagesforderungen wissenschaftlicher Bibliotheken in kritischer Diskussion. Ausgewählte Schriften 1960–1990. Frankfurt am Main: Peter Lang 1991 (Arbeiten und Bibliographien zum Buch- und Bibliothekswesen, 8), S. 339–349.

Lorenz, Bernd: Wissenschaftliche Tätigkeit von Bibliothekaren – Überlegungen zu einer alten Frage. In: Libri 28 (1978), 4, S. 309–312.

Nagelsmeier-Linke, Marlene: Professionalisierung tut not. Überlegungen zu einer Reform der Ausbildung des Höheren Bibliotheksdienstes. In: ProLibris 3 (1998), 1, S. 17–21.

Oehling, Helmut: Die aktive Fachinformation als Herausforderung und Chance für den Wissenschaftlichen Bibliothekar. Modell einer Benutzerschulung an der Fakultät Chemie der Universität Stuttgart. In: Bibliotheksdienst 32 (1998), 10, S. 1728–1733.

Oehling, Helmut: Wissenschaftlicher Bibliothekar 2000 – quo vadis? 12 Thesen zur Zukunft des Fachreferenten. In: Bibliotheksdienst 32 (1998), 2, S. 247–254.

Ohly, Kurt: Die Kontroverse Wieder-Buzás im Spiegel der deutschen Bibliotheksgeschichte. In: Libri 12 (1962), 1, S. 25–50.

Pape, Manfred: Der wissenschaftliche Bibliothekar im Widerstreit der Meinungen von 1945 bis 1979. Zum Selbstverständnis des heutigen Bibliothekars. In: Libri 30 (1980), 2, S. 150–163.

Pflug, Günther: Die Bibliothek der Zukunft als Ausbildungsaufgabe der Gegenwart. In: Zeitschrift für Bibliothekswesen und Bibliographie 18 (1971), 4–5, S. 221–235.

Pflug, Günther: Bibliotheksplanung und Bibliothekarsausbildung. Zum Selbstverständnis des Bibliothekars. In: Zeitschrift für Bibliothekswesen und Bibliographie 36 (1989), 2, S. 89–97.

Philipp, Franz-Heinrich: Der wissenschaftliche Bibliothekar. Anmerkungen zur Charakteristik seines Berufshorizontes. In: Zeitschrift für Bibliothekswesen und Bibliographie 27 (1980), 2, S. 126–131.

Raabe, Paul: Der Bibliothekar und die Bücher. In: Börsenblatt für den Deutschen Buchhandel – Frankfurter Ausgabe 56 (1972) vom 14. Juli 1972, S. 1581–1588. Auch in: Raabe, Paul (Hrsg.): 400 Jahre Bibliothek zu Wolfenbüttel. Reden – Vorträge – Berichte aus dem Festjahr 1972. Frankfurt am Main: Klostermann 1973, S. 131–144. Wiederabdruck in: Siebert, Irmgard; Lemanski, Thorsten (Hrsg.): Bibliothekare zwischen Verwaltung und Wissenschaft – 200 Jahre Berufsbilddebatte. Frankfurt am Main: Klostermann 2014, S. 11–23.

Reichardt, Günther: Die innere Form einer Spezialbibliothek. Ein Beitrag zur Frage des Berufsbildes des Bibliothekars. In: Libri 12 (1962), 1, S. 8–12.

[Reinhold, Heinrich]: Der Bibliothekar und sein Beruf. Nöte, Wünsche und Hoffnungen, erwogen von einem preußischen Kollegen. Leipzig: Quelle & Meyer 1909.

Scherrer, Paul: Bibliotheken und Bibliothekare als Träger kultureller Aufgaben. Vom Ethos des Berufes. In: Nachrichten der Vereinigung Schweizerischer Bibliothekare 32 (1956), 5–6, S. 129–145.

Schibel, Wolfgang: „Fachreferat 2000". 13 Thesen zur Differenzierung des wissenschaftlichen Bibliotheksdienstes. In: Bibliotheksdienst 32 (1998), 6, S. 1040–1046.

Schmidt-Künsemüller, Friedrich-Adolf: Gedanken zum Wandel des bibliothekarischen Berufsbildes. In: Schweigler, Peter (Hrsg.): Bibliothekswelt und Kulturgeschichte. Eine internationale Festgabe für Joachim Wieder zum 65. Geburtstag dargebracht von seinen Freunden. München: Verlag Dokumentation 1977, S. 275–280.

Schochow, Werner: Der Berufsbibliothekar. Die Begründung und Sicherung des bibliothekarischen Berufsstandes in der Ära Althoff-Milkau, insbesondere in Preußen. In: Bibliothek und Wissenschaft 17 (1983), S. 56–101.

Scholl, Nikolaus: Bibliothekar und Wissenschaft. Studien zur Geschichte des bibliothekarischen Berufs. In: Bibliothek und Wissenschaft 1 (1964), S. 142–200.

Schröter, Marcus: Der wissenschaftliche Bibliothekar – eine aussterbende Spezies? Umfrage der VDB-Kommission für Fachreferatsarbeit zum Thema „Fachreferat: gestern – heute – morgen“. In: Hohoff, Ulrich; Lülfing, Daniela (Hrsg.): 100. Deutscher Bibliothekartag in Berlin 2011. Bibliotheken für die Zukunft – Zukunft für die Bibliotheken. Hildesheim, Zürich, New York: Olms 2012, S. 188–208.

Schröter, Marcus: Fachreferat 2011 – Innenansichten eines komplexen Arbeitsfeldes. In: Bibliothek Forschung und Praxis 36 (2012), 1, S. 32–50.

Schröter, Marcus; Steinhauer, Eric W.: Philologie *und* Bibliothek – Philologie *oder* Bibliothek? Das Verhältnis von Fachstudium und Bibliothek als Herausforderung in beruflicher Praxis und bibliothekarischer Ausbildung. In: Lorenz, Bernd (Hrsg.): Bibliothek und Philologie. Festschrift für Hans-Jürgen Schubert zum 65. Geburtstag. Wiesbaden: Harrassowitz 2005, S. 151–178.

Schulze, Alfred: Der Bibliothekar und sein Beruf. In: Zentralblatt des Bibliothekswesens 2 (1910), 1–2, S. 29–34.

Siebert, Irmgard: Zur Renaissance des Wissenschaftlichen Bibliothekars. In: Siebert, Irmgard; Lemanski, Thorsten (Hrsg.): Bibliothekare zwischen Verwaltung und Wissenschaft – 200 Jahre Berufsbilddebatte. Frankfurt am Main: Klostermann 2014, S. 25–46.

Stäcker, Thomas: Das Fachreferat im Kontext einer Forschungsbibliothek. In: Siebert, Irmgard; Lemanski, Thorsten (Hrsg.): Bibliothekare zwischen Verwaltung und Wissenschaft – 200 Jahre Berufsbilddebatte. Frankfurt am Main: Klostermann 2014, S. 219–235.

Stoltzenburg, Joachim: Der Bibliothekar und seine Ausbildung. Eine Diskussion des Aufsatzes von W. Grunwald in ZfBB, XVI (1969), S. 154–169. In: Zeitschrift für Bibliothekswesen und Bibliographie 16 (1969), 5–6, S. 381–392.

Stoltzenburg, Joachim: Bibliothek zwischen Tradition und Fortschritt. In: Verband der Bibliotheken des Landes Nordrhein-Westfalen. Mitteilungsblatt N.F. 34 (1984), 4, S. 433–456.

Tappenbeck, Inka; Oßwald, Achim: Fachliche Informationsberatung: Perspektiven für eine Neuorientierung der Fachreferatsarbeit. In: Siebert, Irmgard; Lemanski, Thorsten (Hrsg.): Bibliothekare zwischen Verwaltung und Wissenschaft – 200 Jahre Berufsbilddebatte. Frankfurt am Main: Klostermann 2014, S. 159–171.

Tiemann, Hermann: Vom Beruf des Bibliothekars. Schlußvortrag. In: Ders. (Hrsg.): Probleme des Wiederaufbaus im wissenschaftlichen Bibliothekswesen. Aus den Verhandlungen der 1. Bibliothekartagung der britischen Zone in Hamburg vom 22.–24. Oktober 1946. Hamburg: Hansischer Gildeverlag 1947, S. 137–146.

Totok, Wilhelm: Der Bibliothekar zwischen Praxis und Wissenschaft. In: Bibliothek und Wissenschaft 21 (1987), S. 189–206.

Verein deutscher Bibliothekare: Berufsbild des wissenschaftlichen Bibliothekars. In: Zeitschrift für Bibliothekswesen und Bibliographie 31 (1984) 2, S. 131–140.

Weber, Jürgen: Forschungsbibliothekar/in: Thesen zu einem neuen Berufsbild. In: Bibliothek Forschung und Praxis 22 (1998), 3, S. 309–313.

Wefers, Sabine: Thesen zur Zukunft des Fachreferenten. In: Bibliotheksdienst 32 (1998), 5, S. 865–870.

Wieder, Joachim: Berufssorgen des wissenschaftlichen Bibliothekars. In: Libri 9 (1959), 2, S. 132–165.

Wiegand, Dietmar: Professioneller Status und Kontrolle über ein (symbolisches) soziales Objekt am Beispiel des wissenschaftlichen Bibliothekars. Ein Beitrag zur professionssoziologischen Theorie und Kasuistik. Frankfurt am Main [u. a.]: Lang 1976.

Wiesenmüller, Heidrun; Kähler, Dagmar: Sacherschließung und Fachstudium – eine untrennbare Verbindung? In: Siebert, Irmgard; Lemanski, Thorsten (Hrsg.): Bibliothekare zwischen Verwaltung und Wissenschaft – 200 Jahre Berufsbilddebatte. Frankfurt am Main: Klostermann 2014, S. 205–218.